Auf der Autobahn des Lebens

Dieses Buch widme ich

*meinen Kindern
voller Liebe, Stolz und Zuversicht.*

*Möge euch das Buch eine Hilfe sein.
Ich habe es für euch geschrieben.*

GUNNAR BREHME

Auf der Autobahn des Lebens

Ein Lebensratgeber für Jugendliche

… und Erwachsene

Bibliografische Information der Deutschen Nationalbibliothek:
Die Deutsche Nationalbibliothek verzeichnet diese Publikation
in der Deutschen Nationalbibliografie; detaillierte bibliografische
Daten sind im Internet über http://dnb.dnb.de abrufbar.

© 2016 Gunnar Brehme
Illustrationen: Daniela Henninger, www.dh-illustration-grafik.de
Satz, Umschlaggestaltung, Herstellung und Verlag:
BoD – Books on Demand

ISBN: 978-3-7412-2949-7

Inhalt

Vorwort	9
Meine Geschichten	12
KAPITEL – Das Wichtigste im Leben	13
KAPITEL – Die Autobahn des Lebens und du	20
KAPITEL – Eine Reise will gut geplant sein	22
KAPITEL – ARBEIT	23
Schule und Lernen	24
Ausbildung und Studium	28
Beruf	33
Jobsuche und Bewerbung	35
Selbstständigkeit und Vorbereitung	37
Fleiß, Disziplin und Erfolg	39
Glück	42
Die Geschichte vom Säufer	*43*
Ziele und Zielstrebigkeit	45
Entscheiden und Verantwortung	49
Karriere und Ansehen	52
Bildung und Humankapital	54
Ordnung	58
Geld	60
Wie viel ist meine Arbeit wert?	64
Die Geschichte vom Komma	*66*
Investieren	67
Vorsorge	70
Monopoly	71
Schulden – Der Wolf und das Reh	73
Sparen und Vermögensaufbau	75
Versicherungen und Kredite	77
Wie man einen Elefanten trägt	83

Die Geschichte vom Jobverlust 85
Einen eigenen Haushalt führen 87
Stressbewältigung 92
Ehrenamtlichkeit 94
Notfallplan Arbeit 96

KAPITEL – BEZIEHUNGEN 101
Der Ton macht die Musik 102
Werte und Tugenden 104
Bekannte und unbekannte Menschen 105
Nachbarn 106
Ältere Menschen 107
Lehrer und Mitschüler 109
Chef, Mitarbeiter, Kollegen und Ordnungen 112
Weise Menschen und Wichtigtuer 117
Die Geschichte vom perfekten Flug 118
Netzwerke und Vitamin B 121
Konfliktbewältigung 123
Beziehung zu den Medien 124
Das magische Drittel 126
Freunde und Freundschaften 127
Echte Freundschaft 129
Lieblingsmensch 131
Pflege deine Freundschaften 133
Die Geschichte einer Mutterliebe 134
Wie kommt man zu einem echten Freund? 136
Partnerschaft und Paarbeziehung 137
Streit 139
Verbal und nonverbal 140
Gib dem anderen Freiraum 142
Ehe 143
Wie finde ich (m)einen Partner? 144
Die Geschichte vom Autounfall 148
Liebe 150
Sexualität 152
Verhütung 155
Kinder 158

Familie	162
Kinder großziehen – Beziehung zu Kindern	164
Kinder ziehen lassen	166
Trennung und Scheidung	168
Die Geschichte meiner ersten Liebe	*171*
Auch du warst einmal klein	174
Mach's mal wieder persönlich	175
Notfallplan Beziehungen	177

KAPITEL – GESUNDHEIT 181

Dein Körper	181
Deine Atmung	183
Dein Trinken	185
Dein Essen	187
Dein Schlaf und deine Erholung	198
Dein Sport und deine Fitness	203
Die Geschichte vom Sambal oelek	*207*
Deine Vorsorge	208
Rauchen	216
Drogen und Medikamente	220
Raffinierter Zucker	222
Raffiniertes Salz (Kochsalz)	225
Transfette	229
Die Geschichte vom Gewicht-e	*232*
Übergewicht und Abnehmen	234
Deine Körperhaltung	242
Deine Körperpflege	246
Deine Selbstheilungskräfte	250
Dein Zeitmanagement	252
Dein Handy	256
Die Geschichte vom Kinobesuch	*260*
Notfallplan Gesundheit	262

KAPITEL – RUHE 267

Nimm den Druck raus	268
Pausen und Erholung	273
Freizeit und Hobby	276

Sonne, Mond und Sterne	277
Lebe, sei	281
Die Geschichte vom Zu-mir-Finden	*285*
Selbstfindung und vom Sinn des Lebens	287
Deine Gedanken	291
Dein Gewissen	293
Spieglein, Spieglein an der Wand	296
Sterben und der Tod	299
Erben	302
Die Geschichte vor der Bibliothek	*304*
Achtung	306
Gott und die Welt	309
Atme deine Mitmenschen	310
Actio = Reactio	311
Dein ABS-System	315
Die Geschichte vom Tinnitus	*318*
SOS	321
Seelische Tankstellen	323
Musik	335
Träume, Phantasien und Visionen	337
Flow und Frieden	339
Die ganz einfache Geschichte (von Gerhard Schöne)	*341*
Notfallplan Ruhe	342
Nachwort	347

Vorwort

Der Schüler / Student muss es wissen.
Der Assistent muss wissen, wo es steht.
Der Professor muss einen kennen, der weiß, wo es steht.
(alte Weisheit)

Schule ist Voraussetzung für deine Bildung. Schule ist die Grundlage für dich, im Leben zurechtzukommen.

Sicher wirst du das eine oder andere Fach später im Leben nicht weiter benötigen. Dennoch gehört es zum Gesamtbild, es macht das Bild vollständig.

Bildung ist das A und O. Ohne Bildung fehlt dir die Orientierung im Leben. Du schleppst dich nur durchs Leben. Bildung ist etwas, das mit dem Ende der Schule nicht endet, sondern bis zum Lebensende erfolgt. Ich behaupte, die wirkliche Bildung für dein Leben fängt erst nach der Schule an.

Das, was du für ein glückliches, erfülltes und tolles Leben brauchst, bekommst du häufig erst später vermittelt. Das kann dir die Schule nicht bieten. Aber sie ist der erste Schritt für dich, die Basis, auf der du später aufbauen kannst.

Wir steigen in diesem Buch auf wie ein Adler. Der Adler ist der König der Lüfte und verliert sich nicht in »Klein-Klein-Scheiß«, sondern betrachtet sein Gebiet von oben, um einen Überblick der Gesamtheit zu bekommen. Durch den Überblick erkennt er das Wesentliche. Und dann geht er das Wesentliche gezielt an – und ist erfolgreich.

Ich möchte dir helfen, einen Überblick über das Leben, über dein Leben zu bekommen. Ich möchte, dass auch du aufsteigst wie ein Adler und die Autobahn des Lebens in ihrer Gesamtheit betrachtest. Ich möchte deinen Blick für das Wesentliche im Leben schärfen, damit du die Abfahrten, Rastplätze, Baustellen und Chancen deines Lebens erkennen kannst. Ich möchte, dass du ein erfolgreiches Leben führen kannst.

Mit diesem Buch werfen wir einen Blick auf die Zeit in der Schule und die Zeit, die nach der Schule kommt. Egal, ob du dann eine Ausbildung machst, studierst oder nichts vorhast. In jedem Falle wirst du dich verändern. Daran kommst du nicht vorbei, das ist normal und das ist gut so. Du kannst bereits jetzt, während du noch zur Schule gehst, gute Grundlagen legen für dein weiteres Leben. Dazu soll dir dieses Buch eine Hilfe sein.

Freue dich auf das Leben! Es ist lebenswert.

Ich lade dich mit diesem Buch auf eine Reise ein. Eine Reise durch das Leben. Wir fahren gemeinsam mit deinem Lebensauto auf der Autobahn des Lebens. Ich erkläre dir die vier Räder deines Autos ausführlich. Jedes Rad für sich steht für einen Lebensbereich. Ich zeige dir, wie du dein Lebensauto pflegen kannst, damit es lange durchhält.

Bevor du nun in dein Lebensauto steigst, wartet die Fahrschule auf dich. Ohne Fahrschule kein Führerschein. Ich gebe dir mit diesem Buch die Fahrschule für die Autobahn des Lebens an die Hand, das theoretische Wissen, den Überblick. Den praktischen Teil musst du selbst absolvieren. Das kann dir niemand abnehmen.

Mein klares Ziel, meine Vision, ist es, Jugendlichen und auch Erwachsenen das Rüstzeug an die Hand zu geben, ein erfolgreiches und glückliches Leben zu führen. Ich möchte, dass du an dich glaubst, dass du unbefangen, neutral, selbstbewusst, achtsam, liebevoll und voller Lebensfreude ans Werk gehst, dein eigenes Leben gestaltest und deinen Platz im Leben findest – unabhängig von deinen familiären oder gesellschaftlichen Voraussetzungen und Rahmenbedingungen.

Ich verwende in diesem Buch die männliche Schreibform bei Berufen. Das hat nichts damit zu tun, dass ich ein Mann bin oder die weibliche Form nicht mag. Es vereinfacht das Schreiben. Und ihr Mädchen und Frauen: Fühlt euch bitte ganz genauso angesprochen wie »er«. Danke.

Das Buch ist keine Bibel. Ich erhebe hier weder den Zeigefinger noch will ich dich belehren. Vielmehr möchte ich dir meine persönlichen Lebenserfahrungen der letzten 40 Jahre aufzeigen; gute 40 Jahre, in denen ich schon auf der Lebensautobahn unterwegs bin. Ich zeige dir Dinge, die sich bewährt haben, Erfahrungen, mit denen du sehr gut durchs Leben kommen wirst.

Natürlich schaffe auch ich es nicht zu jeder Zeit, das hier im Buch verfügbare Wissen anzuwenden. Natürlich mache ich auch jede Menge Fehler und muss die Konsequenzen dafür tragen. Natürlich würde ich manche Dinge, die ich früher tat, heute nicht wieder tun. Aber jede Entscheidung war die richtige zum jeweiligen Zeitpunkt.

Das Leben ist ein lebenslanger Lern- und Verbesserungsprozess. Denn ein uraltes Sprichwort besagt:

> Gehst du nicht mit der Zeit,
> gehst du mit der Zeit.

Schön, dass du dir dieses Buch gekauft hast.

Bist du bereit für die Autobahn des Lebens? Ich freu' mich auf dich!

Steig ein, los geht's!

Meine Geschichten

Alle Geschichten, die du in diesem Buch lesen wirst, beruhen auf Tatsachen. Das heißt, ich habe alles genauso erlebt, gehört, gelesen, gefühlt und durchgemacht. Genauso wie es war, wie ich es empfunden habe. Sie sollen dich unterhalten, dich zum Schmunzeln, aber auch zum Nachdenken bringen. Sie sollen dir Mut machen, Hoffnung geben und verdeutlichen, dass alles im Leben einen Sinn hat.

Oftmals Jahre später wurde mir erst bewusst, dass genau diese Erlebnisse einen Wendepunkt in meinem Leben darstellten. Es ist komisch, aber gerade an diesen schwierigen, herausfordernden, unbekannten und unangenehmen Situationen bin ich gewachsen. Sie haben mich gelehrt, anders an gewisse Dinge heranzugehen, sie aus einem anderen Blickwinkel zu betrachten.

Durch das Niederschreiben mancher Geschichten ist es mir erst möglich geworden, seelischen Ballast, eine gewisse Schwere abzuwerfen.

Just in dem Moment, wo sie passieren, empfindet man Krisen als Bedrohung. Vergeht etwas Zeit, blickt man oft anders auf die Begebenheit zurück.

Und ich bin dankbar dafür, dass ich sie so erleben durfte. Jetzt im Nachhinein.

KAPITEL – Das Wichtigste im Leben

Das Wichtigste im Leben ist, dass du über die Runden kommst und deinen Platz findest.

Um über die Runden zu kommen und seinen Platz zu finden, ist es erforderlich, die vier wesentlichen Bereiche des Lebens zu kennen und zu verinnerlichen. Diese vier Lebensbereiche sind

    Arbeit
    Beziehungen
    Gesundheit
    Ruhe

Sie sind die vier Räder deines Lebensautos. Auf ihnen rollst du durchs Leben. Ohne sie kommst du nicht von der Stelle bzw. fährst im wahrsten Sinne auf der Radfelge. Du kaust auf dem Zahnfleisch und nicht auf dem Zahn. Sie gehören zur absoluten Grundausstattung deines Autos.

Auf alle vier Bereiche werde ich in diesem Buch ausführlich eingehen. Es ist mir wichtig, dass du verstehst, warum sie so bedeutend für dich sind. Jeder für sich und alle zusammen. Jedes einzelne Kapitel ist ein wichtiges Bauteil deines Lebensautos.

Leider bringt es dir keine Punkte, in einem der vier Bereiche besonders viel zu tun, um damit das »Weniger« in einem anderen Bereich auszugleichen (zu kompensieren). Du musst dafür sorgen, dass du in allen vier Bereichen gut bist, sie alle gleichermaßen beachtest und verinnerlichst. Eine Zeitlang kannst du dich natürlich auf den einen oder anderen Bereich stärker konzentrieren, das ist auch in Ordnung. Ebenso, wenn du einem Bereich eine Zeitlang einmal nicht so viel Aufmerksamkeit schenkst oder schenken kannst. Auch das ist nicht schlimm. Schlimm wird es dann, wenn du einen oder zwei Bereiche fast gar nicht mehr beachtest, sie sozusagen schleifen lässt. Das ist dasselbe, als wenn dein Auto nur auf 2 oder 3 Rädern fährt und das eine eiert bzw. hat kaum noch Luft auf dem Reifen. Es fährt sich schlecht durchs Leben. Das führt zu schnellerem Verschleiß, du fühlst dich nicht wohl.

Wenn es dir gelingt, ein Gleichgewicht zwischen allen vier Bereichen herzustellen, dann stellt sich automatisch ein Zustand ein, den wir als Zufriedenheit und Glück bezeichnen. Wenn du zufrieden und glücklich bist, dann kommst du immer (!) über die Runden. Dieser Zustand führt dich durchs Leben wie ein Autopilot, wie der Tempomat deines Autos, ohne Druck.

Du führst ein ausgeglichenes Leben. Wenn du ein ausgeglichenes Leben führst, bist du mit dir im Einklang. Dann hast du das Höchste erreicht. Das ist die Kunst, im Leben über die Runden zu kommen. Das ist der Inhalt dieses Buches. Das ist mein Wunsch an dich!

Was brauchst du alles an Werkzeug?

Für die Fahrt durchs Leben benötigst du einen Werkzeugkasten. Dieser sollte folgende Grundausstattung haben:

> Menschlichkeit
> Gerechtigkeit
> Zuverlässigkeit
> Vertrauen
> Liebe

Diese Werkzeuge sind deine Universalschlüssel, mit denen du alle vier Räder festziehen und pflegen kannst. Sie passen immer und auf alle vier Räder, sprich in alle vier Lebensbereiche. Auch in Notsituationen – oder gerade dann – solltest du dich wieder erinnern, dass du diese Werkzeuge bei dir hast und einsetzen kannst.

Deine persönliche Einstellung zu jeder Sache im Leben ist Grundvoraussetzung, damit du dir klar wirst, was du eigentlich willst:

Willst du nur ein bisschen arbeiten, um den Tag in irgendeiner Form herumzubekommen, oder willst du arbeiten, um deine Erfüllung zu finden?
    Willst du nur ein bisschen Geld verdienen, um gerade nicht zu verhungern, oder willst du Geld verdienen, damit du Freude im Leben hast und all die Dinge umsetzen kannst, die dir etwas bedeuten?

Willst du nur ein bisschen gute Noten, damit du gerade versetzt wirst, oder willst du Noten, damit du später beste Voraussetzungen für deinen Traumjob hast?

Willst du nur ein bisschen Partnerschaft, damit du nicht allein bist, oder willst du einen Partner, mit dem du durch dick und dünn gehen kannst?

Willst du nur Menschen um dich herum, damit du nicht einsam bist, oder willst du echte Freunde, die dich auf deinem Lebensweg begleiten und beraten?

Willst du nur ein bisschen gesund sein, damit die Hose noch zugeht oder du nicht so viele Pillen schlucken musst, oder willst du richtig gesund sein, damit du einen athletischen Körper bekommst und beweglich bis ins hohe Alter bist?

Willst du nur ein bisschen Pause machen, damit du auf andere Gedanken kommst und nicht umkippst, oder willst du echte Erholung und Freizeit, die du in vollen Zügen genießen kannst?

Willst du, dass dein Leben »irgendwie« abläuft und schauen, was so auf dich zukommt, oder willst du dein Leben aktiv gestalten und das Lenkrad in die eigene Hand nehmen und das Leben leben, das für dich vorgesehen ist?

Mache keine halbherzigen Sachen, sondern entscheide bewusst, wie du an jede Sache im Leben herangehst.

Beachte das Universalgesetz von Geben und Nehmen. Und zwar exakt in dieser Reihenfolge; es gilt für alle vier Bereiche:

Zeig im Bereich Arbeit zuerst, wie gut du bist. Zeig, was du draufhast und kannst, dann kannst du mehr Geld, mehr Verantwortung und mehr Freiheiten bekommen.

Zeig im Bereich der Beziehungen zuerst, dass du ein guter Schüler, Lehrer, Nachbar, Kollege, Freund, Ehepartner und Liebender bist. Danach wirst du die Anerkennung, das Vertrauen und die Liebe erhalten, nach denen du dich sehnst.

Zeig im Bereich der Gesundheit zuerst, dass es dir wirklich ernst ist, dich gesund zu ernähren, dich zu bewegen, auf dein Gewicht und Erscheinungsbild zu achten und dich selbst disziplinieren zu können. Danach wirst du als Ergebnis einen gesunden, sportlichen Körper bekommen und auch attraktiv auf dein Umfeld wirken.

Zeig im Bereich der Ruhe, dass du dich überwinden kannst, deine Ruhe- und Schlafpausen einzuhalten, auf deine Körpersignale zu hören und dir bewusst Zeit nur für dich zu nehmen. Du erhältst die unschätzbaren Geschenke der Ausgeglichenheit, der Zufriedenheit und des Seelenfriedens.

Des Weiteren musst du dir die Eigenschaft aneignen, die wesentlichen Dinge anzugehen. Wenn du die Knackpunkte, die Stellschrauben im Leben nicht kennst, läufst du dir im wahrsten Sinne einen Wolf. Du werkelst wie ein Wilder im Hamsterrad, bist fix und fertig und hast dennoch nichts gekonnt.

Es ist wirklich so wichtig, sich das klarzumachen. Ich betone es hier extra für dich.

Woran erkennst du das Wesentliche im Leben?

Ich veranschauliche dir das Wesentliche im Leben einmal anhand eines großen Glases. Es gibt verschiedene Varianten dieser Schilderung, diese gefällt mir persönlich am besten.

Nimm ein großes Glas. Fülle es mit handgroßen Steinen bis zum Rand.
Ist das Glas voll? Nein.
Nimm einen Eimer Sand. Fülle den Sand mit in das Glas bis zum Rand.
Ist das Glas jetzt voll? Nein.
Nimm einen Eimer Wasser. Fülle es ins Glas zu den Steinen und dem Sand. Randvoll.
Ist das Glas denn jetzt voll? Ja!

Das Glas ist dein Leben. Du füllst es.
Die Steine sind das Wesentliche des Lebens, deine wichtigen Dinge im Leben. Das sind die wichtigen Dinge aus den vier Lebensbereichen, wie z. B. Beruf, Geld, Partner, Liebe, Familie, Ernährung, Gesundheit, Sport, Ruhe, Erkenntnis, Glaube usw.

Der Sand stellt die weniger wichtigen Dinge im Leben dar, wie z. B. Einkaufen, Staubwischen, Essenkochen, Putzen, Abwaschen, Aufräumen, Gartenarbeit usw.

Diese Dinge sind für den einen oder anderen gar lästig. Sie gehören zum Leben dazu, sie sind mehr oder weniger notwendig.

Das Wasser stellt die unwichtigen Dinge im Leben dar, wie z. B. Klatsch und Tratsch (vor allem über Menschen, die nicht anwesend sind), Sachen, die man selbst überhaupt nicht will, viele »Verpflichtungen / Pflichtveranstaltungen« und so weiter, die man sich aufbürdet oder aufbürden lässt, usw.

Was will dir die Schilderung sagen?
 Erfülle dein Leben immer zuerst mit den wesentlichen Dingen des Lebens, deines Lebens. Es ist trotzdem immer noch genug Platz frei für die weniger wichtigen Dinge. Und auch die unwichtigen Dinge drängen sich wie von Zauberhand immer wieder dazwischen. Nimm sie einfach zur Kenntnis, ohne dich weiter darum zu kümmern.

Stell dir nun einmal bildlich vor, du kippst das Glas mit den Steinen, dem Sand und dem Wasser aus. Der komplette Inhalt liegt auf dem Tisch.
 Jetzt fängst du zuerst an, den Sand oder das Wasser einzufüllen. Und zwar genau die Menge(n), die du zuvor ausgeschüttet hast. Das Glas ist schon ziemlich voll.
 Nun sind noch die Steine an der Reihe. Alle Steine, die du ausgeschüttet hast.
 Du wirst feststellen, dass du nicht mehr alle Steine ins Glas bekommst für eine randvolle Füllung. Egal, wie du es versuchst, es bleiben Steine außen liegen!

Wenn du dein Leben zuallererst mit den weniger oder gar unwichtigen Dingen füllst, dann hast du schlicht und ergreifend nicht mehr genügend Platz für die wirklich wichtigen Dinge. Die bleiben außen vor.

Achte also darauf, dein Leben zuerst mit den wichtigen Dingen zu füllen. Der Rest kann warten und kommt von ganz allein dazu.

Mit deiner Lebenszeit verhält es sich genauso. Deine Lebenszeit ist endlich. Manche leben länger, manche kürzer. Das ist so, das ist das Leben.

Überlege dir daher ganz genau, wo, wie und mit wem du <u>deine</u> Lebenszeit verbringen willst. Vergeude sie nicht mit Tätigkeiten oder Menschen, die du nicht magst. Sonst ist deine Zeit vorbei und du fragst dich, wie das nur kommen konnte; wie du dein Leben so verplempern konntest. Einmal ausgegeben, kehrt Lebenszeit nie wieder zurück.

Sage zu jeder Minute: Ja, dafür will ich jetzt meine Zeit opfern. Oder auch: Nein, dafür ist mir meine Zeit zu schade.

Komm jetzt aber bitte nicht mit Schule ... Schule und Ausbildungen sind notwendig, damit du im Leben über die Runden kommst. Ohne Bildung, ohne Grips in der Birne fehlen dir die Grundvoraussetzungen für ein glückliches und erfolgreiches Leben.

Du musst lernen, mit Problemen, Hindernissen und Veränderungen umzugehen, denn sie begleiten dich von der Geburt bis zum Tod. Sie machen das Leben aus, denn Leben bedeutet übersetzt nichts anderes als »sich verändern«. Entwicklung ist etwas ganz Normales im Leben. Wenn du dich nicht entwickelst, erstarrst du.

Was du mit 15 gut findest, musst du mit 35 nicht mehr gut finden. Das, was du mit 20 trägst, muss dir mit 40 nicht mehr gefallen. Das, was du mit 25 getan hast, wirst du mit 50 eventuell nicht mehr tun. All das ist normal und gehört zum Leben dazu.

Die Kunst ist es, zwischen dem Alten und Neuen, zwischen Bewährtem und der Veränderung zu bestehen. Auf Bewährtem aufbauen und gleichzeitig offen für Neues zu sein. Je besser du diese Kunst beherrschst, desto glücklicher und erfüllter ist dein Leben. In allen Lebensbereichen.

Und dann bewahre dir deine Freiheit im Leben.

Trenne dich von der Sichtweise der absoluten Sicherheit, denn die gibt es nicht.

Niemand gibt dir die Garantie, dass du deinen Job und dein Geld behalten wirst.

Niemand gibt dir die Garantie, dass dich dein Partner nicht verlässt.

Niemand gibt dir die Garantie, dass du immer gesund und geschützt bist. Niemand gibt dir die Garantie für deinen Seelenfrieden.

Freiheit dagegen ist etwas ganz anderes. Du kannst und du solltest sie dir in jedem Lebensbereich nehmen. Sie ist wie die Luft, die du einatmest. Durch sie bist du ein selbstständiger Mensch. Lass dir deine Freiheit von niemandem nehmen. Für keine Sicherheit der Welt.

> *»Jene, die grundlegende Freiheit aufgeben würden,*
> *um eine kleine, vorübergehende Sicherheit zu erlangen,*
> *verdienen weder Freiheit noch Sicherheit.«*
> *Benjamin Franklin*

KAPITEL – Die Autobahn des Lebens und du

Das Leben ist wie eine Fahrt auf einer riesigen Autobahn. Die Autobahn des Lebens führt dich zu unzähligen Orten, Schauplätzen und Abfahrten, an denen du immer wieder einmal vorbeifahren wirst – und zwar jedes Mal gereifter und erwachsener. Es ist wie ein Zyklus, den du regelmäßig durchleben wirst. Du wirst eines von unzähligen Autos sein, die auf der Autobahn unterwegs sind. Da sind große »Schlitten« dabei und Nobelkarossen wie auch vermeintliche »Schrottkisten«. Und dennoch bist du ein ganz besonderes Auto, denn DU bist etwas ganz Besonderes.

Wenn du geboren wirst, befindest du dich auf dem Rücksitz des Autos deiner Eltern. Sie sind es, die dir das Leben geschenkt haben. Sie sind es, die am Anfang für dich da sind und dir alles geben, was du zum Leben brauchst.

Hier auf dem Rücksitz darfst du es dir bequem machen und einfach nur schauen, was um dich herum passiert. So lernst du nach und nach die Autobahn des Lebens wahrzunehmen und kennen zu lernen. Auch wenn es dir vielleicht nicht immer bewusst ist: Ohne deine Eltern wärest du nie da angekommen, wo du dich gerade befindest.

Du denkst vielleicht, dass deine Eltern immer mit dir zusammen reisen. Doch es kommt der Tag, an dem du an einer Abfahrt aussteigen musst. Deine Eltern können dich nicht dein ganzes Leben lang durchs Leben schleppen. Du musst ab dann deine Reise ohne sie fortsetzen und zwar in deinem eigenen Auto. Das ist der Zeitpunkt, wo du erwachsen wirst. Das ist ein ganz besonderer Moment im Leben. Ab sofort bestimmst du, wo die Reise hingehen soll, und trägst die volle Verantwortung für alles, was du tust. Jetzt wirst du erkennen, was es bedeutet, auf eigenen Beinen zu stehen. Und du wirst dankbar sein für alles, was dir bis dahin beigebracht wurde.

Du wirst jedem der genannten vier Lebensbereiche begegnen. Und das Rüstzeug erhältst du von mir.

Auf deiner Fahrt auf der Autobahn des Lebens wirst du an unzähligen Parkplätzen, Hinweisen und Sehenswürdigkeiten vorbeikommen. Du wirst durch Höhen und Tiefen, durch einladende und gefährliche Gegenden, durch Schönes und Bitteres, durch Lustiges und Trauriges fahren. Du wirst

Unglücke hautnah erleben und manchmal geht es schlichtweg um Leben und Tod. Es wird eine Reise sein voller Freuden, Leid, Begrüßungen und Abschied.

Es gibt Sonne und Regen, trockene Pisten und glatte Straßen. Kurvenreiche Strecken warten ebenso auf dich wie schnurgerade Straßen. Zuweilen wirst du geblendet werden und Nebel dir die Sicht versperren. Dann wird sich der Himmel aufklaren und dir imposante Landschaften präsentieren.
    Es warten tolle Momente auf dich wie auch ernüchternde Pannen. Viele Hindernisse werden dir im Wege stehen, aber auch viele Möglichkeiten. Du wirst bekannte Wege fahren und auf unbekannte Strecken ausweichen müssen. Du wirst manchmal Vollgas geben und manches Mal eine Vollbremsung machen.

Neben dir wirst du viele Entdeckungen machen: Da fahren deine Geschwister, Cousins, Freunde und sogar die Liebe deines Lebens. Sie alle sind ebenfalls unterwegs und werden dich sicher ein ganzes Stück begleiten.
    Du wirst viele unbekannte Autos auffahren und abfahren sehen. Bei vielen Autos wirst du nicht einmal merken, dass sie überhaupt auf der Autobahn unterwegs waren.
    Dennoch gehören sie alle dazu zum Leben. Zu deinem Leben.

Es gibt Menschen, die vielleicht nicht so viel Glück wie du gehabt haben. Das sind Menschen mit körperlichen oder geistigen Einschränkungen. Auch sie sind ein Teil unserer Gesellschaft, sie gehören dazu.
    Dafür gibt es Reisebusse, mit denen sie durchs Leben befördert werden können, Reisebusse unserer Gemeinschaft. Jeder bekommt einen Platz und darf es sich bequem machen. Sie tragen auf ihre ganz persönliche Art und Weise dazu bei, dass wir menschlich und liebevoll auf der Straße des Lebens vorankommen können.
    Sei dankbar, dass es dir gut geht!

Eines Tages kommt der Moment, wo du abfahren musst. Den Moment kennt niemand. Aber die Fahrt auf der Autobahn des Lebens wird weitergehen – auch ohne dich. Wenn dieser Moment gekommen ist, soll dein Platz auf der Autobahn des Lebens mit schönen Erinnerungen gefüllt bleiben und im Herzen deiner Kinder und Enkel weiterfahren.

KAPITEL – Eine Reise will gut geplant sein

Bevor wir nun detailliert auf die vier Lebensbereiche eingehen und uns somit auf die Reise begeben, habe ich ein paar grundsätzliche Fragen an dich. Sie stehen sinnbildlich für deinen Körper, für dein Leben, für deine Lebensreise.

Ich bitte dich darum, sie ehrlich für dich selbst zu beantworten:

- Wo soll es eigentlich hingehen?
- Hast du schon ein Ziel eingegeben?
- Verfügst du über ausreichende Kenntnisse?
- Hast du genug Geld bei dir?
- Hast du die richtigen Versicherungen?
- Hast du genügend Luft auf allen vier Reifen?
- Wie sieht deine Grundausstattung aus?
- Wie sieht es mit deiner Notfall-Ausstattung aus?
- Bist du in der Lage, eine Panne zu überstehen?
- Was für einen Schlitten fährst du eigentlich?
- Hast du den richtigen Sprit getankt?
- Fährst du mit angezogener Handbremse?
- Gehst du regelmäßig zur Durchsicht und Wartung?
- Leuchtet das eine oder andere Warnsignal?
- Fährst du regelmäßig auf den Rastplatz?
- Funktioniert dein Sicherheitssystem?
- Sieht dein Auto gut und gesund aus? Magst du es?
- Wirkt es einladend auf andere Menschen?
- Hast du genug Platz im Auto für weitere Insassen?
- Magst du die anderen Insassen?
- Liegen Müll oder Ballast in deinem Auto?
- Schleppst du unnützes Zeug mit dir herum?
- Kannst du alles schnell finden, wenn du es brauchst?
- Fühlst du dich wohl in deinem Auto?
- Hast du ausreichend Profil?

KAPITEL – ARBEIT

> *»Don't work hard, work smart«*
> *[Arbeite nicht hart, sondern gescheit]*
> *Chiara Doran*

Von nix kommt nix. Diesen Ausspruch hast du mit Sicherheit schon gehört. Und es ist in der Tat so. Wer fleißig ist, gescheit arbeitet, Ideen hat und diese zielstrebig verfolgt, wird es automatisch zu etwas bringen. Arbeit ist die Grundlage für dein tägliches Sein. Durch Arbeit leistest du Dienst an der Gesellschaft, durch Arbeit produzierst du etwas, durch Arbeit verdienst du Geld, um dir dein Leben zu finanzieren. Durch eine sinnvolle Arbeit, die dir Spaß macht, kommst du dem Sinn des Lebens, deines Lebens ein Stück näher.

Arbeit ist Grundvoraussetzung, damit etwas passiert. Nur auf der faulen Haut zu liegen – dafür wurdest du nicht geboren.
Manche sind von Beruf »Sohn« oder »Tochter«. Das alleine reicht aber nicht aus. Sie steigen in ein vorhandenes System ein, welches sie nicht selbst geschaffen haben. Sie müssen hier Verantwortung übernehmen, damit dieses System weiter bestehen kann. Wenn sie nicht arbeiten, geht es zugrunde. Sich mit den Lorbeeren der Eltern und Vorfahren zu schmücken oder darauf auszuruhen hält nicht lange vor und ist auch der weiteren Bewunderung nicht wert.

Manche Menschen haben vielleicht im Lotto gewonnen. Glückwunsch! Reicht das Geld auch, um ein Leben lang finanziell ausgesorgt zu haben, oder ist es eventuell schon wieder alle? Wer mit wenig Geld nicht umgehen kann, dem nützen in der Regel auch keine großen Summen. Er wird sie genauso verlieren, weil er nicht gelernt hat, mit seinem Geld umzugehen. Und wenn er dann keine Arbeit hat, um wieder zu Geld zu kommen und den tieferen Sinn seines Daseins zu spüren, dann wird es hart. Dann fährt er auf der Felge des Reifens Arbeit.

Arbeiten wie ein Verrückter allein nützt aber auch nichts. Du springst wie ein Hamster im Rad herum, bist am Abend fix und fertig und am Ende des Geldes ist trotzdem noch Monat übrig. Fleißig zu sein ist dennoch die Grundvoraussetzung für erfolgreiches Arbeiten. Wichtig ist, dass du gescheit arbeitest, also mit Köpfchen. Du musst ein Gespür dafür entwickeln, wann du Gas geben musst bei deiner Arbeit oder wenn Notfälle auftauchen. Dann musst du alles geben. An manchen Tagen kannst du einen Gang zurückschalten und manchmal ist es erforderlich, eine Vollbremsung bei deiner Arbeit zu machen, bevor du im Abgrund landest.

Arbeit soll Spaß machen. Ja, du hast richtig gehört. Versuche bei deiner Arbeit, den Sinn zu verstehen, und schau einmal von einer anderen Seite auf sie. Und von mir aus pfeife ein Lied dazu, solange es die anderen nicht stört. Sich mit seiner täglichen Arbeit zu identifizieren, sie gern und immer wieder zu tun ist einer der Schlüssel für höchste Zufriedenheit im beruflichen Bereich. Du bist nicht dazu da, morgens ins Hamsterrad zu steigen und abends kaputt nach Hause zu kommen. Du bist dazu da, deine Arbeit professionell und überlegt zu erledigen, einen Nutzen für die Firma und die Gesellschaft zu erzielen und zufrieden den Heimweg anzutreten. Falls das aktuell bei dir nicht der Fall ist, dann solltest du dich dringend einmal selbst fragen, ob deine Arbeit wirklich das ist, was du willst. Du beschäftigst dich schließlich einen sehr großen Teil deines Lebens mit Arbeit.

Im Folgenden schauen wir einmal, was dich im Bereich der Arbeit in deinem Leben so alles erwarten kann.

Schule und Lernen

Wer nichts weiß, muss alles glauben.
Marie von Ebner-Eschenbach

Mensch, schon wieder Schule. Tja, was soll ich dir dazu sagen. Schule ist ein Muss. Hier bekommst du das theoretische Wissen für dein Leben mitgeteilt. Und zwar kostenlos.

Falls du beabsichtigen solltest, die Schule zu schmeißen und dich irgendwie durchs Leben zu schaukeln – dann mach es doch einfach. Dann laufe dumm durch die Welt und sieh mit an, wie andere dein Leben gestalten. Und wenn du Jahre später feststellst, was du für ein Dummkopf warst, dann heule nicht herum. Denn du selbst warst es, der diesen Schritt getan hat.

Und wenn du dann mit fortgeschrittenem Alter wieder die Schulbank drückst, dann kostet dich das neben Geld auch noch viel Zeit, deine Lebenszeit. Aber wie gesagt, du hast es selbst in der Hand.

In der Schule gibst du immer dein Bestes. Was ist das Beste? Na ganz klar: die Note 1. Diese Note ist grundsätzlich immer anzustreben, egal in welchem Fach.

Natürlich kann es sein, dass du am Ende nur eine 2 oder schlechter bekommst. Aber das Entscheidende ist, dass du die Note 1 angepeilt hast. Darauf kommt es an.

Ein Hochspringer sagt nicht: »Ich lasse 1,70 m auflegen, und wenn ich die schaffe, bin ich zufrieden.« Er sagt vielmehr: »Ich lege 2,00 m auf und versuche, die zu schaffen.« Vielleicht schafft er nur 1,90 m. Er hat das Ziel (Note 1) verfehlt, aber er hat weitaus mehr erreicht als nur 1,70 m. Und genau das ist der Punkt in der Schule.

Du peilst in jedem Fach die Note 1 an. Immer und zu jeder Arbeit und in jedem Test. Du bereitest dich stets so vor, als ob du alles wissen musst, um eine 1 zu bekommen. Du programmierst dein Unterbewusstsein auf Höchstleistung und Erfolg. Was passiert, wenn du nur die Note 3 anpeilst? Damit sagst du deinem Unterbewusstsein: »Ach, weißt du, mir reicht auch eine 3, mehr schaffe ich sowieso nicht.« Und was passiert? Genau, dein Gehirn wird programmiert auf Note 3 und die wirst du mit hoher Wahrscheinlichkeit auch bekommen.

Auch wenn du in Mathe oder Sport keine Leuchte bist, so peile trotzdem auch hier immer die 1 an. Tue einfach so, als ob das möglich ist. Und dann garantiere ich dir, dass eine gute Note dabei herauskommt. Voraussetzung ist natürlich stets, dass du dich ordentlich vorbereitest und ausreichend lernst. Wie schon gesagt, von nichts kommt nichts.

Wie lernt man eigentlich richtig?

Richtiges Lernen beginnt bereits im Unterricht. Hier ist es ganz wichtig für dich herauszufinden, was für ein Lern-Typ du bist. Bist du ein visueller, ein akustischer oder ein praktischer Lern-Typ? Das ist wichtig, dass du das für dich herausfindest.

Visuelle Lern-Typen lernen über die Augen. Sie lesen lieber selbst im Buch und verfolgen aufmerksam, was der Lehrer an die Tafel schreibt. Sie schreiben viel und konzentriert mit.
    Akustische Lern-Typen lernen über die Ohren. Sie hören dem Lehrer beim Unterricht zu und lernen bereits dadurch einen Großteil des Stoffes. Sie schreiben meist weniger mit und lauschen lieber dem Gesagten.
    Praktische Lern-Typen sind eine Kombination aus beidem. Sie lernen, indem andere ihnen etwas zeigen oder vormachen. Sie beobachten und hören aufmerksam zu und behalten das Vorgeführte schnell im Gedächtnis.

Es ist wirklich wichtig, dass du herausfindest, wie du am besten lernst. Ich selbst zum Beispiel bin der absolute visuelle Lern-Typ. Vorlesungen in der Schule und an der Uni haben mir nicht viel gebracht, da ich nicht zuhören und gleichzeitig mitschreiben konnte. Ich habe daher lieber daheim das Buch selbst durchgearbeitet.

Wenn du eher visuell veranlagt bist, dann schreibe ordentlich und viel mit in der Schule und lies dir deine Mitschriften daheim noch einmal durch. Dadurch lernst du den Stoff und behältst ihn wunderbar im Kopf.
    Wenn du eher akustisch veranlagt bist, so höre im Unterricht aufmerksam zu. Nach dem Unterricht daheim mache dir Notizen und lerne diese. Natürlich kommst du nicht immer umhin, auch von der Tafel abzuschreiben, wenn es der Lehrer wünscht. Aber du solltest – deiner natürlichen Neigung folgend – mehr zuhören und im Nachhinein zu Papier bringen.
    Wenn du eher praktisch veranlagt bist, dann frage viel nach. Frage nach, warum dieses oder jenes so ist, und lasse es dir, wenn möglich, vorführen und zeigen. Das ist für dich die wirksamste Methode zu lernen.

Vokabeln, Gedichte, Bio, Geschichte, Musik usw. lernst du am besten auswendig. Ja, das muss jetzt sein! Lege dir dazu ein weißes A4-Blatt auf das, was du lernen musst. Nun überlegst du dir die erste Vokabel / Zeile / Strophe und sagst sie auf. Dann schiebst du das Blatt eine Zeile runter und prüfst deine Aussage. War sie korrekt? Wenn ja, sagst du die zweite Vokabel / Zeile auf. Wenn nein, verdeckst du alles und beginnst von vorn. Es kann sein, dass du bei der vorletzten Zeile nicht richtigliegst, dann geht das Ganze trotzdem gnadenlos von vorn los. Das hat einen entscheidenden Vorteil: Du wiederholst das Meiste mehrfach und lernst dadurch intensiv. Du bist erst fertig, wenn du alle Vokabeln / Zeilen / Strophen korrekt vorher gesagt hast. Es wird nicht geschummelt. Das Ganze dauert meistens nicht länger als 30 Minuten. Und das genügt vollkommen für ein Fach.
    Wenn am nächsten Tag ein unangemeldeter Test kommt, kannst du dich beruhigt zurücklehnen, denn du wirst es abrufen. Mag sein nicht alles, aber für eine gute Note reicht es immer.
    Bei langen Gedichten und Texten machst du das Ganze über mehrere Tage und zerlegst den »Elefanten« in Teilstücke. Und zum Schluss hast du alles im Kopf. So funktioniert Auswendiglernen am besten.

Für alle anderen Fächer, in denen es auf logisches Denken ankommt, kommst du mit Auswendiglernen nicht weiter. Das sind zum Beispiel Mathe, Physik, Chemie, Sport usw. Hier gibt es nur zwei Möglichkeiten für dich: Entweder dir fällt es zu oder du musst sehr fleißig sein. Wenn es dir zufällt, dann gratuliere ich dir! Wenn nicht, dann musst du die Ärmel hochkrempeln und wiederholen und wiederholen bzw. trainieren, trainieren, trainieren. Es gibt keinen anderen Weg. Übe alte Aufgaben von Vorjahren, erkläre es dir gegenseitig mit anderen in einer Lerngruppe, nimm einen Nachhilfelehrer und frag immer wieder deinen Lehrer. Mit der Zeit wirst du spüren, wie du dich an das Gebiet herantastest. Auch wenn du kein Überflieger wirst, so hast du trotzdem dein Möglichstes gegeben. Und darauf kommt es an. So funktioniert Lernen in diesen Fächern am besten.

Leider wird auf deine persönliche Gabe zu lernen nicht immer Rücksicht genommen. Es geht eher nach »Schema F« zu für alle. Das ist auch ein Grund, warum manche Schüler hingestellt werden, als würden sie es nicht kapieren. Vielleicht sollten die Lehrer und Schulen einmal innehalten und sich fragen, WIE ihre Schüler lernen.

Deine natürliche Gabe zu lernen sollte auch ein Hinweis sein, welchen Beruf du eines Tages erlernen möchtest. Wenn du eher der praktische Typ bist, wirst du in der Verwaltung und in »trockenen« Büroräumen zugrunde gehen. Daher überlege genau, was du später einmal werden möchtest.

Ausbildung und Studium

Man merkt nie, was schon getan wurde, man sieht immer nur,
was noch zu tun bleibt.
Marie Curie

Eine Ausbildung dient dazu, dich in einem Fachgebiet zum Experten zu machen. Du erlernst die speziellen Kenntnisse eines Berufes. Und das ist eine tolle Sache. Du bist nach einer erfolgreich abgeschlossenen Ausbildung ein Profi auf diesem Gebiet. Logischerweise besitzt du unmittelbar nach deiner Ausbildung keine jahrelange Berufserfahrung, das geht natürlich nicht von heute auf morgen. Aber du bist trotzdem ein Experte auf deinem Gebiet und kannst stolz auf dich sein. Und wenn du bereit bist, in deinem Beruf stets das Beste zu geben und deine Kunden, die deine Produkte oder Dienstleistungen kaufen, in höchstem Maße zufrieden zu stellen, dann wirst du deine Erfüllung finden. Ein schöneres Geschenk als zufriedene Kunden gibt es nicht. Sie schenken dir nämlich ihr Vertrauen.

Handwerk hat goldenen Boden, so lautet ein altbekannter Spruch. Und der hat bis heute noch volle Gültigkeit. Egal welches Handwerk es nun ist: Gute Handwerker werden jederzeit gebraucht. Vor allem in Krisenzeiten sind sie die Garantie schlechthin. Vor allem, wenn sprichwörtlich Not am Mann ist, braucht man Handwerker mehr denn je. Solltest du dich für einen handwerklichen Beruf entscheiden, so kann ich dich nur beglückwünschen.

Leider werden handwerkliche Berufe oftmals als »einfache« Berufe abgetan und leider oftmals viel zu gering bezahlt. Man hat zuweilen das Gefühl, dass nur akademische Berufe »bedeutend« sind und Ansehen genießen. Das stimmt aber nicht.
   Wenn wir einmal ganz ehrlich zu uns selbst sind, so sind gerade die vermeintlich einfachen Berufe diejenigen, welche die eigentliche Arbeit machen. Sie schaffen unsere Wertschöpfung. Hier wird das getan, was anderswo nur »verwaltet« wird. Ohne diese Berufe hätten die anderen nämlich nichts zu tun. Und der Erfolg, der durch diese einfachen Berufe erwirtschaftet wird, das ist der Wohlstand, von dem unsere gesamte Gesellschaft lebt. Das sollten wir nicht vergessen.

Ein ganz spezieller Vorteil in überwiegend praktischen Berufen liegt darin, dass die mit körperlicher Arbeit verbunden sind. Am Feierabend bist du zwar körperlich fix und alle, aber du hast den Kopf frei. Stressige Energien können nur über den Körper abgegeben werden und das ist bei solchen Arbeiten möglich.

Reine Theoretiker und »Bürohengste« hingegen arbeiten mit dem Kopf. Natürlich sind auch sie nach Feierabend reif für die Insel, aber die »Birne« ist nicht frei. Die überwiegend kopflastige Arbeit ist mindestens genauso anstrengend wie die körperliche, auch das muss klar gesagt werden. Man sitzt nicht nur am PC und spielt Solitär. Auch planerische, buchhalterische und denkende Arbeit kostet unglaublich viel Kraft. Der entscheidende Nachteil der theoretischen Berufe ist aber, dass stressige Energie am Tage nicht über den Körper abgegeben werden kann. Somit bleibt sie im Körper und belastet die Leute am Abend. Sie können nämlich schlecht abschalten und nehmen viele Probleme mit nach Hause.

Die einzige Möglichkeit, diese stressige Energie loszuwerden, ist körperliche Betätigung. Deshalb besuchen nicht umsonst viele Akademiker Fitnessstudios oder ähnliche Einrichtungen. Ich glaube nicht, dass ein hart arbeitender Bauarbeiter nach einem 10-Stunden-Tag noch 2 Stunden joggen geht.

Die Entscheidung, ob du eine Ausbildung machst, studierst oder beides machst, liegt vollständig bei dir. Du allein entscheidest, welchen Bildungsweg du einschlagen wirst. Und im Alter von 15 Jahren kann man das verlangen.

Wichtig ist, dass du dich und deine Leistungen ehrlich und realistisch einschätzt. Das Abitur macht nur Sinn, wenn du in mindestens zwei Fächern die Note 1 bringst, ohne dich großartig anzustrengen. Du musst hier gute Noten aus dem Ärmel schütteln in diesen Fächern, auch ohne große Vorbereitung. Diese Fächer sind nämlich dein »Rettungsboot« beim Abitur und halten dich über Wasser und bei Laune. Die Laune wird dir sehr schnell vergehen, wenn du in jedem Fach büffeln musst wie ein Ochse und zum Schluss doch nur Note 4 oder schlechter herausspringt. Das macht auf Dauer überhaupt keinen Spaß, sondern frustriert. Dann sei lieber ehrlich zu dir selbst und wechsele die Schule. Dann bringst du dort bessere Leistungen und bist zufriedener.

Du solltest kein Abitur machen, nur weil das deine Eltern vielleicht gern sehen würden. Oder vielleicht wollen sie auch, dass du ihre Firma übernimmst und nun unbedingt das oder jenes werden »musst«. Bedenke: Es ist DEIN Leben. Du sitzt am Lenkrad und entscheidest, wohin die Reise geht. Denn im späteren Berufsleben musst du glücklich werden, nicht deine Eltern.

Eine Bitte an alle Eltern: Vielleicht konntet ihr früher einen bestimmten Beruf aus verschiedenen Gründen nicht erlernen und wollt nun unbedingt, dass dies euer Nachwuchs schafft. Bedenkt bitte, dass euer Kind für sich selbst sorgen muss und darf und ihm allein die Entscheidung obliegt, welchen Beruf es erlernt. Ihr helft ihm nicht, wenn ihr euer Kind in eine Sache hineindrängt, in der es möglicherweise unglücklich ist. Euch zuliebe wird es das eventuell tun, aber darum geht es nicht. Es geht um euer Kind selbst, nicht um euch und eure Vorstellungen und Wünsche.

Bist du gut in der Schule und bringst hervorragende Leistungen in allen Fächern, so bietet dir das Abitur sehr gute Möglichkeiten für dein späteres Berufsleben. Du erwirbst damit die allgemeine Hochschulreife. Der tiefere Sinn des Abiturs liegt im späteren Studium, darum macht man normalerweise Abitur. Nur um die Zeit herumzubringen und mal zu schauen, ob man dann weiß, was man werden will, ist nicht unbedingt Sinn des Abiturs. Aber es ist immer deine persönliche Entscheidung.

Hast du das Abi in der Tasche, dann bewirbst du dich um einen Studienplatz bzw. schreibst dich direkt an der Universität ein. Man nennt das Immatrikulation. Erkundige dich am besten zeitig vorher (noch beim Abi), ob es für deinen gewünschten Studiengang einen Numerus clausus gibt. Der besagt, dass du diese Fachrichtung nur studieren darfst, wenn du einen bestimmten Notendurchschnitt beim Abitur vorweisen kannst. Es lohnt sich daher in jedem Falle, rechtzeitig vorher nachzufragen, um späteren bösen Überraschungen vorzubeugen.

Das Studentenleben ist eine coole Sache, ich spreche da aus eigener Erfahrung. Man hat, vergleicht man es mit dem späteren Berufsleben, viel freie Zeit. Die kannst und sollst du auch in vollen Zügen genießen, du hast es dir verdient.
   Nichtsdestotrotz kommt irgendwann die Stunde der Wahrheit und die Prüfungen stehen an. Das Studium kann nicht unendlich dauern, sondern muss einmal fertig gebracht werden. Es ist nämlich auch kein Sinn des Studiums, bis zum 30. Semester an der Uni zu hängen und sich von einer Hiwi-Stelle zur nächsten zu schaukeln.

Bereite dich gründlich, frühzeitig und am besten im Team auf die Prüfungen vor. Gemeinsam macht Lernen viel mehr Spaß und man motiviert sich gegenseitig, falls der eine mal nicht so gut drauf ist. Beginne in kleinen

Einheiten zu lernen, nicht alles auf einmal. Und dann wiederhole, wiederhole und wiederhole. Das ist das Geheimnis erfolgreichen Lernens.

Wenn du dein Studium erfolgreich absolviert hast, so bewirbst du dich für einen Beruf. Der Vorteil ist, dass du Berufe ergreifen kannst, die einem normalen Schulabgänger verwehrt sind, weil ihm das theoretische Wissen dazu fehlt. Das ist der Vorteil, den Akademiker haben. Und es ist gut so, dass es kluge Köpfe in der Gesellschaft gibt. Die Gesellschaft lebt vom gesunden Mix aus Akademikern und Handwerkern, aus Häuptlingen und Indianern eben.

Manchmal fragen sich Studenten, wenn sie die Uni verlassen, was sie eigentlich »können«. Nun, du hast eine sehr wichtige Sache beim Studium gelernt: dich in unbekannte Fachgebiete einzuarbeiten und hierfür Lösungen zu erarbeiten. Das kann nicht jeder.

Nach dem Studium bist du ein Wissenschaftler. Wie der Name es bereits sagt, bist du da, um Wissen zu schaffen. Wer soll es sonst tun außer dir? Du hast schließlich lange studiert und das Zeug dazu, in unbekannte Gefilde vorzudringen.

Und gerade das Neue ist es, was das Leben so spannend macht. Es gibt immer wieder Änderungen, Veränderungen, Erfindungen usw. Und dafür braucht es kluge Leute, die die Welt verändern. Und du als Studierter trägst deinen Teil dazu bei.

Warte als Student bitte nicht, bis du dein Abschlusszeugnis in der Hand hältst, und suche dann einen Arbeitgeber. Draußen wartet in der Regel niemand auf dich. Ergreife noch während deines Studiums die Initiative und schaue dich nach potentiellen Berufsmöglichkeiten um. Mache Praktika, auch ohne Bezahlung. Schnuppere in verschiedene Jobs hinein und bereite deinen Weg bereits im Studium vor – für danach.

Während des Studiums solltest du deine viele freie Zeit auch genießen. Wenn du es planst, einige Zeit im Ausland zu verbringen oder einfach einmal die Welt zu erkunden, so ist das die beste Zeit hierfür. Auch wenn der Geldbeutel nicht immer der dickste ist: die Zeit und die Möglichkeit zu haben als meist ungebundener junger Mensch, bekommst du so schnell nicht wieder im Leben. Daher tue es im Studium, falls du so etwas vorhast.

Die große Kunst im Beruf ist, die Balance zwischen Theorie und Praxis zu finden. Reine Theorie braucht die Praxis, um zu zeigen, dass sie auch etwas taugt. Jeder theoretisch arbeitende Mensch ist bestens beraten, seine Vorstellungen nicht nur auf dem Papier, sondern auch einmal unter Praxisbedingungen zu testen. Die tollsten Ideen bringen keinem etwas, wenn sie nicht realisiert werden. Das ist die Feuertaufe für den theoretischen »Krams«. Aber auch die Praktiker können sich nicht nur darauf ausruhen, dass die Praxis das alleinige Allheilmittel ist. Ohne Theorie geht es auch nicht, einfach nur darauflosarbeiten ist nicht immer von Vorteil.

Der Kern besteht darin, sich über eine Sache Gedanken zu machen und sie dann praktisch auszuprobieren. Die gesunde Mischung aus Theorie und Praxis führt immer zum Erfolg. Und genau das ist es, was dich in deinem Beruf glücklich werden lässt.

Beruf

Wenn du eine Stunde lang glücklich sein willst, schlafe.
Wenn du einen Tag glücklich sein willst, geh fischen.
Wenn du ein Jahr lang glücklich sein willst, habe ein Vermögen.
Wenn du ein Leben lang glücklich sein willst, liebe deine Arbeit.
Chinesisches Sprichwort

Beruf kommt von Berufung. Du bist auf dieser Welt für etwas berufen. Du hast gewissermaßen einen Job zu erledigen. Die Kunst für ein glückliches Leben ist es, nun für dich herauszufinden, welcher Beruf der richtige für dich ist.

Du kannst auf zwei Wegen deinen Beruf finden: Entweder du erlernst einen Beruf, den die Gesellschaft gerade braucht, weil dort zum Beispiel eine Lehrstelle oder ein Studienplatz frei wird. Oder du erkennst zuerst, welche Tätigkeit dir unglaublich viel Freude bereitet. Und diese Tätigkeit, die du für dich als Traumberuf gefunden hast, die übst du dein Leben lang aus.

Es kann sein, dass du Prüfungen vermasseln und etliche Niederlagen einstecken musst. Es kann sein, dass du zunächst einen ganz anderen Beruf erlernst und erst später erkennst, dass er dich eventuell doch nicht erfüllt. Auch das ist nicht schlimm. Durch die erste Ausbildung hast du eine Lebenserfahrung gewonnen und dir Kenntnisse erworben auf diesem Gebiet. Und du hast gelernt, die Ärmel hochzukrempeln und etwas zum Abschluss zu bringen. Wenn du bereits drei oder vier Jahre in einer Ausbildung warst, dann bring sie zu Ende. Mach den Abschluss, dann hast du etwas in der Tasche. Das alles kann dir niemand mehr nehmen.

Dass du deinen Traumberuf gefunden hast, erkennst du daran, dass du diese Arbeit so gerne machst und dir nichts anderes vorstellen kannst. Du würdest sie theoretisch auch ohne Bezahlung machen, so sehr gefällt sie dir. Sie macht dich glücklich und das ist der Punkt. Wenn du jeden Tag glücklich bist mit deiner Arbeit, deine Aufgaben voller Leidenschaft und Hingabe erledigst, dann hast du deinen Traumjob gefunden. Und es spielt überhaupt keine Rolle, was das für ein Beruf ist.

Laut Umfragen sind 2/3 der Berufstätigen unzufrieden mit ihrem Job. Lass dir diese Zahl einmal durch den Kopf gehen. Zwei Drittel der Arbeitenden machen etwas, nur um Geld zu verdienen oder die Zeit irgendwie totzuschlagen. Ist das nicht der blanke Wahnsinn? Der Großteil der Menschen tut etwas, tagein und tagaus, was ihnen im Grunde gar keinen Spaß macht. Das ist die Macht der Gewohnheit. Sie machen sich selbst etwas vor. Sie verplempern einen riesengroßen Teil ihres Lebens mit etwas, was sie gar nicht gern machen. Das ist schade. Wie unvorstellbar schön wäre es, wenn diese Menschen ihrer wirklichen Berufung nachgehen und sich selbst und der Gesellschaft den größten Dienst erweisen würden!

Versuche für dich selbst herauszufinden, welche Art von Arbeit dir besonders gefällt und dich erfüllt. Probiere schon in der Schule etliche Jobs aus, mache viele Praktika. Beim Traumjob merkst du nicht, wie die Zeit verfliegt und du ganz in dieser Arbeit aufgehst. Sie belastet dich in keiner Weise und du erlebst unzählige Glücksmomente. Dabei spielt es keine Rolle, ob du der CEO (Chef) einer Firma oder die Putzfrau wirst. Das ist völlig egal. Wenn du Erfüllung bei deiner Tätigkeit findest und du sie richtig gern tust, dann hast du einen Grundstein für ein erfülltes Leben gelegt. Dein Lebensbereich Arbeit ist somit bestens abgedeckt.

Jobsuche und Bewerbung

*Wäre jeder Tag ein Feiertag,
sich vergnügen wäre so ermüdend wie arbeiten.
William Shakespeare*

Suche dir einen Job, bevor du ihn brauchst. Warte nicht ab, bis er dir auf dem Silbertablett serviert wird. Das kommt höchst selten vor und meistens nur dann, wenn du sehr gut im Beruf bist und deine Kenntnisse und Fähigkeiten gefragt sind.

Überlege dir zuallererst, wo du beruflich tätig sein möchtest. Ist es daheim in vertrauter Umgebung angenehmer oder kannst du dir vorstellen, weiter weg zu arbeiten? Schaffst du es, mit deiner Arbeit dich selbst und später deine Familie zu ernähren? Was für Perspektiven hast du in diesem Beruf? Und dann beantwortest du dir vielleicht noch diese Fragen:

Arbeitest du gern mit Menschen?
Arbeitest du gern allein?
Arbeitest du gern im Team?
Arbeitest du gern draußen oder lieber drinnen?

Diese und weitere Fragen kannst du dir im Vorfeld stellen, um dir klar zu werden, was du eigentlich willst. Du kannst mögliche Berufe für dich ableiten. Dann durchforstest du gezielt Zeitung, Internet und Aushänge. Vielleicht kennst du auch jemanden, der schon in deinem Traumjob arbeitet. Prima, dann frag ihn einfach, wie es ihm gefällt und ob er dir behilflich sein kann.

Der Klassiker ist die Bewerbung nebst Lebenslauf. Der kann auch mal in handschriftlicher Form verlangt werden. Dein möglicher Arbeitgeber möchte erfahren, ob du ins Team passt. Bitte denke daran: Das Ziel einer Bewerbung ist es, seine Kenntnisse zum Vorteil des Unternehmens einzusetzen und nicht umgekehrt. Die Fragen nach Urlaub, Gehalt und sozialen Vergünstigungen müssen natürlich geklärt werden, aber sie sind nicht der Grund, warum du dich auf eine Stelle bewirbst. Deine Aufgabe ist es, glasklar herauszustellen, warum die Firma genau dich braucht.

Hervorragende Bewerbungsunterlagen sind ein absolutes Muss. Kein schmutziges Papier, keine Rechtschreibfehler und keine falschen Anreden. Das muss sitzen.

Erscheine zum Vorstellungsgespräch überpünktlich, selbst wenn du warten musst. Es gibt für Unpünktlichkeit keine Entschuldigung.

Sei höflich zur Sekretärin oder zum Pförtner. Beide haben eine ungeheuer wichtige Position im Unternehmen. Sie zu ignorieren oder ihnen gegenüber unhöflich aufzutreten ist ein Eigentor für dich.

Während des Vorstellungsgespräches verhalte dich natürlich. Versuche nicht jemand zu sein, der du nicht bist. Gib ehrlich Auskunft, aber verstecke dich auch nicht. Das, was du besonders gut kannst und was die Firma braucht, darfst du gern ausführlich schildern.

Sollte die Bewerbung oder das Gespräch nicht zum gewünschten Erfolg führen, so lass den Kopf nicht hängen. Es zeigt dir immerhin, wo du noch besser werden kannst, was du beim nächsten Mal verändern solltest. Es gibt immer auf der Welt eine Möglichkeit zu arbeiten, du musst nur genau hinschauen.

Eines muss dir aber auch klar sein: Wenn du die 100. Bewerbung geschrieben und immer noch keinen Job gefunden hast, so liegt ein grundlegender Fehler vor. Entweder sind deine Unterlagen mangelhaft oder du bewirbst dich beim falschen Arbeitgeber oder du bist vielleicht einfach zu bequem, es einmal in weiterer Entfernung zu versuchen. Mag sein, dass meine Worte hart sind, aber du bist für deinen Erfolg selbst verantwortlich und niemand anders auf der Welt.

Selbstständigkeit und Vorbereitung

Verlierer sagen: Ich versuche es.
Franz X. Bühler

Private Unternehmen werden in der öffentlichen Diskussion oft als Firmen betrachtet, die möglichst vielen Menschen Arbeit zu geben haben. Je mehr Menschen beschäftigt werden, desto »wichtiger« ist die Firma. Das hört man sehr oft in der Politik und damit versucht man, Wählerstimmen zu bekommen.

Aber: Die Aufgabe einer Firma ist es nicht, Arbeitsplätze zu schaffen oder die Statistik der Arbeitslosenzahlen für die Politik zu verbessern. Die Aufgabe einer Firma besteht darin, mit ihrem Produkt oder ihrer Dienstleistung den maximalen Nutzen für ihre Kunden zu erzielen. Um nichts anderes geht es bei einer Firma.

Wenn du also den Wunsch hast, dich selbstständig zu machen, dann musst du dir im Klaren darüber sein, was du deinen potentiellen Kunden als größtmöglichen Nutzen anbieten kannst. Du musst ein Produkt herstellen oder eine Dienstleistung erbringen, die so einen hohen Wert besitzt, dass andere Menschen dafür gern bezahlen. Das ist die entscheidende Frage, die es zu klären gilt.

Angestellter zu sein ist wie Autofahren mit geschlossenem Dach. Du hast ein vorgegebenes Arbeitsspektrum, welches du bearbeitest. Deine Gedanken, Visionen, Träume und Freiheiten werden durch das Autodach begrenzt, du dienst schließlich einer fremden Firma. Dafür bist du bei Wind und Wetter geschützt und kannst den Scheibenwischer einschalten, wenn die Sicht einmal nicht so besonders ist. Wenn du einmal krank bist, so machst du es dir auf dem Rücksitz bequem und lässt dich weiterkutschieren, bis du wieder fit bist. Du hast eine gewisse Sicherheit, was dein Einkommen und deine Aufgaben betrifft. Sie werden dir mehr oder weniger vorgegeben, je nachdem, welche Position / Hierarchie du in einer Firma innehast.

Es kann sein, dass du keinen Bock hast, als Angestellter zu arbeiten, und lieber dein eigener Herr sein willst. Auch das ist in Ordnung. Alles im Leben hat zwei Seiten, so auch die Selbstständigkeit. Das ist weder richtig noch falsch, selbstständig zu sein, du kommst so oder so durchs Leben. Sich selbstständig zu machen ist vielmehr eine Frage deiner persönlichen Einschätzung und deiner Risikobereitschaft.

Und bitte, liebe Angestellte, schaut nicht neidisch auf selbstständige Berufskollegen. Ihr hättet euch schließlich auch selbstständig machen können!

Selbstständig zu sein ist wie Cabriofahren, ohne Dach. Du siehst den Himmel über dir und kannst deine Träume und Visionen ausleben. Du genießt den frischen Wind um die Nase und die Freiheit, die sich dir bietet. Das ist ein tolles Gefühl. Du bist dein eigener Herr. Als Selbstständiger hast du die Möglichkeit, dir dein Leben aufzubauen, von dem du immer geträumt hast. Es liegt in deiner Hand, es wahr werden zu lassen.

Da es nicht immer nur Frühling und Sommer gibt, sondern auch Herbst und Winter, kann es in einem Cabrio auch einmal sehr ungemütlich werden. Du hast keinen Schutz vor Regen, Nässe und Kälte. Sie prasseln auf dich ein. Auch für schlechte Zeiten, wenn die Auftragslage nicht so rosig ist, musst du dich warm anziehen. Du bist in besonderem Maße dafür verantwortlich, auf deinen Fahrstil zu achten. Du musst Rücksicht nehmen auf deine Gesundheit, deine Vorsorge und deine Arbeitskraft. Bei Ausfall hilft dir niemand, es vertritt dich kein anderer Mensch.

Als Selbstständiger hast du die Freiheit, alles tun zu dürfen, was du magst. Dein Einkommen kann Werte annehmen, von denen ein Angestellter nur träumt. Es kann aber auch Werte annehmen, die dich unter die Armutsgrenze fallen lassen. Beides ist möglich, beides wird kommen.

Der Schritt in die Selbstständigkeit sollte genau geplant und vorbereitet sein. Einfach mal so auf blauen Dunst eine Firma gründen ohne jegliche Vorstellung, was du eigentlich willst, ist töricht und wird nicht von Erfolg gekrönt sein. Suche dir einen Partner, der dich auf dem Weg in die Selbstständigkeit begleitet.

> Stelle dir die folgenden Fragen:
> Was kann ich ganz besonders gut?

Wer braucht mein Produkt oder meine Dienstleistung?
Kann ich dafür Geld verlangen und kann ich davon leben?
Bin ich bereit, beruflich mein eigener Herr zu werden?
Bin ich bereit, meine Komfortzone zu verlassen?
Bin ich sattelfest genug, auch stürmische Zeiten zu überstehen?
Bin ich in der Lage, auch mit weniger Einkommen über die Runden zu kommen?
Habe ich jemanden, der mich im Notfall oder bei Ausfall vertritt?
Bin ich bereit, Dinge zu delegieren, die ich nicht besonders kann?
Bin ich bereit, Risiken auf mich zu nehmen?
Bin ich bereit, Neues auszuprobieren und alte Pfade zu verlassen?
Bin ich bereit zu wachsen?
Bin ich bereit, Verantwortung für andere zu übernehmen, wenn meine Firma wächst?

Wenn du diese Fragen mit Ja beantworten kannst, so hast du gute Voraussetzungen, dich selbstständig zu machen. Es besteht natürlich auch die Möglichkeit, es nebenberuflich zu tun bzw. es zu einem späteren Zeitpunkt erneut anzugehen.

Fazit:
Sowohl Selbstständige als auch Angestellte haben ihren ganz persönlichen Grund, warum sie gerade diese Form der Arbeit gewählt haben. Und das ist in Ordnung so. Jeder soll so leben, wie es ihm beliebt. Plane und recherchiere gründlich im Vorfeld und dann entscheide dich dafür, was deine innere Stimme sagt.

Fleiß, Disziplin und Erfolg

> *Tue das, wovor du Angst hast, und das Ende der Angst ist dir sicher.*
> *Lebensweisheit*

Egal, ob du nun angestellt bist oder selbstständig arbeitest: Ohne Fleiß und Disziplin geht es nicht. Fleißig und diszipliniert arbeiten bedeutet, dass du dir vorher im Klaren bist, was du eigentlich tun möchtest. Auf das Gaspedal zu steigen wie ein Bekloppter und dabei noch nicht einmal zu wissen, wohin die Reise geht, führt dich nicht zum Ziel. Da kannst du noch so fleißig und diszipliniert arbeiten.

Zuerst musst du ein Ziel haben. Darauf gehe ich noch ein. Wenn du das hast, dann kannst du ganz gezielt darauf hinarbeiten. Konzentriere dich dabei immer auf das Wesentliche. Es kommt nicht darauf an, besondere Arbeiten möglichst einfach zu machen, sondern die einfachen Arbeiten besonders gut zu machen. Hierin steckt das Geheimnis erfolgreicher Arbeit.

Wenn du etwas nicht weißt, dann frage nach. Es bringt dir nichts, deine Unkenntnis zu überspielen; irgendwann fliegt das sowieso auf. Es ist überhaupt keine Schande zu fragen, wenn man etwas nicht weiß. Ganz im Gegenteil: Du zeigst damit, dass du dich mit einer Sache richtig auseinandersetzt. Darüber hinaus spart dir Fragen viel Zeit. Das bedeutet natürlich nicht, dass du den ganzen Tag mit Fragen überbrücken sollst, um nichts mehr selbst zu tun. Was ich meine, ist, im richtigen Augenblick eine konstruktive Frage zu stellen. Und mit der Antwort erledigst du dann den Auftrag.

Sei dir bewusst, dass jeder Mensch im Berufsleben ersetzbar ist. Niemand ist unabkömmlich. Du könntest ja mal einen Unfall haben oder in Ohnmacht fallen … Spaß beiseite: Das Leben geht auch ohne dich weiter. Natürlich besitzt du einzigartige Eigenschaften, die in der Form niemand ersetzen kann. Aber 80 % deiner Aufgaben werden weiter fortgesetzt werden, in welcher Art und Weise auch immer. Versuche daher bitte nicht, alles an dich zu reißen und nichts preiszugeben. So nach dem Motto »Wenn ich alles Wissen für mich behalte, dann bin ich unkündbar«. Das ist absoluter Quatsch. Gerade wenn du offen bist im Job und deinem Team deine Fähigkeiten zur Verfügung stellst, dann kannst du nur gewinnen.

Vor allem als Selbstständiger sorge dafür, dass alles normal weiterläuft, wenn du nicht da bist. Dann hast du die richtige Struktur in deiner Firma, quasi den Autopiloten eingeschaltet.

Zuverlässigkeit ist eines der Erfolgsgeheimnisse im Berufsleben, und nicht nur dort. Bloße Anwesenheit und Überstunden sind selten gefragt.

Wenn du zuverlässig im Job bist, man sich auf dein Wort verlassen kann, dann besitzt du eine Gabe von unschätzbarem Wert. Man kann sich auf dich verlassen.

Mitarbeiter, auf die man sich verlassen kann, sind gern gesehen und sehr gefragt. Kein Chef der Welt schmeißt einen zuverlässigen Mitarbeiter raus, nur weil der einen Fehler gemacht hat. Wenn du täglich dein Bestes gibst und das Wesentliche im Job erledigst, brauchst du dir keine weiteren Gedanken zu machen.

Gibt es Probleme bei der Arbeit – und das ist regelmäßig der Fall –, dann laufe nicht davon. Sie holen dich in einer anderen Form wieder ein. Sieh Probleme als Herausforderungen an. Es sind Hinweise, dass es noch nicht so funktioniert, wie du es dir vorgestellt hast. Bleib am Ball und zieh eine Sache durch. Anfangs mag es schwierig scheinen, aber mit der Zeit läuft es leichter und besser. Das ist bei jeder Tätigkeit der Fall.

Schalte bei Routineaufgaben so oft wie möglich auf deinen Autopiloten. Das ist wie beim Auto: Das fährt dich dann mit der von dir eingestellten Geschwindigkeit dahin, egal ob es bergauf oder bergab geht. Mache dir auch deinen eigenen Tempomaten zunutze. Du verbrauchst weniger »Sprit«, also körperliche Energie und kannst Abweichungen vom Normalfall sehr leicht feststellen.

Mit Routine meine ich hier ausdrücklich nicht, dass du alles nur nach Schema F erledigen sollst. Mitdenken ist jeden Tag gefragt. Ich meine aber, dass du für sich immer wiederholende Tätigkeiten einen gewissen Arbeitsablauf im Blut haben solltest.

Das wahre Berufsleben zeigt sich ohnehin erst, wenn du ein paar Jahre gearbeitet hast. Alles andere sind Erfahrungen, die du sammeln darfst. Wissen und Erkenntnisse von der »Straße« sind dem Wissen aus der Schule und der Universität immer überlegen, weil sie angewendetes Wissen sind. Learning by doing lautet eine bekannte Weisheit. Vielen Menschen, die bereits seit Jahren erfolgreich in einer Branche arbeiten, kann man nichts mehr vormachen. Sie haben so viel an Berufserfahrung, davor gilt es den Hut zu ziehen. Wissen, das du jeden Tag aktiv anwendest, macht dich mit der Zeit zu einem weisen Menschen.

Wenn du fleißig, diszipliniert und zuverlässig arbeitest, wenn du im richtigen Moment nachfragst und bei Schwierigkeiten nicht aufgibst, dann wirst du automatisch erfolgreich sein im Berufsleben. Dann brauchst du dir um andere Dinge keinen Kopf zu machen. Denn Erfolg ist die logische Konsequenz aus den genannten Eigenschaften.

Glück

Die meisten Menschen sind so glücklich,
wie sie es sich selbst vorgenommen haben.
Abraham Lincoln

Manche Leute meinen, andere hätten immer mehr Glück als sie selbst. Denen würde alles von der Hand gehen und sie selbst wären immer der Verlierer.

Aber das ist nicht richtig. Du bist deines eigenen Glückes Schmied. Du selbst kannst jeden Tag entscheiden, ob du Glück haben willst oder nicht. Du sitzt am Steuer deines Lebensautos und hast die volle Kontrolle über dich. Sei dir dessen bewusst. Du besitzt weitaus mehr Möglichkeiten, dein eigenes Handeln zu steuern, als dir bewusst ist. Glück bedeutet, den Grund deines Seins verstanden zu haben. Wenn du das weißt, bist du automatisch glücklich.

Vielleicht fragst du dich jetzt, woher du denn bitte schön wissen sollst, ob du morgen Glück haben wirst? Nun, Glück ist eine Frage deiner persönlichen Einstellung oder der Ansammlung von Erfolgen, die du erreicht hast. Liste einmal alles auf, was du bisher erfolgreich im Leben geschafft hast. Alles. Und dann schau dir die Liste an und lies sie mit Genuss von oben nach unten. Das alles hast DU geschafft. Was für ein Glück du hast!

Ich kenne Leute, die haben fast gar nichts und sind sehr glücklich. Sie erfreuen sich an Kleinigkeiten, die sie erreicht haben, sei es noch so unbedeutend.

Wenn du etwas erfolgreich gemeistert hast, sei es eine Prüfung, die Herstellung einer Sache usw., dann hast du das Recht, dich über deinen Erfolg zu freuen. Und wenn du viele solcher Erfolge erreichst, kannst du glücklich werden.

Die Frage ist: Bist du stolz auf das, was du erreicht hast? Wenn ja, hast du automatisch Glück.

Die Geschichte vom Säufer

Es war in der Mitte der neunziger Jahre, ich fuhr gerade mit dem Zug irgendwo in Niedersachsen. Ich saß in so einem Abteil, das man vom Gang des Zuges aus öffnen konnte und in dem 6 Personen Platz hatten. Wir saßen zu zweit, mit dem anderen Unbekannten war ich gerade in einem Plausch, als ein Betrunkener im Gang draußen langsam vorbeitorkelte. »Ach du Scheiße!«, dachte ich. »Hoffentlich kommt der nicht noch in unser Abteil.« Und: Genau das tat er. Er setzte sich besoffen, wie er war, direkt neben mich auf den freien Platz. Na prima, das war's ja wohl für heute. Ein Gestank von Alkohol und allgemeiner Unsauberkeit wehte um unsere Nasen. Mein Gegenüber rollte ebenfalls mit den Augen, da uns die Anwesenheit des Säufers beiden absolut nicht behagte und wir unseren Plausch gern fortgeführt hätten. Stille. Bloß den Typ nicht angucken.

Nach circa 10 Minuten unendlich ätzender Stille lief draußen der Schaffner vorbei. »Ah, geil«, dachte ich, »jetzt wird sich das Problem lösen. Der Typ hat keine Karte und fliegt raus.« Der Schaffner öffnete die Tür und wir zeigten »stolz« unsere gültigen Fahrkarten. Dann war der Typ an der Reihe, ich sah schon, wie er verzweifelt in seinen verkeimten Jackentaschen suchte und dann hilflos vom Schaffner mitgenommen wurde. Aber es passierte etwas ganz anderes. Der Betrunkene griff in eine seiner Hosentaschen und holte langsam einen zerknitterten Fahrschein heraus. Der Schaffner nahm und kontrollierte ihn, alles war in Ordnung, und er ging weiter.

Das gibt es doch gar nicht! Das geht doch gar nicht! Ich war echt sauer. Nun durfte ich die verbleibende Zeit mit diesem Typen verbringen, echt klasse!

Es vergingen wieder unendlich lange Minuten des Nichtsagens. Ich schlug ein Bein über das andere, so dass der Typ meinen Schuh genauer sehen konnte. Nicht dass ich damit angeben wollte, nein, es sollte vielmehr ein Zeichen für ihn sein, dass ich absolut keinen Bock hatte, meine Zeit mit ihm zu verschwenden.

Es waren wirklich gute Schuhe, ich hatte sie zum Abschied meiner Ausbildung geschenkt bekommen. Sie trugen die Aufschrift »Mephisto«. Der Typ guckte auf den einen Schuh und murmelte: »Ah, Mephisto«, und lachte (zu-

mindest klang es irgendwie danach). Ich zog die Augenbrauen hoch, blickte zu meinem Gegenüber und dann vorsichtig zum Typen. Ich machte dann: »Häh?«, und guckte wieder zum Fenster raus. Daraufhin sprach der Typ in betrunkenem Stil: »Na, Mephisto, das ist doch der Teufel, der diesen Deal mit Faust gemacht hat, von Goethe geschrieben.«

Boah, dachte ich. So etwas kennt dieser Typ? Ich dachte eher, der weiß vielleicht alles über die Namen der Schnapsflaschen in Deutschland, aber doch nicht über Goethes Faust! Dann fragte ich ihn vorsichtig: »Aha, woher weißt du denn das?«

Daraufhin zog er ein verschmitztes Lächeln und sagte: »Weil ich auch Abitur gemacht habe.« Das gibt es doch gar nicht! DER Typ da hatte Abitur? Der will uns doch sicher verarschen?!? Ich mochte Goethe und musste feststellen, wer Goethe, Faust und Mephisto kennt, konnte eventuell doch gar nicht so blöd sein.

Ich wurde neugierig. »Wann hast du denn Abi gemacht?« Mit besorgtem Gesicht lehnte sich der Typ an die Rückenlehne und eine Träne rollte über sein Gesicht. Ich guckte etwas ängstlich zu meinem Gegenüber, der wusste auch nicht, was nun ist. Der Typ begann langsam über sich zu sprechen.

Er hatte sein Abitur gemacht. Danach begann er seine Ausbildung zum Elektriker. Als diese beendet war, machte er seinen Elektrikermeister hinterher und gründete eine eigene Firma und hatte Angestellte. Er war verheiratet und wohnte mit seiner Frau und den Kindern in einem schönen Haus.

Als er das so erzählte, wurde mir aber ganz anders. Ich war fassungslos. Der Typ oder besser der arme Kerl hatte eine »normale« Ausbildung hinter sich und eigentlich all das erreicht, wonach sich ein Mensch sehnt. Das gibt es doch gar nicht! »Was ist denn geschehen, dass du nun so hier herumläufst?«, fragte ich vorsichtig. Wieder rollte eine Träne herunter. »Meine Firma ist pleitegegangen.«

O. k., dachte ich, aber führt das dazu?

Er erzählte weiter, dass er aufgrund von Zahlungsschwierigkeiten seiner Kunden finanziell so hoch belastet war, dass er seine Außenstände nicht mehr begleichen konnte. Er musste nach und nach all seine Mitarbeiter entlassen und Konkurs anmelden. Er begann zu trinken. Das Trinken führte dazu, dass sich seine Frau von ihm trennte und er das gemeinsame Haus verlassen musste. Bei Firmen hat der Inhaber oft kein Vermögen bzw. überschreibt alles auf die Ehefrau, um im Fall des Falles diese nicht zu belasten. Er landete somit auf der Straße. Das Ganze vollzog sich in nicht einmal 6 Monaten.

Ich war absolut sprachlos. Auch mein Gegenüber brachte keinen Ton heraus. Das hätten wir niemals vorher gedacht! Der Mann tat uns aufrichtig leid; ich ärgerte mich insgeheim, wie ich über ihn im Vorfeld gedacht hatte. Ich hatte voll danebengelegen!

Nach einer Weile kam ein anderer Mann von außen in unser Abteil. Er kannte unseren »Typen« wohl und sie tranken gemeinsam aus einer Flasche. Still und ohne Worte.

Dann hielt der Zug und die beiden stiegen aus, wir mussten noch weiterfahren. Als der »Typ« aus dem Abteil ging, drehte er sich noch einmal zu mir um und sagte: »Ich wünsch dir alles Gute und pass auf dich auf.« Dann ging er.

Ziele und Zielstrebigkeit

> *Es ist nicht schlimm, wenn man hinfällt.*
> *Sondern wenn man liegen bleibt.*
> *Nawid Peseschkian*

Wohin soll es denn gehen? Hast du eine konkrete Zielvorstellung von dem, was du einmal im Leben tun, haben, werden, machen willst?

Ziele sind Grundvoraussetzung für dich, wenn du etwas in deinem Leben erreichen möchtest. Ohne Ziel lebst du auf blauen Dunst. Du guckst einfach mal, was der Tag so bringt und um dich herum passiert. Du nimmst damit nur passiv am Leben teil, du wirst dadurch gelebt.

Ein Mensch mit klaren Zielen, mit einer ganz konkreten Vorstellung für alle vier Lebensbereiche hingegen lebt sich selbst, er nimmt aktiv am Leben teil.

Wenn du später einmal ein Auto haben solltest und eine etwas längere Strecke vor dir hast, dann kannst du in aller Regel auf das eingebaute Navigationssystem zurückgreifen. Das ist eine tolle Sache. Vor allem, wenn du in bislang unbekannte Gegenden fährst oder dich im Dschungel einer Großstadt zurechtfinden willst. Dann erkennst du, wie wertvoll es ist, ein Ziel zu haben. Denn zu Beginn deiner Fahrt gibst du bereits ganz konkret dein Ziel ein. Das Auto nimmt dir hier sogar die entscheidende Eingabe ab: Du musst (!) ein Ziel eingeben, bevor das Navi dich leitet. Wenn du das nämlich nicht tust, dann funktioniert das System nicht. Dann kannst du auch auf gut Glück losfahren und wirst irgendwann einmal am Ziel ankommen.

Das Navigationssystem verlangt somit von dir eine ganz konkrete Vorgabe, nämlich das Ziel. Wenn du das eingegeben hast, dann übernimmt das System die Aufgabe. Natürlich ist Mitdenken immer angebracht, gerade wenn Hindernisse, Staus oder Unfälle auf der Fahrbahn auftreten. Zuweilen ist es notwendig, eine Umleitung zu fahren, wenn eine Strecke gesperrt ist. Das System sucht automatisch nach einer neuen Verbindung, einem Ausweg, ohne das eigentliche Ziel aus dem Auge zu lassen.

Wenn du ein klares Ziel vor Augen hast, egal in welchem Lebensbereich, dann hast du die erforderliche »Eingabe« vorgenommen. Dein körpereigenes Navigationssystem leitet dich von nun an zum Ziel. Es ist wie ein Kompass. Natürlich wird es auch auf der Autobahn des Lebens zu Hindernissen, Staus und Unfällen kommen. Natürlich wirst du auch auf der Autobahn des Lebens so manche Umleitung fahren müssen, weil der eine oder andere Weg gerade versperrt ist oder schlechte Sicht eine Fahrt schlichtweg unmöglich macht.

Du kannst dich auf dein eigenes Navigationssystem verlassen. Es handelt sich hierbei um dein Unterbewusstsein. Es wird dich immer zum Ziel bringen, wenn du denn eine konkrete Eingabe vorgenommen hast. Du programmierst dich damit selbst. Dein Unterbewusstsein ist extrem stark und mächtig, vermutlich wirst du das nicht wissen oder gleich erkennen. Aber jeder Mensch hat es.
    Daneben gibt es das Bewusstsein. Das ist das, was du gerade einsetzt, um dieses Buch hier zu lesen. Das Bewusstsein spielt immer im Hier und Jetzt. Es ist dir also bewusst.

Im Vergleich zum Unterbewusstsein ist das Bewusstsein ziemlich klein, vielleicht die Antenne auf deinem Lebensauto. Das Unterbewusstsein hingegen ist deutlich größer, nur nehmen wir es nicht so wahr. Sehr viele Prozesse in deinem Körper spielen sich unbewusst ab, du merkst nicht einmal, dass sie passieren. Als Beispiel nenne ich deine Atmung und deinen Herzschlag. Die laufen immer ab. Es ist völlig egal, ob du wach bist, ob du schläfst, ob du Sport treibst oder faulenzt. Solange du lebst, funktionieren sie.

Im Bereich der Arbeit ist das genauso. Wenn du dir ein klares Ziel setzt, eine klare Eingabe vornimmst, dann aktivierst du dein Unterbewusstsein, es umzusetzen. Wenn du das Ziel hast, einen bestimmten Beruf zu erlernen, dann werden sich dir Möglichkeiten auftun, du musst nur genau hinsehen. Wenn du dir das Ziel setzt, nur noch Note 1 und 2 auf dem Zeugnis zu haben, dann programmierst du deine Gehirnzellen auf Note 1 und 2. Mag sein, dass es über Umwege der Nachhilfe oder Ähnliches funktioniert, aber es funktioniert. Du musst dir aber ganz klar sein, dass du es willst. Halbherzige Wunschvorstellungen führen nicht zum Erfolg.

Ich habe gelesen, dass etwa 80 von 100 Menschen keine klaren Vorstellungen von sich und ihrem Leben haben. Das sind 80 %! 80 % der Menschen leben mehr oder weniger in den Tag hinein und lassen sich überraschen, was der so bringt. Die große Masse der Menschen wird damit von anderen gelebt.

Die anderen 20 Leute haben eine klare Vorstellung von dem, was sie im Leben erreichen wollen. Diese 20 Leute werden ihre Ziele verwirklichen.

3 von den 20 Leuten schreiben ihre Ziele und Vorstellungen noch auf ein Blatt Papier, sie schreiben sie auf. Und genau diese 3 Personen von 100 sind es, die ihre Ziele und Visionen in besonderem Maße verwirklichen werden. Sich Ziele zu setzen ist der Erfolgsgarant schlechthin und nicht zuletzt die Grundlage für dich und dein Lebensglück.

Zähle auch du dazu und schreibe all deine Ziele und Visionen auf und zwar so konkret wie möglich.

Schreibe nicht: Ich möchte mehr Geld haben. Schreibe: Ich möchte den Betrag X Geld auf meinem Konto bis zum Y Datum haben.

Schreibe nicht: Ich möchte abnehmen. Schreibe: Ich werde bis zum X Datum genau Y Kilogramm wiegen.

Erstelle dir so deine persönliche Zieleliste. Es können normale, kleinere oder auch ganz große Ziele sein, Visionen, so wie du es wünschst. Wichtig ist, sie müssen dich alle ein wenig »kitzeln«, also aus deinem Mauseloch hervorlocken. Du musst deine Komfortzone verlassen, um sie zu erreichen. Bei manchen Zielen musst du alles geben oder neue Wege beschreiten, um sie zu erreichen. Du wirst dich auf das Wesentliche konzentrieren, so wie ich es in der Einleitung als Beispiel vom Glas und den Steinen geschildert habe.

Selbst wenn du nicht alle Ziele erreichst, die du dir vorgenommen hast, so ist das immer noch viel besser, als gar keine Ziele zu haben. Dann hättest du nämlich nichts erreicht.

Je zielstrebiger du ein Ziel verfolgst; je beharrlicher du am Ball bleibst, desto größer werden deine Fortschritte werden und dein Lebensglück. Du erarbeitest dir damit eine wichtige Lebenseigenschaft: Ausdauer und Beharrlichkeit.

Wie ein Stürmer auf dem Fußballfeld, dribbelst du um Hindernisse herum, du läufst auch mal in die andere Richtung, du wirst auch manchmal gefoult. Aber wenn du beharrlich weitermachst, nicht aufgibst, wirst du den Moment erkennen und das Ding reinhauen.

Trainiere daher deine Ausdauer im Umgang mit Zielen und gib dich nicht geschlagen. Es ist etwas ganz anderes, wenn du spielst, um zu gewinnen, als wenn du spielst, um nicht zu verlieren.

Du wirst im Leben auf Menschen treffen, die sehr selbstsicher wirken. O. k., manchmal überspielen sie damit ihre Baustellen …
Aber ein Großteil der selbstsicher wirkenden Menschen hat in aller Regel ein klares Ziel. Und weil sie ein klares Ziel haben, sind sie auf Erfolg programmiert und strahlen das auch nach außen aus. Sie wissen ganz genau, was sie wollen und wo sie hinwollen. Und sie wissen auch ganz genau, was sie nicht wollen. Das sprechen sie auch ganz klar aus. Viele Leute können damit nicht umgehen und stempeln das als Überheblichkeit ab, weil sie selbst unsicher sind.

Wenn du dir darüber im Klaren bist, was du im Leben tun, haben, werden und machen willst, dann programmierst du dich automatisch auf Erfolg und Selbstsicherheit. Die erreichten Ziele, egal in welchem Lebensbereich, machen dich zu einem glücklichen Menschen.

Entscheiden und Verantwortung

Erfolg buchstabiert man: T.U.N.
Jürgen Höller

Hauptsache, ich war es nicht! Hauptsache, ich bin nicht derjenige, dem man nachher die Schuld in die Schuhe schiebt.

Viele Menschen entscheiden nicht gern. Entscheiden hat etwas mit sich festlegen zu tun. Nachher gibt es womöglich noch etwas Besseres und ich habe mich nun gerade festgelegt. Nachher ist vielleicht jemand ärgerlich über meine Entscheidung und ich habe ein schlechtes Gefühl. Um das zu verhindern, warten viele Menschen erst einmal ab, was passiert. Das Warten kann lange dauern, manchmal ein ganzes Leben lang. Und dann stellen diese Menschen fest: »Ach du Schreck! Mein Leben ist ja schon um und ich habe mich immer noch nicht entschieden.«

Sich für eine Sache entscheiden zu müssen macht oft Angst. Angst und Unsicherheit sind bei Menschen allgegenwärtig. Menschen haben Angst vor Entscheidungen, Angst vor dem Scheitern, Angst vor der Unwissenheit, Angst vor Einsamkeit, Angst vor Beziehungen, Angst vor Krankheiten und manchmal Angst vor sich selbst.

Angst führt zur Erstarrung, nichts geht mehr. Das betrifft alle Lebensbereiche.

Mir ist es daher wichtig, dir Möglichkeiten zu zeigen, wie du deine Ängste überwinden kannst. Sie rauben Unmengen an Energie, die dir im Leben fehlt.

Sich nicht entscheiden zu können beginnt in der Schule, geht über die Erwachsenen hinaus bis zum Beruf und zur Politik. Keiner will sich irgendwie entscheiden. Das ist auf Dauer äußerst fatal. Wenn sich niemand mehr traut, eine Entscheidung zu treffen, herrscht Stillstand. Alles wartet darauf, dass eine Art Wunder passiert und sich alles von allein regelt. Manchmal handeln und entscheiden Menschen nicht logisch, sondern eher psycho-logisch. Du kannst ihre Entscheidungen nicht oder nur schwer nachvollziehen, denn sie widersprechen jeder Logik, die du kennst. Aber dennoch: sie treffen eine Entscheidung und genau darauf kommt es an.

Weißt du, was Macher von Schwätzern unterscheidet?

Macher bedeutet, du machst was aus deinem Leben. Du lebst dich selbst.

Schwätzer bedeutet, andere machen was aus deinem Leben. Du wirst gelebt.

Macher sind Menschen, die überlegen, treffen eine Entscheidung und kommen dann ins Handeln, sie tun es einfach. Schwätzer sind Menschen, die ewig überlegen, keine Entscheidung treffen und sich erst recht nicht trauen, es in die Tat umzusetzen. Es könnte ja noch das oder das zu berücksichtigen sein. Die werden nie fertig.

Niemand ist in der Lage, alles für eine Entscheidung zusammenzuholen, bevor er sie trifft. Ein Teil Ungewissheit ist immer vorhanden. Das ist nicht schlimm, das ist normal. Eine Entscheidung trifft man immer nur im jeweiligen Augenblick. Und in diesem Augenblick ist die Entscheidung so.

Stehst du vor einer Entscheidung, egal in welchem Lebensbereich, prüfe vorher alle Möglichkeiten. Informiere dich und frage andere. Stelle dir den allerschlimmsten Fall vor, der theoretisch eintreten könnte, den sogenannten »worst case«. Das ist das Fatalste, was passieren könnte. Und dann fragst du dich: »Kann ich damit leben oder umgehen? Würde ich diesen allerschlimmsten Fall verkraften oder überleben können?« Die Antwort lautet entweder ja oder nein.
Dann triffst du deine Entscheidung: Ich mache es jetzt so. Kein Herumeiern und kein Wischiwaschi, sondern genau so. Damit ist der erste Schritt gemacht.
Wenn sich im weiteren Verlaufe herausstellt, dass deine Entscheidung nicht optimal war, ist das nicht schlimm. Du kannst sie verändern, korrigieren. Das ist allemal besser, als überhaupt nichts zu tun.
Durch diese »Antwort« erhältst du wichtige Informationen, was du willst. Und dann, wenn du genau weißt, was du willst, kannst du neu entscheiden.

Habe den »Arsch in der Hose« zu sagen: Ja, ich war es. Ich habe es entschieden, ich trage hierfür die Konsequenzen. Natürlich ist es in dem Augenblick schwer, das zu sagen. Aber genau das ist Charakter, das ist Stärke; sich nicht hinter dem anderen zu verstecken oder ihn gar vor das Loch zu schieben. Das ist feige und primitiv und leider häufig verbreitet. Hauptsache, ich war's nicht!

Mit der Verantwortung verhält es sich ähnlich. Bei weitem nicht alle Menschen möchten Verantwortung übernehmen. Das erkennst du sehr gut in Firmen. Sie möchten lieber im Verborgenen bleiben und es anderen Menschen überlassen, wie entschieden werden soll. Dann dürfen sie sich aber auch nicht beklagen, wenn sie mit einer Entscheidung nicht zufrieden sind.
Menschen, die Verantwortung übernehmen, sind sehr gefragt. Auch solche Leute findest du in Firmen. Es sind Menschen, die sich bereit erklären, ihren Kopf hinzuhalten, wenn es einmal nicht so läuft. Aber dadurch ha-

ben sie die Möglichkeit, aktiv auf den Entscheidungsprozess einzuwirken. Wer Verantwortung übernimmt, der wächst.

Aus Angst, auf ganzer Strecke zu versagen, schieben sehr viele Menschen sehr gern die Verantwortung auf andere. Nun, damit läufst du zwar nicht Gefahr, eine »falsche« Entscheidung zu treffen, aber du musst dich damit abfinden, wie entschieden wird. Denn du hast deine Verantwortung abgegeben; und wem du die Verantwortung gibst, dem gibst du die Macht.

Worauf wartest du? Wenn nicht jetzt, wann dann?

Übernimm die volle Verantwortung für dein Leben. Übernimm ab sofort die volle Verantwortung für alle Lebensbereiche und für alles, was du tust.
    Habe den Mut, Entscheidungen zu treffen und Verantwortung zu übernehmen sowie neue Wege zu beschreiten. Es lohnt sich.

Karriere und Ansehen

Wer auf einen Baum klettern will,
fängt unten an, nicht oben.
Tshi

Wenn du als Auszubildender oder als neuer Mitarbeiter in eine Firma kommst, so bist du das Küken. Egal, wie alt du nun bist. Als Neuling gilt es gewisse Regeln im Umgang mit deinen Kollegen, Mitarbeitern und Chefs zu beachten. Hierzu schreibe ich ausführlich im Kapitel Beziehungen.

Als Azubi hast du die Möglichkeit, dich über die Jahre in dieser Firma hochzuarbeiten. Das nennt man Karriere. Es ist auch möglich, sich durch einen späteren Wechsel in einer anderen Firma hochzuarbeiten. Das ist auch Karriere. Karriere machen bedeutet automatisch für dich, dass du mehr Verantwortung übernehmen musst. Es gibt im Leben immer die beiden Seiten einer Medaille, das muss dir klar sein. So wie es Tag und Nacht gibt, gibt es logischerweise auch Rechte und Pflichten in einer Firma. Je mehr Rechte, Freizügigkeiten – oder nennen wir es Annehmlichkeiten – du in einer Firma genießt, desto mehr Verantwortung und Entscheidungen kommen auf dich zu. Ebenfalls werden die Anzahl und Schwierigkeit der Probleme steigen, je höher du die Karriereleiter emporkletterst. Daher ist es notwendig, dass du einen gewissen Überblick über die Firma bekommst, du die wesentlichen Abläufe verstehst und nachvollziehen kannst.

Als Neuling kennst du logischerweise nicht alle Strukturen in der Firma. Das lernst du mit der Zeit. Du wirst auch feststellen, dass nicht immer alles Gold ist, was in einer Firma glänzt. Es gibt in jedem Unternehmen Dinge, die nicht so optimal laufen, weil dort eben Menschen arbeiten. Und Menschen machen Fehler. Möglicherweise erkennst du selbst sogar einige der Fehlerquellen in deiner Firma. Und genau hier beginnt deine Pflicht: Du bist verantwortlich, Fehler in deinem Bereich deinem Vorgesetzten zu melden. Das gehört auch zu deinem Job. Du arbeitest schließlich nicht als Sklave, sondern bist ein Mitarbeiter, der mitarbeitet.
   Durch deine aktive Mitarbeit signalisierst du deinem Umfeld, dass du über deine Arbeit nachdenkst und bereit bist, die Firma besser zu machen. Deine Vorgesetzten und Chefs werden das mitbekommen und du erhältst in aller Regel die Möglichkeit, mehr Verantwortung zu übernehmen, sprich Karriere zu machen. Nun liegt es an dir, ob du das willst oder nicht. Es gibt kein Richtig und kein Falsch, es ist allein deine Entscheidung.

Je mehr Karriere du machst, je höher dein Posten in einer Firma ist, desto mehr Verantwortung übernimmst du, desto mehr Geld kannst du verlangen, desto mehr steigt auch dein Ansehen in der Firma. Ganz besonders wichtig ist es hierbei, immer die Füße auf dem Boden zu behalten und nicht abzuheben. Manchem Mitarbeiter steigt nämlich die »Höhenluft« zu Kopfe und er fühlt sich zuweilen als etwas Besseres. Das ist ein Trugschluss. Denn Karriere zu machen bedeutet nicht, etwas Besseres zu sein als andere, sondern zu zeigen, dass man in der Lage ist, schwierige Aufgaben und Verantwortung zu übernehmen.

Karrieremachen bedeutet auch, dass du tiefer fallen kannst, dich mehr und mehr von der eigentlichen, produktiven Arbeit entfernst und es einsamer da »oben« wird. Höre einfach auf die Stimme deines Herzens, wie weit du die Karriere-Leiter emporklettern möchtest. Karriere zu machen fordert den Bereich Arbeit extrem, wobei die anderen drei Lebensbereiche zuweilen kürzertreten werden. Das ist nicht weiter schlimm, solange du langfristig für einen Ausgleich im Bereich Beziehungen, Gesundheit und Ruhe sorgst. Eine Karriere um jeden Preis aber, die dauerhaft zulasten deiner Beziehungen, deiner Familie, deiner Gesundheit und deiner Ruhe geht, ist keine Karriere, sondern der Schritt in die Vereinsamung. Sei dir dessen bewusst.

Wenn du von klein auf anfängst als Azubi oder als Neueinsteiger, die Abläufe in deiner Firma über die Jahre bis ins kleinste Detail kennst und dich Stück für Stück hocharbeitest und gleichzeitig die Realität nicht aus den Augen verlierst, sondern beide Beine auf dem Boden der Tatsachen lässt, dann bist du ein höchst angesehener Vorgesetzter oder Chef. Man sieht, dass du nicht irgendwelchen Müll daherredest, man sieht, dass du dich auskennst und deine Ideen und Vorschläge zum Wohle der Firma einsetzt. Wenn du das hinbekommst, wirst du nicht nur ein geschätzter Kollege oder Chef sein, sondern gleichzeitig persönlich und privat glücklich werden.

Bildung und Humankapital

Fange nie an aufzuhören, höre nie auf anzufangen.
Marcus Tullius Cicero

Nehmen wir einmal an, du bist die Karriereleiter ein ganzes Stück emporgeklettert und ein angesehener Mitarbeiter. Dann kannst du erst einmal stolz auf dich sein.
    Das Erreichte reicht jedoch keinesfalls für den Rest deines Lebens. Erfolge muss man feiern, keine Frage. Aber du kannst dich nicht unendlich auf deinen Lorbeeren ausruhen. Deine Erfolge halten nicht ewig vor und müssen immer wieder aufs Neue bestätigt werden.

Du wirst alt wie eine Kuh und lernst immer dazu. Dein gesamtes Leben ist ein unendlicher Lernprozess, der hört nie auf. Ich bin ehrlich, ich dachte im Alter von 30 Jahren: »Gunnar, jetzt bist du aber auf der Höhe und so viel mehr wird sicher nicht mehr im Leben kommen.« Denkste!

Das kannst du absolut vergessen, es kommt immer wieder etwas Neues, es kommen jedes Jahr neue Herausforderungen auf dich zu. Das ist nicht schlimm, denn das gehört zum Leben. Ja, das ist das Leben. Die Frage ist nun, ob du offen bist dafür.

Zu deinen allerwichtigsten Werkzeugen in deinem Werkzeugkasten gehört Bildung, und die beginnt in der Schule. Ich kann es nicht oft genug wiederholen. Als ungebildeter Mensch rennst du wie ein Depp durch die Gegend und bekommst gar nicht mit, was um dich herum eigentlich abgeht. Das ist nicht nur gefährlich, sondern auch dumm. Glaube bitte niemals, du hättest die Weisheit mit Löffeln gefressen. Es gibt noch so viel im Leben, was du nicht weißt. Du musst nun nicht alles wissen, das schafft keiner. Aber du musst dir so viel wie möglich Wissen aneignen, was deinen Beruf betrifft. Alles über deinen Beruf und das ganze Drumherum gehört zum Wissen, das notwendig ist, wenn du Erfolg im Beruf haben willst.

Wir leben heutzutage in einer rasant schnellen Zeit. Das ist Segen und Fluch zugleich. Fluch, weil vieles so schnell geht, dass wir manchmal das Gefühl haben, nicht mehr zu wissen, was wir alles noch wissen müssen. Segen aber auch, da jeder sehr schnell an Informationen herankommt und in der Lage ist, sich Wissen anzueignen – wenn er denn will. Und genau hier liegt der Hund begraben. Das Wissen der Welt von heute verdoppelt sich ca. alle 3 Jahre. Lass dir das noch einmal ganz genau auf der Zunge zergehen: Alle 3 Jahre verdoppelt sich das Wissen auf der Welt. Im Umkehrschluss bedeutet das für dich: Ohne Weiterbildung ist dein Wissen alle 3 Jahre nur noch die Hälfte, nach 6 Jahren nur noch ein Viertel wert. Bildest du dich 12 oder gar 15 Jahre nicht weiter, liest keine Bücher, qualifizierst dich nicht, besuchst keine Seminare, tankst keine Kultur – dann bist du komplett raus aus dem Rennen, und dein Wissen, deine Arbeitskraft haben keinen Marktwert mehr. Du lebst schlicht und ergreifend hinter dem Mond. Daher bist du gezwungen, wenn du aktiv im Leben dabei sein möchtest, Bücher zu lesen, regelmäßig Fortbildungen und Seminare zu besuchen und dich ständig weiter zu qualifizieren, egal ob beruflich oder privat.

Vielleicht fragst du dich jetzt, ob dein Gehirn überhaupt in der Lage ist, soviel an Informationen und Wissen zu speichern und ob dir nicht irgendwann der Schädel platzt. Keine Sorge, du könntest theoretisch 100.000 Jahre alt werden, bevor dein Gehirn-Speicher randvoll wäre. Es ist also mehr als genug Speicherplatz frei in deinem Kopf. Dieses Problem kannst du als erledigt abhaken.

Bildung erweitert deinen Horizont. Etwas nur zu wissen, reicht aber allein nicht aus, du musst es auch anwenden. Es gibt unglaublich viele Gelehrte und Studierte, die über ein unglaubliches Potential an Wissen verfügen. Wenn sie dieses Wissen jedoch nicht anwenden, verpufft es. Erlangtes Wissen anzuwenden ist der einfache Schlüssel zum Erfolg. Das eingangs erwähnte Sprichwort »Gehst du nicht mit der Zeit, gehst du mit der Zeit« gilt heute mehr denn je. Das ist weder gut noch böse, es ist einfach so. Es bringt dir nichts, darüber zu klagen und herumzujammern, denn in der Zwischenzeit hättest du dich schon weiterbilden können.

Fortbildung und Weiterbildung sind für dich also unerlässlich. Besuche jedes Jahr mindestens zwei Fortbildungen, die deinen Beruf betreffen oder dich auf der Erfolgsleiter voranbringen. Höre dir Hörbücher an, tausche dich mit Kollegen aus, unterhalte dich mit fremden Menschen, die ähnliche Aufgaben zu lösen haben wie du. Das bildet nicht nur ungemein, sondern hilft dir auch, so manches Problem zu lösen, an dem du zuweilen fast verzweifelst. Du bist nicht allein auf dieser Welt, es gibt genug Leute, die dir helfen können.

Alles an Wissen, was du dir im Laufe deines Lebens selbst aneignest oder gelehrt bekommst, ist das sogenannte Humankapital. Das ist wertvoller als Geld. Der große Vorteil gegenüber Geld ist, dass du es nie mehr verlieren kannst. Humankapital ist die beste Wertanlage deines Lebens!

Wenn jemand eine Reise tut, dann kann er was erzählen, sagt der Volksmund. Reise viel in Deutschland und der Welt herum, besuche Orte, an denen du noch nie warst oder die du gern besuchen möchtest. Wenn du nur daheim oder in deinem Ort vor dich hindümpelst, bekommst du nicht mit, wie schön es in der Welt da draußen ist. Natürlich ist es anders als daheim, und das ist auch gut so. Heimatverbundenheit ist etwas Großartiges, das solltest du dir auf jeden Fall bewahren. Dennoch erkunde die Welt da draußen, du bekommst viele Anregungen und siehst Dinge aus einem anderen Blickwinkel. Das erweitert deinen geistigen Horizont enorm.

Unternimm Reisen, wenn du die Zeit dafür hast, vor allem in jungen Jahren. Mit deinem Partner oder einer Familie wird es wesentlich schwieriger, denn du bist gebunden. Daher nutze die Möglichkeit nach der Schule oder Ausbildung, eine längere Zeit außerhalb deines Heimatortes oder im Ausland zu verbringen. Das bildet dich großartig und du wirst ganz nebenbei ein selbstständiger Mensch.

Wann immer du die Möglichkeit hast, im Leben dazuzulernen oder auszuprobieren, dann tu es. Auch wenn du später etwas völlig anderes machen wirst, das vollkommen fachfremd zu deinem heutigen Job ist, so erhältst du Lebenserfahrung. Und die kann dir keiner mehr nehmen. Es ist dabei egal, ob deine Erfahrungen schön oder nicht schön waren, es ist egal, ob sie richtig oder falsch waren. Es waren Erfahrungen, die DU gemacht hast, die dich gelehrt haben und die dich haben wachsen lassen.

Mit jeder Erfahrung im Leben, die du durch Bildung oder selbst bekommen hast, eignest du dir Wissen an und wächst im Leben. Erfahrungen machen dich unabhängig und weise.

Ordnung

Wem du die Schuld gibst,
dem gibst du die Macht.
Joseph Murphy

Die Grundlage einer gesunden Ordnung ist ein großer Papierkorb.

Ich kenne Leute, deren Schreibtisch sieht aus, als hätte gerade eine Bombe eingeschlagen. Papier und Aktenordner nebst Frühstücksdose und was weiß ich nicht noch allem, liegen irgendwo bunt verteilt herum. Die Farbe des Schreibtisches ist nicht zu erkennen. In so einem Arbeitsumfeld kann man schwer arbeiten. Die Zeit, die du brauchst, um etwas zu finden, ist enorm. Rechne es einmal hoch, wenn du jeden Tag 30 Minuten nach etwas suchen musst, weil du keine Ordnung hast. Das sind locker 150 Stunden im Jahr bzw. rund ein Monat, in dem du im Prinzip nichts weiter machst, als nach irgendetwas zu suchen. Ist das nicht bescheuert?

Klar, jetzt kommen Sprüche wie »Wer Ordnung hält, ist bloß zu faul zum Suchen« oder »Das Genie beherrscht das Chaos« usw. So wie es auf deinem Schreibtisch aussieht, sieht es auch in deinem Kopf aus. Wie sollst du klare Entscheidungen treffen und Verantwortung übernehmen, wenn du noch nicht einmal in der Lage bist, deinen Schreibtisch aufzuräumen? Hier beginnt bereits der erste Schritt zum Erfolg. Ein permanent voller und überladener Schreibtisch zeigt nicht unbedingt, dass du besonders viel zu tun hast. Er zeigt vielmehr, dass dir die Sachen über den Kopf zu wachsen scheinen und du überfordert bist.

Ordnung zu halten ist eine Einstellungssache und zwar von dir selbst. Du kannst sie jeden Tag ändern. Wenn du Ordnung hältst, zeigst du deinen Kollegen und Chefs, dass du strukturiert arbeiten und auch große Projekte angehen kannst. Wer bei kleinen Dingen schon den Überblick verliert und die Unterlagen nicht findet, was soll das bei großen Projekten bringen?

Manche Menschen haben alles Mögliche im Beruf und daheim herumliegen, da man all diese Dinge bestimmt »irgendwann« einmal gebrauchen kann. Klar, irgendwann, vielleicht, eventuell einmal. Aber die Wahrscheinlichkeit ist sehr gering. Und richtig lustig wird es, wenn du nach stundenlangem Suchen eines Gegenstandes diesen immer noch nicht findest (wegen deiner Unordnung) und ihn dir dann noch einmal kaufst.

Ideal sind Umzüge oder Wechsel aller Art. Sie ermöglichen dir gründliches Ausmisten. Alles, was du jahrelang nicht benutzt hast, wirst du mit hoher Wahrscheinlichkeit auch weiterhin nicht benutzen. Weg damit!

Halte dein Zimmer daheim in Ordnung. Gewöhne es dir beizeiten an. Räume auf und deine Klamotten ordentlich weg, ohne dass Mama und Papa immer erst was sagen müssen.

Geld

*Wer den ganzen Tag arbeitet,
hat keine Zeit, Geld zu verdienen.*
John Davison Rockefeller

Du brauchst Geld, um im Leben über die Runden zu kommen. Aber was ist Geld eigentlich und woher kommt diese Magie, wenn wir von Geld sprechen?

Geld ist im Grunde genommen ein Tauschmittel. Nicht mehr und nicht weniger. Du bekommst ein Produkt (Handy) oder eine Dienstleistung (Frisör) und gibst dafür ein paar bunte Scheinchen über den Ladentisch. Du tauschst praktisch ein Stück Papier aus deinem Portemonnaie gegen etwas, was du brauchst oder schön findest. Je mehr Dinge du brauchst oder schön findest, desto mehr buntes Papier musst du im Geldbeutel haben. So einfach ist das.

Geldscheine, wie du sie heute kennst, gab es nicht immer. Münzen gibt es hingegen schon länger, seit über zweitausend Jahren. Und davor gab es weder Papier noch Münzen. Was haben die Menschen da gemacht?
  Sie tauschten Ware gegen Ware: Bären gegen Beeren oder Fische gegen Getreide. Jeder hatte eine Aufgabe in der Gruppe, um die er sich kümmern musste, quasi einen Beruf. Und da der Jäger logischerweise das Fleisch zum Essen besorgte, hatte er viel mehr davon als der Bauer, der das Getreide anbaute. Und von dem Zuviel an Fleisch gab er dem Bauern etwas ab und dieser wiederum gab ihm Getreide, von welchem er mehr hatte, als er brauchte. So funktionierte das Tauschen früher ohne Geld. In manchen Regionen dieser Welt gibt es immer noch Völker, die mit Naturalien tauschen und somit den Wirtschaftskreislauf ihres Volkes in Gang halten – ohne Probleme zu haben.

Besonders wertvolle und seltene Naturalien sind dabei seit Jahrtausenden sehr beliebte Tauschgegenstände. Dazu zählen Muscheln, Gold, Silber, Diamanten, Edelsteine, manchmal auch Gewürze. Eben weil es sie nicht unendlich gibt auf der Erde und man sie nicht herstellen kann, sind sie so wertvoll. Und derjenige, der so etwas besitzt, hat einen echten Wert in der Hand. Solche edlen Materialien überstehen jede Notsituation, denn du wirst sie immer los bzw. kannst sie jederzeit gegen etwas weniger Wertvolles tauschen.

Die verschiedenen Herrscher und Könige von früher hatten meist ihre eigenen Münzen. Die stellten sie her, indem sie ihre Gesichter auf Kupfer, Silber oder Goldstücke drucken ließen. Und auch damals war es so, dass die Anzahl der Münzen in einem Königreich nicht unendlich war, eben weil sie aus seltenen und kostbaren Materialien hergestellt wurden.

Irgendwann kam einmal jemand auf die Idee, noch eine andere Form eines Tauschgegenstandes zu erfinden. Das Geld. Dazu wurden Papierscheine, Banknoten gedruckt, auf denen eine bestimmte Zahl stand. Ein Kaufmann gab zum Beispiel 100 Münzen an den Goldschmied und der stellte ihm ein Blatt Papier aus, auf dem eine 100 stand. Mit diesem Blatt Papier konnte der Kaufmann jetzt reisen und Waren einkaufen im Wert von 100 Münzen. Das Ganze funktionierte aber nur unter einer wichtigen Bedingung: Der Verkäufer der Waren, bei dem der Kaufmann einkaufte, musste dem Blatt Papier mit der 100 darauf vertrauen! Er vertraute darauf, dass das Papier, also der Geldschein, gedeckt war. Gedecktes Geld erkennt man daran, dass du dir jederzeit wieder den vollständig hinterlegten Gegenwert zurücktauschen kannst, also die 100 echten Münzen im Beispiel.
  Wenn der Kaufmann nun betrügen wollte und Waren im Wert für 200 Münzen kaufen wollte, so ging das nicht. Auf dem Blatt Papier stand die 100 und nicht die 200. Für Waren im Wert von 200 Münzen war das Geld nicht mehr gedeckt. Somit war der Kaufmann gezwungen, erst mehr einzunehmen und sich die anderen 100 Münzen zu erarbeiten.

Seltene Materialien, wie ich sie dir vorhin genannt habe, haben nämlich eine ganz entscheidende Funktion: Sie sorgen für Kontrolle. Es gibt nur eine begrenzte Menge dieser seltenen Materialien auf der Erde und damit sind die Anzahl bzw. die Zahlen, die auf den Geldscheinen stehen, ebenfalls begrenzt. Mehr Wert an Geldscheinen als kostbare Materialien dürfte normalerweise nicht im Umlauf sein.
  Wenn mehr Geldscheine benötigt werden, so muss man das Geld gegenüber den kostbaren Materialien abwerten. Sprich, für eine Münze steht

nicht mehr eine 10 auf einem Blatt Papier, sondern eine 100. Damit ist das Papiergeld weniger wert. Damit ist die Münze aber noch genauso viel wert. So funktioniert das Ganze.

Was ist die Realität heute? Ist die Menge an Geldscheinen immer noch an die Menge kostbarer Materialien gebunden? Nein, das ist sie nicht mehr. Sie ist vollkommen losgelöst davon. Die Staaten drucken ihre Banknoten, was das Zeug hält. Dadurch wird Papiergeld immer wertloser. Wie konnte es dazu kommen?

Eine mögliche Erklärung wäre diese:

Der Goldschmied stellte nicht nur für einen Kaufmann Papierscheine aus, sondern für viele Leute. Alle wollten die »schweren« Münzen nicht unbedingt mit sich herumschleppen und auch die Gefahr, überfallen zu werden, war hoch. So kamen mit der Zeit kaum noch Menschen zum Goldschmied und wollten ihre Papierscheine gegen die kostbaren Münzen zurücktauschen. Sie vertrauten darauf, dass sie im Notfall nur zum Goldschmied zu gehen brauchten.

Der Goldschmied wiederum merkte das und dachte sich, es könnte sicher nicht schaden, mehr Papierscheine auszustellen, als er Münzen im Tresor hatte. Er druckte also Papierscheine mit einer 200, obwohl er immer nur 100 Münzen bekam. Und mit der Zeit wurde er immer risikofreudiger und druckte bald eine 1000 und eine 10.000 auf das Papier, obwohl er nach wie vor nur 100 Münzen jeweils im Tresor hatte. Die von ihm ausgestellten Geldscheine waren nicht mehr gedeckt.

Was passierte, wenn eines Tages die Menschen merkten, dass sie betrogen wurden? Der Goldschmied wurde vermutlich einen Kopf kürzer gemacht. Den Schaden hatten die Menschen trotzdem zu tragen, denn sie hatten ja viel mehr Geldscheine ausgegeben und sich schöne und nützliche Dinge gekauft, weil sie darauf vertrauten, dass die Zahl auf dem Papier auch mit der Zahl der Münzen übereinstimmte. Sprich, dass ihr Geld gedeckt war. Du kannst dir sicher vorstellen, was für einen Stress die Menschen dadurch hatten. Denn all die schönen Sachen, die sie kauften, waren nicht bezahlt. Sie hatten sie gegen nutzloses Papier eingetauscht, das nichts wert war.

Die bunten Geldscheine, die du heute in der Hand hältst, sind im Prinzip nichts anderes als ein Stück Papier mit einer Zahl darauf und sie sind nicht gedeckt. Nur ein klitzekleiner Teil der Zahl, die auf dem Schein aufgedruckt ist, ist noch wirklich gedeckt. Das ist mir wichtig, dass dir das klar ist. Das Geld in Form von Papierscheinen ist nicht das, wofür du es eventuell ansiehst. Es ist ein Vertrauen der Menschen an die Banken, die diese Scheinchen ausgeben. Nur weil die Menschen vertrauen, dass ihr Geld gedeckt ist, nutzen sie diese Form des Tausches.

Immerhin, Bargeld in deiner Hand ist immer noch besser als Unbargeld, das sogenannte Giralgeld. Giralgeld ist »unsichtbares« Geld, das steht nur als Zahl auf deinem Konto. Und die kann man ändern – wenn man will. Wenn alle Menschen ihr virtuelles Geld gegen Bargeld eintauschen würden, wären sofort alle Banken pleite. Denn die riesige Menge an Bargeld ist überhaupt nicht vorhanden. Und genau das ist das Kernproblem unseres heutigen Finanzsystems. Es baut auf virtuellem Geld auf, das im Grunde genommen nicht gedeckt ist.

Verlasse dich daher nicht nur auf virtuelles Geld per Geldkarte oder Ähnliches, das kann urplötzlich einmal weg sein. Habe immer Bargeld bei dir und bezahle, sooft es nur geht, mit Bargeld. Nur Bares ist Wahres.

Ich nutze bewusst keine bestimmte Währung in meinem Buch. Zum einen, weil sich Währungen mit der Zeit ändern können, und zum anderen, weil ich das Buch zeitlos schreiben will, also unabhängig von politischen und finanziellen Rahmenbedingungen.

Geld ist wichtig für dein Leben. Du benötigst es zum Tauschen für Lebensmittel, deine Gesundheit, deine Sicherheit, dein Dach über dem Kopf, deine Familie und dich selbst. Sorge dafür, dass du ausreichend davon besitzt und dir auch Träume und Wünsche erfüllen kannst. Aber bewerte Geld nicht über, sondern führe dir immer klar vor Augen, was Geld für eine Funktion hat und was die wahren Werte im Leben sind.

Wie viel ist meine Arbeit wert?

*Den größten Fehler, den man im Leben machen kann, ist,
immer Angst zu haben, einen Fehler zu machen.
Dietrich Bonhoeffer*

Das hängt ganz klar davon ab, wie gut du bist und was du für eine geistige Qualifikation und Berufserfahrung hast. Wer fleißig ist und gut mitarbeitet, der kann auch gutes Geld verdienen. Die Betonung liegt auf Verdienen. Du musst zuerst dienen, also einen Dienst oder Nutzen erweisen, dann hast du das Recht, mehr Geld zu verlangen.

Erst musst du geben, dann nehmen. Erst musst du zeigen, dass du etwas auf dem Kasten hast und echte Leistung bringst. Dann kannst du anklopfen nach mehr Geld. Nur weil du vielleicht gerade in einer finanziellen Notlage bist oder Kredit für etwas abbezahlen musst oder dir etwas gönnen willst – sind das absolut keine Gründe, warum gerade DU mehr Geld verlangen kannst. Das sind deine persönlichen Probleme und Wünsche, die haben in der Firma, wo du arbeitest, nichts verloren. Eine Firma bezahlt dich, weil du ihr dienst und einen Nutzen bringst. Sie zahlt dich nicht, weil du so ein toller Mensch bist oder gerade ein bisschen Geld brauchst.

Bist du ein Mitarbeiter, so musst du mehr erwirtschaften, als du kostest. Das ist einfach so. Du kannst dir ja einmal überlegen, welchen Nutzen du deiner Firma bringst, ihr also wert bist. Denke einmal genau nach, was du besonders gut kannst und welchen Vorteil die Firma durch dich hat. Und dann versuche das einmal in einen finanziellen Wert zu packen, soweit es geht.

Dieser Wert ist dein Nutzen für die Firma. Wenn er zum Beispiel bei 50.000 Geld im Jahr liegt, dann kannst du zum Beispiel 30.000 Geld im Jahr verlangen. Du kannst aber nicht 80.000 Geld verlangen – das sollte dir einleuchten.

Wenn du selbstständig bist, so verkaufst du entweder ein Produkt oder eine Dienstleistung an deine Kunden. Ist es außergewöhnlich? Falls ja, dann kannst du einen höheren Preis dafür verlangen. Die Qualität muss stimmen, darauf kommt es an. Dein Produkt oder deine Dienstleistung müssen erstklassig sein. Wenn deine Kunden das Gefühl haben, du willst sie übers Ohr hauen, dann war es das für dich. Du machst ein Geschäft und dann kommen die nie wieder. Schlimmer noch für dich: Sie reden mit Bekannten, Freunden und anderen Menschen über dich. Dadurch verlierst du weitere mögliche (potentielle) Kunden.

Wenn du deinen Kunden hingegen echte Wertschätzung entgegenbringst, sie deine Leidenschaft für dein Produkt spüren können, du ihnen den größtmöglichen Nutzen durch dein Produkt oder deine Dienstleistung anbietest – dann spielt der Preis noch nicht einmal die Hauptrolle. Deine Kunden sind einfach begeistert und bezahlen gern für dein tolles Produkt.

Erkundige dich im Vorfeld einer Arbeit, wie die durchschnittlichen Gehälter in diesem Bereich sind. Du bekommst eine Menge Anregungen aus dem Internet. Traue dich einfach auch, Bekannte oder Freunde zu fragen, sie geben dir gern Tipps. Im Vorstellungsgespräch sollte das Gehalt mit geklärt werden. Natürlich kommt erst deine Leistung und Nutzen für die Firma. Aber danach verhandele dein Gehalt aus, verschiebe es nicht auf später. Zu Beginn werden die Karten verteilt.

Du solltest dich auf keinen Fall unter Wert verkaufen. Gerade wenn du eine lange Ausbildung oder gar ein Studium hinter dir hast, so hast du viele Jahre deines Lebens geopfert, in denen du wenig Einkommen hattest. Das muss logischerweise in einem höheren Gehalt enden. Du hast eine höhere Qualifikation. Auch wenn du als Einstiegsgehalt nicht gleich auf deinen Wunsch kommst, halte es schriftlich fest, wann die nächste Gesprächsrunde darüber sein soll. Habe keine falsche Scheu, es geht um deinen Wert, der bezahlt werden muss. Und das solltest du klar äußern.

Tja, an dieser Stelle muss ich wieder auf die Schule zurückkommen, es nützt leider nichts. Bildung beeinflusst maßgeblich dein Einkommen. Wer gut in der Schule ist, verdient in aller Regel mehr Geld. Also strenge dich an, jammere nicht herum und erziele die besten Noten, die du schaffst. Dann hast du alles gegeben und beste Voraussetzungen für einen gut bezahlten Job.

Natürlich hängt die Höhe deines Einkommens auch vom Bedarf der Dienstleistung oder des Produktes ab. Wenn die Welt etwas unbedingt braucht und du kannst genau das zur Verfügung stellen, dann ist deine Ausbildung zweitrangig. Du kannst auch ohne Abi reich werden. Bildung ist dennoch Voraussetzung für Erfolg im Bereich Arbeit.

Die Geschichte vom Komma

Mein ehemaliger Deutsch-Lehrer erzählte uns einmal im Unterricht eine Geschichte über die Bedeutung des Kommas. Ja, ein Komma kann über Leben und Tod entscheiden. Aber lies selbst.

Es trug sich zu jener Zeit zu, dass ein Räuber im Königreich sein Unwesen trieb. Er war sehr einfallsreich und wechselte stets die Orte, an denen er mit Vorliebe Postkutschen ausraubte oder in Häusern und Gärten plünderte.

Doch eines Tages geriet er in eine Falle und wurde festgenommen und in den dunkelsten Kerker der Stadt geworfen. Dort verbrachte er lange Zeit nur mit Wasser und Brot. Und wartete auf seine Hinrichtung.

Es war die Aufgabe des Königs, über Leben und Tod von Verbrechern zu entscheiden. Nur er allein konnte darüber entscheiden.
  Der König hörte, dass man den Räuber gefangen hatte, und setzte ein Schriftstück auf. Darin stand das Urteil, sein Urteil. Er unterschrieb, klebte das Papier mit einem Wachsfleck zu und versiegelte es. Dann übergab er es seinem Boten, der in die gewisse Stadt reiten sollte, um dem Richter sein Urteil zu überbringen.

In der Stadt, wo der Räuber gefangen war, wurde auf dem Marktplatz alles für die bevorstehende Hinrichtung vorbereitet. Henker, Galgen, Pfarrer, Bürgermeister, die Oberhäupter der Stadt und das Volk versammelten sich auf dem Marktplatz, um die Botschaft des Königs zu erfahren.

Nach einer Weile kam der Bote angeritten und stoppte sein Pferd auf dem Marktplatz und übergab dem Bürgermeister die Botschaft des Königs. Der Bürgermeister nahm das Papier, stellte sich auf das Podest neben dem Galgen, wo bereits der Räuber gefesselt stand, und öffnete den Brief.

Alle starrten wie gebannt und warteten darauf, das Urteil des Königs zu erfahren.

Der Bürgermeister las laut vor.

»Im Namen des Königs ergeht folgendes Urteil: Hängen nicht laufen lassen.«

Der Henker freute sich und machte sich daran, den Kopf des Räubers in die Schlinge zu legen und seine Arbeit zu verrichten.

»Haltet ein!«, rief da der Pfarrer. »Der König hat das Komma vergessen!«

Ein Raunen ging durch das Volk. Was meinte der Pfarrer damit?

Der Bürgermeister, zugegebenermaßen kein Freund des Räubers, rief geschickt aus: »Es fehlt wirklich ein Komma. Der König wollte sagen: Hängen, nicht laufen lassen.«

Das Volk jubelte, endlich konnte es losgehen. Mit lauten Rufen und Zeichen deutete es dem Henker an, fortzufahren.

»Haltet ein!«, rief da der Pfarrer erneut. »Das Komma könnte auch an einer anderen Stelle stehen. Der König wollte sagen: Hängen nicht, laufen lassen.«

Stille auf dem Marktplatz. Alle schauten sich verwundert an und die Blicke richteten sich auf den Bürgermeister. Der zuckte jedoch nur mit den Schultern und war sichtlich ratlos.

»In dubio pro reo / Im Zweifel für den Angeklagten«, sagte der Pfarrer laut. Daraufhin nahm er dem Räuber die Schlinge vom Hals und wies ihn an, die Stadt zu verlassen. Das Komma hatte dem Räuber das Leben gerettet.

Investieren

> *Die gefährlichste Weltanschauung*
> *ist die Weltanschauung der Leute,*
> *die die Welt nie angeschaut haben.*
> *Alexander von Humboldt*

Die beste Investition deines Lebens bist du!

In alles, was dir guttut, dich glücklich macht und im Leben voranbringt, kannst und solltest du investieren. Sicher dauern manche Dinge ein wenig länger, aber mit der Zeit ist jede Investition in dein Leben und deine Lebensbereiche bestens angelegt. Voraussetzung ist natürlich immer, dass deine Investition nicht zulasten anderer Menschen geht oder ihnen schadet.

Ein Leben ohne Investitionen bedeutet Stillstand. Investieren bedeutet, Zeit oder Geld in eine Sache zu stecken, die dir etwas bedeutet.

Investiere in deine Mitarbeiter, denn sie sind die Garantie für deinen Erfolg. Investiere in deine Maschinen und deine Technik, denn damit bleibst du immer auf dem neuesten Stand und beugst Verschleiß vor. Investiere in deine Produkte und Dienstleistungen, damit du deine Kunden noch besser zufrieden stellen kannst.

Investiere in deine Arbeitskraft. Sorge dafür, dass sie gesund ist und lange durchhält. Investiere in deine Ausbildung, Fortbildung, Weiterbildung – dein Humankapital. Lies viele Bücher und besuche Seminare. Wissen, das du dir aneignest, bleibt dir ewig erhalten und kann dir von niemandem mehr weggenommen werden. Erfahrungen, egal ob gute oder weniger gute, bringen dich im Leben weiter. Sie zeigen dir, wo du deine Stärken und Schwächen hast, und helfen dir somit, ständig besser zu werden. Sammele daher so viel an Erfahrung, wie du kannst. Probiere einfach viele Dinge aus, die dich interessieren.

Investiere in echte Sachwerte wie Grund und Boden. Das kann Land oder Wald sein, das können kostbare Materialien oder Schmuck sein. Diese echten Sachwerte garantieren dir Schutz in Notsituationen. Du kannst dich auf dein Stück Land zurückziehen und dich ernähren. Nicht umsonst kaufen reiche und mächtige Leute immer wieder Ländereien, Wälder und Grundstücke. Sie kaufen diese echten Sachwerte in Zeiten, in denen alle anderen schlafen, träumen, diskutieren, überlegen, streiten, zu bequem sind, nicht nachdenken, in Not sind, abgelenkt sind – und das häufig zu Spottpreisen. Sie wissen genau, was für einen Wert diese Dinge haben. Und sie denken nicht nur von heute auf morgen, sondern in großen Dimensionen, generationsübergreifend, um ihre Machtposition dauerhaft zu sichern.

Investiere in deinen Partner. Lass ihn wissen, dass du ihn liebst. Es muss nicht immer teuer sein; kleine Aufmerksamkeiten kosten nicht viel und bringen enorm viel. Die Zeit, die du für deinen Partner, deine Familie, deine Kinder und deine Freunde investierst, rechnet sich immer. Das tut Beziehungen so gut.

Investiere in deine Gesundheit. Kaufe dir gesunde Nahrungsmittel und lasse das Ungesunde weg, sooft es geht. Investiere in deinen Körper und deine Körperpflege. Dein »Motor« hält dadurch länger. Investiere Zeit für Sport und deine Gesunderhaltung. Achte auf deinen Körper und dessen Signale. Investiere in deine gesundheitliche Vorsorge statt Nachsorge.

Investiere in deine Ruhe. Gönne dir Wochenenden zum Relaxen, Sauna, Whirlpool, Massagen sowie ausgiebige Unternehmungen in der Natur – ohne Handy. Mache Urlaub und investiere bewusst in deine Freizeit und Hobbys. Sie sind enorm wichtig für deine Balance. Investiere für Momente der absoluten Stille. In der Stille kommst du zu dir, entspannst dich und vergisst einmal alles um dich herum. Du kannst ganz du selbst sein, denn du solltest es dir wert sein.

Investiere in deine Träume und Visionen. Sie sind deine Leitsterne, folge ihnen. Lass dir nicht einreden, dass du das nicht schaffst. Du kannst alles erreichen, wenn du daran glaubst. Daher investiere in Dinge, die du unbedingt im Leben erreichen willst. Du hast deine persönlichen Gründe dafür und das ist gut so.

Investiere bitte in jeder Alterslage. Sage nicht: Dafür habe ich noch Zeit. Es gibt immer einen Grund, warum du gerade jetzt nicht investieren kannst. Aber auf einmal ist die Zeit vorbei, du hast kaum noch Einkommen und bist nicht mehr in der Lage zu investieren. Daher ist es immer ratsam, egal wie alt du bist, in die oben genannten Dinge zu investieren. Es lohnt sich.

Vorsorge

Du hast ein Problem? Gut – du lebst!
Napoleon Hill

Kennst du Pokern? Das ist ein Kartenspiel, bei dem nicht unbedingt der mit den besten Karten gewinnt, sondern oftmals der am besten »schauspielt«. Er blufft, also täuscht seinen Mitspielern ein besseres Blatt vor, als er eigentlich auf der Hand hält. Die Frage für die anderen ist, ob sie ihm das glauben oder nicht.

Im Bereich der Vorsorge ist es ganz genauso. Wer garantiert dir, dass es immer so laufen wird, wie es gerade läuft? Wer garantiert dir, dass dein Job sicher ist? Wer garantiert dir, dass deine Altersvorsorge sicher ist? Wer garantiert dir, dass morgen alle Supermärkte geöffnet haben? Wer garantiert dir, dass du morgen an dein Geld bei der Bank kommst? Wer garantiert dir morgen deine Sicherheit? Die Antwort lautet jedes Mal: niemand.

Es wird gebluffen in der Gesellschaft, in der Politik, um dich herum. Du glaubst doch nicht etwa, dass alle mit offenen Karten spielen?! Im Leben wird dir sehr oft etwas Schönes vorgegaukelt werden, das in Wirklichkeit nicht zutrifft. Die Frage, die sich für dich stellt, lautet: Glaubst du es oder glaubst du es nicht?

Der einzige Weg ist, dass die Karten auf den Tisch kommen. Keine Show, keine Inszenierung, sondern die Realität. Alles, was du anfassen kannst, das ist echt, das ist Realität. Ob das nun Bargeld, Grund und Boden, Vorräte, der Partner, Freunde, technische Geräte oder Bücher sind – du kannst sie alle anfassen und berühren, ja in der Hand halten.

Nehmen wir einmal an, der Strom ist weg, alles dunkel und kalt. Bist du in der Lage, das zu überstehen? Mag sein, dass du hierüber schmunzeln musst. Vielleicht kommt es nicht genau so, aber vielleicht auch fast so. Denk einmal darüber nach. Wir sind heute ganz schön abhängig geworden. Kaufen alles nur, wenn wir es brauchen. Vertrauen blind darauf, was uns gesagt und im Fernsehen oder Radio gesendet wird. Wir hinterfragen nicht mehr, wir schlucken nur noch. Wir können viele kleine Dinge nicht mehr selbst wie Kochen oder Reparieren usw. und wissen oftmals gar nicht, was wir machen sollen, wenn die vertraute Verfügbarkeit plötzlich weg ist.

Wenn einmal der Strom weg ist und du im Kalten sitzt, dann nützt dir dein ausgedruckter Kontoauszug nichts. Dann nützen dir deine 300 Facebook-Freunde ebenso wenig wie ein Geschenkgutschein bei Amazon.
  Sorge daher vor. Sorge dafür, dass du im Ernstfall genug zu essen und zu trinken hast, dass du ein Dach über dem Kopf hast und dich aufwärmen kannst. Sorge dafür, dass du genug Tauschmittel daheim hast, und sorge für deine Sicherheit in Form von echten Freunden, Nachbarn und Netzwerken. Sorge dafür, dass du alle Informationen bekommst, die du benötigst, und sorge gut für dich, deinen Körper und alle dir nahestehenden Menschen. Sorge dafür, dass du einen kühlen Kopf bewahrst und imstande bist, mit Notsituationen umzugehen. Das sind die wahren Werte im Leben. Damit kannst du jede Krise meistern.

Monopoly

> *Der Verlierer sagt: »Es wird möglich sein, aber es ist schwierig."*
> *Der Gewinner sagt: »Es wird schwierig sein, aber es ist möglich.«*
> *Lebensweisheit*

Stell dir einen dicken roten Knopf vor. Davor sitzt ein Mensch. Wenn er ihn drückt, gehen überall die Lichter aus. Du meinst, alles Spinnerei? Ich denke, nein. Es gab, es gibt und es wird immer elitäre Kreise auf dieser Welt geben, die allen anderen eine Nasenlänge voraus sind. Die haben das, was du heute hast, schon vor 20 Jahren oder länger besessen. Und das, was die heute besitzen, bekommst du in 20 Jahren oder mehr als »Neuheit« präsentiert. Das ist so, darauf hast du keinen direkten Einfluss. Sei dir bitte nur bewusst, dass so etwas real existiert, auch wenn du es nicht direkt wahrnimmst.

Eine Lebensweisheit besagt:
  Es gibt immer jemanden, der kleiner ist als du.
  Es gibt immer jemanden, der größer ist als du.

Big Brother is watching you. Stell dir vor, du bist ein Superstar. Deutschlands Superstar, ein gläserner Mensch. Du stehst den ganzen Tag im Rampenlicht und alles, was du tust, wird von der ganzen Welt gesehen. Jeder Schritt.

Jede Sache, die du am Handy machst (Anrufen, Chatten), jede Sache, die du im Internet machst (Banking, E-Mail – egal ob nun passwortgeschützt oder nicht), wird permanent eingesehen. Gehe einfach davon aus, dass es genau so ist. Verhalte dich einfach so, als ob dir bei diesen Dingen jederzeit jemand über die Schulter schaut, alles mitliest und mitbekommt.

Dann weißt du genau, was du künftig wie schreiben oder eingeben wirst. Dinge, die du absolut vertraulich behandeln möchtest, von denen wirklich nur der Empfänger etwas wissen soll, die erledige mündlich im persönlichen Gespräch. Eine andere Möglichkeit gibt es nicht, wenn du auf Nummer sicher gehen willst.

Ich male hier nicht den Teufel an die Wand, ich weise dich nur auf Dinge hin, die heutzutage technisch ohne Probleme möglich sind. Auch wenn du es nicht glauben solltest. Es gibt Leute, die wissen weitaus mehr als du, haben weitaus mehr Möglichkeiten als du und sind zu weitaus mehr imstande, als du zu träumen wagst.

Glaube an dich, aber glaube nicht alles, vor allem was im Hauptstrom von Presse und Medien gesendet wird. Hinterfrage kritisch, ob das alles so wahr ist, was und worüber berichtet wird.

Das Ziel von Unternehmen ist es, ein Kundenprofil zu haben. Mensch X liebt das und jenes, kauft oft das und jenes, macht gern das und jenes. Am besten wäre es für die Unternehmen, wenn sie dein persönliches Kaufverhalten, dein sogenanntes Konsumverhalten, durchleuchten könnten. Dann würden sie dir exakt das anbieten, was du brauchst – oder auch nicht so richtig brauchst. Du bist aber kein Standard-Kunde. Du bist einzigartig und entscheidest bitte schön selbst, was du tun oder nicht tun wirst.

Du kennst sicherlich Monopoly. Das ist ein reines Machtspiel. Es geht immer um Macht – in jeder Gesellschaft. Daher solltest du dich unabhängig machen, soweit du es kannst.

Im Monopoly-Spiel gibt es zwei interessante Felder: Es sind das Elektrizitätswerk und das Wasserwerk. Fällt dir etwas auf? Das sind zwei elementare Dinge, die du anfassen kannst und die für jede Gesellschaft überlebenswichtig sind. Ohne diese beiden Voraussetzungen läuft nichts. Ob nun Holz, Kohle, Gas oder sonst etwas, du brauchst Energie zum Heizen und Wasser zum Trinken. Nicht umsonst sind diese beiden wichtigen Bereiche fest in der Hand von Leuten, die Macht haben oder Macht ausüben wollen.

Schulden – Der Wolf und das Reh

You are what you think, all day long
[Du bist, was du denkst, dein Leben lang]
Henry David Thoreau

Es gibt Naturgesetze, auch beim Geld. Und die Naturgesetze stimmen immer, egal ob uns das nun gefällt oder nicht. Achte sie einfach, mehr brauchst du nicht zu tun.

Ein Beispiel: Ein Wolf benötigt pro Tag 1 Reh für sich und sein Rudel. Er könnte jetzt 2 Rehe reißen und damit eine Art Luxus »finanzieren«, sprich mehr verbrauchen, als er tatsächlich braucht. Da der Wolf aber nicht blöd ist, wird er nur genau das eine Reh reißen. Er weiß genau: Wenn er mehr nimmt, reicht seine Nahrung nicht so lange aus. Es kommt der Tag, an dem es eventuell kein Reh mehr gibt, dann hat er ein Problem. Er muss unter Umständen verhungern. Das wäre die Strafe seines Überkonsums. Es existiert ja auch keine Reh-Bank oder Reh-Sparkasse, wo er sich ein Dispo-Reh besorgen könnte, also ein Reh im Voraus. Er ist somit gezwungen, mit dem auszukommen, was er hat. Wenn er mehr fressen will (ausgeben), muss er zuerst sicherstellen, dass es genug zum Fressen gibt (Einnahmen). Dann passt das Ganze wieder. Nun hat es dem Wolf bislang niemand gesagt und trotzdem macht er es einfach – weil er instinktiv die Naturgesetze beachtet. Das ist alles.

Sehr viele Menschen leben über ihre Verhältnisse. Sie kaufen Dinge, die viel zu teuer im Verhältnis zu ihrem Einkommen sind. Kurzfristig kann das nötig sein (Unvorhergesehenes, Notlage), aber niemals langfristig.

Langfristig verhungerst du finanziell. Wenn du immer mehr ausgibst, als du einnimmst, landest du automatisch im finanziellen Ruin.

Heute kann sich jeder Mensch Geld leihen, obwohl er verschuldet ist. Das sorgt dafür, dass die Leute ihre Strafe nicht erhalten. Die Strafe besteht darin, dass die Leute empfindlich merken, dass es so nicht weitergeht, praktisch so nicht weitergehen kann. Der Erziehungseffekt, den uns das Leben damit gibt, bleibt aus. Der Denkzettel kommt nicht – oder erst später, wenn es zu spät ist.

Doch das Ganze kommt noch schlimmer: In der heutigen Gesellschaft wird ein derartiges Verhalten sogar umworben. Das ist der Hammer!
Frei nach dem Motto: Kauf heute, zahl erst morgen. Du hast eh kein Geld, also kommt es auf die paar Schulden mehr auch nicht an. Das muss man sich einmal auf der Zunge zergehen lassen.

Noch mal: Die meisten Leute können sich viele Sachen nicht leisten und sind daher zum maßvollen Umgang verpflichtet; sich selbst und ihrer Familie gegenüber, indem sie nur so viel ausgeben, wie sie einnehmen. Viele Leute können sich nicht einmal ihren Urlaub leisten und verschulden sich dafür. Sie geben viel mehr aus und holen sich dieses nicht vorhandene Geld einfach am Bankschalter ab oder überziehen ihr Konto beim Einkaufen. Da das nicht vorhandene Geld ebenfalls wieder ausgegeben wird, muss wieder neues her – ein todbringender Kreislauf. Die einzige Lösung ist: Du kannst höchstens so viel ausgeben, wie du eingenommen hast.

Stell dir vor, es gibt keinen Kredit. Wo es keinen Kredit gibt, muss sich der Mensch so lange gedulden, bis er das liebe Geld zusammen hat. Ja, das kann etwas dauern, je nach Art der Anschaffung. Aber es verhindert eines ganz klar, nämlich die Verschuldung. Und genau das ist ein Problem der heutigen Zeit: Die Verschuldung bringt mehr Leid und Not auf unsere Welt, als du dir jemals vorstellen kannst.

Daher mein ganz dringender Wunsch an dich: Bitte verschulde dich nicht. Niemals!

Sparen und Vermögensaufbau

*Vom Säen und Ernten
Basisgesetz des Universums*

Sparen ist eine gute Sache, denn du verhinderst dadurch die Verschuldung. Außerdem ist Sparsamkeit eine Tugend; etwas auf der hohen Kante zu haben sollte die Normalität sein. Du weißt nie, was alles an Unvorhersehbarem kommen kann. Finanzielle Vorsorge ist aus diesem Grunde ein absolutes Muss.

Früher im Mittelalter mussten alle der Kirche oder dem König den Zehnt übergeben, also 10 % ihres Einkommens bzw. der Nahrungsmittel oder des Viehs. Heute zahlen wir weitaus mehr als 10 % unseres Einkommens in Form von vielen Steuern. Hast du dir schon einmal überlegt, wie es ist, wenn du der König bist? Ja, ganz genau. Stell dir vor, du bist dein eigener König und zahlst dir jeden Monat den Zehnt. Das bedeutet, dass 10 % deines Einkommens jeden Monat auf ein separates Konto oder ein Sparbuch oder in den Sparstrumpf wandern. Die sind einfach erst einmal weg. Du rührst sie nicht an, komme, was wolle, sie sind sozusagen heilig.

Mit den übrigen 90 % deines Einkommens wirst du problemlos klarkommen. Es ist gar nicht so schwer, wie du denkst. Manche schaffen es sogar,

20 % oder mehr zu sparen. Das kommt auf deine persönlichen Vorlieben und Bereitschaft zu Einschränkungen an. Aber übertreibe es nicht: Wenn dir dein Partner vor lauter Sparsamkeit wegrennt, dann ist es kein Ersatz dafür, 60 % gespart zu haben. Überlege dir also, welchen Betrag du jeden Monat ohne große Probleme zur Seite legen kannst. Es müssen aber mindestens 10 % sein.

Und die bleiben dort Monat für Monat und Jahr für Jahr liegen. Du wirst staunen, wie schnell sich ein Haufen Geld ansammelt. So kannst du Vermögen aufbauen. Leider wird so etwas in der Schule nicht gelehrt, das ist schade. Aber jetzt weißt du, wie du es anstellen kannst.

Rauchst du noch? Prima, dann ist das mit dem Sparen für dich noch einfacher. Du legst jeden Tag den Wert für eine Schachtel Zigaretten in ein Sparschwein. Tag für Tag. Und dann schüttelst du das Schwein am Jahresende aus und zählst die Kohle. Dann siehst du, wie viel Geld du jedes Jahr zum Fenster hinausbläst. Du kannst dir dann überlegen, ob du im nächsten Jahr diesen Betrag verdoppeln willst. Das geht ganz einfach: Höre einfach auf zu rauchen.

Spare nicht am falschen Fleck. Gerade bei größeren Investitionen ist es ratsam, ein paar Hundert Geld im Vorfeld für eine gute Beratung auszugeben und dann mehrere Tausend Geld beim Kauf zu sparen. Eine gute und glaubwürdige Beratung ist immer ihr Geld wert. Gib das Geld nicht einfach für etwas aus, sondern frage dich stets, welchen Nutzen dir eine bestimmte Sache bringt, wenn du sie dir kaufst. Dann spielt der Preis noch nicht einmal die Hauptrolle.

Halte Ordnung bei dir im Haus oder der Wohnung. Wenn du weißt, was du alles besitzt, dann kaufst du dir nicht versehentlich Sachen doppelt und dreifach. Wenn es möglich ist, dann gehe so viel wie möglich zu Fuß oder nutze das Fahrrad und lass das Moped oder Auto links liegen. Einkaufen gehst du am besten nach einer Mahlzeit. Wenn du satt bist, kaufst du nicht irgendwelche ungesunden Dinge.

Sparsamkeit beschränkt sich keineswegs nur auf Geld. Du kannst bei allen Dingen im Leben sparen. Das beginnt bereits damit, dass du dir bestimmte Dinge erst gar nicht kaufst. Guck dich einfach einmal in deinem Zimmer um. Was liegt dort alles herum und hat Geld gekostet? Brauchst du das wirklich alles? Oft kaufen wir Dinge, nur weil sie »in« sind oder wir einen angeblichen »Tick« haben. Aber mal ganz ehrlich: Ist das zuweilen nicht total bekloppt?

Die wirklich wichtigen Dinge im Leben kannst du dir sowieso nicht kaufen. Ich rede von Liebe, Treue, Zuneigung, Freundschaft, Anerkennung, Lob, Glück, Zufriedenheit, Gesundheit, Seelenfrieden usw. Hierfür brauchst du kein einziges Geldstück. Das Einzige, was du brauchst, ist Zeit. Und die solltest du dir dafür unbedingt nehmen.
 Wenn du dich auf die wirklich wichtigen Dinge konzentrierst im Leben, führst du ein erfülltes Leben, brauchst viel weniger an materiellen Dingen und sparst ohne große Mühe ganz nebenbei.

Versicherungen und Kredite

*Man muss keinem Menschen trauen,
der bei seinen Versicherungen die Hand auf das Herz legt.
Georg Christoph Lichtenberg*

Der Grund, weshalb Menschen Versicherungen abschließen, ist Angst. Menschen haben Angst, dass etwas Schlimmes passieren kann und sie dann hilflos dastehen.
 Aber was schließen wir Menschen nicht alles an Versicherungen ab. Das ist der reinste Wahnsinn. Es gibt nichts im Leben, wogegen du dich nicht versichern kannst. Und das »Schönste« ist dann immer, dass genau das passiert, was gerade nicht versichert ist.

Bitte merke dir Folgendes: Es gibt keine absolute Sicherheit. Niemals.

Einige Versicherungen sind Pflicht, weil das die Gesellschaft so will. Da kommst du nicht umhin, du musst dich fügen. Das sind beim Berufstätigen die Krankenversicherung, Renten- und Arbeitslosenversicherung. Wenn du selbstständig bist, musst du dafür allein sorgen. Sonst hast du ein Problem, wenn deine Firma pleitegehen sollte.

Im privaten Bereich sind folgende Versicherungen wichtig oder sinnvoll:

Die Haftpflichtversicherung beim Auto. Sie deckt Schäden ab, die du einem anderen Autofahrer zufügst, wenn du ihm zum Beispiel hinten drauffährst. Sie ist zwingend erforderlich, sonst bekommst du kein Auto zugelassen. Sie deckt aber nicht eventuelle Schäden an deinem Auto ab. Wenn du das auch noch willst, musst du eine Vollkaskoversicherung abschließen. Damit werden auch deine »Dummheiten« im Straßenverkehr abgedeckt. Eine Teilkaskoversicherung deckt Schäden beim Diebstahl ab und Ähnliches.

Die Haftpflichtversicherung beim Menschen. Sie deckt Schäden ab, die du einem anderen Menschen zufügst, zum Beispiel, wenn der Fußball deines Kindes im Wohnzimmer des Nachbarn landet beim Weg durch die Scheibe.

Die Unfallversicherung. Sie deckt Schäden ab, die du dir selbst zufügst oder zugefügt bekommst. Zum Beispiel deinen Skiunfall oder ein derbes Foul auf dem Bolzplatz.

Die Hausratversicherung. Sie deckt Schäden im Haus ab. Bei Einbruch, Wasserschaden, Feuer oder Blitzschlag bekommst du, je nach Police, einen Großteil deines Schadens ersetzt.

Die Wohngebäudeversicherung für Hausbesitzer. Sie deckt Schäden am Haus ab, zum Beispiel nach einem Sturm oder Erdbeben (was in Deutschland eher selten vorkommt).

Eventuell noch eine Rechtsschutzversicherung. Die deckt die Kosten für Anwälte und Gerichte ab, wenn du einmal Mist gebaut hast oder du in beruflichen Streitigkeiten bist. Wichtig ist zu wissen: Wenn du schon im Streit bist, dann kannst du sie nicht mehr abschließen. In laufende Verfahren steigt keine Versicherung ein.

Vielleicht fragst du, wovon denn die Versicherungsgesellschaften leben. Nun, die leben von den Versicherungsbeiträgen, die von jedem Mitglied jährlich bezahlt werden müssen. Und dann hoffen sie natürlich, dass möglichst wenige einen Schaden melden und sie nicht so viel ausschütten müssen.

Lass dir keine Versicherung voreilig aufschwatzen. Wenn ein Vertreter dich bedrängt oder Druck ausübt, dann lass die Finger davon. Seriöse Vertreter beraten dich ausführlich und »zwingen« dich nicht zum Vertragsabschluss. Lies dir die Dokumente ganz genau durch, besonders das Kleingedruckte. Wenn du etwas nicht verstehst, dann frag. Es ist keine Schande und dein gutes Recht. Du kannst dir sicher sein, dass viele Erwachsene ihre Verträge auch nicht wirklich kennen. Frag Papa und Mama oder Opa und Oma, was sie von der oder der Versicherung halten und was für Erfahrungen sie damit gemacht haben. Es ist auch im Bereich der Versicherungen nicht alles Gold, was glänzt.

Mehr Versicherungen benötigst du in aller Regel nicht. Alles Weitere sind zusätzliche Kosten für etwas, das mit hoher Wahrscheinlichkeit niemals eintreten wird.

Eine Bemerkung noch zur Lebensversicherung, die sehr viele Menschen abschließen. Ich meine damit die kapitalgebundene Lebensversicherung. Sie wollen auf der einen Seite ihr Leben (gegen einen eventuellen vorzeitigen Tod) versichern und auf der anderen Seite soll sie noch gewinnbringend als Altersvorsorge angelegt werden. Das beißt sich gewaltig. Entweder ich versichere das Leben oder ich betreibe Altersvorsorge.
   Wenn du dein Leben versichern willst, dann genügt eine Risikolebensversicherung für einen kleinen monatlichen Betrag vollkommen aus. Mehr brauchst du nicht. Wenn du Altersvorsorge betreiben willst, dann spare das Geld auf andere Weise. Beides zusammen in einer Lebensversicherung zu tun macht keinen Sinn.

Deutschland ist eines der Länder in der Welt mit den höchsten Versicherungen. Die Menschen vertrauen ihr Geld lieber dem Staat an und bemerken dabei gar nicht, dass es auch hier keine absolute Sicherheit gibt. Die meisten Menschen haben es verlernt, auf sich selbst zu vertrauen.

Weißt du, was deine allerwichtigste Lebensversicherung ist? Es sind deine Familie, dein Partner, deine Kinder, deine Freunde und deine Gesundheit.

Kredite und Zinsen

Wenn du kein Geld hast, solltest du dir zuallererst welches erarbeiten. Hoffe nicht darauf, dass irgendein edler Mensch dir welches gibt.

Solltest du einmal unbedingt Geld benötigen, welches du nicht hast, dann musst du dir Geld leihen. Man nennt das Kreditaufnehmen. Menschen, die Geld verleihen, nennt man Kreditoren. Menschen, die sich Geld ausleihen und damit in der Schuld stehen, nennt man Debitoren oder Schuldner.
    Zusätzlich zum Kredit will der Kreditor in aller Regel mehr zurückhaben, als er verliehen hat. Dieses zusätzliche Mehr an Geld nennt man Zins. Wenn du dir 100 Geld ausleihst, musst du zum Beispiel 105 Geld zurückzahlen. Die 5 Geld sind der Zins. Der Zins ist sozusagen die Gebühr oder die Strafe dafür, dass du kein Geld gehabt hast. Durch den Zins wird die Menge an Geld künstlich aufgebläht, denn das zusätzliche Geld wurde ja nie ausgegeben. Es wird sozusagen »erschaffen«. Die höchsten Zinsen zahlst du, wenn du dein Konto überziehst. Das können locker 12 bis 15 % werden. Die Bank ist daher sehr daran interessiert, dass dein Kontostand möglichst immer im Minus ist, denn besser und einfacher kann sie kein Geld verdienen. Sorge daher dafür, dass dein Konto wenigstens gedeckt ist, also wenigstens einen kleinen Plusbetrag aufweist.

Der Idealfall ist, keine Schulden zu haben, sich kein Geld leihen zu müssen. Du ganz allein bestimmst das, was mit deinem Geld passieren soll, wofür du es ausgibst.
    In dem Moment, wo du dir Geld leihst, sprich einen Kredit aufnimmst, bist du verschuldet. Das beginnt bei 1 Geld für eine Packung Kaugummi. Du bist verpflichtet, deine Schulden in voller Höhe zurückzuzahlen.
    Wenn du dir einmal Geld leihen musst, dann zahle es wie vereinbart pünktlich zurück – ein zuverlässiger Zahler ist der beste Ruf, den du haben kannst; diese Eigenschaft ist im wahrsten Sinne Gold wert.

Leihe dir zuerst Geld von Familienangehörigen oder aus der Verwandtschaft oder von Freunden. Frag sie, ob sie dir zinslos Geld leihen für einen Zeitraum von x Monaten oder Jahren. Trau dich, einfach zu fragen.

Absolute Bedingung ist natürlich: Du musst es jedem pünktlich in voller Höhe zurückzahlen. Du stehst in der Pflicht.

Beispiel: Haus 200.000 Geld. Zinssatz 4 % über 20 Jahre

Das ist noch sehr moderat gerechnet, in der Praxis findest du eher höhere Kaufpreise mit einem höheren Zinssatz und längerer Laufzeit.
   Das sind 8.000 Geld pro Jahr an Zinsen. Das heißt, das zahlst du, ohne auch nur ein klitzekleines Stück vom Kaufpreis 200.000 Geld getilgt zu haben. Diese Schuldensumme steht noch in voller Größe da. In 20 Jahren zahlst du damit 160.000 Geld nur an Zinsen – für die Bank. Dein Haus wird dadurch aber nicht wertvoller.

Dazu kommen noch die 200.000 Geld für den Kredit. Das macht 360.000 Geld in 20 Jahren oder 18.000 Geld pro Jahr oder 1.500 Geld pro Monat. Von deinem Netto-Gehalt muss das bezahlt werden.
   Hast du so viel übrig? Kannst du noch alle anderen Ausgaben tätigen? Kannst du noch in den Urlaub fahren? Hast du noch Geld für deine Familie, Freunde, etwas Schönes und dich selbst übrig? Wenn nein, lass die Finger davon!

Klar, du könntest nun länger abbezahlen, sagen wir über 30 Jahre. Bedenke aber, für die zusätzlichen 10 Jahre will die Bank ebenfalls Zinsen haben, also weitere 80.000 Geld. Da sind wir dann schon locker bei 440.000 Geld in 30 Jahren. Das macht 14.666 pro Jahr oder 1.222 pro Monat. O.k., du hast eine um knapp 300 Geld geringere Belastung, aber durch den längeren Zeitraum zahlst du 10 Jahre länger ab und hast 10 Jahre länger Schulden an der Backe. Unterm Strich zahlst du mehr.

Du musst immer den gesamten Betrag anschauen, den du an Schulden zurückzahlen musst. Es spielt dabei überhaupt keine Rolle, was für einen »Namen« sich die Bank für deine Schulden ausdenkt. Es geht um einen <u>Gesamtbetrag</u>, der bis zum Ende einer definierten Laufzeit von DIR monatlich zu zahlen ist. DU musst jeden Krümel deines Kredites zurückzahlen, niemand anders. Nimm die gesamte Schuldenlast und teile sie durch die Monate der Laufzeit, dann kennst du deine monatliche Belastung.

Und dann entscheidest du: Ja, ich kann mir das leisten und bin auch für Notsituationen gerüstet. Oder: Nein, ich kann mir das nicht leisten. Das ist ehrlich und verhindert deine Verschuldung.

Denke immer daran: Solange du Schulden hast, bist du ein finanzieller Sklave der Bank. Und daher sind Banken in höchstem Maße daran interessiert, Geld zu verleihen. Sie werben regelrecht dafür. Je mehr Kredit du aufnimmst, je mehr Schulden du hast, je länger du diese Schulden mit dir herumträgst, umso höher ist der Gewinn für die Bank. Und das Schöne für die Bank ist, sie muss noch nicht einmal etwas dafür tun. Du dafür umso mehr.

Die Bank bekommt IMMER ihr Geld zurück. Auch wenn du pleitegehst, entlassen wirst, keine Kohle hast, dich scheiden lässt oder die Welt untergeht. Du hängst so lange am finanziellen Tropf der Bank, bis der letzte Krümel des Gesamtbetrages getilgt wurde – notfalls bis zum Lebensende oder von deiner Familie und Kindern. Die werden im Extremfall alle zur Kasse gebeten.

Überlege und plane daher ganz genau im Vorfeld, ob du dich in solcher Höhe verschulden willst mit all diesen Risiken.
Nicht zu unterschätzen ist außerdem die psychische Belastung im Kopf. Einen Haufen Schulden zu haben, das bewegt dich auch innerlich. Und Schulden sind ein wesentlicher Grund für Trennungen von Paaren und Familien. Überlege dir, ob du das wirklich willst.

Wenn es absolut unumgänglich ist, einen Kredit bei einer Bank aufzunehmen, dann vereinbare unbedingt ein Sondertilgungsrecht bis zur vollständigen Tilgung des Kredites. Damit hast du die Möglichkeit, deine Schulden zwischendurch abzuzahlen bzw. sogar ganz zurückzuzahlen. Du weißt ja nie, was noch kommen kann.

Beispiel Auto: Ein neues Auto kostet mindestens 20.000 Geld.

Wenn du 1000 Geld im Monat verdienst (ich rede vom Netto, nicht vom Brutto), so brauchst du 20 Monate, um für dieses neue Auto zu sparen. Da hast du aber noch nichts ausgegeben für dein Essen, Trinken, Wohnung, Miete und all die anderen Ausgaben, die so anfallen im Leben. Selbst wenn du die Hälfte deines Netto-Einkommens sparst, musst du mindestens 40 Monate sparen für dein Auto. Das sind über 3 Jahre.

Wie wäre es mit einem guten Gebrauchten für die Hälfte? Wäre das nicht etwas? Dein Auto ist bereits gebraucht, wenn du es vom Händler abholst und zu Hause ankommst. Jeder Kilometer und jedes Jahr mindern den Wert deines Autos.

Ein Auto fängt mit »A« an und hört mit »O« auf. Neben dem Kaufpreis musst du sämtliche Unterhaltskosten für Sprit, Versicherung, Steuern und Reparaturen bezahlen. Für einen jungen Fahrer sind zudem die Versicherungsbeiträge sehr viel höher. Überlege dir daher ganz genau, was für ein Auto du möchtest und ob du dir ein Auto überhaupt leisten kannst.

Für alle anderen Dinge des Lebens warte bitte, bis du genug Geld dafür zusammen hast. Das gilt für alles Schöne im Leben, was du dir so kaufen wirst. Das ist die beste Garantie gegen Verschuldung.

Wie du das anstellen kannst, sage ich dir jetzt.

Wie man einen Elefanten trägt

Erfolg ist.
Bessie Anderson Stanley

Das Zauberwort heißt Geduld.

Geduld zu haben ist eine Tugend. Nicht nur beim Geldausgeben. Alles braucht seine Zeit. Wenn du Geduld hast, kannst du dir alle Dinge und tollen Sachen im Leben leisten. Es geht nicht auf einmal, aber Stück für Stück.

Auch für alle technischen Geräte und all die anderen schönen Dinge, die so auf dem Markt herumschwirren und SO günstig und NUR noch heute zu haben sind – warte, bis du das Geld zusammen hast, und dann kaufe sie dir.

Eine gute Sache ist, eine Nacht darüber zu schlafen. Bei allen wirklich wichtigen Dingen im Leben kommt es nicht auf die Minute an. Kaufe dir bitte niemals Dinge in Eile, unter Stress, in Wut, geblendet oder voreingenommen. Kaufe dir bitte auch niemals Dinge, nur weil andere sie haben oder weil es gerade »in« ist. Frage dich vor jedem Kauf: »Was habe ich für einen Nutzen, wenn ich mir das jetzt kaufe?«

Nehmen wir einmal an, du möchtest dir unbedingt etwas Größeres kaufen, das du selbst oder in der Werbung gesehen hast. Du hast das Geld hierfür nicht komplett zur Hand.

Als Erstes holst du dir Informationen ein von Leuten, die diese Sache, die du kaufen möchtest, schon besitzen. Frag sie einfach. Frag deine Freunde, deine Nachbarn oder auch Unbekannte. Frage sie, wie sie mit dieser Sache zufrieden sind und ob sie sie dir empfehlen können.

Damit bekommst du eine erste wichtige Information. Vielleicht ist sie ja gar nicht so toll, wie es in der Werbung beschrieben wird. Vom Anwender bekommst du eine ehrliche Information. Hole dir ruhig mehrere Meinungen ein.

Als Zweites fragst du einen Besitzer deines Wunsches, ob er dir das gute Stück zeitweilig zur Verfügung stellt. Gegen ein Ausleihen, sei es auch für eine kleine Gebühr, spricht nichts. Das wäre der Idealfall. Du kannst deinen Wunsch nun ausgiebig testen und spüren, wie es sich damit lebt.

Das kann ein Rasenmäher sein, ein Auto, ein Boot, ein Haustier, eine Waschmaschine, ein Fernseher, ein Kleidungsstück, ein Laptop, eine Kamera, eine Uhr, ein beliebiges Küchengerät und so weiter. Alles ist möglich.

Geh sorgsam damit um, aber teste es. Und dann bilde dir darüber deine eigene Meinung. Ist es das, was du gesucht hast? Entspricht es deinen Erwartungen?

Falls es dann irgendwie doch nicht das ist, was du erst dachtest, oder du es in der Zwischenzeit für nicht mehr so wichtig erachtest – auch so etwas passiert –, hast du Geld und Ärger gespart. Eine derartige Vorgehensweise ist äußerst effektiv und rational. Und sie verhindert die Verschuldung.

Falls es genau das ist, wonach du dich sehnst, dann zerlege den »Elefanten« in Teilstücke. Du kennst den genauen Betrag an Geld, den du aufbringen musst. Und du kennst den Betrag an Geld, den du jeden Monat locker sparen kannst. Dann teilst du den Gesamtbetrag durch die Monatssumme an Geld, das du sparen wirst. Du erhältst dadurch den Zeitraum, den du brauchst, um dafür zu sparen. Und dann ziehst du es kontinuierlich und mit eisernem Willen durch. Monat für Monat.

Wenn es so weit ist, dann hast du ausreichend Geld verfügbar und nimmst keinen Kredit auf. Und dann kaufst du es dir bar und mit Hochgenuss.

Die Geschichte vom Jobverlust

Ich war Anfang dreißig. Ich hatte eine Familie, Kinder, ein Haus und freute mich auf die Zukunft. Und ich hatte einen Job, der mir Spaß machte.

Eines Sommertages wurde ich zum Chef ins Büro gerufen. Er hatte eine ernste Miene und bat mich, Platz zu nehmen. Er informierte mich über weitreichende Veränderungen in der Firma und Umstrukturierungen. Und er informierte mich darüber, dass künftig kein Platz für mich mehr in der Firma sein werde, und wünschte mir alles Gute für die Zukunft. Die Kündigung kam urplötzlich und aus dem Nichts.
Mir riss es förmlich den Boden unter den Füßen weg.

Ich war wie vor den Kopf geschlagen. Das konnte doch nicht wirklich wahr sein!
Ich hatte Schule, Ausbildung, Studium und Promotion erfolgreich absolviert und war mitten im Berufsleben. Und jetzt das hier? Das ging doch nicht! Das war ungerecht, unfair und unmenschlich. Die Welt hatte sich gegen mich verschworen.
Was nun, Gunnar? Keine Arbeit, kein Geld, einen Kredit für das Haus an der Backe – ich war am Boden zerstört. Mich kotzte das Leben so richtig an. Ich war wütend und ohnmächtig zugleich.

In meiner Not rief ich ein paar Freunde an. Diese nahmen sich glücklicherweise Zeit für mich und kamen auch zu mir nach Hause, um Beistand zu leisten. Das half zwar nicht direkt, aber es tat gut. Es tat gut, in solch schweren Stunden nicht allein zu sein. Es tat unendlich gut, eine starke Familie und wunderbare Freunde bei sich zu wissen.

Wenige Tage später traf ich einen Bekannten und berichtete ihm davon. Er sah mich an und sagte voller Überzeugung: »Na, dann kann ich ja nur gratulieren. Herzlichen Glückwunsch!«

Häh? Was war das denn jetzt? Hatte der noch alle Tassen im Schrank? Ich habe gerade meinen Job verloren und der beglückwünscht mich noch dazu?! Ich war fassungslos. Guckte ihn an, als ob er vom Mars käme.

»Na ja«, fuhr er fort, »jetzt hast du doch alle Möglichkeiten der Welt, das zu tun, was du willst.« Es war unfassbar. Dieser Mensch sagte mir in einer meiner schwersten Lebenskrisen trocken ins Gesicht, wie toll das ab jetzt alles wäre. Das musste ich erst einmal verdauen, ich war sprachlos.

Am nächsten Tag begann ich nachzudenken. »Ja, stimmt, ich könnte jetzt wochenlang herumweinen und allen von meinem Drama erzählen.« Dann wäre ich immerhin nicht der Einzige, der mit meinem Problem belastet wäre. Aber wiederum brachte mir das auch keine Punkte, denn ich war keinen Schritt weiter als vorher. Das konnte es also auch nicht sein.

Ich überlegte weiter und rief eine gute Freundin an, die schon selbstständig war. Wir unterhielten uns unendlich lange. Sie berichtete über ihre Erfahrungen, als sie den Sprung ins kalte Wasser unternommen hatte, und erzählte mir alles. Ich hörte ihr gespannt und hochinteressiert zu. Das klang total aufregend.

Von einer weiteren Bekannten bekam ich den Tipp, einmal einen Existenzgründer zu befragen, was ich dann auch tat. Ich fragte im Freundeskreis herum und mir wurden ein paar Vorschläge unterbreitet. Mir sagte innerlich ein Kontakt zu und ich ging diesem nach. Der Berater war freundlich und sagte, dass Leute mit derartigen »Problemen« sein Tagesgeschäft seien. Aha, das war beruhigend. War es doch wie eine Art Erfahrung, die aus dem Munde klang. Ich löcherte den Mann mit tausend Fragen und schilderte ihm meine scheinbar ausweglose Situation. Er schrieb sich viel auf und fragte mich, was ich denn alles gut könne, worin meine Stärken lägen. Nun, nach kurzem Nachdenken fielen mir in der Tat einige Sachen ein, die ich wirklich gut konnte und die mir auch Spaß machten.

Er meinte: »Dann lassen Sie uns einmal schauen, ob Sie damit Geld verdienen können.« Cool, so hätte ich die Lage überhaupt nicht eingeschätzt. Ich fasste wieder Mut, Mut, dass es weitergehen könnte. Ich sah Licht am Ende des Tunnels.

Wir erstellten ein konkretes Firmenprofil für mich und bereiteten alles für eine Selbstständigkeit vor. Wir durchleuchteten jeden Punkt, jedes Wenn und jedes Aber, bis nach ein paar Sitzungen ein fertiges Konzept vorlag. Ich war mächtig stolz, denn so etwas hatte ich im Leben noch nie gemacht. »Mensch, Gunnar, so auswegslos scheint die Situation doch nicht zu sein«, motivierte ich mich selbst. Ich änderte meinen Blickwinkel und holte mir Hilfe ins Boot. Professionelle Hilfe von Leuten, die das nicht zum ersten Mal taten. Das gab Hoffnung und beruhigte ungemein.

Die Umsetzung des Konzeptes erfolgte nach Plan. Gewissenhaft und mit Hilfe meines Beraters wurde alles in die Wege geleitet und wenig später fertig gestellt.

Ich krempelte beide Ärmel hoch, statt in Selbstmitleid und Resignation zu verfallen.

Mein Jobverlust war ein Trauma und eine Auferstehung zugleich. In dieser Krise steckte eine Chance, meine Chance. Im Nachhinein war es einer der echten Wendepunkte und Lehrstunden meines Lebens. Es hatte seinen Sinn, warum es so passieren musste. Und ich bin dankbar dafür, jetzt im Nachhinein.

Einen eigenen Haushalt führen

> *Ein Schiff ist im Hafen sicher,*
> *dafür wurde es aber nicht gebaut.*
> *Unbekannt*

Daheim im Hotel Mama gibt es alles. Im Kühlschrank findet sich immer etwas Essbares, Bad und WC sind immer sauber, das Haus oder die Wohnung sind immer aufgeräumt und der Staub ist gewischt. Du setzt dich an den gedeckten Tisch und lässt es dir schmecken. Danach gehst du wieder auf dein Zimmer und bringst vielleicht einmal nach der x-ten Aufforderung den Müll raus. Das ist natürlich extrem anstrengend und durch diesen außergewöhnlichen Arbeitseinsatz hast du dir den Rest des Tages als Freizeit verdient.

Du brauchst dir keine Sorgen um Geld oder Einkäufe zu machen, das wird irgendwer schon erledigt haben. Und natürlich ist es selbstverständlich, dass du zu deinem Sport gefahren und abgeholt wirst und dir ansonsten ausgiebig Zeit für deine Interessen eingeräumt wird. Beim Fernsehen oder Handyspielen brauchst du logischerweise absolute Ruhe, da stehen keine Kapazitäten mehr zur Mithilfe im Haushalt zur Verfügung. Und wenn dann doch einmal ein lauteres Wort von den Eltern herüberkommt, dann erträgst du es – der Stress wird schon irgendwann vorübergehen.

Erkennst du dich wieder? Kommt dir das so oder so ähnlich bekannt vor?

In deiner Kindheit ziehen dich deine Eltern groß. Sie sorgen für dich, du musst dich fast um nichts kümmern. Du nimmst die ganze Zeit von deinen Eltern. Es ist daheim wie im Schlaraffenland, alles ist selbstverständlich vorhanden und du kannst dich nach Herzenslust bedienen.

Eines Tages ist es vorbei damit. Dann ist die Zeit gekommen, wo du daheim rausmusst. Das ist nichts Schlimmes, das ist normal. Mutter Natur hat es nicht vorgesehen, dass du mit 35 noch daheim bei Mutti herumhängst. Die Natur der Dinge sieht es vor, dass du nunmehr deine eigene

Familie gründest und selbst Verantwortung für dich und deinen Partner und Kinder übernimmst.

Als Allererstes musst du Verantwortung für dich selbst übernehmen. Du musst lernen, auf eigenen Beinen zu stehen und für dich selbst zu sorgen. Das ist wichtig, damit du im Leben über die Runden kommst. Du musst lernen, mit deinem Geld zu wirtschaften und deinen eigenen Haushalt zu führen.

Wie geht so etwas?

Nimm dir ein paar ruhige Minuten Zeit und schreibe auf ein Blatt Papier, was du alles an Einnahmen im Monat hast. Das ist alles an Geld, was du als Lehrling, als Student, als Taschengeld, als Lohn oder Ähnliches verdienst. Ich meine immer den Nettobetrag, das, was du wirklich verfügbar hast. Das ist der Geldbetrag, von dem du im Monat leben musst. Mehr als diesen Betrag hast du nicht zur Verfügung und mehr als diesen Betrag solltest du nie ausgeben.

Und nun schreibst du deine Ausgaben auf und zwar alle. Jeden klitzekleinen Geldbetrag. Das fängt bei Miete, Zins, Abzahlungen, Raten, Schulden und Nebenkosten an und geht über Lebensmittel, Kleidung, Beziehungspflege, Bildung, Versicherungen, Steuern und endet bei Sparen, Hobbys, Geschenken, Urlaub und Unvorhersehbarem. Das alles zählst du zusammen und kommst auf deine Ausgaben pro Monat.

Falls manche Ausgaben nur einmal jährlich anfallen, so teile die Summe durch 12 und nimm diesen Wert als Monatsausgabe. Führe die oben genannten Aufzeichnungen mindestens drei Monate, besser ein halbes Jahr lang.

Und dann hast du eine ganz konkrete Vorstellung von dem, was du im Monat an Geld bekommst und ausgibst. Stelle diese beiden Zahlen nun einander gegenüber.

Was stellst du fest? Sind die Einnahmen größer als die Ausgaben? Das ist schon einmal gut, denn dadurch verschuldest du dich nicht. Du kannst stolz auf dich sein.

Sind die Einnahmen kleiner als die Ausgaben? Das ist nicht gut. Du lebst über deine Verhältnisse. Das mag hart klingen, aber du musst der Realität ins Auge sehen. So kannst du nicht dauerhaft weitermachen, das führt zur Verschuldung und in den finanziellen Ruin. Wenn du einen eigenen Haushalt führst, dann müssen deine Einnahmen langfristig immer größer sein als deine Ausgaben. Das ist ein finanzielles Grundgesetz. Vorübergehend für 1 oder 2 Monate kann das in Ausnahmefällen einmal notwendig werden, aber niemals dauerhaft.

Schreibe dir das bitte dick und fett hinter deine Ohren.

Was kannst du tun, wenn deine Einnahmen regelmäßig kleiner als deine Ausgaben sind?

Nun, da du eine Zeitlang Buch geführt hast und deine Ausgaben genau kennst, weißt du, wo du wie viel Geld im Monat lässt. Schau dir diese Posten ganz genau an und frage dich: »Brauche ich das wirklich?« Wenn deine Miete schon mehr als die Hälfte deines Einkommens verschlingt, dann überlege, ob du nicht eine kleinere Wohnung nimmst mit geringeren Nebenkosten. Wenn du einen Großteil für Essen und Trinken ausgibst, dann frage dich, wo du gute und nahrhafte Lebensmittel kaufen kannst, die möglichst unverarbeitet sind. Kaufe Lebensmittel nicht nach dem Preis, sondern nach deren Nährstoffgehalt. Gute Nahrung muss nicht teuer sein.

Ist dein Hobby vielleicht ein großer Kostenfaktor? Oder fährst du alle 3 Monate in den Urlaub, obwohl dieser Posten Unsummen verschlingt? Vielleicht genügt einmal Urlaub im eigenen Lande, hier gibt es sehr viele schöne Gegenden. Probiere es einmal aus.

Und falls manche Leute komisch zu dir gucken, weil du das eine oder andere nicht mehr tust oder machst – egal, lass sie. Es ist schließlich dein Geld, dein Leben und deine Entscheidung. Du musst letztlich über die Runden kommen und da kann dir niemand helfen außer dir.

Wichtig ist, dass du genau herausfindest, welche Art von Ausgaben regelmäßig die Ursachen für dein Minus auf dem Konto sind. Entlarve sie gnadenlos und senke sie. Das ist deine einzige Chance bei den Ausgaben. Du kannst nicht mehr ausgeben, als du einnimmst. Lass dir bitte von niemandem etwas anderes erzählen!

Eine hervorragende Möglichkeit, nie mehr ausgeben zu können, als du eingenommen hast, ist die Barzahlung. Hebe am Monatsanfang einen festen Betrag ab, den dein Konto hergibt, ohne dass es im Minus ist. Diesen Betrag packst du dir in dein Portemonnaie. Oder du legst einen Teil bar daheim hin und nimmst nur einen Teil mit für unterwegs. Du kannst auch verschiedene Briefumschläge beschriften und in den einen zum Beispiel das Haushaltsgeld, in den anderen das Urlaubsgeld und in noch einen das Investitionsgeld packen. Das ist vollkommen egal. Wichtig ist nur, dass du am eigenen Körper und im Briefumschlag merkst, wann dieser leer ist.

Und du zahlst jetzt immer nur bar, egal wofür. Du hast die volle Kontrolle über dein Geld und du siehst auch, wenn es weniger wird. Da rollen die Scheinchen durch deine Finger und schwupp, weg sind sie. Wenn dein Geld im Portemonnaie oder im Umschlag alle ist, dann ist es alle. Du musst nun so lange warten, bis wieder ein neuer Monat beginnt, und kannst erst dann neues Geld abheben. Du wirst gezwungen, mit deinem zur Verfügung stehenden Geld klarzukommen. Mehr hast du nicht und mehr gibt es nicht. Dann kannst du dir eben nichts mehr kaufen bis zum Monatsende. Das mag abartig klingen, aber es ist die einzige Chance, dich selbst zu zügeln und zu kontrollieren, damit du ein Gefühl für Geld bekommst.

Das mache ein paar Monate so und beobachte dabei dein Kaufverhalten. Du wirst merken, dass du nicht mehr vorschnell irgendwas kaufen wirst, sondern überlegt zu Werke gehst. Und genau das ist es, was damit erreicht werden soll. Du hast die volle Kontrolle über dein Geld und entscheidest, wofür du es ausgibst. Nur Bares, keine Geldkarten oder Sonstiges; die kannst du getrost daheimlassen oder durchschneiden. Vor allem, wenn du hohe Schulden hast, sind Geldkarten viel zu verführerisch, weil es dir nämlich nicht wehtut, Geld auszugeben. Es muss dir aber wehtun, damit du endlich aufwachst.

Eine andere Möglichkeit besteht darin, dein Einkommen zu steigern. Du bist nicht nur an dein Gehalt gebunden. Du hast etliche Möglichkeiten, dir nebenbei etwas dazuzuverdienen. Hole dir vorher das Einverständnis deines Arbeitgebers ein.

Wenn du etwas – neben deinem Beruf – so richtig gut kannst und es dir riesigen Spaß macht, egal was es ist, dann hast du hervorragende Möglichkeiten, hierdurch zusätzlich Geld zu verdienen. Auch Zeitungen austragen, Kinder betreuen, Nachhilfe geben, Musikunterricht erteilen, Fußballtrainer sein und kleinere Hilfsaufgaben stellen Möglichkeiten dar, zusätzlich Geld zu machen. Wie heißt es so schön: Wer den Pfennig nicht ehrt, ist des Talers nicht wert. Überlege einmal, was du besonders gut kannst und gerne tust.

Nach dieser selbstkritischen Betrachtung aller deiner Einnahmen und Ausgaben hast du die Lösung für dein Problem automatisch gefunden. Dann heißt es handeln. Komm in die Gänge und setze deine Erkenntnisse in der Praxis um.

Du wirst schnell erkennen, dass auch du als junger Mensch sehr wohl in der Lage bist, deinen eigenen Haushalt zu führen. Beschaffe dir den Überblick über alle Geldströme von dir und dann kontrollierst du sie alle paar Monate, ob noch alles in Ordnung ist.

Stressbewältigung

Werde vom »Yes-butter« zum »Why-notter«.
Klaus Kobjoll

Stress ist allgegenwärtig. Stress beginnt früh am Morgen, wenn die Kleinen zur Kita oder in die Schule gebracht werden. Stress beginnt auf dem Weg zur Arbeit. Stress umgibt dich während deiner Arbeit und in der Schule. Stress begleitet dich auf dem Nachhauseweg und leider auch schon in der Freizeit. Stress folgt dir bis abends ins Bett und lässt dich in der Nacht nicht zur Ruhe kommen. Stress macht krank. Und am nächsten Morgen geht das Ganze wieder von vorn los.

Unterbrich unbedingt diesen Teufelskreislauf. Du kannst Stress nicht ausweichen, aber du kannst deine Einstellung ihm gegenüber anpassen. Es ist deine Entscheidung, ob du dich stressen lässt oder nicht. Und es ist sehr oft deine Schuld, ob du Stress haben musst.

Nehmen wir mal an, eine Klassenarbeit ist in 14 Tagen angekündigt. Du denkst vielleicht: »Meine Güte, das ist ja noch ewig hin.« Und dann nix wie ran ans Handy, ordentlich gechattet und abgeschaltet. Die Tage vergehen und dann steht morgen die Klassenarbeit an. »Ach du liebe Güte, ich muss ja noch lernen.« Jetzt ist die Zeit arg knapp bemessen und du schaffst es nicht mehr, dich ausreichend vorzubereiten. Das ist Stress. Und zwar Stress, den du dir selbst eingebrockt hast.

Wäre es nicht cleverer, bereits nach Bekanntwerden, also 14 Tage vorher, mit kleineren Lerneinheiten zu beginnen, diese täglich zu wiederholen und jeden Tag etwas Neues dazuzupacken? Dann teilst du dir die große Last in kleine Häppchen auf, die du gut »verdauen« kannst, und am Tag vor der Arbeit bist du fertig – ohne Stress.

Nehmen wir mal an, du arbeitest an einem großen Projekt im Beruf. Große und wichtige Projekte sind selten dringend. Sie sind meistens langfristig angelegt. Und genau diese Langfristigkeit verleitet zum Hinausschieben. Doch auch hier vergeht die Zeit irgendwann und das Ende des Projektes steht an. Mit der sich verringernden Zeit nimmt gleichzeitig der Stress zu, logischerweise. Auch hier bist du die Ursache selbst. Fange an, kleine Einheiten des riesigen Projektes jeden Tag abzuarbeiten. Das genügt bereits. Verschaffe dir einen Gesamtüberblick und dann zerlege dein Megaprojekt in etliche Kleinprojekte. Und die gehst du jeden Tag an und fügst alles wie in einem Puzzle am Ende zusammen – fertig.

Nehmen wir mal an, du bist eine Sekretärin, ein Verwaltungsangestellter, ein Buchhalter, ein Student oder ein IT-Spezialist. Dann hast du natürlich täglich mit dem PC zu tun. Und da heißt es, regelmäßig die Daten und Dateien zu sichern. Ich meine jetzt keine Software, die man sich ohne große Schwierigkeiten wieder beschaffen kann. Ich meine die ganz persönlichen Dateien von dir: deine Tabellen, deine Schriftdokumente, deine Zeichnungen, deine Programme, deine Vorträge, deine Diplomarbeit, deinen Geschäftsverkehr, deine privaten Bilder und Videos und vieles andere mehr. Ich meine das, was du selbst erzeugt hast, was dich teilweise unendlich viel Zeit gekostet hat, es endlich zu kreieren und zu vollenden. Das ist Software, die nur du geschaffen hast und die du tunlichst sichern solltest. Wenn dein PC oder Laptop erst einmal fest gefahren ist, nicht mehr bootet oder ein irreparabler (nicht wieder zu reparierender) Schaden auf deiner Festplatte auftritt, dann weißt du, was ich meine.

Ich habe im wahrsten Sinne schon Pferde kotzen sehen, was eine mangelhafte Datensicherung von Dokumenten betrifft. Ich kann dir sagen, da fließen Tränen. Deine eigenen Dateien, die du in liebevoller Kleinarbeit geschaffen hast, verdienen es, gesichert zu werden, und zwar außerhalb des PCs und bei wichtigen Dokumenten auch mit mehreren Kopien. Wenn solche unwiederbringlichen Dokumente zerstört sind, dann ist das Stress in höchstem Maße. Und den solltest du dir wirklich nicht antun. Daher mein eindringlicher Appell an dich: Sichere regelmäßig deine Daten auf einem externen Datenträger, am besten jede Woche.

Natürlich gibt es unvorhersehbare Ereignisse, die dich sofort zum Handeln zwingen. Das ist natürlich auch Stress. Aber auch hier hast du mindestens 1 Minute Zeit zum Überlegen. Tausche dich mit anderen Eingeweihten aus und dann triff deine Entscheidung. Mit der Zeit wird dir das immer besser gelingen, so dass du selbst in Krisensituationen gut mit Stress umgehen lernst. Der Zauberspruch heißt hier: In der Ruhe liegt die Kraft.

Die Frage lautet: Wie gehst du mit Stress um?
  Es gibt auch positiven Stress. Stell dir mal vor, du trittst einen neuen Job an oder kommst in eine neue Schule. Du hast ein komisches Gefühl im Magen. Du bist aufgeregt und atmest tief. Auch das ist Stress. Aber es ist anderer Stress. Er sorgt dafür, dass du hellwach und optimal vorbereitet ans Werk gehen kannst. Das Gleiche trifft auch für Redner zu. Ich kenne keinen Vortragenden, der nicht ein bisschen Lampenfieber hat. Das ist auch gut so.

Es muss dir in der Schule, im Beruf und in der Freizeit gelingen, die Dinge rechtzeitig und in kleinen Portionen anzugehen. Schritt für Schritt. Wenn du das schaffst, minimierst du dein Stresslevel auf ein absolutes Minimum.
  Und noch etwas: Falls deine Mitschüler oder Kollegen Stress machen, so musst du das noch lange nicht mitmachen. Es ist deren Stress, nicht deiner!

Ehrenamtlichkeit

Tue Gutes und sprich darüber.
Peter Suter

Wenn man etwas geschenkt bekommt, dann bedankt man sich dafür.

Das gilt auch im Bereich der Arbeit. Sage Danke, dass du so einen guten Beruf hast und gutes Geld verdienst. Sage Danke, dass du tolle Kollegen um dich herum hast und einer Arbeit nachgehen kannst, die dich ausfüllt und glücklich macht.

Die Gesellschaft, in der du groß wirst, die dich unterrichtet, ausbildet und zu einem erwachsenen Menschen heranzieht, geht in Vorleistung für dich. Sie ermöglicht es dir, dein Leben zu leben. Und für dieses Geschenk gilt es sich zu bedanken.

Wie kannst du das tun?

Du kannst deinen Dank an die Gesellschaft zurückgeben, indem du etwas für die Gesellschaft tust. Das kann zum einen »kostenpflichtig« sein, indem du ein Produkt oder eine Dienstleistung anbietest, die von großem Nutzen für die Gesellschaft ist und von der alle etwas haben. Man nennt das eine Win-win-Situation.

Zum anderen kannst du auch etwas »kostenlos« für deine Gesellschaft tun, indem du ehrenamtlich tätig wirst. Das bedeutet, du tust etwas in deiner Freizeit ohne Bezahlung. Das beginnt bei der Mithilfe im Dorf und in der Stadt beim Aufräumen, das geht über die Bekleidung verschiedener Ämter in Vereinen und Gesellschaften bis hin zur kostenlosen Abgabe von Produkten oder Dienstleistungen von dir oder in Form von Spenden. Wichtig ist, dass du keine Gegenleistung dafür erwartest. Du musst es aus freien Stücken und mit voller Überzeugung tun. Damit erweist du deiner Gesellschaft einen unbezahlbaren Dienst.

Mag sein, dass du vielleicht denkst: »Warum soll ich mich zum Kasper machen, da gibt es noch so viele, die auch nichts machen?« Ich sage dir: Wenn es die vielen, unzähligen, freiwilligen Menschen in unserem Lande nicht gäbe, die tagein und tagaus ehrenamtlich arbeiten – egal in welchem Bereich –, dann würde der »Laden« zusammenbrechen.

Schau dich einmal ganz genau um in deinem Leben, du wirst sehr schnell erkennen, wie viele Menschen aus deinem Bekanntenkreis etwas unentgeltlich und aus freien Stücken für die Gesellschaft tun. Tue es auch, denn es ist dein Beitrag für dein Land. Es ist dein Dankeschön an die Gesellschaft.

Notfallplan Arbeit

Was kannst du tun, wenn es im Bereich Arbeit klemmt?

Es gibt ein chinesisches Sprichwort:
Bevor du mit dem Finger auf andere zeigst, drehe deine Hand um. Dann zeigen drei Finger auf dich.

Der erste Schritt ist immer der Blick in den Spiegel. Du und niemand anders auf der Welt warst es, der dich in genau diese Situation gebracht hat. Und niemand außer dir kann dich dort wieder herausholen.

Bevor du andere für etwas verantwortlich machst, kümmere dich zuerst einmal um dich. Ja, du hast richtig gehört, bringe deinen eigenen Laden in Ordnung.

Vielleicht denkst du jetzt: »Was kann ich denn dafür, dass ich keinen Job finde?« oder: »Woher soll ich denn das Geld nehmen, wenn nicht stehlen?« oder: »Was soll ich denn noch alles tun, der Tag hat nur 24 Stunden?«
Um es ganz klar zu sagen: Das sind alles nur Ausreden von dir! Du allein hast dich dorthin befördert, wo du jetzt gerade stehst. Du hast im Vorfeld alle die Entscheidungen getroffen (oder nicht getroffen), die dich dorthin geführt haben, wo du jetzt stehst. Du hast im Vorfeld alles über dich ergehen lassen und akzeptiert, so dass du nun genau dort stehst. Du hast im Vorfeld alledem zugestimmt (oder nicht) und stehst jetzt da, wo du stehst. Das hat niemand anders auf der Welt getan, sondern nur du ganz allein.

Wenn du jetzt weiter jammerst und meckerst, das stimme doch überhaupt gar nicht so, wie ich es hier schreibe: Stopp! Du triffst soeben exakt wieder eine Entscheidung. Nämlich die, dass du dem nicht zustimmst, was hier im Buch geschrieben steht. Das ist völlig in Ordnung, denn das sind deine Meinung und deine Entscheidung, jetzt gerade wieder. Und falls du später einmal erkennst, dass manche Sachen doch nicht so verkehrt waren, dann erinnere dich bitte an heute, denn DU hattest dann damals die (heutige) Entscheidung getroffen, es nicht zu glauben.

Probleme in der Schule und beim Lernen?
   Frage dich zuerst: Habe ich wirklich alles gegeben und mein Bestmögliches getan, um eine gute Note zu erreichen? Wenn ja, dann gib weiter dein Bestes, dann ist das Level, auf dem du stehst, dein maximal mögliches Level. Das ist nicht weiter schlimm, du gibst ja dein Bestes und so machst du weiter, bis zu dem Schulabschluss, den du schaffst. Hole dir gegebenenfalls noch einen Nachhilfelehrer, das ist überhaupt nicht schlimm. Der bereitet dich ganz gezielt in deinen größten Problemfächern vor, so dass du dort zumindest bestehst. Das ist ein Riesenerfolg, auf den du stolz sein darfst! Denn entscheidend ist nicht nur, was du für Noten hast, sondern dass du immer dein Bestes gegeben hast, um diese Note zu erreichen.

Solltest du feststellen, dass du noch Kapazitäten beim Lernen frei hast, dann wird es höchste Eisenbahn, diese für das Lernen zu aktivieren. Wenn du noch Stunden für Handy, Internet, Chatroom und Faulenzen übrig hast und deine Noten im Bereich 3 oder drunter sind, dann setz dich auf den Hintern und lerne! Dann ist das reine Faulheit. Das liegt nicht am »doofen« Lehrer oder am langweiligen Stoff, das liegt an dir. Wenn du dich besser vorbereitest, dann bekommst du automatisch bessere Noten. Du ganz allein bist für deine Noten verantwortlich.
   Schule ist die Zeit deines Lebens, wo du dir noch kostenlos und in aller Ruhe Wissen aneignen kannst. Später wird es zeitlich weitaus aufwändiger und kostspieliger. Daher sieh zu, dass du in der Schule einen großen Teil deines Grundwissens erlernst.

Probleme in der Ausbildung?
   Ist die Ausbildung das, was du dir vorstellst? Macht sie dich glücklich? Machst du sie nur, weil der Platz gerade frei war? Wenn das der Fall ist, überlege dir, ob du nicht eine andere Ausbildung beginnst, die dir mehr Freude bereitet. Aber: Jedes Jahr eine neue Ausbildung zu beginnen ist nicht das, was ich hier anspreche. Durchbeißen gehört immer dazu, in jeder Ausbildung. Es gibt immer Tage, die nicht so gut laufen und dich ankotzen werden. Aber unterm Strich sollte deine gewählte Ausbildungs-

richtung das sein, was du gern machst. Sprich mit deinem Ausbilder über deine Probleme und zwar frühzeitig und nicht erst, wenn alles zu spät ist. Zuweilen sehen deine Ausbilder manche Dinge nicht so oder es fällt ihnen nicht gleich auf. Sie sind meistens froh über jeden Hinweis.

Probleme im Beruf?

Was genau für Probleme hast du? Schreib sie einmal auf ein Blatt Papier. Sind es deine Arbeit, die Kollegen, der Chef, das Gehalt, die Arbeitsbedingungen oder das Umfeld? Finde heraus, was dich stört und belastet. Und dann sprich es konkret an. Komm ins Gespräch mit den Verantwortlichen und kläre es und zwar nicht nach Jahren, sondern zeitnah. Eine andere Möglichkeit gibt es nicht. Nur mit deinem Partner darüber jammern und klagen bringt dich keinen Zentimeter weiter. Du musst dort ansetzen, wo die Hebel sind, und die sind auf deiner Arbeit. Du entscheidest, ob du die Probleme weiter ertragen oder sie ändern willst.

Probleme bei der Selbstständigkeit?

Hast du deine Selbstständigkeit von langer Hand geplant? Bist du ausreichend vorbereitet selbstständig geworden? Was sind genau die Probleme, die dich belasten: Aufträge, Außenstände, Mitarbeiter, Ideen oder der Markt?

Finde heraus, wo es genau klemmt. Dann frage dich, was die Ursache konkret hierfür ist, und überlege dir, wie du sie beseitigen kannst. Hole dir Hilfe von Unternehmensberatern oder anderen Firmeninhabern. Letztere haben in aller Regel ähnliche Probleme durchgemacht und haben wertvolle Tipps für dich.

Ist dein Produkt oder deine Dienstleistung noch zeitgemäß? Manchmal schmoren Selbstständige im eigenen Saft und vergessen, mit der Zeit zu gehen. Das Leben da draußen ändert sich regelmäßig und mit ihm die Ansprüche deiner Kunden. Was heute läuft, muss nicht zwangsläufig morgen laufen.

Probleme mit dem Geld?

Kennst du deine Einnahmen und Ausgaben ganz genau? Weißt du, was du tatsächlich am Monatsende noch verfügbar hast? Deine Zahlen zu kennen ist die Grundvoraussetzung, um Probleme beim Geld zu erkennen.

Liste dir über mindestens drei Monate alle Einnahmen und Ausgaben auf, jedes kleine Geldstück. Und schreibe dir dazu, wofür du es ausgibst bzw. wodurch du die Einnahme erzielst.

Und dann entlarvst du schonungslos und ehrlich deine Ausgaben. Was sind die Ausgaben, die den größten Anteil ausmachen? Was kannst du verändern, damit sie kleiner werden oder verschwinden? Brauchst du das wirklich alles? Sei ehrlich zu dir selbst. Du musst niemandem draußen einen Gefallen tun und Mitglied in irgendwelchen Vereinen sein, die du vielleicht gar nicht magst. Du musst nicht eine regelmäßige Summe monatlich ausgeben, um irgendwelche »Pflichtveranstaltungen« zu besuchen, auf die du sowieso keinen Bock hast, oder Versicherungen abzuschließen, die du sowieso nicht brauchst. Das sind alles Ausgaben, die du dir sparen kannst. Egal, was die Leute reden, es geht hier um dich.

Sorry, ich muss es noch einmal fragen: Rauchst du noch?
   Hey, wenn du kein Geld hast, aber immer noch rauchst, dann geht es dir noch nicht schlecht genug. Solange du noch Kohle für den blauen Dunst übrig hast, hast du noch Geld verfügbar. Bei nur 5 Geld am Tag macht das 150 Geld im Monat und 1800 Geld im Jahr. Das ist eine gehörige Menge an Geld, die du für Luxus ausgibst. Einen Luxus, den du dir nicht leisten kannst, wenn du kein Geld hast.

Wenn du Schulden hast, hat die Abtragung dieser Last absolute Priorität. Und zwar so schnell wie möglich. Lege dir einen monatlichen Betrag beiseite, den du zur Rückzahlung deiner Schulden verwendest. Nimm am besten die Hälfte, den anderen Teil sparst du. So zahlst du deine Schulden zurück und beginnst gleichzeitig zu sparen. Überlege dir auch, ob du manche Schulden umschichten kannst, also in eine weniger belastende Form. Sprich mit einem Freund oder deinen Eltern darüber, wenn du nicht weiterkommst und die Welt sich gegen dich verschworen zu haben scheint. Vertraute geben dir ehrliche Tipps und lassen dich nicht hängen. Gerade in solchen Situationen. Echte Freunde sind Menschen, bei denen beim Geld eben nicht die Freundschaft aufhört.

Probleme mit deinem Leben?
   Weißt du eigentlich, was du willst? Hast du Ziele? Was willst du einmal

im Leben erreichen? Mach dir das bitte zuallererst klar, bevor du andere Schritte unternimmst.

Du musst deinem Navi doch erst einmal sagen, wohin es gehen soll. Sonst fährst du blind in der Welt herum und wunderst dich, warum du nie ankommst.

Lies Bücher und besuch Seminare. Du kommst dadurch aus deiner Tretmühle heraus, triffst andere Menschen, erhältst Anregungen und erweiterst deinen Horizont. Schärfe all deine Sinne und schau dich einmal ganz genau bei deinen Mitmenschen um. Und dann finde heraus, was dir gefällt und was nicht. Wenn du das gemacht hast, dann überlege dir, wie du die Sachen, die dir gefallen, in dein Leben dauerhaft einbauen kannst. Dann erkennst du auch deinen Sinn für dein Leben.

Probleme mit Stress?

Stress ist allgegenwärtig. Die einzige Frage an dich ist: Wodurch lässt du dich stressen? Sind es Dinge, die nicht klappen, oder sind es Dinge, die zeitlich »eng« werden, weil du sie so lange auf die Bank geschoben hast?

Es werden immer Herausforderungen im Leben auftreten, jeden Tag und dein ganzes Leben lang. Mal weniger stark, mal richtig heftig. Das Entscheidende für dich ist, wie du mit diesem Stress – oder nennen wir es lieber Herausforderung – umgehst.

Du kannst dich aufregen und bei anderen beklagen oder du überlegst und gehst die Sache an. Es ist deine Entscheidung, ob du dich stressen lässt oder nicht. Oft ist es nämlich so: In der Zeit, in der wir uns aufregen und beklagen, hätten wir schon längst eine Lösung gefunden.

KAPITEL – BEZIEHUNGEN

Es muss von Herzen kommen, was auf Herzen wirken soll.
Johann Wolfgang von Goethe

In jeder Gesellschaft spielen Beziehungen zwischen Menschen eine wichtige Rolle. Du lebst schließlich nicht auf einer einsamen Insel ohne jeglichen Kontakt zur Außenwelt. Du bist ständig in Kontakt zu anderen Menschen, von der Geburt an bis zum Tod. Du bist ein Teil der Gemeinschaft der Menschen. Daher gilt es, sich zu integrieren. Du bist für die Gemeinschaft da und die Gemeinschaft ist für dich da. Das ist eine dauerhafte Beziehung, die für beide Seiten notwendig ist.

Beziehungen sind essentieller Bestandteil deines Lebens. Beziehungen sind einer der Grundbausteine für deine Glücksmomente, für echte Geselligkeit und deine Harmonie. Ohne Beziehungen, ohne Kontakte und körperliche Nähe vereinsamst du und gehst zugrunde.

Was macht eine gute zwischenmenschliche Beziehung aus?

Eine gute zwischenmenschliche Beziehung ist immer von Achtsamkeit, Respekt und Toleranz geprägt. Es gilt, gewisse Anstands- und Verhaltensregeln zu beachten, die für eine Gesellschaft gelten. Natürlich gibt es auf der Welt in verschiedenen Ländern verschiedene Kulturkreise, die ihre eigene Identität haben. Das ist auch gut so. Dennoch sind die wesentlichen Aspekte für gelungene Beziehungen überall gleich.

Egal ob du noch Schüler oder bereits berufstätig bist, du stehst permanent mit anderen Menschen in Kontakt. Das sind meist Mitschüler, Lehrer, Arbeitskollegen, Vorgesetzte oder Mitarbeiter und daheim Partner, Kinder, Eltern, Freunde, Bekannte, Nachbarn und unbekannte Menschen. Denen begegnest du tagein und tagaus.

Möchtest du von all denen als eigenständiger Mensch und würdevoll behandelt werden, so gilt das auch für dich: Behandele all diese Menschen ebenso würdevoll. Damit fängt alles an. Du bekommst nämlich exakt dieselbe Achtung und denselben Respekt zurück, den du anderen gewährst.

Verachtest du zum Beispiel Menschen oder machst dich über sie lustig, so brauchst du dich nicht zu wundern, wenn man dich verachtet oder verspottet. Sprichst du schlecht über andere (am besten noch, wenn die gar nicht dabei sind), dann sei dir gewiss, dass auch über dich schlecht gesprochen wird, wenn du nicht da bist. Am schlimmsten sind die Menschen, die über andere herziehen und diese kritisieren, aber selbst nicht den Arsch in der Hose haben, es dem Betreffenden selbst zu sagen. Nein, sie sprechen immer mit anderen Menschen darüber oder schicken Dritte vor. Was für ein Armutszeugnis!

Du erntest, was du säst. Du hast es selbst in der Hand, dir gute Beziehungen aufzubauen im Leben. Das gilt für alle Arten von Beziehungen.

Der Ton macht die Musik

In der Wut verliert der Mensch seine Intelligenz.
Dalai Lama

Es kommt nicht darauf an, was du sagst, sondern WIE du es sagst.

Du kannst es zum Beispiel erkennen, wenn jemand einen Witz erzählt. Bei manchen Leuten biegen sich die Zuhörer vor Lachen und kriegen kaum noch Luft zum Atmen. Derselbe Witz, erzählt von jemand anderem, erzeugt maximal ein Schmunzeln auf den Lippen der Zuhörer.

Ein Lehrer, der für sein Fach brennt, bei dem kleben die Schüler an den Lippen. Da muss das Fach noch nicht einmal das Lieblingsfach sein. Aber die Art, wie der Lehrer unterrichtet, spielt eine große Rolle. Trifft er den richtigen Ton, »fesselt« er seine Schüler.

Ein emotionslos vorgetragenes Gedicht in der Schule kommt nicht an beim Lehrer. Du leierst den Text lustlos herunter und wunderst dich über Note 3. Hättest du Lust, jemandem zuzuhören, der keinen Bock darauf hat?
    Wenn du es aber an den richtigen Stellen betonst – solche Stellen gibt es immer –, dann wird dein Gedicht richtig gut ankommen und Lehrer wie Schüler begeistern. Setzen, 1.

Dasselbe gilt für einen Redner vor Publikum. Manch wirklich interessantes Themengebiet kann ein komplettes Desinteresse beim Publikum bewirken. Es kommt einfach nicht an, was gesagt wird. Wenn sich dann der Redner noch nicht einmal die Mühe macht zu schauen, wie sein Publikum reagiert, kann er auch aufhören.
    Das Publikum hat nur eine einzige Frage an den Redner: »Was geht das mich an?« Schafft er das im richtigen Ton herüberzubringen, ist er der gefeierte Mensch.

Ein gut gemeinter Ratschlag in einem vorwurfsvollen Ton kommt nicht an beim Partner. Die »Frequenz«, in der der Ratschlag ankommt, erzeugt Widerstand. Da kannst du es noch so gut gemeint haben.

Ein Chef, der seinen Mitarbeiter (sei es auch zu Recht) vor allen Leuten runtermacht und bloßstellt, stellt sich selbst ein schlechtes Zeugnis aus. Er sollte ihm vielmehr eine warme Jacke hinhalten, statt ihm den nassen Waschlappen ins Gesicht zu klatschen.

Worte können verletzen. Überlege dir daher genau, was du wem wie sagst. Auch wenn es dir nicht so »schlimm« vorkommt, dem anderen kann es sehr wehtun.
    Der Ton macht eben die Musik und bringt den gewünschten Erfolg.

Werte und Tugenden

*Denken ist schwer,
darum urteilen die meisten.
Carl Gustav Jung*

»Höflichkeit ist eine Zier, doch weiter kommt man ohne ihr« – sagte einst Wilhelm Busch. Das kannst du mittlerweile als überholt ansehen.

Du musst jetzt nicht den ganzen Knigge auswendig lernen, dennoch solltest du einmal einen Blick hinein werfen. Du wirst staunen, was da alles drinsteht.

Es gibt zwei ganz einfache Worte, die kosten kein Geld, aber öffnen dir Türen. Sie lauten Bitte und Danke. So einfach können zwei Worte sein und doch so viel bewegen. Freundlichkeit hat noch niemandem geschadet.

Eine weitere Tugend ist es zu grüßen. Wenn du irgendwo hingehst und einen Raum betrittst, in dem Leute sitzen, dann grüße. Der Jüngere grüßt im Übrigen den Älteren und nicht umgekehrt.

Es spielt überhaupt keine Rolle, ob du wohlhabend oder arm bist, ob du gesund oder krank bist, ob du gut oder schlecht drauf bist. Ein Mindestmaß an Umgangsform ist der Schlüssel für erfolgreiche Beziehungen. Vielleicht kostet es dich etwas Überwindung, weil dir derartige Worte nicht geläufig sind? Probiere es einmal aus. Und dann schau einmal, was freundliche Worte und Blicke bei deinem Gegenüber bewirken.

Wenn du glaubst, nur mit eiskalter und gnadenloser Vorgehensweise im Leben voranzukommen, ohne jegliche Gefühle und Rücksichtnahme auf andere, dann irrst du gewaltig. Mag sein, dass du dir kurzfristig Erfolg verschaffst. Langfristig wirst du damit einsam werden. Dann kannst du dein Geld und deine materiellen Besitztümer in Ruhe allein zählen. Denn mit so einem Menschen will niemand etwas zu tun haben. Und dann jammere nicht herum, die Suppe hast du dir nämlich selbst eingebrockt.

Echte Freundlichkeit, die von Herzen kommt, ist ansteckend. Kannst du einem Kellner böse sein, wenn er dich strahlend begrüßt, dir einen sauberen Tisch anbietet und dich freundlich fragt, was du möchtest?

Wer im Glashaus sitzt, sollte nicht mit Steinen werfen. Andere zu kritisieren ist einfach und geht schnell. Und dann? Überlege dir bitte genau, wen du womit kritisierst. Frage dich immer, ob es notwendig ist, und wenn, wie du es dem anderen sagst.

Die größte Tugend überhaupt im Leben ist die, jedem Menschen gegenüber wertfrei zu sein. Das klingt einfach, ist es aber nicht. Einem fremden Menschen vollkommen wertfrei, das heißt: ohne Vorurteil zu begegnen ist die hohe Kunst im Umgang mit Menschen.

Im Nachfolgenden schauen wir uns einmal an, wer dir so im Leben alles über den Weg laufen kann.

Bekannte und unbekannte Menschen

Damit das Mögliche entsteht, muss immer wieder das Unmögliche versucht werden.
Hermann Hesse

Die meisten Leute, denen du im Leben begegnen wirst, werden unbekannte Menschen sein und bleiben. Du siehst sie überall auf den Straßen, im Bus, in der Bahn, im Flugzeug und auf Reisen. Jeder von denen ist im Prinzip wie du. Aus seiner Sicht bist auch du »nur« ein Unbekannter, wenn er dich sieht.
   Begegne jedem dieser fremden Menschen ohne Scheu. Wenn du Hilfe in deinem Ort oder einer fremden Stadt benötigst, so sprich ihn einfach höflich an. Vom Grund her sind alle Menschen auf der Welt hilfsbereit, wenn man sie darum bittet.

Dann gibt es Menschen, denen du regelmäßig begegnest, das sind Bekannte (oder Kumpels). Sie wohnen oft in deinem Ort oder in benachbarten Gemeinden und laufen dir mehr oder weniger immer mal über den Weg. Du begegnest ihnen z. B. auf dem Schulweg, auf dem Weg zur Arbeit oder beim Sport und vor allem bei Festlichkeiten im Ort. Und wenn sie dich sehen, freuen sie sich meist und grüßen freundlich. Grüße einfach zurück, das ist eine Form der Höflichkeit. Die Hilfsbereitschaft unter Bekannten ist höher als bei Unbekannten, eben weil man sich öfters sieht und den einen oder anderen Plausch hält.

Es ist gut für dich, viele Bekannte zu haben, die dich kennen und die du auch fragen und um Hilfe bitten kannst. Natürlich sei auch du hilfsbereit ihnen gegenüber. Es ist einfach schön, wenn sich viele Menschen untereinander kennen und gegenseitig helfen. Das ist ein tolles Gefühl einer Gemeinschaft. Aus Bekanntschaften können sich natürlich Freundschaften entwickeln.

Nachbarn

Es bleibt einem im Leben nur das, was man verschenkt hat.
Robert Stolz

Eine gute Nachbarschaft ist Gold wert. Was nützt dir die beste Wohnlage, das tollste und modernste Haus, wenn du dich mit deinem Nachbarn nicht versteht, wenn er dir das Leben zur Hölle macht? Genau, nichts.

Nachbarn gehören mit zum Leben, du lebst nicht allein auf der Welt. Daher gilt es, ein ordentliches Verhältnis zum Nachbarn aufzubauen und zu leben. Denn diese Form des Miteinanders dauert in der Regel lange, manchmal ein Leben lang.

Auf gute Nachbarn ist Verlass. Sie sind da, wenn du Hilfe brauchst, und nehmen auch das Paket an, wenn du nicht zu Hause bist. Sie sind da, wenn du mal jemanden zum Anfassen benötigst. Sie werfen während deines Urlaubs immer mal einen Blick auf deine Wohnung oder Haus, machen den Briefkasten leer und gießen die Blumen. Ein schöneres Geschenk, als gute Nachbarn zu haben, gibt es nicht daheim.
    Und wenn Oma Meyer von nebenan zehnmal wegen eines Joghurtbechers zur gelben Tonne läuft, dann ist das so. Freu dich, dass es sie gibt. Sie gehört mit dazu. Wenn sie nicht da wäre, würde nämlich etwas fehlen.

Organisiere kleine Feste und Treffen mit deinen Nachbarn und lade sie zu wichtigen Anlässen wie z. B. Geburt, Konfirmation, Hochzeit usw. einfach ein.

Das Schöne an einer guten Nachbarschaft ist, dass man sich nicht auf den Zeiger geht und zurückziehen kann und zugleich trotzdem eine gewisse Nähe spürt. Das tut gut.

Ältere Menschen

Alt ist man, wenn man an der Vergangenheit
mehr Freude hat als an der Zukunft.
John Knittel

Schüler in der Schule antworteten auf die Frage, wie alt denn ihre Lehrer seien: »Ja, die sind alle schon ziemlich alt, mindestens 35 oder so.«

Als wir zu Beginn der 80er Jahre zur Schule gingen, stand »irgendwann« das magische Jahr 2000 an. Wir rechneten uns aus, dass wir dann alle mindestens 28 Jahre alt und bestimmt bald tot sind.

Zur Beruhigung kann ich dir sagen, dass auch jenseits der 35 durchaus noch Leben existiert und man auch mit 35 Jahren noch lange nicht alt sein muss.

Ab wann ist man eigentlich alt?
Das ist relativ. Das Wort relativ erklärte uns unsere Klassenlehrerin sehr eindrucksvoll: »Drei Haare in der Suppe sind relativ viel. Drei Haare auf dem Kopf sind relativ wenig.«

Deine Eltern sind logischerweise älter als du. Und wer hat entsprechend der familiären Ordnung daheim das Sagen? Richtig, das Familienoberhaupt. Das ist meistens der Vater, zuweilen die Mutter. Auf jeden Fall haben deine Eltern dir gegenüber etwas zu sagen. Nicht nur, weil sie deine Eltern sind, sondern weil sie älter sind als du. Das bedeutet, dass du dich deinen Eltern gegenüber achtsam zu zeigen hast. Das heißt nicht, dass du dir alles gefallen lassen musst oder keine eigene Meinung haben darfst. Was ich dir damit sagen will, ist, dass deine Eltern, eben weil sie älter sind als du, Vorrang vor dir haben. Das gilt es anzuerkennen und zu achten. Nicht mehr und nicht weniger.

Und exakt diese Lebensachtung, von der ich hier spreche, muss gegenüber älteren Leuten gewahrt werden. Du hast kein Recht, älteren Menschen – damit meine ich alle Menschen, die älter sind als du – irgendetwas vorzuhalten, was deren Leben oder deren Lebensgewohnheiten betrifft. Sie sind schon sehr viel länger auf der Straße des Lebens unterwegs als du. Sie haben zu ihrer jeweiligen Zeit bestimmte Entscheidungen getroffen, die sie für jeweils angemessen hielten. Da war an dich oftmals noch gar nicht zu denken. Also verbietet es sich von vornherein, über ältere Menschen zu urteilen.

Habe stets Achtung vor dem Alter!

Selbst ein 60-jähriger »Penner« unter der Brücke hat mehr Lebenserfahrung, als du dir vorstellen kannst. Hast du auch nur irgendeine Ahnung, warum er da jetzt ist? Sicher nicht, also urteile nicht über ihn.

Ältere Menschen machen die meisten Dinge langsamer, diese gehen ihnen nicht mehr so schnell von der Hand. Dafür machen sie sie oft nur einmal. Sie wissen ganz genau, wo der Hase im Pfeffer liegt, und arbeiten gezielt auf eine Sache hin.
   Du magst in vielen Dingen schneller und spritziger sein, das ist auch gut so. Dennoch fehlt dir die Lebenserfahrung. Die Lebenserfahrung von älteren Menschen kannst du logischerweise nicht besitzen, wie auch, du lebst ja noch nicht so lange wie sie. Mit jedem Jahr, mit jedem Kilometer gewinnst auch du an Lebenserfahrung. Dabei spielt es keine Rolle, ob es gute oder schlechte Erfahrungen sein werden. Es werden Erfahrungen sein und aus denen wirst du lernen.

Was du aber tun kannst, ist zuzuhören. Ja, höre genau zu, wenn ältere Menschen sprechen. Da gehen so viele Informationen über den Tisch. Aus ihnen sprudelt die Lebenserfahrung. Ältere Menschen sind lebendige Lexika, sie wissen so viel. Lass ältere Menschen nicht vereinsamen, sondern besuche sie, wenn es dir möglich ist, und schenke ihnen Zeit.

Schenke ihnen deine Aufmerksamkeit. Sie nehmen es dankbar an; du wirst eines Tages auch einmal alt sein und dich über Besuch freuen. Einem Menschen Zeit zu schenken ist eine große Geste. Sie zahlt sich hundertfach aus.

Alte Menschen wissen weitaus mehr an praktischen Dingen, als in allen Büchern der Welt zusammen steht. Du kannst so viel erfahren, du kannst so unendlich viele Tipps bekommen von ihnen, wenn du dafür offen bist. Das ist ein großes Geschenk für dich selbst, du ersparst dir durch ehrliche Tipps manchen Ärger oder Fehltritt im Leben, den diese Menschen oftmals begangen haben. Bevor du etwas glaubst, was in der Zeitung steht, frage lieber einen älteren Menschen, der weiß, ob etwas wahr oder falsch ist im Leben. Er besitzt die erlernte Gabe, zwischen Sinnvoll und Sinnlos schnell zu unterscheiden.

Und das Schöne daran ist: In den meisten Fällen erzählen dir ältere Menschen sehr gern über sich und ihre früheren Erfahrungen und sind fast immer bereit, ihr Wissen an interessierte jüngere Menschen weiterzugeben. Nutze diese einmalige Chance und tausche dich regelmäßig mit älteren Menschen aus. Du wirst sehr schnell feststellen, dass die Alten zwar alt sein mögen, aber noch lange nicht doof sind.

Lehrer und Mitschüler

Lehren – heißt ein Leben für immer zu berühren!
Lucius Annaeus Seneca

Ein Lehrer ist eine Respektsperson. Das gilt es immer zu beachten. Er darf Entscheidungen treffen, die dir manchmal nicht gefallen werden. Er ist dazu da, dich in seinem Fach fortzubilden, damit du Wissen erlangst. Er weiß es, du noch nicht. Er ist der Ältere von euch zweien. Aus diesem Grunde versteht es sich von selbst, ihm aufmerksam zuzuhören und sich am Unterricht aktiv zu beteiligen.

Das bringt ganz entscheidende Vorteile für dich: Du kannst ohne Störungen lernen und begreifst die meisten Dinge gleich während des Unterrichts. Dadurch erledigst du die Hausaufgaben sehr schnell und hast dann Freizeit.

Lehrer sind auch nur Menschen. Sie haben gute und schlechte Seiten, wie du auch. Es gibt Lehrer, bei denen du gut mitkommst im Unterricht, und es gibt Lehrer, bei denen du auf der Leitung stehst und nichts kapierst. Es gibt Unterricht, der wie im Flug vergeht, und es gibt Unterricht, der sich hinzieht wie Kaugummi.

Egal, wie der Unterricht abläuft, versuche ihm das Beste abzugewinnen. Es bringt keine Punkte, ewig zu meckern und sich aufzuregen, schade um die Zeit. Wenn du etwas nicht verstehst, dann frag deinen Lehrer. Ich behaupte, er ist sogar froh darüber, wenn er gefragt wird. Diese Möglichkeit nutzen viele Schüler noch viel zu wenig. Mach du es doch einmal anders und frag!

Bemühe dich stets um ein Miteinander mit deinen Lehrern, kein Gegeneinander. Das kostet so viel Kraft und bringt keinem etwas. Spätestens bei Arbeiten oder Prüfungen sitzt er immer am längeren Hebel, du bist nun mal der Schüler. Auch wenn du vieles nicht gleich nachvollziehen kannst, wieso, weshalb, warum – vertrau deinem Lehrer, denn du bist schließlich nicht das erste Kind, das er unterrichtet. Er hat Erfahrung. Er kann dich lehren, eine gute Beziehung zum Lernen zu erreichen.

Es gibt Lehrer, über die macht man sich lustig. Es gibt Lehrer, da hört man die Stecknadel fallen. Es gibt Lehrer, die sind wie ein Kumpel. Das war früher so und ist heute nicht anders.

Oftmals hört man Leute, die sagen: »Mensch, die Lehrer haben es gut! Die haben fast nur Ferien und verdienen dabei die dicke Kohle.« Solchen Leuten kann man nur erwidern: »Wenn das wirklich so ist, warum bist DU dann kein Lehrer geworden?«

Durch deine Mitschüler bist du nicht allein in der Schule. Auch zu ihnen gilt es, eine gute Beziehung aufzubauen. Da gibt es die Alpha-Tiere, die Mitläufer, die Streber, die zurückgezogenen, die intelligenten, die weniger intelligenten, die dicken und dünnen usw. Mitschüler. Alle gehören sie zu deiner Klasse.

Lästere nicht über Mitschüler. Stell dir einmal vor, andere machen dasselbe mit dir. Sei nicht überheblich, wenn du der Beste bist und andere dir nicht das Wasser reichen können. Ich kann dir sagen: Draußen wartet ein anderer, der dich in den Sack steckt.

Jeder Mensch hat ein bestimmtes Niveau an geistiger Stärke. Bei dem einen reicht es für das Abitur, andere sind froh, die Hauptschule halbwegs zu überstehen. Aber: Das ist vollkommen egal, welchen Abschluss du letztlich erreichst – unter einer Bedingung: Du musst immer dein Bestes geben!
   Wenn dein Wissen nur zur 9. Klasse reicht, dann ist das so. Du bist deswegen kein schlechter oder dummer Mensch. Wenn du alles gegeben hast und nicht mehr rauszuholen war, dann freu dich, dass du das geschafft hast. Du kannst stolz auf dich sein, das Maximale erreicht zu haben. Das ist doch wichtig. Du hast dir dadurch die genannte wichtige Eigenschaft angeeignet: das Beste zu geben.

Und ihr, liebe Schüler, die ihr bis zum Abitur durchgehalten habt, könnt ebenfalls stolz auf euch sein. Ihr habt das Bestmögliche für euch herausgeholt. Nun könnt ihr studieren oder einen Beruf lernen. Haltet ebenfalls an dieser Eigenschaft, immer das Beste zu geben, fest und ruht euch nicht auf den erreichten Lorbeeren aus. Es warten noch viele Aufgaben auf euch.

Ideal ist ein Verhältnis zu deinen Mitschülern, das einfach auf gegenseitiger Achtung beruht. Jeder wird so akzeptiert, wie er ist, wie er aussieht. Der Klügere hilft dem Schwächeren, der Sportlichere dem weniger Sportlichen und das Mathe-As hilft dem Rest der Klasse. Aber alle könnt ihr euch aufeinander verlassen. Wenn ihr das hinbekommt, seid ihr als Team unschlagbar. Und gegenseitig schaukelt ihr euch dadurch zu Höchstleistungen hoch.

Schule ist die Zeit, wo du die ersten Schritte auf der Lebensautobahn machst, was deine Bildung betrifft. Schule ist die Grundlage für dein weiteres Leben. Ich kenne einige Menschen, die die Schule nicht ernst genommen haben. Und dann nach 5, 10 Jahren kam das böse Erwachen. Sie ärgerten sich (zu Recht) darüber, dass sie nochmal die Schulbank drücken mussten, um einen bestimmten Beruf erlernen zu können. Sie stellten fest: Hätten sie damals in der Schule gleich besser mitgemacht, wären ihnen manche Jahre erspart geblieben. Wer nicht hören will, muss fühlen.

Und noch etwas ist wichtig: Ohne Bildung fehlt dir nicht nur Grips in der Birne, sondern du kannst ganz leicht manipuliert werden und wirst zum Spielball von anderen. Damit dienst du deren Zwecken, aber nicht deinen eigenen Zielen. Das ist gefährlich. Ein dummes und zerstrittenes Volk regiert sich leicht!

Chef, Mitarbeiter, Kollegen und Ordnungen

Der Vorteil der Klugheit besteht darin,
dass man sich dumm stellen kann.
Das Gegenteil ist schon schwieriger.
Kurt Tucholsky

Eine Ein-Mann-Firma ist dadurch gekennzeichnet, dass dieser Mensch sowohl Chef, Mitarbeiter als auch Kollege in einer Person ist. Er ist für alles selbst verantwortlich und trägt für alles die Konsequenzen. Da er sich selbst am besten kennt, wird er natürlich so arbeiten, dass alles möglichst reibungslos funktioniert und effizient gearbeitet wird. Er steht sozusagen mit sich selbst in einer Berufs-Beziehung.

In den meisten Firmen oder staatlichen Institutionen arbeitet gewöhnlich nicht nur eine einzige Person, sondern mehrere oder sehr viele Menschen. Und diese Menschen stehen in Beziehungen zueinander, das heißt, sie müssen miteinander klarkommen – im beruflichen Sinne.
 Daher ist es zwingend erforderlich, eine Struktur aufzubauen. Ohne vorgegebene Struktur kann eine große Firma nicht existieren, es wäre das blanke Chaos.

Eine Struktur wird gewöhnlich in der Form eines sogenannten Organigramms, einer Hierarchie erstellt. Das bedeutet, es gibt einen Chef und es gibt Mitarbeiter. Der Chef hat das Sagen und er trägt gleichzeitig die volle Verantwortung nicht nur für sich, sondern für alle Menschen in der Firma. Daher muss der Chef zwingend jemand sein, der bereit ist, neben sich selbst auch die volle Verantwortung für andere Menschen zu übernehmen, sprich als Kapitän für das Wohl aller Passagiere verantwortlich zu sein.

Damit trennt sich schon einmal die Spreu vom Weizen, denn nicht jeder Mensch möchte so eine Verantwortung übernehmen. Das ist auch gut so. Gleichzeitig bedeutet das natürlich nicht, dass der Chef etwas »Besseres« als Mensch ist. Er ist besser ausgedrückt der »Höchste« in einer Firma, der mit dem höchsten Rang. Und seinen Anordnungen muss Folge geleistet werden, sonst funktioniert die Firma nicht.

In der Rangfolge unter dem Chef befinden sich die Mitarbeiter. Darüber hinaus existieren oft noch mehrere Abstufungen (Ränge) der Mitarbeiter untereinander, so dass manche Mitarbeiter auch »kleine« Chefs innerhalb der Firma sind. Mitarbeiter eines gleichen Ranges bezeichnet man als Kollegen. Damit das Ganze funktioniert, haben Ranghöhere in einer Firma mehr zu sagen als Rangniedrigere. Sie tragen aber immer auch eine höhere Verantwortung. Das muss man wissen.

Die Mitarbeiter mit dem niedrigsten Rang müssen alle Tätigkeiten ausführen. Sie können sie nicht weiterreichen, delegieren. Es sind zugleich die Menschen, die die eigentliche Arbeit, die Produktion durchführen. Das muss auch klar gesagt werden. Ohne diese Mitarbeiter würde in der Firma gar nichts laufen. Sie sind die Basis für die ranghöheren Mitarbeiter der Firma und verdienen ebenfalls höchste Wertschätzung.

Mitarbeiter mit höherem Rang sind eher »kopflastig« tätig. Sie können, bedingt durch eine spezielle Ausbildung oder Erfahrung, Aufgaben erledigen, die andere Mitarbeiter nicht erledigen können oder wollen. Insofern dienen sie der Analyse, Steuerung und Verbesserung der Arbeit in der Firma. Sie sind meist für die Organisation und Einteilung der Arbeit zuständig und das Bindeglied von unten nach oben und umgekehrt.

Ein guter Chef arbeitet selbst weniger »in« seiner Firma, sondern »an« seiner Firma. Er ist der Kopf der Firma, das Gehirn. Das Gehirn läuft auch nicht auf dem Boden oder pflückt einen Apfel, um ihn zu essen. Das Gehirn steuert aber die Füße und Hände und gibt die Kommandos an alle anderen Körperteile, was als Nächstes getan werden soll.

Einen guten Chef erkennst du daran, dass er dir zuhört. Er nimmt sich Zeit für dich und ist offen für Neues oder für Verbesserungen. Einen guten Chef erkennst du auch daran, dass er in Krisensituationen fair und menschlich bleibt und die Ruhe bewahrt. Denn in Notsituationen und unter Druck offenbart jeder Mensch seinen wahren Charakter! Achte beim nächsten Mal darauf.

Wenn du als Mitarbeiter in einer Firma arbeitest, erklärst du dich damit (unausgesprochen) bereit, die Anweisungen deines Chefs auszuführen. Das muss dir bewusst sein, du unterwirfst dich ihm im beruflichen Sinne. Gute Mitarbeiter arbeiten nicht nur, sie arbeiten mit. Das sagt der Name Mit-Arbeiter. Und gute Mitarbeiter führen natürlich die Anweisungen vom Chef aus, jedoch schalten sie ihr eigenes Gehirn und ihren Verstand ein und versuchen durch ihre aktive Mitarbeit die Firma noch besser werden zu lassen. Und wenn sie merken, dass eine Entscheidung vom Chef nicht ganz optimal ist, dann sagen sie es ihm. Und er kann dann entscheiden, wie er damit umgeht. Echte Mitarbeiter weiß ein Chef zu schätzen, auch wenn er es vielleicht nicht immer ausspricht.

Und dann gibt es noch die Kollegen. Da gibt es solche und solche.
Es gibt Kollegen, die gut im Team arbeiten können, und solche, die lieber allein vor sich hin arbeiten. Beide sind wichtig in ihrer Position.
Es gibt Kollegen, die Spaß an ihrer Arbeit haben, und solche, die ihre Arbeit halt erledigen, um die Zeit herumzukriegen.
Es gibt Kollegen, mit denen man interessante und konstruktive Gespräche führen kann. Und es gibt Kollegen, die irgendwie alles nur ins Lächerliche ziehen.
Es gibt Kollegen, die kommen am Montag frisch fröhlich zur Arbeit und freuen sich auf das, was so ansteht. Und es gibt Kollegen, die praktizieren am Montag die Robinson-Methode und warten auf Freitag.
Es gibt Kollegen, die morgens wie eine Scheibe Toast aus dem Toaster zur Arbeit »springen«, und auch solche, die wie eine beschmierte Stulle auf der »Kopfseite« klebend liegen bleiben.

Die Kunst für dich besteht darin, zu all diesen Kollegen, wie auch immer sie sein mögen, eine gute Beziehung aufzubauen. Bedenke: Deine Arbeit füllt einen Großteil deines Lebens aus und da ist ein gutes Verhältnis zu Kollegen unabdingbar auf Dauer. Du kannst noch so einen gut bezahlten

Job haben; bei schlechten Beziehungen zu deinen Arbeitskollegen usw. wirst du nicht lange Freude daran haben.

Der erste Schritt ist, selbst ein guter Kollege oder Mitarbeiter zu sein. Damit fängt alles an. Wenn du freundlich, hilfsbereit und aufmerksam bist, dazu noch gut im Team arbeiten kannst, dann strahlst du etwas aus, was andere Kollegen mitziehen wird. Es muss natürlich echt sein, von innen heraus kommen.

Stell dir vor, du kommst morgen mit Streichholzaugen zur Arbeit, kriegst nicht mal ein »Morjen« heraus, pflaumst mal den oder die an, wirkst allgemein lustlos und schlapp – dann brauchst du dich auch nicht zu wundern. Du bist selbst schuld. So wird das nichts mit guten Beziehungen in der Firma.

Komm ausgeschlafen zur Arbeit, beginne vergnügt den Tag und lächele ruhig immer mal. Das wirkt extrem ansteckend und bringt gleichzeitig eine schöne Atmosphäre in die Firma. Natürlich gibt es Tage, an denen »passt« wieder mal alles, aber sie gehören zum Leben. Mit deiner persönlichen, positiven Einstellung auch zu Problemen und Schwierigkeiten legst du den Grundstein nicht nur für deinen beruflichen Erfolg, sondern auch für gelungene Beziehungen zu Partnerfirmen, Kollegen, Mitarbeitern und zum Chef.

Die schönste Form der Arbeit mit Kollegen ist die Arbeit im Team. Warum? Weil ihr da eure Kräfte bündeln und ein Ziel erreichen könnt, was du allein nie schaffst. Gemeinsam ist man immer stärker. Wenn alle an einem Strang ziehen, können gewaltige Dinge bewirkt werden.

Jeder Einzelne, so auch du, hat eine ganz besondere Begabung. Jeder Mensch auf dieser Erde kann etwas besonders gut oder ist in etwas besonders gut. Und wenn diese besonderen Fähigkeiten zusammentreffen in einem Team von Kollegen, dann geht die Post ab. Dann treffen die Stärken der verschiedenen Kollegen aufeinander und ergänzen sich in kraftvoller Art und Weise.

Wenn du über ein Spezialwissen oder Spezialkönnen verfügst und gleichzeitig ein guter Team-Player bist, schaffst du dir automatisch wunderbare Beziehungen zu deinen Kollegen und wirst im Berufsleben gar nicht anders können, als erfolgreich zu sein.

Bist du neu in der Firma?

Dann solltest du dich nicht am ersten Tag aufspielen und allen zeigen, was für ein cooler und toller Typ du bist. Ich garantiere dir, du fliegst sofort auf die Schnauze. Ein »Neuer« muss sich erst einmal bewähren; er muss zeigen, was er draufhat und ob er ins Team passt. Dicke Lippe riskieren ist nicht.

Beachte bitte neben der allgemein geltenden Hierarchie unbedingt noch etwas ganz Entscheidendes: die unsichtbaren Ordnungen einer Firma.

Was sind unsichtbare Ordnungen in einer Firma?

Das sind Dinge wie z. B. Alter und Erfahrung eines Mitarbeiters sowie die Jahre der Zugehörigkeit in der Firma. Ich nenne sie die beruflichen Naturgesetze.

Ein älterer Mitarbeiter hat Vorrang vor einem jüngeren Mitarbeiter. Ein Mitarbeiter, der schon 30 Jahre in der Firma tätig ist, hat Vorrang vor allen denjenigen, die noch nicht so lange da sind. Ein Mitarbeiter, der seit Jahren in einem bestimmten Bereich arbeitet, ist dort Profi und hat Vorrang vor Quereinsteigern oder Anfängern.

Das gilt für Kollegen untereinander und erst recht für Menschen, die einen höheren Rang in der Firma haben als du.

Wenn du als Chef neu in eine Firma kommst oder »gesetzt« wirst, beachte bitte ebenfalls die unsichtbaren Ordnungen. Du bist zwar der Ranghöchste, trotzdem haben langjährige und erfahrene Mitarbeiter ein gewisses unsichtbares »Gewicht«, das es zu achten gilt. Nach dem Motto handeln »Ich bin jetzt euer neuer Chef und mische erst mal ordentlich den Laden auf und sorge für Ordnung« – das funktioniert nicht. Du bist als Letzter frisch in die Firma gekommen und hast dich in gewisser Weise – bezogen auf die Zugehörigkeit – hinten anzustellen. Achte und respektiere diese unsichtbare Ordnung in deinem Herzen.

Wenn du das erreichst, dann wirst du ein geachteter Chef sein und deine Mitarbeiter werden gern für dich arbeiten und mit Hingabe ihrer Arbeit nachgehen.

Weise Menschen und Wichtigtuer

Streite niemals mit dummen Leuten. Sie werden dich auf ihr Level herunterziehen und dich dort mit Erfahrung schlagen.
Mark Twain

Wichtigtuer schreien hörbar herum. Sie prahlen oft, was sie so alles können, und wissen immer ganz genau Bescheid, wie die Welt funktioniert. Sie haben das Gefühl, sie stellen das Universum dar, um das sich alles andere dreht.

Kennst du Menschen, die immer die Fussel auf deiner Schulter sehen, aber selbst über den Dreckhaufen vor ihren Füßen fallen? Diese Menschen haben das Problem, dass sie ihre eigenen Schwierigkeiten zu vertuschen suchen und viel lieber auf vermeintliche Probleme der anderen hinweisen. Es macht ihnen regelrecht Spaß, andere zu kritisieren.

Wichtigtuer und obercoole Leute haben meist obercoole Probleme. Im Inneren wissen sie schon genau Bescheid, dass sie eigentlich ein armes Häufchen Elend sind. Nach außen wird natürlich immer schön die Maske aufgesetzt, bloß keine Schwäche zeigen.

Auch alle anderen Menschen, die sich für »besser« halten, maßen sich an, etwas zu sein, was sie gar nicht sind. Es gibt keine »besseren« oder »schlechteren« Menschen. Jeder, der glaubt, sich über einen anderen stellen zu können, hat selbst den größten Scherbenhaufen vor seiner Haustür. Oft ist es denen nur nicht bewusst.

Lass dich dadurch nicht entmutigen. Andere Leute haben kein Recht, in dein Lenkrad zu greifen. Sie sollen bitte schön ihr eigenes Auto steuern. Damit sind sie oft schon überfordert.

Wie gehst du mit solchen Menschen um? Ich nenne es höfliche Ignoranz. Gib ihnen höflich, aber glasklar zu verstehen, dass du kein Interesse an ihrer Meinung hast. Dann hilft es nur, sie links liegen zu lassen.

Weise Menschen stehen meist im Hintergrund und spielen sich nicht auf, als wären sie der Nabel der Welt. Ihre Stimmen gehen oft im Lärm der anderen unter und dennoch werden sie gehört. Wenn sie etwas sagen, dann hat ihr Wort Gewicht. Das ist kein bloßes Dahin-Labern, sondern hat Hand und Fuß.

Weise Menschen kannst du an ihrem Gesichtsausdruck erkennen, der ist total entspannt. Sie lassen sich durch nichts erschüttern, nicht unter Druck setzen und aus der Ruhe bringen. Weise Menschen haben Charisma, Ausstrahlungskraft. Du brauchst ihnen nur zuzuschauen oder in die Augen zu sehen und verstehst, was ich meine.

Das Wort von weisen Menschen ist ein Wort. Das bedarf keines Vertrages oder sonstiger schriftlicher Formulierung. Sie halten es immer ein und du kannst dich darauf verlassen.

Weise Menschen reden überlegt. Aus ihnen spricht lange Erfahrung. Sie hören gut zu und lassen andere ausreden. Sie versetzen sich in die Lage des Gegenübers und versuchen, seinen Standpunkt zu verstehen. Weise Menschen machen andere nicht herunter. Sie lassen andere ihr Gesicht wahren.

Wenn du einem weisen Menschen begegnest, halte deine Augen, Ohren und dein Herz offen für das Gesagte. Seine Worte werden dich erreichen und du wirst daran wachsen.

Die Geschichte vom perfekten Flug

Vor Jahren flog ich mit meiner Frau nach Rom. Wir folgten der Einladung einer lieben Freundin zur Hochzeit.
   Den Flug buchte ich im Internet, da gab es etliche »Günstig-Anbieter«. Das Auto stellten wir für die 3 Tage direkt am Flughafen im Parkhaus ab.
   Danach checkten wir ein und gaben unser Gepäck auf. Im Gepäck waren unsere Klamotten, Anzüge bzw. Kleider für die Hochzeit nebst Geschenken für das Brautpaar.

Wir hatten noch etwas Zeit und schlenderten durch den Flughafen, bevor wir die Sicherheitskontrolle passieren wollten. An einem Imbissstand bestellte ich einen Kaffee für meine Frau und einen Kakao für mich. Als beide Behälter auf dem Tresen standen, gab mir die Bedienung das Wechselgeld zurück. Dabei »tangierte« sie versehentlich meinen Kakaobecher. Dieser kippte in meine Richtung und der gesamte Inhalt schwappte über meine Hose...

Dunkelbrauner Kakao auf einer hellen Hose ergibt einen tollen Kontrast. Ich war mehr als bedient. Es sah so aus, als hätte ich die Hose verkehrt angezogen und es nicht rechtzeitig zur Toilette geschafft. Prima.

Der Bedienung war es extrem peinlich, sie gab mir umgehend Papiertücher, doch dadurch verwischte der Fleck noch weiter. Was soll's, das Gepäck war ja schon aufgegeben und wir mussten gleich zum Flugsteig. Einen Gratis-Kakao bekam ich noch mit auf den Weg.

Auf dem Weg bis ins Flugzeug fühlte ich mich wie ein Fußballspieler, der in der Mauer auf den gegnerischen Freistoß wartet.

In Rom angekommen, gingen wir zur Gepäckhalle. Es dauerte nicht allzu lange, da sprang das Band an und die Gepäckstücke unseres Flugzeuges begannen langsam aufzutauchen. Nach und nach griff jeder sein Gepäck und ging zum Ausgang. Unser Gepäck war bislang nicht aufgetaucht. Ich nahm zuweilen immer mal ein Gepäckstück vom Band, um genauer hinzusehen, die waren dann aber nicht für uns bestimmt. Ich war schon verblüfft, wie sich manche Teile ähnelten.

Nach schätzungsweise 30 Minuten Warten waren wir inzwischen allein am Band und ein einsames Gepäckstück drehte fortwährend seine Runden. Das sah fast genauso aus wie unser Koffer. Das war aber nicht unser Koffer. Der war weg!

Wir guckten uns an und am liebsten wäre meine Frau auf der Stelle umgekehrt und hätte den nächsten Rückflug genommen. Es bedurfte langer Beruhigung und Überzeugung.

Wir gingen zu »Lost and found«. Dort bedauerte man es aufrichtig, uns nicht weiterhelfen zu können. Wir sollten morgen einfach noch einmal nachfragen. Na klar.

Den einen Koffer, den ich inzwischen in Besitz genommen hatte als eventuelles »Tauschobjekt«, behielten sie aber gleich da. Die anfängliche Freude über die gemeinsame Wochenendreise befand sich am Gefrierpunkt.

Wortlos gingen wir zum Busbahnhof. Es war ziemlich warm, die kurzen Sachen waren leider auch im Gepäck, wie auch unsere Hochzeitsklamotten. Immerhin hatten wir Schlüssel, Geld und Ausweise am Mann bzw. an der Frau. Das beruhigte etwas. Kein Gepäck auf einer Reise tragen zu müssen war ebenfalls eine neue Erfahrung.

Im Hotel angekommen, gingen wir auf unser Zimmer. Na bitte: Dort war alles vorrätig, sogar Zahnbürsten und sonstiges Zubehör – alles vorhanden. Damit konnten wir unsere Kulturbeutel vollständig ersetzen. Stellte sich nur noch die Frage nach den Sachen, die wir nicht hatten. Meine Hose wusch ich aus, so gut es ging. Mit heißem Wasser und Seife, anschließend Fön, bis sie trocken war. Gar nicht schlecht, fand ich... Wir entschlossen uns, so wie wir waren, zur Trauung in die Kirche zu laufen. Inzwischen war es uns egal, wir wollten ja unserer Freundin eine Freude bereiten. Das war uns mittlerweile klar geworden.

Die Freude war tatsächlich groß. Die Trauung wurde zweisprachig gehalten. Alle anderen Gäste waren herausgeputzt in tollen Anzügen und Kleidern. Nach den vielen Fotos ging es zur Party in Richtung Mittelmeer.
 Dort tuschelten etliche Gäste über unser Outfit, welches nicht so angenehm auffiel. Ich verstand zwar kein Wort, aber das war auch nicht notwendig...
 Ich bat meine Freundin, den Gästen auf Italienisch mitzuteilen, weshalb wir »so« aussahen. Daraufhin war das Eis gebrochen. So ziemlich jeder Gast kam im weiteren Verlauf zu uns, um uns sein aufrichtiges Mitgefühl zu überbringen. Wir waren mittendrin!
 Es wurde eine wunderbare Party. Sowohl kulinarisch als auch unterhaltungsmäßig. Einfach traumhaft!
 Und: Am Abend und in der Nacht (in Italien feiert man gewöhnlich etwas länger) wurde es kühl. Gut, dass wir nun Jeanshosen und Pullover anhatten. Die waren deutlich wärmer als die Kleider manch anderer Gäste.

Am nächsten Tag gingen wir in ein Geschäft und deckten uns mit neuer Unterwäsche usw. ein. Da es ohnehin recht warm war, genügten ein paar T-Shirts vollkommen. Wir verbrachten noch zwei wundervolle Tage in Rom und besichtigten so ziemlich alles, was dort einen Namen hatte inklusive des Vatikans.

Am Abend vor dem Rückflug rief die Rezeption an: »Senioreee Brehmeee, your luggage was found.« Ah, Mensch, das hatten wir schon fast vergessen! Ich teilte dem Mann mit, er könne das Gepäck gleich am Flughafen lassen.

Dort stand es auch am Abflugtag. Ein anderer Fluggast hatte es versehentlich für sein Gepäck gehalten und mitgenommen. Egal, wir hatten es wieder zurück.

Der Rückflug verzögerte sich noch etwas. Nachdem ein Passagier unberechtigterweise auf der Flugzeugtoilette geraucht hatte, wurden er und der Pilot zur »Vernehmung« aus dem Flugzeug geholt. Schlappe 2 Stunden später ging es dann los. Wir hatten das Gefühl, der Pilot wollte die verlorene Zeit wieder aufholen. Bei einigen Passagieren führte das zur Umkehr ihres Verdauungssystems ...

Als wir am Flughafen angekommen waren, war noch die Parkgebühr fällig. Nun ja, die war dann sogar noch größer als der Flugpreis für uns beide... Das war dann der Abschluss unseres perfekten Fluges, den wir dennoch in bester Erinnerung behalten werden.

Netzwerke und Vitamin B

> *Ordnung ist das halbe Leben –*
> *woraus mag die andere Hälfte bestehen?*
> *Heinrich Böll*

Stell dir vor, du verlierst deinen Job. Du bist ziemlich bedient und könntest die Welt verfluchen, wie ungerecht sie doch zu dir ist. Du sitzt frustriert daheim und fragst dich, warum gerade du? Du hast niemanden, mit dem du reden kannst, und keinen blassen Schimmer, wie es weitergehen könnte.

Stell dir vor, du verlierst deinen Job. Du hältst inne und telefonierst mit einem Freund. Der kommt auf einen Kakao vorbei und du redest dir erst einmal alles von der Seele. Dann fällt deinem Freund ein, er kennt jemanden aus seiner Nachbarschaft, der betreibt ein Geschäft und sucht jemanden als Mitarbeiter. Er ruft dort an und vermittelt dich direkt dorthin. Du machst daraufhin einen Termin aus und bekommst wenig später einen neuen Job. Als Dankeschön lädst du deinen Freund zu einem richtig guten Essen ein.

Fällt dir etwas auf? Bestimmt.

In beiden Fällen tritt dasselbe Ereignis ein. Im ersten Fall ohne Netzwerk und Vitamin B bist du allein und frustriert. Im zweiten Fall jedoch zapfst du dein Netzwerk an und es stellt per Vitamin B eine Verbindung her. Das ist ein himmelweiter Unterschied.

Ein Netzwerk aus Freunden und Bekannten zu haben ist unerlässlich für dein Leben. Dabei spielt es überhaupt keine Rolle, um welchen Bereich es geht. Das Beispiel oben bezieht sich lediglich auf den Job. Es könnte auch eine Krankheit sein, die dich heimsucht, ein schlimmer Verlust, eine vermasselte Prüfung, eine geplante Neuanschaffung für etwas, zur Ideenfindung und so weiter und so fort.

Es ist hervorragend, wenn du Freunde und Bekannte um dich hast, die aus sehr vielen verschiedenen Sparten, Berufen oder Milieus kommen. Je mehr Bereiche im Leben du mit diesem Netzwerk abdecken kannst, umso besser. Stell dir jetzt einmal vor, du hast Freunde oder Bekannte, die z. B. Bauarbeiter, Krankenpfleger, Arzt, Polizist, Lehrer, Tischler, Unternehmer, Anwalt, Bauer, Bäcker, Elektriker, Apotheker, Ingenieur, LKW-Fahrer, Physiotherapeut, Ladenbesitzer, Marktleiter, Verkäufer, Journalist, Kfz-Schlosser, PC-Spezialist, Sekretärin, Jobvermittler, Dolmetscher, Schneider, Schmied, Gärtner, Sänger oder Sportler sind. Das sind nur ein paar von vielen möglichen Berufen.

Ist das nicht grandios? Aber natürlich!

Du hast dadurch so viele Möglichkeiten, auf Informationen oder Hilfen zurückzugreifen. Baue dir daher unbedingt ein Netzwerk von Gleichgesinnten aus Freunden und Bekannten im Leben auf, das ist eine deiner wichtigsten Aufgaben im Bereich Beziehungen. Dein Netzwerk kann nicht groß genug sein.

Im Netzwerk steckt das Wort »Netz«. Akrobaten im Zirkus haben auch so eines. Es fängt sie auf, wenn sie fallen. Und genau dazu dient ein Netzwerk. Es fängt dich auf, wenn du fällst, wenn du im Leben einmal ins Stolpern gerätst. Vor allem in Notsituationen ist ein Netzwerk eine echte Hilfe für dich. Du bist nicht allein, sondern wirst vom Netz, also von der Gemeinschaft deiner Freunde und Bekannten aufgefangen und sanft wieder auf die Beine gestellt.

Und stell dir auf der anderen Seite einmal das tolle Gefühl vor, wenn du derjenige aus dem Netzwerk bist, der jemandem in einer Notsituation helfen kann. Der diesem Menschen eine echte Hilfe ist, einen Tipp gibt, eine Verbindung zu jemand anderem herstellt oder für ihn da ist. Das ist wunderbar und lässt deine Brust anschwellen.

Vitamin B steht umgangssprachlich für Beziehungen. Mit Beziehungen meinen wir Kontakte zu anderen Menschen, die uns helfen, weiterbringen, etwas besorgen, eine Auskunft geben oder sonstige Sachen für uns tun können, die wir ohne diesen Kontakt nicht oder nur schwer realisieren können. Wer Vitamin B in ausreichender Menge zur Verfügung hat, wird es im Leben immer über die Runden schaffen, es geht gar nicht anders. Du kannst daher nicht genug Leute im Leben kennen, zu denen du immer mal im regelmäßigen Kontakt bist.

Wichtig ist, dass du selbst auch innerhalb der Kette deinen Anteil gibst. Nur von einem Netzwerk oder Beziehungen profitieren wollen funktioniert nicht. Erst kommt das Geben, dann das Nehmen. Wenn du bereit bist zu geben, einem anderen eine echte Unterstützung und Hilfe zu sein, dann wirst du schnell merken, wie du Teil eines Netzwerkes werden wirst. Und dann hast du auch das Recht, dein Netzwerk um Hilfe zu bitten, wenn es dir einmal nicht gut geht. Suche dir daher Freunde und Bekannte, bevor du sie brauchst.

Konfliktbewältigung

Inmitten der Schwierigkeit liegt die Möglichkeit.
Albert Einstein

Der beste Kampf ist der, der nicht stattfindet.

Bitte versuche jeden Konflikt in deinem Leben, egal wie du zu dieser Person in Beziehung stehst, auf friedliche Art und Weise zu lösen. Gewalt und Eskalation sind keine Lösungen. Gespräche miteinander dagegen heilen alle Wunden – wenn man denn will. Diskussionen und Zuhören sind die Basis, den Standpunkt des anderen zu verstehen und sich in ihn hineinzuversetzen. Wir urteilen viel zu schnell, meinen es schon zu wissen, bevor der andere es überhaupt gesagt hat. Wir sind viel zu oberflächlich mit unseren Aussagen und verfügen über stabiles Halbwissen.

Treten Konflikte auf, so müssen alle Beteiligten die Karten offen auf den Tisch legen. Jede Partei hat das Recht, ihren Standpunkt zu äußern, und auch die Pflicht, den Standpunkt der anderen Partei anzuhören. Erst dann, wenn alle alles gesagt haben, kann eine einvernehmliche Lösung gefunden werden. Oft ergibt sie sich sogar direkt danach. Wir übersehen sie nur, weil wir keine Geduld haben, den anderen ausreden zu lassen. Wir würgen die Lösung auf halber Strecke ab und regen uns hinterher auf.

Du wirst etliche Konflikte im Leben austragen, daran kommst du nicht vorbei. Löse sie auf menschliche Art und Weise. Sorge dafür, dass der andere mit erhobenem Haupt gehen kann und ihr euch in die Augen sehen könnt.
   Wie auch an jedem Problem im Leben wirst du an Konflikten wachsen. Sie gehören dazu zum Leben.

Beziehung zu den Medien

> *Die öffentliche Meinung ist das Echo der veröffentlichten Meinung.*
> *Lothar Schmidt*

Als ich ungefähr Mitte zwanzig war, hatte ich meinen eigenen kleinen Farbfernseher, welcher sage und schreibe 3 Programme hatte. Das genügte aber vollkommen, um auf dem Laufenden zu sein. Wenn eine interessante Sendung kam, schaute ich sie mir an und dann war es gut. Fernseher wieder aus und Buch zur Hand bzw. mit meiner Frau etwas unternommen, mit Freunden getroffen oder auch telefoniert.

Mit 30 Jahren hatte ich einen etwas größeren Fernseher mit 12 Programmen. Wahnsinn. Da waren neue Sender verfügbar und einige Sendungen waren auch sehr interessant und unterhaltsam.
   Wenig später hatte ich 36 Programme auf dem Fernseher. Unvorstellbar.
   Die Zeit, die ich mit dem Fernseher zubrachte, stieg an. Obwohl ich es gar nicht wollte, verbrachte ich deutlich mehr Zeit mit der Technik, um zum Beispiel einen Film aufzunehmen und um den Überblick zu be-

halten, was denn alles im Fernsehen lief und man sich hätte anschauen können.

Kannst du dir vorstellen, wie viele Programme ich heute theoretisch anschauen und hören könnte? Es sind 1386. Wer soll denn das alles gucken? Ich nicht.

Das Fernsehen hat seine Berechtigung, es sollte aber nicht dein Lebensinhalt werden. Nutze die Medien in Maßen und nur für eine begrenzte Zeit am Tag. Wenn du fast den ganzen Tag vor der Glotze hängst, wirst du träge, bringst keine Leistung und schaffst fast nichts anderes mehr im Leben. Das kann es nicht sein.

Medien wie Fernsehen, Radio und Zeitungen sind überall präsent. Du kannst nur schwer entkommen. Überall wimmert und flimmert irgendeine Kiste, Werbung läuft am laufenden Band oder es hängt ein Plakat irgendwo an einer Wand. Die Auswirkungen durch mediale Beeinflussung sind enorm, unterschätze das nicht. Medien haben einen ungeheuren und manipulativen Einfluss auf dein Unterbewusstsein, du merkst es nicht einmal. Je öfter du mit einer Nachricht »beschallt« wirst, desto mehr glaubst du daran, egal, ob sie stimmt oder nicht. Viele Informationen und Situationen sind ungewohnt und dadurch werden viele Nachrichten als »Hilfe« angesehen und nicht weiter hinterfragt, ob sie wirklich stimmen.

Wir glauben zu viel und denken zu wenig. Nutze daher jede Form der Medien mit gesundem Misstrauen. Glaub bitte nicht alles, was in der Zeitung steht oder was in den Nachrichten gesendet wird. Oft werden Einzelfälle pauschaliert, diskutiert und als Standard angesehen. Über das Gute, das in der Welt passiert, wird wenig berichtet. Negative Schlagzeilen hingegen, die Ekel, Furcht, Angst und Schmerz auslösen, bleiben fester im Gedächtnis hängen. Du hast sie oft vor Augen und verbindest (assoziierst) ein bestimmtes Ereignis immer wieder damit, auch in einem völlig anderen Zusammenhang. Da hilft dann nur eine gedankliche »Umprogrammierung«. Wie das gehen kann, sage ich dir im Kapitel Ruhe.

Nutze bitte immer auch Informationen aus anderen Quellen oder von älteren Menschen, Eltern, Geschwistern, Freunden, Bekannten und Kollegen. Im Gespräch mit anderen Menschen erfährst du weitaus mehr und kannst dir dann deine eigene Meinung bilden.

Das wahre Leben spielt sich nicht vorm Fernseher ab. Das wahre Leben spielt sich in deinem Beruf, draußen in der Natur, beim geselligen Zusammensein mit der Familie oder mit Freunden, bei aktiver körperlicher Bewegung, bei einem guten Essen oder in der Stille ab. Vergiss das nicht.

Das magische Drittel

Wer aus dem Rahmen fällt, muss noch lange nicht im Bilde gewesen sein.
Sprichwort

Vielleicht kennst du das aus der Schule:
Ihr wollt auf Klassenfahrt und euer Lehrer schwärmt davon, unbedingt in eine beliebige Stadt zu fahren als Abschluss, weil es dort so schöne Sehenswürdigkeiten gibt, die ihr euch doch bestimmt gern anschauen möchtet.

Wird die ganze Klasse »Juhu« rufen?
Wird die ganze Klasse »Och nee« rufen?
Wird die ganze Klasse gleichgültig mit den Schultern zucken?

Vermutlich keine der drei Möglichkeiten wird allein eintreten. Es wird eine Mischung geben von Befürwortern, Ablehnern und Unentschlossenen, die noch keine Meinung zum Thema haben. So ist das Leben. Im Leben sind nie alle Menschen einer Meinung und das ist auch gut so.

Du wirst Folgendes immer wieder beobachten:
Ein Drittel der Leute ist nie deiner Meinung. Dieses Drittel findet es absoluten Mist, was du machst. Mach dir keinen Kopf, es ist einfach so. Du wirst nie alle Leute dazu bewegen, deiner Meinung zu sein.
Ein Drittel der Leute ist immer deiner Meinung. Dieses Drittel bewun-

dert das, was du tust. Hier hast du nichts weiter zu tun. Diesen Beistand bekommst du quasi geschenkt.

Und ein Drittel der Leute ist unentschlossen. Die wissen nicht, was du machst, oder es ist ihnen egal. Und genau um dieses Drittel geht es. Versuche diese Unentschlossenen zu überzeugen. Dann hast du zwei Drittel der Leute auf deiner Seite – und damit die Mehrheit.

Das ist bei Wahlen in der Politik auch so. Es gibt Wähler, die wählen immer Partei X. Egal was passiert, immer X. Andere würden nie auf die Idee kommen, Partei X zu wählen. Egal was passiert, nie X. Und dann gibt es die Unentschlossenen, die Wanderwähler, die mal hier, mal da oder gar nicht wählen. Und die machen aber immer die Veränderungen aus, die du im Fernsehen siehst. Eine Partei gewinnt, die andere verliert usw. Genau der Effekt des einen Drittels Unentschlossener tritt hier zutage.

Auch für dieses Buch hier wird sich ein Drittel der Leser begeistern (danke!). Und es wird ein Drittel der Leser geben, die sagen: »War das Geld nicht wert« – danke trotzdem.

Und es wird vermutlich ein Drittel von Lesern geben, die erst durch das Lesen des Buches erkennen, welchen Wert es hat. Und dann habe ich meinen Job erledigt. Mehr kann ich nicht erreichen.

Freunde und Freundschaften

Freundschaft ist das wichtigste Gut auf Erden.
Man kann sie nicht für Geld erwerben,
sondern sie wird einem ganz einfach geschenkt.
Unbekannt

Freundschaften sind absolut notwendig. Sie gehen über die Beziehungsform von Netzwerken und Vitamin B hinaus. Freunde sind Menschen, mit denen du vor allem privat öfter zu tun haben möchtest.

Suche dir deine Freunde sehr gut aus, lasse dir eine Freundschaft von jemand anderem nicht einfach aufdrücken. Wenn du einen Menschen als deinen Freund betrachtest, so magst du ihn gleichzeitig in besonderem Maße.

Ein Freund ist ein Mensch, der dich mag, obwohl er dich kennt – sagt ein Sprichwort. Und genau das ist es, worauf es in einer Freundschaft ankommt: auf Ehrlichkeit einander gegenüber. Wenn du deinem Freund gegenüber immer offen und ehrlich bist, wird er das sehr zu schätzen wissen. Denn er bekommt etwas ausgehändigt, was sehr kostbar ist, nämlich Vertrauen.

Wenn du das Gefühl hast, dass jemand dir vertraut, dann achte sehr gut darauf, dass du dieses Vertrauen nicht verspielst. Das ist ganz entscheidend für eine Freundschaft. Es geht bei einer Freundschaft nicht darum, immer derselben Meinung zu sein. Es geht vielmehr darum, dem anderen seine ehrliche Meinung über ein Thema zu sagen, auch wenn der andere exakt vom Gegenteil überzeugt ist. Einander bei unterschiedlichen Standpunkten trotzdem würdevoll gegenübersitzen und darüber sprechen zu können, das ist ein unbezahlbarer Dienst.

Es ist ein großes Geschenk für dich, wenn jemand zu dir sagt: »Ich vertraue dir« oder »Ich vertraue auf dein Wort«.

Mit einem Freund kannst du manche Sachen besprechen, die du deinem Partner oder Ehegatten nicht erzählen kannst oder willst. Und genau darum sind Freunde so wichtig. Sie decken den Bereich deiner Beziehungen ab, den du mit deinem Partner niemals abdecken kannst.

Es ist völlig unerheblich, welchen Status dein Freund hat. Reichtum, Geld, Ansehen, Herkunft, Hautfarbe usw. spielen in einer Freundschaft keine Rolle. Hier ist es vielmehr entscheidend, ob du deinem Freund vertrauen kannst und willst. Und noch etwas: Für einen Freund schämt man sich nicht.

Auch wenn andere ihn belächeln: »Wie kann man den nur als Freund haben?« oder ähnlich, mach dir nichts draus. Das ist dummes Geschwätz. Lass es abprallen wie einen Gewitterguss. Zu einem Menschen zu stehen, der einem wichtig ist, macht eine Freundschaft aus, egal wie andere Leute darüber denken oder was sie erzählen.

Echte Freundschaft

> *Glück ist ein Parfüm, das du nicht auf andere sprühen kannst, ohne selbst ein paar Tropfen abzubekommen.*
> Ralph Waldo Emerson

Echte Freunde sind eines der kostbarsten Geschenke deines Lebens. Hüte und pflege sie wie dich selbst. Sie gehen über eine normale Freundschaft noch hinaus. Sie sind etwas Einmaliges.

Ich behaupte, dass echte Freundschaften genauso wichtig sind wie die Familie oder eine Partnerschaft. Sie sind lebensnotwendig. Sie sind eben nicht dein Partner oder deine Familie. Sie sind echte Freunde. Das ist etwas ganz anderes.

Echte Freunde sind nicht befangen wie deine Familienmitglieder und sehen dich und deine Probleme aus einem ganz anderen Blickwinkel. Und genau das ist es, warum sie manchmal mehr sehen als du. Wenn du echte Freunde hast, hören sie dir zu. Sie akzeptieren dich einfach, so wie du bist. Egal ob du arm oder reich bist, hübsch oder weniger hübsch, eine Brille oder ein Hörgerät trägst, Segelohren oder schlechte Zähne hast.

Ein echter Freund nimmt dich so, wie du bist. Das ist entscheidend. Das ist die Basis einer echten Freundschaft.

Einem echten Freund kannst du alles anvertrauen. Echte Freundschaft beruht auf absolutem Vertrauen. 100 Prozent. Immer. Das, was dir ein echter Freund oder eine echte Freundin anvertraut, muss bei dir bleiben. Du darfst es niemals verraten. Wenn du das schaffst, also sprichwörtlich »die Schnauze« über sensible Informationen deines Freundes zu halten, dann bist du ein echter Freund.

Ein echter Freund schenkt dir immer reinen Wein ein. Er sagt dir, wie er über dich denkt. Ohne Maske und ohne Schminke. Du bekommst eine tief ehrliche Rückantwort. Die muss dir nicht immer gefallen. Aber das ist es ja gerade. Oft erzählen dir Außenstehende nie das, was sie wirklich über dich denken. Sie haben entweder Angst davor oder sie erzählen dir bewusst nicht die Wahrheit. Am allerliebsten erzählen (zu viele) Leute über dich, wenn du gar nicht dabei bist. Das ist schlimm, aber sehr weit verbreitet.

Ein echter Freund beteiligt sich nicht am Klatsch und Tratsch anderer Leute über dich. Er hält zu dir, gerade weil er dich kennt. Er sagt dir auch, wenn du auf dem Holzweg bist. Er sagt es dir so, wie es tatsächlich ist. Eine wertvollere Rückinformation kannst du nicht bekommen.

Mit echten Freunden kannst du auch über Dinge reden, die du nicht mit deinem Partner oder deiner Familie besprechen möchtest oder willst. Manchmal geht das eben nicht. Da ist ein Freund als vertrauter Außenstehender die einzige Möglichkeit, sich zu öffnen.

Besitze lieber nur ein bis zwei echte Freunde als 100 halbe. Echte Freunde sind real, du kannst sie anfassen. Sie sind ebenfalls real, wenn du in Not bist. Sie werden dich nicht im Stich lassen, sondern dir helfen, die Situation zu überstehen. Sie sind für dich da, wenn es dir beschissen geht.

Keine Notsituation dauert unendlich lange, sie ist vielmehr vorübergehend und will dir immer etwas sagen bzw. auf etwas hinweisen. Hier trennt sich die Spreu vom Weizen, wenn es um echte Freunde geht. Allen anderen, die nur bei dir sind, wenn es dir gut geht, und nicht bei dir sind, wenn es dir schlecht geht, kannst du getrost den Laufpass geben. Das sind keine echten Freunde, sondern Bekannte, mehr nicht. Bekannte brauchst du auch jede Menge, keine Frage. Sie sind wichtig für deine Beziehungen, für dein Netzwerk. Aber überlege dir genau, wen du als echten, realen Freund in der ersten Reihe sitzen haben möchtest.

Es ist dabei völlig egal, ob du mit einem Mann oder mit einer Frau, einem Jungen oder einem Mädchen befreundet bist. Beide Geschlechter als echten Freund zu haben ist etwas Wunderbares und Einzigartiges. Denn jeder sieht dich aus der Sicht seines Geschlechts und kann dich auf seine ganz spezielle Weise unterstützen. Und auch die vielen »Meinungen« darüber, dass ein Mann keine echte Freundin haben kann und umgekehrt, spielen bei einer echten Freundschaft keine Rolle. Sie erhebt sich über dieses Klischee und braucht sich dafür nicht zu rechtfertigen. Ein Mann und eine Frau in einer echten Freundschaft wissen, wie sie damit umzugehen haben und was sie ihnen beiden bedeutet. Und darauf kommt es letztlich an.

Ich möchte dir hierzu Folgendes sagen:
Meine echten Freunde und meine echten Freundinnen will ich auf gar keinen Fall missen. Sie sind mir wertvoller als jeder Geldbetrag, sie sind ein Geschenk von unschätzbarem Wert. Sie sind DER Rückhalt für mich, wenn es mir einmal nicht gut geht. Sie sind für mich da, wenn ich sie am meisten brauche. Sie kommen nicht mit Vorurteilen, sondern mit Hilfe. Ich kann mich zu 100 % auf sie verlassen und ihnen vertrauen. Ich fühle mich pudelwohl, wenn ich mit ihnen zusammen bin. Es ist ein wunderbares Gefühl, sie in den Armen zu halten. Ich liebe sie.

Lieblingsmensch

> *Wär' heut' mein letzter Tag, ich lebte ihn mit dir.*
> *Soweit der Himmel reicht, wär' auch das Glück in mir.*
> *Helene Fischer (Für einen Tag)*

Ein Lieblingsmensch ist die Sahne auf dem Tortenstück einer echten Freundschaft.
Ich muss dir gestehen, ich weiß von dieser »Gattung« Mensch auch

erst seit geraumer Zeit. Das heißt, ich habe es bisher nicht für möglich gehalten, einmal so einen Menschen zu treffen, der einen sprichwörtlich umhaut.

Ich habe noch nie im Leben eine derartige tiefe seelische Verbundenheit gespürt wie zu meinem Lieblingsmenschen. Du kannst dir diese einzigartige Form der Verbundenheit nicht erarbeiten, nicht anheiraten, nicht anlachen, nicht aussuchen, nicht im Lotto gewinnen oder sonst etwas. Wenn, dann kommt es von ganz allein.

Ein Lieblingsmensch, ein Seelenverwandter. Ja, so was gibt es wirklich. Du kennst ihn möglicherweise noch nicht lange und hast trotzdem das Gefühl, ihn schon hundert Jahre zu kennen. Du kannst mit ihm über alles reden, wirklich über alles. Du nimmst ihn in die Arme, schaust ihn an und denkst einfach nur: »Danke, dass es dich gibt!«

Das Einmalige beim Lieblingsmenschen ist die Vertrautheit und Unkompliziertheit in einer unglaublichen Dimension. Ich kann das Empfinden hierfür kaum in Worte fassen, die dabei wirken. Alles ist so selbstverständlich, so unbeschreiblich angenehm, vertraut und ohne jeglichen Zwang, Druck oder Erwartungen.
    Das ist ein Gefühl zwischen intensiver Freundschaft und inniger Verbundenheit zugleich. In seiner Gegenwart ist dein Atem total ruhig, dein Körper ist entspannt. Du kannst einfach du selbst sein und darfst es – ohne Wenn und Aber. Dieses unbeschreibliche Gefühl ist einfach so da. Auch ohne viele Worte. Er denkt und fühlt wie du. Bei ihm findest du deinen Seelenfrieden.

Du siehst diesen Menschen nicht jeden Tag, aber du denkst jeden Tag gern an ihn, mal mehr und mal weniger. Und wenn du ihm dann wieder begegnest, ist es so, als wenn er gar nicht weg gewesen wäre.

So ein Mensch ist ein Geschenk des Himmels. Etwas Kostbareres außerhalb deiner Paarbeziehung findest du nicht im Leben.

Pflege deine Freundschaften

Für Freundschaften gilt, sie
a) zu pflegen und
b) nachsichtig zu sein,
wenn es mit a) nicht immer klappt.
Unbekannt

Dein Freundeskreis wird sich in deinem Leben verändern. Das bedeutet, Freunde aus der Schulzeit verschwinden, neue Freunde tauchen auf und kommen dazu. Das ist normal und nichts Außergewöhnliches.

Wenn du umziehst in einen anderen Ort, wirst du manchen Freund aufgeben, aber auch neue Freunde finden. Gleichzeitig wirst du durch solche Ereignisse erkennen, wer wirklich ein echter Freund ist. Bisherige »angebliche« Freunde, die sich dann überhaupt nicht mehr melden, solltest du in Ruhe lassen. Aus den Augen, aus dem Sinn. Echte Freundschaften hingegen existieren auch über Entfernungen; sie verlieren sich aus den Augen, aber nicht aus dem Herzen.

Pflege deine Freundschaften regelmäßig. Das macht natürlich Arbeit und Mühe, aber von nix kommt nix. Das gilt nicht nur für die Arbeit, sondern für Freundschaften und Beziehungen generell. So wie du dein Auto, deine Technik oder sonst etwas pflegst, solltest du auch deine Freundschaften pflegen. Es geht nicht darum, sich jeden Tag anzurufen und zu treffen. Es geht darum, regelmäßig in Kontakt zu bleiben und etwas gemeinsam zu unternehmen. Plane hierfür feste Termine ein, wie für den Zahnarzt oder den Sport.

Ein Freund geht mit dir durch dick und dünn. Manchmal sprichst oder triffst du ihn regelmäßig und oft. Manchmal eher selten und sporadisch. Das ist ja gerade das Schöne an einer Freundschaft. Eine unverbindliche Verbindlichkeit, wie ich es nenne.

Ich habe Freundschaften, die existieren schon über Jahrzehnte. Solche Ur-Freundschaften sind tief im Herzen verankert und halten ein Leben lang, wenn du sie pflegst. Das sind besonders wertvolle Freundschaften, da du diese Menschen von Kind an kennst und sie dir vertraut sind.

Du brauchst Halt in der Familie und bei Freunden. Beides ist wichtig für dich und dein Leben. Ohne diesen Beistand verkümmerst du wie eine Blume im Dunkeln.

Plane daher einen bedeutenden Teil deiner Lebenszeit für die Pflege deiner Familie und deiner Freunde ein; die ausgegebene Zeit ist jede Sekunde wert. Das ist eine »Investition«, die sich immer rechnet.

Die Geschichte einer Mutterliebe

Ich las die folgende Geschichte im Internet, sie hat mich tief bewegt.

Es war einmal ein Junge, der war sehr hübsch. Er hatte wunderbare Augen, die wie Silber glänzten und ihn zum Schwarm aller Mädchen machten. Sie himmelten ihn an und eine jede war gern in seiner Nähe.

Die Mutter des Jungen hatte nur ein Auge. Deshalb verschmähte er sie, so oft er nur konnte. Es war ihm peinlich, wenn er mit ihr gesehen wurde.

Eines Tages ging die Mutter in die Schule ihres Jungen, um zu erfahren, wie es ihm dort ginge.

Noch bevor sie die Schule betrat, kam ihr Sohn auf sie zu und beschimpfte sie sehr. So eine hässliche Mutter solle nicht in seine Schule kommen, was sollten schließlich die anderen von ihm denken. Sie solle gefälligst nach Hause gehen, ihm sei ihre Anwesenheit unangenehm.

Die Mutter ging traurig nach Hause. Die Mädchen erkundigten sich beim Jungen: »War das deine Mutter? Oh mein Gott, wie sieht die denn aus? Schämst du dich denn nicht?« Der Junge erwiderte: »Na ja, sie war mal meine Mutter, ich habe aber jetzt nichts mehr mit ihr zu tun. Wer will denn so eine als Mutter haben!«

Die Jahre vergingen. Der Sohn wurde ein erwachsener Mann und hatte eine wunderschöne Frau und zwei wunderschöne Kinder. Die passten allesamt zu ihm, da auch er immer noch wunderschön war, vor allem seine Augen.

Seine Mutter überlegte lange und fasste den Entschluss, ihren Sohn wieder zu besuchen. Sie wollte wissen, ob es ihm gut ginge.

Als sie an der Haustür klingelte, öffnete ihr ein kleines Mädchen, ihre En-

keltochter. »Hilfe, Papa und Mama, kommt schnell, vor unserer Tür steht ein Ungeheuer!«

Der Sohn trat aus dem Haus und erkannte seine Mutter. Empört schrie er sie an: »Lass meine Familie in Ruhe! Was sollen meine Kinder denken, wenn sie dich sehen! Mach dich sofort nach Hause, ich will dich hier nie wieder sehen!«

Die Mutter ging tief betrübt nach Hause.

Es vergingen die Jahre.

An einem schönen Sommertag saß der Sohn auf der Terrasse seines Hauses und genoss die Sonne. Plötzlich überkam ihn ein schlechtes Gewissen: »Habe ich meiner Mutter Unrecht getan?« Er nahm sich vor, am Nachmittag zu ihr zu gehen und sich bei ihr zu entschuldigen.

Als er an ihrem Haus ankam, klingelte er. Niemand öffnete. Er klingelte nochmals, wiederum ohne Erfolg.

Ein Nachbar sah zum Fenster heraus und fragte ihn, was er denn wolle. »Ich will meine Mutter besuchen, sie wohnt in diesem Haus.«

Der Nachbar sprach: »Tut mir leid, aber Ihre Mutter ist vor 2 Wochen verstorben. Wussten Sie das gar nicht?« »Nein, das wusste ich nicht«, entgegnete der Sohn entsetzt. »Sie gab mir noch diesen Brief, den ich Ihnen geben sollte. Das war ihr letzter Wunsch.« Dann übergab der Nachbar dem Sohn den Brief der Mutter.

Der Sohn eilte nach Hause, öffnete den Brief und las die letzten Worte seiner Mutter:

»Mein lieber Sohn. Ich habe dich immer geliebt. Auch wenn du mich verachtet, mich beleidigt und weggeschickt hast. Ich habe dich trotzdem immer geliebt. Ich wollte immer, dass es dir gut geht. Das sollst du wissen.

Du sollst auch wissen, dass es damals sehr schmerzhaft für mich war, als du und dein Vater diesen schrecklichen Autounfall hattet. Dein Vater verlor dabei sein Leben, du hattest mehr Glück und hast überlebt. Allerdings hast du dabei ein Auge verloren. Das sah sehr schlimm aus. Ich wollte nicht, dass du leidest. Ich wollte, dass aus dir ein hübscher Junge wird. Daher habe ich dir damals ein Auge von mir gegeben, weil ich dich liebe. In Liebe, deine Mutter.«

Wie kommt man zu einem echten Freund?

Der beste Weg, einen Freund zu haben,
ist der, selbst einer zu sein.
Ralph Waldo Emerson

Vielleicht frage ich besser: Wie wird man selbst zu einem echten Freund?

Freundschaften kannst du nicht erzwingen. Aber du kannst dich darum bemühen, wenn du es wirklich willst. Hole deinen Werkzeugkasten hervor. Darin befinden sich deine Universalschlüssel Menschlichkeit, Gerechtigkeit, Zuverlässigkeit, Vertrauen und Liebe. Setze sie ein in deinem Leben, in jedem deiner Lebensbereiche, denn genau diese Universalschlüssel machen dich zu einem echten Freund und gleichzeitig wunderbaren Menschen. Wenn du das verinnerlichst und wirklich lebst, bist du automatisch ein echter Freund.

Sei gegenüber deinen Mitschülern, Kollegen, Nachbarn, Bekannten und anderen Menschen stets achtsam, dann bekommst du eine hohe Wertschätzung dieser Menschen als Geschenk. Du erkennst das daran, dass sie gern mit dir zusammen sind, lernen oder arbeiten. Und genau diese Momente sind es, aus denen sich eine Freundschaft entwickeln kann und wird. Vielleicht nicht gleich heute und morgen, aber übermorgen, da wird der Tag kommen.

Du wirst es spüren, wer auf deiner Wellenlänge schwingt. Du wirst es spüren, wenn die Chemie zwischen zwei Menschen stimmt, und du wirst die Gelegenheit erkennen, wenn du mit anderen zusammen bist. Egal wo, egal wann. Einen echten und aufrichtigen Menschen erkennt man mit etwas Übung sehr schnell und der Funke der Freundschaft kann sich entzünden.

Partnerschaft und Paarbeziehung

*Man kann das Leben nur rückwärts verstehen,
nur leben muss man es vorwärts.*
Søren Kierkegaard

Ein Lebenspartner ist ein Partner fürs Leben. Das sagt schon der Name. Da das Leben aus vielen Lebensbereichen besteht, brauchst du also einen Lebenspartner für alle Lebensbereiche. Die Lebensbereiche sind z. B. Liebe, Sexualität, Gemeinsamkeiten, Unternehmungen, Job, Geld, Gesundheit, Pflege, Kinder, Erziehung, Ernährung, Haus, Freunde, Bekannte, Ruhe, Erholung, Urlaub, Genießen, Vorstellungen, Träume, Visionen.

Das bedeutet, der ideale Lebenspartner deckt all diese Bereiche in Perfektion mit dir gemeinsam ab. Das ist das Ideal, das wären 100 %.
  Wie sieht die Realität aus? Erreichen wir die 100 % in jeder Beziehung? Natürlich nicht. Diese Perfektion gibt es nämlich gar nicht. Es gibt keinen Menschen auf der Welt, der in allen den erwähnten Lebensbereichen stets ideal ist. Bitte schlag dir diesen Traum vom Märchenprinzen oder der Märchenprinzessin aus dem Kopf.

Die Maße eines Mannes oder einer Frau sollten nicht das Maß aller Dinge sein.

Jeder hat seine besonderen Begabungen, hat seine speziellen, ganz persönlichen Bereiche, in denen er die 100 % erreicht. Aber niemals in allen zugleich.
  Die Kunst, den geeigneten Partner für sich zu finden, besteht nun darin, den größten gemeinsamen Nenner über alle Bereiche herauszufinden. Es kommt darauf an, einen Partner zu finden, mit dem du die Bereiche bestmöglich meistern, besser gesagt: abdecken kannst.

Jeder Partner in einer Beziehung hat Stärken in einem Bereich. Der andere hat manchmal genau da seine Schwäche. Prima, damit wird der Bereich aber von eurer Partnerschaft abgedeckt. Das ist doch der Punkt. Zusammen müsst ihr versuchen, die Lebensbereiche abzudecken. Darauf kommt es in einer Beziehung an.
  Wenn der eine viel Geld verdient, der andere weniger, wird der Bereich

Geld abgedeckt. Haken dran. Dafür ist der Geringverdiener z. B. besser im gesunden Kochen und deckt für den Besserverdiener diesen Bereich so ab, dass auch er sich gesund ernähren kann. Es geht hier nicht um Unterwerfung oder sonst etwas, sondern um Ausgleich, um Geben und Nehmen in einer Beziehung.

Das gezeigte Beispiel Geld ist nur ein einziger Bereich. Der wird aber sehr oft als DER Bereich angesehen. Ist er aber nicht. Er ist wichtig (siehe Kapitel Arbeit), aber nicht alleinig.
 Und so »spürt« ihr im wahrsten Sinne des Wortes durch die einzelnen Bereiche des Lebens, ob ihr gemeinsam in der Lage seid, alle abzudecken. Jetzt versteht ihr vielleicht, warum manche Ehepaare für Außenstehende total verschieden sind und trotzdem prima harmonieren. Gegensätze ziehen sich an, so lautet ein Sprichwort. Das kommt hier zum Tragen. Es geht also nicht darum, dass beide Ehepartner immer und in allen Bereichen das Gleiche wollen, denken, fühlen, machen. Das wäre auch total langweilig. Gerade die Verschiedenheiten, die Unterschiedlichkeiten machen den Reiz einer Beziehung aus. Monotones Dahinleben ist auf Dauer Gift für jede Beziehung. Ein bisschen anders und »Verrückt«-Sein gehört dazu.

Suche dir dennoch einen Lebenspartner, der ähnliche Eigenschaften und Vorstellungen wie du besitzt. Wenn du zuverlässig bist, macht es keinen Sinn, einen unzuverlässigen Partner zu suchen. Du ärgerst dich nur innerlich.

Doch warum scheitern Beziehungen?

Weil beide Partner oft nur 1 bis 3 Punkte betrachten, nie die Gesamtheit des Lebens. Na klar, das Gras beim Nachbarn ist immer grüner, der Apfel nebenan schmeckt natürlich immer besser als meiner. Der Partner des Freundes ist natürlich viiiel besser als meiner usw. Hier wird einseitig und zu eng durch die rosarote Brille geguckt. Du siehst nur die paar Bereiche und denkst vielleicht: »Boah ey, das ist doch das, wonach ich immer gesucht habe. Mit dem oder der wird es sicher viel besser laufen.«
 Dann kommt das Leben mit der Zeit und mit ihm auch all die anderen Bereiche hinzu, die man vorher nicht gesehen hat oder nicht sehen wollte. Plötzlich stellt man fest: »Mist, was ist denn jetzt los? Hier passt ja doch

gar nichts so, wie ich es mir vorgestellt habe. Das sah doch zu Anfang ganz anders aus!«

Es gibt einen Spruch: Drum prüfe, wer sich ewig bindet, ob sich nicht noch was Bess'res findet …
Da du jetzt weißt, dass es den Traumprinzen für alle Bereiche nicht gibt, rate ich dir, den Spruch trotzdem nicht in alle Ewigkeit zu testen …

Probiere einfach 1 bis 3 Jahre eine Beziehung aus. Ich nenne es »Testphase«. Nenne es Probezeit, Probefahrt oder sonst wie. Lebt zusammen, fahrt zusammen (keine Wochenendbeziehung) und spürt, ob ihr gemeinsam in der Lage seid, alle Bereiche abzudecken, und die Fahrt durchs Leben gemeinsam machen wollt.
Die Wochenend-Maske aufzusetzen und dem anderen für 2 Tage etwas vorzuspielen ist nicht Sinn der Übung. Alle Karten müssen zu Beginn einer Partnerschaft auf den Tisch. Das beugt späterem bösen Erwachen vor.

Streit

In jeder Minute, die du im Ärger verbringst,
versäumst du 60 glückliche Sekunden deines Lebens.
Albert Schweitzer

Streit ist Gift. Streit schadet jeder Beziehung. Nicht immer einer Meinung zu sein ist dagegen eine vollkommen andere Sache.
Vielleicht ist dir schon einmal aufgefallen, warum sich Leute streiten. Das sind häufig nur klitzekleine Kleinigkeiten, bei denen viele Menschen förmlich in die Luft gehen. Da liegen Sachen herum, andere Dinge liegen nicht dort, wo sie sonst immer liegen, da ist es mal nicht sauber genug, das Essen erfüllt nicht die Erwartungen oder wird zu spät »serviert«, das Klopapier wurde nicht aufgefüllt, der andere guckt so komisch usw. mit vielen anderen Befindlichkeiten.

Natürlich wird immer mal gestritten im Leben, es darf nur nicht zum Tagesgeschäft ausarten. Sonst geht jede Beziehung zugrunde. Permanenten Streit hält auf Dauer keiner aus. Wer Streit auf Dauer »freiwillig« erträgt, wird bleibende Schäden davontragen. Gesundheitliche und seelische Schäden, denn Streit macht auf Dauer krank.

Verbal und nonverbal

*Wenn du feststellst, dass du auf einem toten Pferd reitest,
dann ist es das Beste abzusteigen.*
Stammesweisheit der Dakota

Mit deinem Verhalten, deiner Mimik und Gestik sowie mit deinen Worten wirkst du auf andere Menschen. Deine Worte wirken verbal, sie werden gesprochen. Deine Körperbewegungen und Reaktionen wirken nonverbal, unausgesprochen.

Die Wirkung ist bei beiden gleich, unterschätze das nicht. Wenn du deinem Partner etwas mit Worten an den Kopf knallst, dann kann es ihn verletzen. Dasselbe wird passieren, wenn du nichts sagst, eine abfällige Handbewegung machst oder mit den Augen rollst. Diese nonverbalen Signale vermitteln deinem Partner ebenfalls die klare Botschaft: »Komm, hör auf, du nervst.«

Die Wirkung von Worten ist gewaltig. Die Wirkung von nonverbalen Signalen ist noch gewaltiger. Die Art, wie du etwas sagst, wie dein Körper dabei reagiert, ob das Gesagte mit deiner Körperhaltung übereinstimmt und vieles mehr werden von deinem Gesprächspartner in Bruchteilen einer Sekunde wahrgenommen und »ausgewertet«. Deine Worte können lügen, dein Körper nicht. Deine Körperreaktionen verraten mehr, als du ahnst. Klar, du kannst die eiserne Miene aufsetzen, kühl, todernst und regungslos. Das reicht dann vielleicht für einen Moment. Nicht aber für dein ganzes Leben. Eines Tages wird dein Körper dein Spielchen nicht mehr mitmachen, weil er hochintelligent ist. Du kannst deinem Körper nämlich nichts vormachen, gar nichts. Er spürt ganz genau, ob dein Äußeres mit deinem Inneren übereinstimmt. Wird die »Abweichung« zu groß, dann handelt er.

Deine nonverbalen Signale verraten viel über dich im Beruf, in Beziehungen, bei deiner Gesundheit und auch in der Ruhe. Ein Chef kann viel erzählen; wenn seine Körperhaltung eine andere als sein Gesagtes ist, dann glauben es seine Mitarbeiter nicht. Wenn du einen Partner suchst und dein erstes Date hast, dann merkt dein Gegenüber blitzschnell, ob du es ernst meinst oder nicht. Wenn du zum Arzt oder Heilpraktiker gehst, signalisiert dein Körper dem Profi gegenüber sofort, ob du ihm etwas vormachst oder nicht. Und letztlich merkt dein Körper in Ruhephasen sofort, ob es dir ernst mit der Ruhe ist oder ob du nur so tust, als würdest du entspannen wollen.

Wenn du nicht gerade der gesprächige Typ Mensch bist, kannst du dennoch durch nonverbale Körperbewegungen deinen Mitmenschen eindeutig zeigen, dass du sie wertschätzt, indem du

- einen Menschen umarmst
- ihn küsst
- ihm den Arm über die Schulter legst
- ihn sanft berührst
- ihn anlächelst
- anerkennend nickst
- dich zu ihm setzt
- ihn per Handschlag grüßt
- ihn am Arm sanft zurückhältst

Suche dir aus, bei welchem Menschen du was einsetzen möchtest. Das kann unter Umständen sogar besser ankommen als manche aufgesetzte Lobeshymne. Lob und Anerkennung braucht jeder Mensch. Ehrlich übermittelt tun sie unendlich gut. Sie sind Balsam für die Seele.

Gib dem anderen Freiraum

*Urteile nicht über einen Menschen,
ehe du nicht eine Meile
in seinen Mokassins gegangen bist.
Indianische Weisheit*

Wenn ein Partner den anderen ständig einengt, wird die Beziehung scheitern. Jeder braucht seinen Freiraum, seinen Abstand innerhalb einer Beziehung. Das ist ganz wichtig. Ständiges Überwachen und Kontrollieren, was der andere gerade so macht, ist Gift für jede Beziehung. Dem Partner fehlt die Luft zum Atmen.

Auch eine permanente Eifersucht eines Partners gegenüber Freunden, Bekannten o. Ä. des eigenen Geschlechts sind nicht förderlich für eine Beziehung. Dein Partner hat sehr wohl das Recht, mit dem anderen Geschlecht eine freundschaftliche Beziehung aufzubauen. Das kannst du ihm nicht verwehren. Und darüber hinaus: So etwas kann durchaus Vorteile für eure gemeinsame Beziehung haben, denn oftmals lassen sich Probleme, Sorgen oder Ängste mit dem anderen Geschlecht viel besser besprechen als mit dem Partner.

Die gesunde Basis einer Beziehung ist Vertrauen. Vertraue deinem Partner. Du musst es natürlich erst geben, das Vertrauen. Danach bekommst du es zurück. Dein Partner wird es spüren und dir dankbar sein, wenn du ihm vertraust, anstatt ihm ständig hinterherzuspionieren oder eifersüchtig zu sein. Er wird sich wohl fühlen, eigenständig neben dir zu leben. Er ist schließlich ein eigenständiger Mensch. Das darfst du bitte schön nicht vergessen. Ihr lebt zusammen, seid aber nicht aneinander »gekettet«. Als Paar zusammen zu leben bedeutet, gemeinsam in eine Richtung zu schauen und sich nicht nur gegenseitig anzuschauen.

Wenn du deinem Partner diesen wichtigen Freiraum lässt, ihm zuhörst und nicht ständig ins Wort fällst, seine Meinung zu verstehen versuchst, dann wird eure Partnerschaft stark davon profitieren. Jeder kann sich selbst verwirklichen, hat seinen Spielraum und trotzdem lebt ihr eine wunderbare Partnerschaft. Hierin besteht die hohe Kunst einer Paarbeziehung.

Ehe

*Die Ehe ist ein Zustand,
in dem es zwei Leute weder mit- noch ohneeinander
längere Zeit aushalten können.*
Marie von Ebner-Eschenbach

Die Ehe ist eine ganz besondere Form der Partnerschaft. Sie ist das höchste Gut einer Paarbeziehung. Sie ist etwas ganz Besonderes. In einer Ehe verpflichten sich beide Partner miteinander gemeinsam durchs Leben zu gehen.

Natürlich geht das alles auch ohne Hochzeit, Trauschein usw. in einer sogenannten wilden Ehe. Eine echte Ehe aber ist etwas Einzigartiges. Beide Partner haben hier das Gefühl, für immer füreinander da zu sein. Diese Form der Bindung an den Partner ist in der Ehe das Besondere. Du sagst »Ja« zum anderen und »Mit dir will ich mein Leben verbringen«.

Vor allem in schweren Zeiten der Ehe ist ein Ehepartner im besonderen Maße verpflichtet, dem anderen Partner beizustehen, ihn nicht hängen zu lassen. Das ist ein ganz wichtiger Punkt, der unabhängig von staatlichen Bestimmungen dafür sorgt, dass der Ehepartner eine gewisse Sicherheit, einen gewissen Schutz genießt.

In einer Ehe sagst du ganz klar: »Ja, auch in schlechten bzw. gerade in schlechten Zeiten stehe ich zu dir. Gerade dann, wenn du mich am meisten brauchst, stehe ich zu dir und lasse dich nicht im Stich. Du kannst dich auf mich verlassen, ich bin für dich da.« Das ist Treue.

Treue bedeutet nicht: Ich schleiche täglich wie eine Fliege um dich herum und lasse dich nicht aus den Augen. Treue bedeutet auch nicht, dass man neben dem Partner keine Freunde mehr haben und nur noch sie oder ihn angucken darf.

Das ist krankhaft. In einer guten Ehe hat jeder Ehegatte seinen Freiraum und darf auch einmal tun und lassen, was gut für ihn ist. Vertrau deinem Ehepartner einfach. Er ist kein Sklave des anderen, sondern ein ebenbürtiger Partner auf gleicher Augenhöhe. Jeder geht voller Respekt mit dem anderen um und ist zugleich da, wenn der andere Hilfe braucht. Kletten und Kleben tun einer Ehe gar nicht gut. Sehr wohl aber Treue und Verlässlichkeit. Das sind die beiden Eckpfeiler einer guten Ehe.

Die grundsätzlichen Regeln für eine gelungene Ehe sind exakt dieselben wie für eine gelungene Partnerschaft. Ohne Liebe, Hingabe, Vertrauen, Verständnis, Freiraum und Einfühlungsvermögen kann eine Ehe nicht bestehen.

Eine Ehe sollte nicht dazu dienen, nach dem Jawort den wahren Charakter herauszulassen und zu denken: »Nun kann ich es mir bis zum Lebensende gemütlich machen. Der andere Partner wird's schon irgendwie richten.« Das gilt es bitte schön im Vorfeld einer Ehe ausgiebig auszuloten. Der eigentliche Sinn einer Ehe liegt weder in einer Zweck-Gemeinschaft noch in Hörigkeit.

Viele Paare schrecken zurück vor dem Gedanken »Ich lege mich jetzt für immer und ewig fest«. Der Gedanke hat seine Berechtigung. Man kann Unverheiratete nicht pauschal dafür verurteilen, dass sie kein »ordentliches« Paar sind, vor allem wenn noch Kinder existieren.

Es gibt hier weder Richtig noch Falsch. Die Entscheidung für eine Ehe muss vom Paar immer selbst gefällt werden. Und so, wie das Paar entscheidet, ist es richtig.

Dennoch ist die Ehe allemal des Versuches wert. Trau dich einfach!

Wie finde ich (m)einen Partner?

> *Richtig verheiratet ist der Mann erst dann,*
> *wenn er jedes Wort versteht,*
> *das seine Frau nicht gesagt hat.*
> *Alfred Hitchcock*

Diese Frage stellt sich mit Sicherheit fast jeder Mensch im Leben. Und die Frage ist absolut berechtigt. Schließlich geht es darum zu entscheiden, ob du die Fahrt im Auto des Lebens künftig gemeinsam oder weiter allein fahren möchtest.

Du stehst wie vor einer Weggabelung und musst dich entscheiden. Was, schon wieder entscheiden? Das hatten wir doch erst, oder ...?

Ja, du musst dich auch bei einer Beziehung entscheiden: entweder mit einem Menschen zusammenleben oder weiter allein. Mit allen Konsequenzen, die dazugehören.

Wann du in eine Beziehung gehen solltest, das spielt keine Rolle. Das ist einzig und allein deine persönliche Entscheidung. Ob mit 15 oder erst 25 – setze dich da nicht unter Druck.

Falls du als Single mit vierzig noch daheim bei den Eltern wohnst und noch nie einen festen Partner hattest, solltest du dir allerdings die Frage stellen, ob du ernsthaft an einer Paarbeziehung interessiert bist. Denn ein Leben lang bei den Eltern im »Nest« zu bleiben, das hat Mutter Natur so nicht vorgesehen. Die sieht das Kind- und Behütet-Sein nicht bis in alle Ewigkeit vor. Irgendwann kommt der Tag, wo du auf eigenen Beinen stehen musst – ohne Eltern.

Natürlich kannst du auch als Single alt werden, im eigenen Haushalt. Sollte das deine Entscheidung fürs Leben sein und du fühlst dich wohl damit, dann ist das absolut o. k. Single-Dasein hat auch Vorteile: Du bist dein eigener Herr und brauchst niemanden um Erlaubnis bei Entscheidungen zu fragen. Du kannst tun und lassen, was du willst, und du kannst reisen, wohin du willst. Du bist absolut flexibel und hast weitaus mehr Möglichkeiten, in der Welt beruflich aktiv zu sein. Das geht mit einem Partner und vor allem mit Kindern nicht ohne weiteres. Wie gesagt, es ist immer deine persönliche Entscheidung.

Machen wir weiter bei der Partnersuche.

Wenn du daheim bequem auf dem Sofa liegst, Chips und Cola konsumierst und das TV-Programm über dich rieseln lässt, ist die Wahrscheinlichkeit, deinen Prinzen oder deine Prinzessin zu finden, deutlich geringer, als wenn du dich nach draußen begibst oder zu einer Party oder Veranstaltungen gehst. In aller Regel wird dir dein Partner nicht auf dem silbernen Tablett serviert.

Du kannst deinen Traum-Partner entweder aktiv suchen oder du kannst dich auch finden lassen. Beides ist möglich. Im Zeitalter des Internets hast du natürlich weitaus mehr Möglichkeiten, potentielle Partner zu finden, sogar weltweit. Ebenfalls gibt es eine Reihe von Partnervermittlungsfirmen, die genau auf so etwas spezialisiert sind. Das ist auch nicht verkehrt, du solltest das aber nur als <u>eine</u> Möglichkeit von vielen betrachten, jemanden kennen zu lernen.

Einen Grundsatz lege ich dir nahe: Achte auf deine Körperpflege, Körperhygiene sowie dein äußeres Erscheinungsbild. Wenn du übel riechend, mit ungepflegten Haaren und Zähnen oder in abgewrackten Klamotten zum ersten Date erscheinst, dann hinterlässt du einen denkbar schlechten Eindruck bei der Partnersuche, und der erste Eindruck entscheidet immer.

In der Pubertät haben sehr viele Jungen und Mädchen mit Pickeln, unreiner Haut, extremem Schweißgeruch und vielem mehr zu kämpfen. Das ist total unangenehm und sehr belastend; ich spreche da aus eigener Erfahrung. Man mag zuweilen am liebsten nicht aus dem Haus gehen wollen.
 Das ist aber kein Grund zur Verzweiflung. Wenn du deinen Körper und deine Zähne trotzdem regelmäßig pflegst, hilft das ungemein. Lass dich nicht gehen. Ein möglicher Partner, der dich nett findet, stört sich nicht an solchen Äußerlichkeiten, er schaut dir ins Herz. Er sieht, ob du dich gehen lässt oder nicht, und das ist der entscheidende Punkt.

Wie würdest du reagieren als Mann, wenn deine Prinzessin mit ungepflegten Haaren, zerschlissener und verdreckter Jogginghose, etlichen fehlenden und ansonsten gelb-schwarzen Zähnen sowie übel riechend und mit einer Kippe im Mundwinkel zum allerersten Date erscheinen würde? Würden deine Augen leuchten und du ihr sogleich liebevoll um den Hals fallen? Vermutlich nicht.
 Du wärest doch bestimmt froh, wenn sie sich auf eine natürliche Weise hübsch gemacht hätte, ein schickes Kleid anhätte, lächelnd auf dich zukäme und dir mit einem dezenten Parfum in Haut und Haar einen Begrüßungskuss auf die Wange gäbe. Siehst du.
 Und genau so verhalte dich bitte auch als Mann bzw. Gentleman. Zieh dir was Sauberes an, es muss kein Anzug sein. Aber eine saubere Hose, ein schickes Hemd, ganze Schuhe, ordentliche Frisur und ein dezentes männliches Parfum. Und dann lächelst du sie an. Du wirst sehen, dein erster Eindruck wird ankommen.
 Ob das dann deine endgültige Beziehung für dich ist, kann niemand

vorher sagen. Aber die grundlegende Einstellung, auf sein Äußeres zu achten, ist bei der Partnersuche nun einmal besonders wichtig.

Anmerkung: So ein bisschen schick machen ist auch in fortgeschrittenen Beziehungen nicht verkehrt. Du verdeutlichst damit deinem Partner, dass er dir nicht egal ist. Jeder möchte schließlich immer mal etwas Schönes vor Augen haben.

Was ich persönlich interessant finde: Sich einfach einmal irgendwo hinsetzen, z. B. in einer Fußgängerzone, Einkaufszentrum oder Ähnlichem, und all die vorbeiströmenden Menschen zu beobachten. Das ist hochinteressant. Du wirst sehen, da läuft dir so ziemlich alles über den Weg, da ist alles dabei.
Und dann entdeckst du so – rein gedanklich – einen Menschen, bei dem du dir sagst, ja, der sieht gar nicht verkehrt aus. So wie der sich benimmt, könnte ich mir das rein theoretisch vorstellen. Das ist angenehm, ihm zuzuschauen, das stimmt irgendwie mit meiner Weltanschauung überein. Dann hast du eine ungefähre Ahnung davon, welchen Typ Mensch du suchst und wie er mit deinem Inneren harmoniert. Und dann kannst du »gezielt« in dieser Richtung weitermachen, indem du dich dorthin begibst, wo dieser Typ von Mensch sich gewöhnlich aufhält. Das kann ein erster Ansatz sein.

Unternehmungen mit Freunden, Ausflüge mit der Familie oder Reisen bieten zahlreiche Gelegenheiten, Menschen kennen zu lernen. Sei offen dafür und sprich den einen oder anderen einfach einmal an. Niemand wird dir den Kopf abreißen, nur Mut!

Lass dich bitte dennoch nicht nur von reinen Äußerlichkeiten blenden. Viele Wow-Menschen entpuppen sich wenig später als ziemlich ungeeignet, das willst du gar nicht. Und andere, bei denen du eventuell die Nase rümpfst, entpuppen sich wenig später als extrem nett und angenehm. Daher: Sei unvoreingenommen jedem Menschen gegenüber und lass ihn auf dich wirken und bilde dir dann deine Meinung.

Manchmal passiert es auch rein zufällig, da läuft dir dein Traum einfach so über den Weg oder steht irgendwo herum beim Warten. Das kann beim

Einkaufen, im Flugzeug, auf einer Rolltreppe, im Wartezimmer oder, oder, oder sein. Es ist überall denkbar, dass du ihm begegnest.

Woran merkst du, dass ein Mensch ein möglicher Partner wäre?
 Du merkst es daran, dass du dich stark für ihn interessierst, ihn immer und immer wieder anschaust. Es ist angenehm, zu ihm zu schauen. Du fühlst dich wohl in seiner Nähe. Und in deinem Bauch kribbelt es.

Sofern du nicht beschlossen hast, dein Leben lang allein zu sein, wirst du deinen Lebenspartner eines Tages finden. Vertrau mir, das wird genau so kommen. Ob das mit 15 oder 25 oder 35 der Fall sein wird, das weiß ich natürlich nicht. Aber wenn du es innerlich willst, wenn dein Herz dafür offen ist, wird der Tag kommen.
 Und wenn der Tag kommt, habe den Mut und gehe auf diesen Menschen zu. Du kannst es »verpackt« tun oder gleich mit der Tür ins Haus fallen – es spielt im Endeffekt keine Rolle. Höre einfach auf dein Herz, da liegst du immer richtig.

Die Geschichte vom Autounfall

Es war im Oktober, ich kam gerade aus Nordrhein-Westfalen zurück und fuhr auf der A 38 zurück nach Hause. Auf der Autobahn war wenig los, so konnte ich entspannt fahren. Auch das Wetter war schön, sonnig und trocken.
 Auf einem geraden Streckenabschnitt fuhren ein paar LKWs auf der rechten Spur, ich fuhr somit auf die linke Spur – die Autobahn ist nur zweispurig.
 Links vor mir fuhr bereits ein Auto, welches ich schon von weitem gesehen hatte. Es war etwas langsamer als ich, so dass ich allmählich von hinten näher kam.

Die Bremslichter des Vordermanns leuchteten plötzlich auf. O. k., ich nahm das Gas weg. Die Bremslichter leuchteten weiter. Alles klar, ich bremste nun auch.
 Die Bremslichter leuchteten immer noch. Ich bremste weiter und schaute, was für Möglichkeiten sich mir boten, da die Lage mittlerweile brenzlig wurde.
 Links war die Leitplanke, rechts einer der LKW. Ein Ausweichen war unmöglich. Ich hoffte, dass mein Vordermann von sich aus »nun mal endlich

wieder« Gas geben würde, da ich vor ihm nichts erkennen konnte. Vergeblich. Die Bremslichter brannten weiter.

Ich erkannte: Der macht eine Vollbremsung! Mitten auf gerader Strecke, ohne ersichtliches Hindernis! Ach du Scheiße! Intuitiv sprang ich mit voller Wucht und der gesamten Masse meines Körpers auf das Bremspedal (ich fuhr ein Auto mit Automatik). Ich hatte das Gefühl, das Bodenblech durchzutreten.
    Warum kommt mein Auto nicht zum Stillstand? Der Abstand zum Vordermann wurde bedrohlich knapp. Ich drückte weiter mit voller Kraft auf die Bremse. Ich musste erkennen: Das reicht nicht aus! Das reicht nicht mehr aus, auch wenn ich die Bremse voll durchtrete. Mit voll durchtreten meine ich voll durchtreten. Nicht das »normale« Bremsen, sondern einen derartigen Druck auf die Bremse ausüben, als ginge es um Leben und Tod.

Und darum ging es in der Tat. Mir wurde bewusst, ich habe keine Chance, mein Auto rechtzeitig bis zum Vordermann zum Stehen zu bringen. Ich musste auffahren! Allein der Gedanke: Du musst jetzt jemandem bei vollem Bewusstsein hintendraufahren, unvorstellbar. Ich hatte keine Ahnung, wie so etwas vonstattengeht. Aber ich hatte keine andere Chance.
    Mein Füße drückten mit unvorstellbarer Kraft auf die Bremse, meine Hände hielten das Lenkrad fest umklammert, ich drückte meinen Kopf in die Nackenstütze, schaute noch einmal auf den Vordermann, schloss die Augen und – erwartete den Aufprall.

Von den ersten Bremslichtern bis zum Aufprall war keine Zeit zum Denken, nur Reagieren. Das Ganze vollzog sich in Sekundenschnelle.

Beim Aufprall erwartete ich den Airbag oder sonst irgendetwas. Aber der kam nicht.
    Als ich meine Augen öffnete, stand mein Auto. In der Anzeige konnte ich lesen: Bitte Kühlflüssigkeit überprüfen! Leichter weißer Rauch zog vorn über die Motorhaube, die zusammengedrückt zu mir zeigte.
    Ich sah mich im Rückspiegel, mir fehlte nichts! Meine Beine, Arme, alles ganz geblieben – Gott sei Dank!
    Gleichzeitig nahm ich im Rückspiegel einen herannahenden PKW wahr, der aber im letzten Moment rechts ausweichen konnte. Puh, das war echt knapp!

Ich stieg aus – auch das klappte ohne Probleme – und kletterte hinter die Leitplanke. Dort stand bereits mein Vordermann.

Auf meine Frage, warum um alles in der Welt er auf gerader, trockener Fahrbahn eine Vollbremsung gemacht hatte, deutete er nur auf die »Schnauze« meines Autos. Dort lag ein LKW-Reifen! Jetzt erkannte ich einen LKW auf der Standspur weiter vorn. Dieser hatte einen Reifen verloren, was ich nicht mitbekommen hatte. Mein Vordermann hatte daher gebremst, um vor dem Reifen zum Stehen zu kommen. Jetzt wurde es mir klar. Mit der Wucht des Aufpralls hatte ich das Auto meines Vordermannes komplett über den Reifen geschoben.

Glücklicherweise war niemand verletzt worden. Wir hatten großes Glück gehabt und waren sehr dankbar.

Liebe

Du und ich: Wir sind eins.
Ich kann dir nicht wehtun,
ohne mich zu verletzen.
Mahatma Gandhi

Na, klingt dieses Wort nicht wunderbar?
Liebe ist wunderbar. Liebe ist unendlich groß. Liebe kennt keine Grenzen. Liebe hat eine unvorstellbare Kraft. Liebe kann im wahrsten Sinne Mauern einreißen. Liebe verbindet immer – ohne Ausnahme. Liebe lässt sich nicht erzwingen oder festhalten. Liebe kommt immer vom Herzen. Liebe wirkt auf andere. Lieben heißt bedingungslos annehmen, so wie es ist. Das ist wahre Liebe. Egal in welcher Beziehung, egal in welcher Hinsicht. Alles, was in Liebe gemacht, in Liebe vollzogen wird, ist vollkommen.

Bist du verliebt? Was ist das für ein Gefühl?
Du hast tausend Schmetterlinge im Bauch und bist voller Sehnsucht. Dein Herz rast, du kannst es kaum erwarten, den anderen endlich wiederzusehen. Es ist, als ob dein Brustkorb vor lauter Sehnsucht schmerzt. Dein Verlangen zum anderen ist riesig groß. Die Zeit zwischen euren Treffen

kommt dir wie eine Ewigkeit vor, als ob du deinen Liebsten / deine Liebste schon 100 Jahre nicht mehr gesehen hättest.

Das ist wahrlich ein überwältigendes Gefühl. Daran kannst du erkennen, welche Macht Liebe hat.

Die Zeit heilt alle Wunden, auch Liebeskummer. Dennoch ist so etwas sehr emotional und schmerzhaft für den Betroffenen. Bitte mache dich niemals über einen Menschen lustig, der Liebeskummer hat. Wenn du selbst einmal welchen hattest, wirst du verstehen, was ich dir sagen will.

Liebe ist der Klebstoff unserer Beziehungen. Mit Liebe geht alles leicht und unbeschwert. Mit Liebe können Paare ihr Leben lang zusammenbleiben.

Liebe ist nicht nur auf die Beziehungen beschränkt. Das ist ja gerade ihre eigentliche Stärke. Liebe kannst du in allen 4 Lebensbereichen einsetzen. Sie ist ein Universalschlüssel. Stell dir jetzt vor:
   Du besuchst die Schule voller Liebe
   Du machst deinen Job voller Liebe
   Du pflegst deine Beziehungen voller Liebe
   Du gibst dich deinem Partner hin voller Liebe
   Du betrachtest deinen Körper voller Liebe
   Du ernährst dich und treibst Sport voller Liebe
   Du achtest deine leiblichen Eltern voller Liebe
   Du genießt deine freie Zeit voller Liebe
   Du findest zu dir selbst voller Liebe

Wie ist das? Ist das nicht wundervoll!

Wenn du echte Liebe gibst, Liebe tief aus deinem Herzen heraus, so hast du eine Geheimwaffe in der Hand, mit der du unbesiegbar bist.

Wenn du etwas mit Liebe im Leben tust, egal was, dann befindest du dich in einem Glückszustand. Das ist der Moment der vollsten Zufriedenheit und des Friedens.

Sexualität

*Die Verbindung zwischen zwei Menschen
wird unter anderem auch durch Sex und Befriedigung hergestellt.
Aus diesem Grund soll der Mensch keine Angst haben,
ihn zu genießen.
Aus Griechenland*

Sexualität, oder kurz Sex genannt, ist allgegenwärtig. Über kaum ein Thema wird im Leben so viel gesprochen wie über die Sexualität, im Prinzip täglich. Kaum eine Zeitung oder Buch kommen ohne sie aus – sei es auch nur zu plumpen Zwecken, um Leser zu gewinnen. Auch Witze hierüber gibt es wie Sand am Meer. Auf jeden Fall berührt sie dich und das ist absolut normal. Und es ist absolut nichts »Unerhörtes«, über Sexualität zu sprechen. Sie gehört zu dir und zu deinem Leben dazu wie die Luft zum Atmen.

Woran liegt das?

Sexualität und der Tod sind miteinander verbunden – nämlich durch das Leben.

Sexualität erzeugt das Leben und der Tod beendet das Leben. Dadurch kommt der Sexualität – in gleichem Maße wie dem Tod – eine außergewöhnliche Bedeutung zu.

Es geht hier um nichts Geringeres als um die Erhaltung des Menschen. Der Selbsterhaltungstrieb ist der stärkste Trieb, nicht nur beim Menschen, sondern bei allen Lebewesen. Ohne Sexualität kann das Leben nicht weitergegeben werden. Das bedeutet, dadurch, dass der Tod das Leben nimmt, muss Leben neu kommen können. Wenn Leben beendet wird, muss auf der »anderen Seite« auch Leben neu entstehen können. Und zwar durch Sexualität in Form von Geschlechtsverkehr. Das ist die logische Konsequenz, warum Sexualität zwingend erforderlich ist. Ohne Sexualität stirbt die Menschheit aus.

Unter diesem Blickwinkel hat Sexualität eine ganz andere Bedeutung, als du sie möglicherweise im Leben zu sehen oder hören bekommst.
   Eines Tages wirst du dich vermutlich verlieben. Da läuft »er« oder »sie« dir über den Weg, einfach so. Es kribbelt in deinem Bauch. Das ist schon eine Form der Sexualität. Nämlich dass du dir im Inneren sagst: »Ja, mit ihm / ihr kann ich es mir grundsätzlich vorstellen, Leben weiterzugeben, sprich Kinder zu zeugen.« Und diese Gedankengänge sind nichts weiter als der natürliche Trieb der Selbsterhaltung.

Da wir Menschen als zivilisiert gelten, sind gewisse Regeln bei der Sexualität zu achten. Ein Mensch ist kein Gegenstand, über den ich sexuell verfügen kann. Jeder Mensch ist einzigartig und seine Würde ist unantastbar.

Mit wem du Sexualität ausübst, ist deine persönliche Entscheidung und sie ist o. k., wenn sie für beide o. k. ist. Es ist wichtig, dass beide Partner der Sexualität zustimmen. Die Persönlichkeit und der Wille des anderen müssen stets geachtet werden wie deine eigenen.

An diesem Punkt möchte ich an das »starke« Geschlecht Mann appellieren: Ihr seid einer Frau körperlich und kräftemäßig überlegen. Insofern ist es keine Kunst, eine Frau oder gar ein Mädchen zu besiegen und sie den eigenen Wünschen unterzuordnen.

Das weibliche Geschlecht hat seinen Anspruch auf Achtung und Würde, wie auch du ihn als Mann oder Junge hast. Vergreife dich nicht an Frauen oder Mädchen!

Wenn du unbedingt zeigen willst, was für ein toller Typ und wie stark du bist, dann miss dich mit ebenbürtigen Männern oder Jungen. Darauf kannst du dann von mir aus stolz sein. Eine Frau oder Mädchen jedoch durch Androhung von Gewalt oder Einschüchterung für seine Zwecke zu bekommen, ist keine Kunst und im Übrigen eines echten Mannes nicht würdig. Das ist lächerlich und unmännlich in höchstem Grade. Ein echter Kerl, ein echter Mann achtet und respektiert das weibliche Geschlecht in vollem Umfang.

Manche prahlen ständig, wie oft sie Sex hatten und in welchen nur möglichen Konstellationen. O. k., das dürfen sie gern tun. Zum einen sei dir sicher, dass das nicht immer alles ganz der Wahrheit entspricht, was du da hörst. Zum anderen gibt es keinen Maßstab dafür, wie oft wer mit wem nun Geschlechtsverkehr haben muss, damit er glücklich ist. Oft reden solche Leute nur darüber, ohne jemals selbst in den Genuss gekommen zu sein. Sie ärgern sich sehr häufig innerlich, dass in Wirklichkeit bei ihnen nicht viel läuft. Und das überschmieren sie mit billigem Gerede.

Lass dich da nicht unter Druck setzen. Auch Sätze von anderen Leuten wie »Was, du hattest noch keinen Sex!« oder so was in der Art – lass sie einfach abprallen. Das ist dummes Geschwätz.

In einer Paarbeziehung stellt sich ein gesundes Maß an regelmäßigem Geschlechtsverkehr von ganz allein ein. Beide Partner spüren von sich aus, wann es wieder einmal so weit ist. Das kommt von ganz allein. Wenn dann der Geschlechtsverkehr in Liebe ausgeführt wird, ist das einer der schönsten Momente, die du im Leben erleben kannst.

Sexualität ist zugleich auch die Grundlage einer Paarbeziehung. Eine Paarbeziehung von Mann und Frau ist darauf ausgerichtet, Leben weiterzugeben, sprich Kinder zu zeugen. Das ist der tiefe Sinn einer Beziehung, darum ist man zusammen. Auch wenn es dem Paar vielleicht nicht bewusst ist; tief im Inneren steckt das Bedürfnis zur Weitergabe des Lebens. Und das ist auch normal und gut so.

Eine Paarbeziehung, in der ein Partner immer nur will und der andere überhaupt nicht will, bekommt ernsthafte Probleme. Ganz einfach, weil eine wesentliche Grundlage der Paarbeziehung die Sexualität ist.

Häufig übersteigt in einer Partnerschaft die Nachfrage nach Sexualität das Angebot ... Dennoch wird die Beziehung daran nicht scheitern. Sexualität ist die Grundlage, aber nicht das alleinige Merkmal einer guten Partnerschaft.

Die Art und die Intensität der Sexualität verändern sich mit zunehmendem Alter. Geschlechtsverkehr wird nicht mehr so häufig praktiziert wie in jüngeren Jahren. Auch das ist normal. Schließlich ist das Kinderkriegen nicht für ewige Zeiten vorgesehen.

Verhütung

Vater werden ist nicht schwer, Vater sein dagegen sehr.
Wilhelm Busch

In einer guten Paarbeziehung ist der Wunsch nach Geschlechtsverkehr natürlich auch ohne den konkreten Wunsch, ein Kind zu zeugen, vorhanden. Ein Paar möchte seine Liebe mit dem anderen genießen, ohne ständig aufpassen zu müssen, ungewollt schwanger zu werden.

Was kannst du tun?
   O. k., keinen Sex zu haben ist natürlich die sicherste Variante. Manche meinen auch, weiße Tennissocken und Sandaletten erfüllen denselben Zweck ;-)
   Kommen Kinder für ein Paar absolut nicht (mehr) in Frage, kann eine Sterilisation durch operativen Eingriff erfolgen. Dieser Schritt sollte aber genau überdacht werden.

Eine 100%ige Sicherheit bei Verhütungsmitteln gibt es nicht, diese Garantie gibt dir niemand. Ein klitzekleines Restrisiko ist immer vorhanden. Das muss klar gesagt werden.

Wenn du ein Junge bist, stellt das Kondom den Klassiker dar, den du nutzen kannst. Viel mehr gibt es für Männer derzeit auch nicht. Dazu wird es <u>vor</u> dem Geschlechtsverkehr über den Penis gezogen. Nicht erst »mittendrin« oder »kurz davor«. Du trägst hier als Mann bitte schön die Verantwortung. Gerade oder vor allem, wenn du als Junge oder Mann häufig die Partnerin wechselst. Nicht zuletzt als Vorbeugung gegen Geschlechtskrankheiten sollte ein Kondom immer parat liegen.

Ein Kondom ist ein rein mechanischer Schutz und ziemlich sicher – aber nur bei richtiger Handhabung. Lies dir ruhig im Vorfeld einmal die Bedienungsanleitung durch und probiere es bei dir selbst aus, das hilft ungemein und ist absolut nicht anfängermäßig.

Wenn du ein Mädchen bist, kannst du dich im Wesentlichen für eine von drei verschiedenen Arten der Verhütung entscheiden: natürliche Verhütung, mechanische Verhütung oder hormonelle Verhütung.

Bei der natürlichen Verhütung, auch als NFP – Natürliche Familien-Planung –bezeichnet, können anhand bestimmter Körpersignale die fruchtbaren und unfruchtbaren Tage im Menstruationszyklus einer Frau festgestellt werden: z. B. durch die tägliche Erfassung der Temperatur, Abtasten des Muttermundes, Spinnbarkeit des Schleimes oder durch den Farnkrauttest. Hierzu bedarf es deiner aktiven Mitarbeit als Mädchen bzw. Frau.
  Klarer Vorteil der natürlichen Verhütung für dich ist: Du brauchst keine mechanischen Hilfsmittel oder Hormone zu dir zu nehmen. Es ist eine rein biologische Form der Verhütung ohne jegliche Nebenwirkungen. Dein Körper und dein Menstruationszyklus bleiben so, wie sie von Mutter Natur geschaffen wurden, und werden nicht belastet. Für dich als Mädchen und Frau ist das die ideale Methode.

Bei der mechanischen Verhütung werden Fremdkörper in deinen Körper gebracht, die das Eindringen von Sperma bzw. Einnisten von befruchteten

Eizellen in die Gebärmutter verhindern sollen. Zu nennen sind hier das Scheiden-Diaphragma und die Kupfer-Spirale.

Das Diaphragma ist – ganz vereinfacht ausgedrückt – wie ein Kondom für die Frau, das vor dem Geschlechtsverkehr in die Scheide eingeführt wird und den Muttermund vollständig verschließt. Zuvor muss dein Frauenarzt die notwendige Größe des Diaphragmas bestimmen und du benötigst noch eine Verhütungscreme, um einen wirksamen Schutz zu erreichen.

Vorteil: Du kannst es dir selbst einsetzen. Hier ist aber sehr gutes Handling gefragt. Danach muss es noch ein paar Stunden drinbleiben.

Die Kupfer-Spirale (Intrauterinpessar, IUP) ist eine Langzeitverhütung, sie hält bis zu 5 Jahre. Sie kann nur vom Arzt in die Gebärmutter eingesetzt werden. Sie verhindert einerseits das Einnisten von befruchteten Eizellen und andererseits die Beweglichkeit der Spermien durch Absonderung von Kupfer-Ionen. Neben dem mechanischen also noch ein elektrochemischer Schutz.

Da es sich um einen Fremdkörper handelt, sind Nebenwirkungen nicht ausgeschlossen, z. B. stärkere Regelblutungen und ein erhöhtes Risiko für Entzündungen, Schmerzen und eventuell Unfruchtbarkeit. Die Kupfer-Spirale wird daher in der Regel bei Frauen eingesetzt, die schon Kinder bekommen haben.

Vorteile: sehr sicheres Verhütungsmittel für einen langen Zeitraum und ohne Eingriff in deinen Hormonhaushalt.

Bei der hormonellen Verhütung werden durch Zufuhr von Hormonpräparaten mit verschiedenen Wirkstoffen und in verschiedenen Kombinationen bestimmte Vorgänge bewusst ausgelöst, um eine Schwangerschaft zu verhindern, wie z. B. den Eisprung, Aufbau des Schleims im Eileiter, Änderung der Gebärmutterschleimhaut usw.

Der Klassiker hierbei ist die Anti-Baby-Pille in verschiedenen Ausführungen. Sie bringt viele Vorteile mit sich, wie z. B. einen geregelten und planbaren Menstruationszyklus, weniger Schmerzen oder bessere Haut.

Da die Pille eingenommen wird, muss sie durch dein Verdauungssystem hindurch. Das bedeutet, sie belastet deinen Körper. Die Pille muss zuverlässig eingenommen werden. Mögliche Nachteile können sein: Kopfschmerzen, Übelkeit, Thromboserisiko oder verringerte sexuelle Lust.

Auch ein Einfluss auf den Partner kann nicht ausgeschlossen werden (Prostata), da die Hormone der Pille mit der Schleimhaut des Penis in Berührung kommen.

Für Frauen, die die Pille nicht vertragen, stehen weitere hormonelle Mittel zur Auswahl, wie z. B. Nuvaring, Pflaster, Spritzen, Hormonspirale (IUS) oder Implantate.

Wofür du dich letztlich entscheidest, ist völlig egal. Wichtig ist: Informiere dich vorher unbedingt beim Frauenarzt deines Vertrauens. Er hilft dir weiter.

Die genannten Verhütungsmethoden habe ich für dich nach vorheriger gewissenhafter Recherche aufgeführt. Sie ersetzen dir auf keinen Fall den Besuch beim Frauenarzt. Sie sollen dir als Mädchen oder Frau aber einen Überblick geben über das, was alles möglich ist, und dass es neben Pille und Kondom sehr wohl noch weitere Möglichkeiten gibt.

Wichtig ist, dass sich ein Paar im Vorfeld von Geschlechtsverkehr bzw. zu Beginn einer Beziehung darüber verständigt, wie verhütet werden soll. Denn da können die Meinungen weit auseinander liegen. Also liebe Paare: Sprecht euch vorher ab und dann ... viel Spaß.

Kinder

Wir haben die Erde von unseren Eltern nicht geerbt, sondern von unseren Kindern nur geliehen.
Indianisches Sprichwort

Ist der Wunsch für ein Kind in einer Beziehung vorhanden, so müssen die im vorherigen Abschnitt erwähnten Verhütungsmittel natürlich abgesetzt werden. Es kann durchaus eine Weile dauern und mehrerer Versuche bedürfen, bevor eine Frau schwanger wird. Es handelt sich schließlich um den wichtigsten Akt zur Weitergabe des Lebens.

Manchmal ist auch eine künstliche Befruchtung erforderlich. Bitte setze dich hier nicht unter Druck. Kommt Zeit, kommt Kind.

In welchem Alter sollte man eigentlich Kinder bekommen?
Das ist eine gute Frage!

Unsere Hebamme antwortete seinerzeit auf diese Frage, als wir unser erstes Kind erwarteten, folgendermaßen:

Sie sagte: »Das ideale Alter, um Kinder zu bekommen, liegt zwischen 15 und 50. Auf der einen Seite schon mit 15, weil man da noch »unverbraucht« und rein, der Körper noch nicht mit so vielen Umweltgiften »verseucht« ist. Auf der anderen Seite aber besser erst mit 50, weil man eine hohe Lebenserfahrung vorweisen kann, man wesentlich ruhiger an die Sache herangeht und sich von vielen vermeintlichen Problemen nicht so leicht aus der Bahn werfen lässt. Und daher liegt irgendwo zwischen 15 und 50 die Wahrheit.«

Der Wunsch nach Kindern kann auch erst reifen müssen. Ich kenne etliche Frauen, die anfangs nie ein Kind wollten. Mit der Zeit und mit ersten Kindern bei Freunden kann sich das Blatt durchaus schlagartig wenden. Auch das ist in Ordnung.

Solltest du eine Frau sein und dir ein Kind wünschen: schiebe bitte dennoch deinen Kinderwunsch nicht unendlich lange hinaus. Wer außer euch, liebe Mädchen und Frauen, soll sonst die Kinder zur Welt bringen? Die biologische Uhr tickt nicht ewig. Sonst bereut ihr es eventuell eines Tages.

Vielleicht sagst du jetzt: »Hey, in dieser unsicheren Zeit?«
Warum nicht? Meinst du, früher war es immer besser? Meinst du, in Kriegszeiten war es besser als heute? Weißt du, was morgen sein wird?
Kinder sind die Basis unserer Gesellschaft. Dass aktuell kaum noch Kinder geboren werden, liegt einzig und allein an der Tatsache, dass viel zu viel über angebliche »Probleme« mit Kindern erzählt wird, statt deren Einzigartigkeit hervorzuheben!

Schau dich doch einmal um in der Welt. Es werden nicht überall weniger Kinder geboren. Es werden komischerweise dort weniger Kinder geboren, wo die Leute kaum noch Sorgen haben; ja, genau dort, wo die Leute im Luxus leben und keine wirklichen Probleme mehr haben. Wir haben ein Luxusproblem in unserem Land. Wir haben von allem vermeintlich Wichtigen viel zu viel. Wir vergessen oft zu leben. Wir ertrinken nahezu in unserem Wohlstand. Wir regen uns über Kleinigkeiten auf und holen die Kirche aus dem Dorf. Dabei entfernen wir uns leider immer weiter von den eigentlichen Werten, von den wirklichen Werten eines menschlichen Miteinanders. Materieller Besitz wird als das alleinige Vergleichskriterium angesetzt und Kinder rücken in den Hintergrund. Aber diese Rechnung geht niemals auf, denn Kinder sind kostbarer als alle anderen Reichtümer dieser Welt. Es ist wichtig, Geld zu haben, das habe ich dargelegt. Es ist aber nur der Teil eines Rades deines Autos, nicht das gesamte Auto.

Zuweilen höre ich Paare sagen, sie müssen erst überlegen, ob sie sich ein Kind »leisten« können. Ausbildung und Beruf sind wichtig, auch Studium oder sonstige Karrieren. Wenn dann aber erst das Geldverdienen, ein Hausbau oder ausgiebige Reisen und Unternehmungen zu zweit geplant sind, vergehen die Zeit und die Jahre wie im Flug. Und dann stellt das Paar plötzlich fest: »Mensch, da war doch noch etwas!«

Ich meine, ein Kind kann man sich »leisten«. Ein Kind interessiert es überhaupt nicht, ob du arm oder reich bist. Es kritisiert dich nicht, dass sein Zimmer zu klein ist oder du ihm nicht genug Spielzeit oder eine Urlaubsreise bezahlen kannst. Es liebt dich immer, weil es dein Kind ist.

Es ist vielmehr eine grundlegende Einstellung, ob ich <u>überhaupt</u> ein Kind haben will. Alles andere ist nur ein Nebenschauplatz, sei doch einmal ehrlich zu dir selbst. Dafür findet sich immer eine Lösung. Wenn ich alles andere erst prüfen muss – ob und überhaupt und na ja –, sollte ich es am besten sein lassen. Entweder ich möchte ein Kind in die Welt setzen, mit allem, was dazugehört, oder ich möchte es nicht.

Ja zu einem Kind bedeutet: Ja, ich wünsche mir ein Kind. Ohne Wenn und Aber, ohne Sorge wegen dem, was da kommen könnte. Sag einfach ja oder einfach nein. Sag einfach: Ja, ich möchte Leben weitergeben, oder: Nein, ich möchte Leben nicht weitergeben. Aber entscheide dich. Beides ist in Ordnung. Beides ist ehrlich.

Es lohnt sich zu jeder Zeit, Kinder zu bekommen. Es ist immer der richtige Zeitpunkt dafür. Ob du nun 1 oder 3 oder 7 Kinder hast, hängt von deinen persönlichen Vorlieben und auch Nervenkostüm ab ... Bedenke aber bitte: Ohne Kinder fehlt dir eine Portion Luft im Reifen der Beziehungen. Du hast keinen »Platten«, aber es macht sich bemerkbar. Ohne Kinder bist du der Letzte, der das Licht ausmacht. Du kommst damit durchs Leben, keine Frage, aber du kannst Kinder weder durch noch mehr Freunde, noch mehr Beziehungen oder noch mehr Haustiere ersetzen.

Manche Paare können keine Kinder bekommen. Manchmal liegt es am Mann, manchmal an der Frau. Das ist schade. Aber sie können wunderbare Adoptiveltern werden. Die leiblichen Eltern können sie zwar nie ersetzen, aber sie drücken durch eine Adoption eine Dankbarkeit aus, und was für eine. Sie erleben dadurch die Elternschaft auf eine ganz besondere Art und Weise. Wichtig ist für Adoptiveltern, dass sie dem adoptierten Kind gegenüber aufrichtig sind und vor allem nicht verschweigen, wer seine leiblichen Eltern sind. Das ist wirklich wichtig.

Dann kann aus dieser Ersatz-Eltern-Kind-Beziehung eine wunderbare Familie werden, die beiden Seiten richtig guttut und von Achtsamkeit geprägt ist.

Auch Job und Kinder sind miteinander vereinbar. Alles andere ist Blödsinn. Es gibt immer eine Möglichkeit, beides unter einen Hut zu bekommen. Man muss nur wollen!

Nur weil andere Leute es meinen oder es in der Zeitung steht oder sonst noch was darüber erzählt wird: du sitzt am Lenkrad. Du entscheidest, ob du Kinder haben willst. Niemand anders. Habe den Mut und vertrau mir. Kinder sind etwas Einzigartiges. Das wirst du schnell feststellen, wenn du welche hast.

Mit Kindern endet automatisch dein Lebensabschnitt »Partnerschaft«. Mit Kindern beginnt dein Lebensabschnitt »Familie«. Das ist etwas völlig Neues. Es ist, als ob du Schwarz oder Weiß siehst.

Treten Kinder in deine Welt, beginnst du zu wachsen. Du wächst mit dir. Du trägst nun Verantwortung für jemanden, der abhängig von dir mit im Auto sitzt. Du trägst die Verantwortung, dich um dein Kind zu kümmern, bis es selber fahren kann.

Kinder waren, Kinder sind und Kinder werden die Zukunft sein. Etwas Schöneres als Kinder in einer gemeinsamen Beziehung gibt es nicht. Sie sind das größte Geschenk, das einem Paar zuteilwerden kann.

Familie

Die Liebe der Eltern zu ihren Kindern ist das einzige vollkommen selbstlose Gefühl.
William Somerset Maugham

Eltern mit Kindern sind eine Familie. Das ist eine große Leistung. Wenn ein Mann und eine Frau beschließen, eine Familie zu gründen, so erweisen sie einen Riesendienst, der hoch gewürdigt werden muss. Denn sie legen damit den Grundstein für den Fortbestand einer Gesellschaft.

Ohne Kinder kein Nachwuchs. Ohne Nachwuchs keine Zukunft. Die Familie stirbt und letztlich die Gesellschaft. Das ist im Tierreich so und auch bei Menschen.

Das Auto »Deutschland« fährt momentan auf der Familien-Felge. Da ist kaum noch Luft auf diesem Reifen. Es besteht wenig Anreiz für junge

Paare, Kinder in die Welt zu setzen. Viele Partnerschaften und Ehen bleiben kinderlos oder haben gerade einmal ein Kind. Viel zu viele Ungeborene werden abgetrieben. Bitte bedenke als Mädchen: Du trägst die volle Verantwortung bei einer Abtreibung – dein Leben lang. Abgetriebene Kinder sind wie normal geborene Kinder zu betrachten, da gibt es keinen Unterschied. Sie haben gelebt und sind ein Teil deines Familiensystems!

Der Preis für Wohlstand, Geld und internationales Ansehen ist hoch; er kostet die Familien und letztlich unsere Gesellschaft. Die Zerstörung der Familien ist eine Katastrophe.

Egal, was dir erzählt wird, egal, was im Fernsehen oder in der Zeitung steht: das Ziel muss die Familie sein.

Die Familie ist dein Hafen, deine Ladestation, dein Zuhause. Ohne Familie bist du heimatlos, du läufst wie ein Vertriebener herum und findest nicht zu dir selbst. Etwas Schlimmeres gibt es nicht.

Eine Familie besitzt eine ungeheure Kraft. Die Familie gibt dem Einzelnen das Leben. In der Familie bist du geborgen und hast Schutz. In einer Familie leben Alt und Jung zusammen und profitieren voneinander. In einer Familie findest du Zusammenhalt, Sicherheit und Verlässlichkeit. Hier ist ein Wort noch ein Wort. In der Familie werden die grundlegenden Werte und Tugenden für dein Leben vermittelt. In einer Familie geht jeder achtsam mit dem anderen um und übernimmt Verantwortung für sich und auch andere. Die Familie ist die ideale Basis zum Großwerden für dich. Die Familie schützt dich in guten wie in schlechten Zeiten; sie ist unverzichtbar für dein Leben.

Daher stecke viel Zeit und Kraft in den Erhalt deiner Familie. Lass deine Eltern wissen, dass du sie liebst und ihnen von Herzen dankst für alles. Lass deinen Partner wissen, dass du ihn liebst und zu ihm stehst in guten und in schlechten Zeiten. Lass deine Kinder wissen, dass du sie liebst und sehr stolz auf sie bist.

Es gibt nichts Stärkeres und Sichereres als die Familie.

Kinder großziehen – Beziehung zu Kindern

*Eltern verzeihen ihren Kindern die Fehler am schwersten,
die sie ihnen selbst anerzogen haben.*
Marie von Ebner-Eschenbach

Kinder großziehen ist eine große Kunst. Das ist eine der bedeutendsten Aufgaben eines Paares. Kinder sind die Grundlage der Gesellschaft.

Liebe junge Eltern, die ihr vielleicht gerade zum ersten Mal Eltern geworden seid: Keine Angst, ihr werdet euer Baby bestens erziehen. Hört auf manche Ratschläge eurer Eltern und von Freunden, hört aber hauptsächlich auf euren gesunden Menschenverstand. Macht es so, wie es euch aus dem Herzen spricht. Dann liegt ihr genau richtig. Natürlich gibt es so manche schlaflose Nacht, natürlich werdet ihr so manches Mal gen Himmel fluchen, und natürlich ist Familie-Sein nicht immer so, wie es im Fernsehen gezeigt wird – Friede, Freude, Eierkuchen. Ein Kind in die Welt zu setzen und zu erziehen hat etwas mit Verantwortung zu tun. Und zwar mit Verantwortung für das Leben. Die habt ihr übernommen und der gilt es sich zu stellen, mit allem, was dazugehört.

Erziehung ist zuweilen eine knifflige Sache und Pubertät ist die Zeit, wo sich die Eltern komisch verhalten … Als Jugendlicher denkst du sicher des Öfteren: »Was wollen die eigentlich immer von mir? Die Alten nerven doch total ab!«
Ich kann dir nur so viel sagen: Vertrau den Erwachsenen; später wirst du es erkennen.

Die einfachste und zugleich schwerste Möglichkeit ist das Vorleben. Liebe Eltern, bitte verhaltet euch einfach so, wie ihr es euch von euren Kindern wünscht. Man kann Kindern nichts vormachen, absolut nichts. Kinder merken millimetergenau, ob ihm ein Erwachsener etwas vom Pferd erzählt oder nicht. Sie haben ganz feine Antennen für so etwas. Echte Ehrlichkeit gegenüber Kindern kommt dagegen sehr gut an.

Kinder nehmen dich beim Wort. Wenn du sagst, du wirst irgendetwas Bestimmtes tun, dann werden sie dich ganz genau prüfen, ob du es auch tatsächlich umsetzt. Du bist in der Pflicht, dein Wort zu halten.

Ihr braucht euch vor euren Kindern nicht zu schämen für Dinge, die bei euch nicht so gut gelaufen sind im Leben. Kinder geht das einerseits nichts an und andererseits nehmen und lieben sie euch, wie ihr seid – denn ihr seid genau die richtigen Eltern.

Die Kinder von heute sind anders als die Kinder von gestern. Das ist völlig o. k. Jede Generation hat ihre eigene Ära. Liebe Eltern von heute, erinnert euch bitte an eure Jugend. Gingen euch eure Eltern zuweilen ordentlich auf den Keks? Mit Sicherheit! Und genau dasselbe fühlen auch eure Kinder in ihrer Ära. Sie haben ihre eigene Welt und dürfen das auch tun in ihrer eigenen Art und Weise.

Kinder und Jugendliche brauchen dennoch einen Rahmen, eine Grundordnung, eine Basis, in der sie aufwachsen und gedeihen können. Und diesen Rahmen können nur die Eltern geben. Ihr gebt ihnen ein Zuhause und eine Familie mit starken Wurzeln.
Kinder sind rein biologisch jünger und haben nicht die Erfahrungen der Eltern, daher brauchen sie deren Schutz und Obhut.

Einen Rahmen zu geben heißt aber nicht, alles detailliert vorzuschreiben, wie es abzulaufen hat. Euer Kind ist schließlich nicht angekettet.
Stellt es euch bildlich vor wie eine Pferdekoppel. Innerhalb der Koppel darf das Pferd (euer Kind) sich frei bewegen und entfalten. Die Koppel wird von Jahr zu Jahr immer größer, weil das Pferd auch größer wird. Und eines Tages geht der Zaun auf und das Pferd muss auf eigenen Beinen stehen und für sich selbst sorgen können. Und bis zu diesem Tag ist es eure Pflicht, für euer Kind da zu sein und es zu einem eigenständigen Menschen zu machen, der dann das Recht hat, zu tun und zu lassen, was er will. Und auch seine eigenen Fehler darf er machen. Das könnt ihr ihm nicht abnehmen.

Ein Junge wird erst an der Seite des Vaters zum Mann. Ein Mädchen wird erst an der Seite der Mutter zur Frau. Die leiblichen Eltern sind daher am allerwichtigsten für eine achtsame Erziehung des Kindes. Von ihnen bekommen sie die Energie des Lebens. Wenn ein Junge nur in der Umgebung von Frauen aufwächst, verkümmert er seelisch. Bei Mädchen verhält es sich genauso. Das Ganze passiert unterbewusst. Wenn die leiblichen

Eltern aus irgendeinem Grund nicht zur Verfügung stehen, dann sollte möglichst ein Ersatz-Mann oder eine Ersatz-Frau die Entwicklung des Kindes begleiten. Das können Trainer beim Sport, Großeltern, Verwandte, Freunde oder gute Bekannte sein.

Kinder gehen gewisse Dinge nichts an. Sie sind die Kleinen, ihr seid die Großen und ihr entscheidet. Probleme mit eurem Partner gehen die Kinder ebenfalls nichts an. Das gilt es bitte schön untereinander zu klären und nicht vor den Kindern. Sie dann womöglich noch in das »Gefecht« einzubinden ist alles andere als erwachsen. Sie haben da nichts verloren, das müssen die Erwachsenen schon selber erledigen. Wenn ihr das nicht hinbekommt, geht zu Freunden, die haben immer ein offenes Ohr und sind neutral. Auch eine Paarberatung kann sinnvoll sein, aber niemals eure Kinder.

Wenn ihr es als Eltern schafft, euren Kindern einen Rahmen zu geben, innerhalb dessen sie sich frei entfalten können, dann habt ihr die Basis für eine gesunde Erziehung gelegt. Wenn ihr es dann noch schafft, euch regelmäßig uneingeschränkt Zeit für sie zu nehmen, zuverlässig seid und ihnen stets aufrichtig gegenübertretet, werden euch eure Kinder zutiefst achten und in ihr Herz schließen.

Kinder ziehen lassen

> *Solange deine Kinder klein sind, gib ihnen Wurzeln.*
> *Sind sie älter geworden, gib ihnen Flügel.*
> *Aus Indien*

Kinder können und sollen nicht ihr ganzes Leben am Abschleppseil der Eltern hängen. Sie müssen bis zur Volljährigkeit lernen, für sich selbst zu sorgen und ihr eigenes Leben zu meistern. Den Grundstein dafür legen die Eltern.

Dann kommt der Tag für die Kleinen, dass sie das »Nest« verlassen. Das ist neben Geburt, Schulbeginn, Pubertät und Erwachsenwerden ein weiterer sehr bedeutender Schritt im Leben eines jungen Menschen. Aber auch für die Eltern ist es ein bedeutender und bewegender Moment. Sie waren schließlich die ganzen Jahre für ihre Kinder da, sind mit ihnen durch Höhen und Tiefen gegangen, haben für sie gesorgt, so gut sie es vermochten. Und sie haben es gern getan. Eltern halten die Hände ihrer Kinder nicht ewig, aber sie halten sie tief im Herzen.

Die Fahrschule des Lebens beginnt für dich an diesem Tag. Du sitzt nun selbst am Steuer deines Lebensautos. Du lenkst und du sagst, wo es langgeht. Du genießt das Gefühl der Freiheit und der Eigenverantwortung.

Du wirst feststellen, dass Mitfahren bislang einfacher war als selber zu fahren. Aber so ist das nun einmal, du bist jetzt der Fahrer und musst dich auf der Lebensautobahn zurechtfinden.

Erinnerst du dich an Dinge, die dein Vater oder deine Mutter besonders gut konnten? Prima, dann darfst du das gern ebenfalls in der Form tun. Du kannst sicher sein, es wird auch bei dir funktionieren. Das gibt dir starken Halt. Und im Notfall kannst du deine Eltern jederzeit um Rat bitten. Sie werden dir helfen.

Erinnerst du dich an Dinge, die dir nicht so gefallen haben bei deinen Eltern? Prima, dann darfst du das jetzt ganz anders machen. Lass deine Eltern, wie sie sind, sie sind so genau richtig. Du aber machst es jetzt auf deine eigene Weise und dabei findest du deinen eigenen Stil. Das ist wichtig. Du bist keine Kopie von irgendjemandem, du bist du – ein Original.

Dein wichtigstes Instrument ist dein gesunder Menschenverstand, dein Navigationssystem sozusagen. Er ist wie ein Geländer im Dunkeln: Du siehst es nicht, aber du findest Halt. Höre auf deine innere Stimme und du kommst nicht vom Weg ab. Des Weiteren hast du die 5 Werkzeuge immer mit an Bord, die dir immer und vor allem in Notsituationen helfen werden. Es sind Menschlichkeit, Zuverlässigkeit, Gerechtigkeit, Vertrauen und Liebe. Es sind Universalschlüssel für dich und sie stehen dir dein ganzes Leben zur Verfügung. Nutze sie, so oft du kannst.

Und vergiss nicht, du bist nicht allein. Es gibt ganz viele Menschen, denen es genauso geht wie dir. Schließe dich mit ihnen zusammen, tausche dich mit ihnen aus. Suche dir Freunde, pflege deine bisherigen Freundschaften, schaffe neue Freundschaften, baue dir ein Netzwerk von Gleichgesinnten auf, damit du auch dunkle und stürmische Zeiten überstehst. Du wirst schnell merken, welche Chancen sich dir im Leben bieten werden und wie viel Spaß es macht, selbst auf der Lebensautobahn zu fahren.

Trennung und Scheidung

Mit Geld kannst du ein Haus kaufen, aber kein Zuhause;
mit Geld kannst du eine Uhr kaufen, aber nicht Zeit;
mit Geld kannst du ein Bett kaufen, aber keinen Schlaf;
mit Geld kannst du ein Buch kaufen, aber nicht Wissen;
mit Geld kannst du einen Arzt kaufen, aber nicht Gesundheit;
mit Geld kannst du eine Position kaufen, aber nicht Respekt;
mit Geld kannst du Blut kaufen, aber nicht Leben;
mit Geld kannst du Sex kaufen, aber nicht Liebe.
Aus China

Wenn Menschen sich trennen, dann ist das ein seelisch einschneidender Schritt. Es gibt keinen Menschen auf dieser Welt, dem eine Trennung nichts ausmacht. Auch wenn er es sich nach außen hin nicht anmerken lässt, so berührt es ihn innerlich dennoch. Die Berührung kann dabei als Trauer empfunden werden oder auch als Freude und Erlösung, endlich wieder frei zu sein. Beides ist möglich, beides kann passieren.

Es kann vorkommen, dass sich ein Paar trennt. Habt ihr als Paar keine Kinder, dann ist die Trennung »einfacher«, da euch beide nichts weiter verbindet. Bitte schaut trotzdem in Achtsamkeit zum anderen und dankt ihm für die schöne Zeit. Der andere hat euch schließlich eine gewisse Zeit auf der Lebensautobahn begleitet und mit Sicherheit schöne Stunden beschert. Und genau die schönen Stunden behaltet ihr im Herzen, das andere lasst ihr ruhen.

Bei einer Trennung trägt jeder der Beteiligten exakt 50 % der »Schuld«. Ja, du hast richtig gehört. Niemals liegt es nur an einem Partner, niemals ist nur der eine Partner an der Trennung schuld. Auch du hast 50 % Anteil daran, dass es zur Trennung kam. Schau nur einmal genau hin:

Hast du vielleicht viel zu viel gearbeitet und deinen Partner dabei vergessen?
Hast du vor lauter Geld die Liebe und wahrhaftigen Werte des Lebens vergessen?
Hast du dir bereits von Anfang an bei eurer Beziehung nur etwas vorgemacht?
Hast du vor lauter Hobby und deinen Träumen deinen Partner aus den Augen verloren?
Hast du die vielen kleinen Anzeichen im Vorfeld einer Trennung wahrgenommen?
Hast du dich um deine Beziehung aktiv bemüht, während ihr zusammen wart?
Hast du dich aktiv um die Erziehung eurer Kinder gekümmert?
Hast du dich jemals gefragt, was du hättest anders machen können?
Hast du deinem Partner regelmäßig gesagt, dass du ihn liebst?
Hast du vor lauter ICH das WIR vergessen?

Höre auf zu jammern, wenn deine Beziehung scheitert, denn du bist zur Hälfte mit dafür verantwortlich, dass es dazu gekommen ist. Du kannst das jetzt abstreiten und schimpfen wie ein Rohrspatz. Sei ehrlich zu dir selbst.

Liebes Kind, es kann vorkommen, dass Papa und Mama sich nicht mehr lieben. Das ist schade. Aber es ist ihre Sache, nicht deine! Es ist wichtig, dass du das verstehst. Du kannst nichts dafür, dass sich deine Eltern nicht mehr lieb haben und nicht mehr zusammenleben wollen. Das ist ganz allein die Sache deiner Eltern, der Großen. Trotzdem bleiben deine Eltern deine Eltern. Papa bleibt Papa und Mama bleibt Mama. Das ändert sich nie, du darfst beide weiter lieben.

Liebe Eltern, die ihr euch für eine Trennung entschieden habt: Führt keinen Rosenkrieg. Haut dem anderen nicht all das um die Ohren, was euch an ihm stört. Das bringt niemandem etwas, weder euch noch euren Kindern. Lasst den anderen in Frieden ziehen und bombardiert ihn nicht mit Vorwürfen. Jeder trägt schließlich seinen Anteil an der Trennung. Durch das Kind bleiben Eltern leibliche Eltern. Zeugung erzeugt Bindung, unwiderruflich. Durch Kinder ist ein Paar für immer verbunden – als Vater und Mutter ein Leben lang.

Eure Kinder geht eure Trennung nichts an. Sagt ihnen das. Ihr seid diejenigen, die das für sich entschieden haben. Diese Last können nicht die Kinder tragen, sie ist viel zu groß für sie. Schaut in Achtsamkeit zum ehemaligen Partner und nicht in Wut oder Hass. Auch kann euer Kind nicht der Ersatz-Partner sein, das bekommt ihm nämlich ganz und gar nicht. Wenn du deinem Kind sagst: »Schau mal, was der Papa oder die Mama für ein schlechter Mensch war. Hier bei mir hast du es jetzt gut und viel besser«, dann würdigst du den leiblichen Elternteil deines Kindes nicht. Das hat katastrophale Folgen, denn dein Kind liebt immer beide Elternteile, so wie sie waren und sind. Wenn ein Elternteil schlecht über den anderen im Beisein des Kindes spricht, dann wird das Kind (unbewusst) dem anderen Elternteil beistehen und alles daransetzen, dass er geachtet wird. Da können Kinder eventuell ausflippen, sich total komisch und danebenbenehmen in der Kita und in der Schule, aggressiv werden oder vielleicht an ADS / ADHS »erkranken«. Dann wird es unter Umständen zum kleinen Tyrannen. Das macht euer Kind nicht aus Spaß!

Das alles können Hinweise sein, dass sich das Kind bemerkbar machen, auf etwas Ungelöstes hinweisen möchte, da es ihm nicht anders möglich ist. Nehmt diese Hilfeschreie eures Kindes ernst. Betrachtet das einmal aus diesem Blickwinkel, liebe Erwachsene. Werft einfach einmal einen Blick hinter die Kulissen des Kindes und schaut, ob dort alles geklärt ist oder noch zu klären ist. Dann werdet ihr die eigentlichen Ursachen möglicherweise erkennen.

Tritt ein neuer Partner in eine Beziehung, so muss er den vorherigen Partner achten. Schließlich hätte er den Platz nie bekommen, wenn der andere (egal wie) nicht Platz gemacht hätte. Das gilt es anzuerkennen, gerade und vor allem, wenn Kinder aus der ersten Beziehung entstanden sind. Denn Kinder spüren haargenau, ob der neue Lebenspartner eines Elternteiles den bisherigen Elternteil achtet. Denn der ist schließlich der leibliche Elternteil des Kindes. Es geht nur um Achtung, mehr nicht. Dann kann auch das Kind in den Frieden kommen und muss sich nicht mit euren Problemen belasten.

Erinnert euch an den Beginn eurer Beziehung. War das alles schlecht? Ihr habt wundervolle Momente miteinander gehabt und habt letztlich auch eure gemeinsamen Kinder gezeugt und großgezogen. Das macht man in der Regel, weil man sich liebt. Vielleicht schafft ihr es, regelmäßige Unternehmungen mit euren Kindern zu machen – auch nach der Trennung. Tut es für sie, für eure Kinder, und springt über euren Schatten.

Wenn ihr es schafft, eurem ehemaligen Partner für all die schönen Momente eures bisherigen Lebensweges tief im Herzen zu danken, dann bewahrt ihr euch die schöne Zeit in eurer Seele und gebt euren Kindern die Chance, würdevoll und voller Achtung zu euch emporzuschauen und sich selbst zu verwirklichen.

Das solltet ihr euch und das sollten euch eure Kinder wert sein.

Die Geschichte meiner ersten Liebe

Sie hieß Margrit. Sie war meine erste Liebe. Ich lernte sie auf einer Disko kennen. Sie hatte wunderschöne Augen und ein hübsches Gesicht. Ich war zum ersten Mal so richtig verknallt, das war ein unbeschreibliches Gefühl. Ich schwebte auf Wolke sieben.

Wir schrieben uns, wir telefonierten. Das mit dem Telefonieren war gar nicht so leicht: Es ging nur zu bestimmten Zeiten und dann war genau die ersehnte Telefonzelle besetzt. Natürlich telefonierten die Fremden »ausgiebig«, so dass mir manches Mal die Hutschnur hochging. Dazu kamen Kälte oder Hitze, die man in der Telefonzelle aushalten musste, sowie selbstverständlich genug Münzen in der Tasche zum Nachwerfen.

So ging das monatelang. Wir beschlossen daraufhin, gemeinsam zu Silvester eine Busreise zu machen. Die Reise führte ins schöne Aachen. Mit dabei waren zwei Freundinnen von ihr und ein Freund von mir sowie der Rest des Busses.

Ich freute mich schon sehr auf die gemeinsamen Tage und dass wir endlich einmal länger zusammen sein konnten. In Gedanken malte ich mir schon aus, wie unser gemeinsames Leben sein würde, so mit Kindern und allem Drumherum.

Am späten Vormittag des Silvestertages schlenderten wir alle gemütlich durch die Stadt und hatten ein Mittagessen in einer Gaststätte geplant. Auf dem Weg dorthin gingen wir beide zusammen und unterhielten uns. Ich kam dabei natürlich auch darauf zu sprechen, wie ich mir unsere weitere Zukunft so vorstelle. Daraufhin hielt sie kurz inne, sah mich an und meinte: »Du hast doch das mit uns nicht wirklich ernst genommen, oder?«

Ich war wie versteinert. Hatte ich richtig gehört? Das war alles nur »Spaß«? Das konnte jetzt echt nicht wahr sein! Ich war fassungslos, tief enttäuscht und schockiert.

Betroffen saß ich dann in der Gaststätte und aß zu Mittag. Es gingen mir so viele Gedanken durch den Kopf. Warum, wieso, weshalb? Ich fand keine Erklärung. Auf Gespräche mit den anderen hatte ich keine Lust. Und Hunger hatte ich auch keinen – was sehr selten bei mir vorkommt.

Die Bedienung war super langsam und es dauerte 45 Minuten, bis endlich das Essen kam. Auch nach dem Essen blieb die atemberaubende Geschwindigkeit des Kellners konstant, und es dauerte wiederum eine Dreiviertelstunde, bis endlich die Rechnung kam. Irgendwie passte das heute alles zusammen. Ich war bedient.

Am Abend fand eine riesige Veranstaltung im Eurogress statt. Es waren Massen an Leuten dort. Die B-Formation von Tänzern trat auf und zeigte ihr Können anhand professioneller Stücke. Alle wollten Silvester feiern, nur ich nicht.

Mir war alles egal, ich hatte null Bock auf nichts. Ich ging mit meinem Freund dann runter ins Kasino und wir wollten einmal schauen, was da so abgeht. Aber irgendwie passten unsere Gesichter dort anscheinend nicht so richtig ins Bild, das Personal wies uns freundlich, aber bestimmt darauf hin, dass wir uns vermutlich »verlaufen« hätten.

Was soll's, ich ging wieder nach oben und setzte mich an einen riesengroßen, langen Tisch in die Mitte und war mutterseelenallein. Um mich herum wurde gefeiert, getanzt und gelacht.

Wie ich so in mir versunken dasaß, spürte ich, dass irgendjemand bei mir war. Das konnte ich genau spüren, auch ohne hinsehen zu müssen. »Hm«, dachte ich, »wer hat sich denn hierher zu mir verlaufen?« Ich hob langsam den Kopf und drehte ihn zur Seite. Dort saß eine junge Frau und lächelte mich an. Es war eine von Margrits Freundinnen.

Ich richtete mich auf dem Stuhl auf und sah sie an. Sie war ebenfalls eine hübsche Frau und saß da einfach neben mir und lächelte warm. Einfach so.

»Äh, hallo, was machst du denn hier?«, fragte ich verblüfft. Sie lächelte weiter und antwortete: »Ich habe gesehen, dass du da drüben ganz allein sitzt, und wollte einfach mal schauen, was mit dir los ist.«

Tja, mit mir war im Prinzip überhaupt nichts los. Aber darum ging es mir in diesem Moment gar nicht mehr. Es war auf einmal alles anders. Neben mir saß eine junge hübsche Frau, die sich zu mir gesetzt hatte und mir in einer der schwersten Phasen meines Lebens beistand. Das war ein unglaublich bewegender Moment für mich. Auf einmal war alles anders. Ich sah sie an und mir wurde plötzlich glasklar: »Das ist sie!«

Ich erzählte ihr meine Geschichte und wie es um mich bestellt war. Wie ich mich fühlte und wie sehr mich das alles verletzt hatte. Ich glaube, ich habe über eine Stunde erzählt. Sie hörte mir zu, hörte einfach nur zu.
 Wir unterhielten uns noch lange und tanzten ebenfalls. Daran hatte ich überhaupt keinen Gedanken mehr verschwendet an dem Abend. Es waren wunderschöne Stunden, in denen wir uns ausgiebig unterhielten, lachten und tanzten. Ich spürte, wie langsam meine Lebensfreude wieder zum Vorschein kam.

Um Mitternacht gingen wir wie alle anderen Leute nach draußen und schauten dem riesigen Feuerwerk zu. Es war schön. Sie und ich standen einfach nur nebeneinander, das war ein unbeschreibliches Gefühl.
 Als wir wieder in den Saal zurückgingen, lief uns Margrit über den Weg. Ihr Blick sagte mir: »Na, da hast du ja gleich wieder etwas gefunden.« Bevor weitere Worte fielen, hakte sich meine neue Bekanntschaft bei mir ein und wir gingen erhobenen Hauptes in den Saal zurück.
 -
 Liebe Margrit, wenn du dieses Buch lesen solltest, so wisse, ich danke dir dennoch für diese Zeit. Du wirst immer meine erste Liebe bleiben. Ich wünsche dir alles Glück der Welt. Vielleicht sehen wir uns in diesem Leben noch einmal wieder. Ich würde mich freuen.

Auch du warst einmal klein

*Der Zeitraum Kindheit ist nicht die Vorbereitung
auf das Leben, sondern das Leben selbst.
Peter Rosegger*

Du lernst als Schüler, als Lehrling, als Student oder du bewirbst dich um einen Job. Du bist da der Kleine. Eines Tages stehen Prüfungen an oder das Vorstellungsgespräch. Du bist aufgeregt. Sicher bist du froh, wenn du einen Prüfer, einen möglichen Arbeitgeber hast, der dich fair behandelt. Er soll dir nichts schenken, aber er soll auch menschlich sein, dir eine echte Chance geben.

Wenn du gut vorbereitet bist (das ist die Grundlage für jede Prüfung im Leben), hast du alles getan, was nötig ist. Du musst und kannst nicht alles im Kopf behalten, das kann keiner. Keiner weiß alles. Konzentriere dich auf die Hauptpunkte und versuche das Drumherum einzuordnen.

Wenn du so vorbereitet in eine Prüfung oder ein Gespräch gehst, kann nichts mehr schiefgehen. Ein guter Prüfer reißt dir keinen Kopf ab. Er merkt innerhalb von Sekunden, ob du vorbereitet bist oder nicht. Wenn du etwas nicht weißt, wird er dir die Möglichkeit geben, selbst daraufzukommen. Du wirst ihm dankbar sein, dass er so fair zu dir war.

Auch ein möglicher Arbeitgeber merkt, ob du echtes Interesse an dem Job hast oder nur den nächsten Schein vom Arbeitsamt ausgefüllt haben möchtest, dass du dich beworben hast.

Jetzt stell dir einmal vor, du sitzt später auf der anderen Seite des Tisches. Du bist der Prüfer, ein Entscheidungsträger, ein Arbeitgeber, ein Beamter in der Behörde. Du bist der Große, du darfst entscheiden, du sitzt am längeren Hebel und kannst jetzt so richtig deine Macht ausspielen und den anderen auflaufen lassen, ihn mal so richtig ärgern wollen.

Versetze dich bitte genau <u>jetzt</u> in die Lage, du wärest der Kleine, du wärest der Bittsteller, du wärest das vor Angst sich in die Hosen machende Wesen auf der anderen Seite. Wärest du nicht froh, eine faire Chance zu bekommen?

Und genau so verhalte dich bitte. Gib dem Kleinen eine Chance, lass nicht den Larry heraushängen. Du warst schließlich auch mal klein, bitte vergiss das nicht. Wenn du das hinbekommst, wirst du die Achtung deines Gegenüber und deiner Mitmenschen bekommen. Man schätzt dich, auf dein Wort kann man sich verlassen. Damit verfügst du über unschätzbar wichtige Gaben: die Gaben der Menschlichkeit, Ehrlichkeit und Zuverlässigkeit.

Mach's mal wieder persönlich

*Gerade bei Kleinigkeiten,
bei welchen der Mensch sich nicht zusammennimmt,
zeigt er seinen Charakter.
Arthur Schopenhauer*

Es ist noch gar nicht so unendlich lange her, da gab es für Ottonormalverbraucher keine E-Mail und kein Internet. Vielleicht fragst du dich jetzt: »Wie habt ihr das nur überlebt damals? Wie habt ihr es nur geschafft, euch zu verabreden, kennen zu lernen und in Kontakt miteinander zu bleiben – sprich, eine Beziehung zu leben?«

Damals war es normal, einander zu schreiben. Und zwar mit der Hand und Füller und Papier. Das Ganze wurde in einen Umschlag gesteckt, Briefmarke drauf und in den Briefkasten geworfen.

Auch Anrufen war nicht so problemlos wie heute möglich, es gab nur wenige Apparate. Es waren unzählige und teure Anstrengungen vonnöten, um ein Gespräch zu führen – von einem Festnetz oder Telefonzelle aus versteht sich.

Die aus jetziger Sicht für dich vielleicht altertümlich erscheinenden Formen der Kommunikation und Orientierung hatten dennoch sehr viele Vorteile. Ich liste dir mal ein paar auf, damit du weißt, wovon ich spreche und was ich dir damit sagen möchte.

Schriftstücke jeglicher Art wurden per Hand geschrieben.
Dadurch bekamst du eine ordentliche und lesbare Handschrift.

Du hattest eine gute Motorik in deinen Händen.
Du musstest dir Zeit zum Schreiben nehmen; eben mal schnell ging nicht.
Ein Brief trug deine persönliche Handschrift.
Das Geschriebene sah schön aus, besonders Liebesbriefe.
Du musstest denken, bevor du geschrieben hast.
Du hast auf deine Rechtschreibung und Grammatik geachtet.
Du hast nicht jeden Mist zu Papier gebracht.
Du konntest nicht »rückgängig« machen.
Du hast dich riesig gefreut, wenn Post im Briefkasten lag.

Draußen spielen und heimkommen
Wir spielten sehr viel draußen an der frischen Luft.
Wir bewegten uns sehr viel, kletterten auf Bäume und aßen Früchte vom Straßenrand.
Wir gingen nach der Schule und den Hausaufgaben raus und kamen mit Anbruch der Dunkelheit zurück nach Hause.
Wir schauten, wann die Straßenbeleuchtung anging – das war das Zeichen.
Wir hatten keine Uhren, Handys oder Computer – wir hatten Zeit.
Wir haben unseren Eltern gesagt, wann wir zurück sein werden, und waren dann auch zurück.

Verabredungen mit Freunden und dem Partner
Ein fester Termin wurde ausgemacht beim letzten Beisammensein.
Exakt zu diesem Termin erschienen dann alle Beteiligten. Keiner fehlte.
Absagen konnte man den Termin nicht so einfach und schon gar nicht kurz vorher.
Wir wären nie auf die Idee gekommen, unpünktlich zu sein.
Wenn einmal jemand nicht erschien, haben sich die anderen Sorgen gemacht.
Wir konnten uns aufeinander verlassen. Ein Wort war ein Wort.

Telefonieren, nur wenn es unbedingt sein musste
Nicht jeder hatte ein Telefon daheim, erst recht kein Handy.
Telefonieren war sehr teuer.
Nur zu wirklich wichtigen Anlässen oder bei Problemen wurde telefoniert.

Du hast dich kurz gefasst, jede Minute kostete.
Alles andere wurde persönlich beim nächsten Treffen besprochen.
Du konntest nicht überall telefonieren.
Du warst nicht überall erreichbar.
Warst du unterwegs, waren Absagen oder Änderungen unmöglich.

Also, mach's doch mal wieder persönlich!

Notfallplan Beziehungen

Was kannst du tun, wenn es bei deinen Beziehungen klemmt?

Der erste Schritt ist auch hier der Blick in den Spiegel. Du und niemand anders auf der Welt warst es, der dich in genau diese Situation gebracht hat. Und niemand außer dir kann dich da wieder herausholen.

Probleme mit dem Lehrer?
   Überlege, was dich am Lehrer genau nervt. Kann es sein, dass er dich auf etwas hinweisen will mit seinen Bemerkungen und Handlungen? Vielleicht erkennst du ja bei manchen Dingen, dass er Recht hat, wenn du ehrlich zu dir selbst bist.
   Wenn du den Unterricht störst, besonders cool in der Stunde tust und mit blöden Bemerkungen den Unterricht »bereichern« musst, dann brauchst du dich nicht zu wundern. Dann bist du das eigentliche Problem, nicht der Lehrer.
   Probiere mal folgendes Experiment: Folge dem Unterricht zu 100 %. Lass dich nicht ablenken. Und tue alles so, wie der Lehrer es möchte. Und spüre mal, ob sich was verändert bei dir. Und warte einmal ab, was sich bei deinem Lehrer verändert.
   Bei echten Problemen bitte den Lehrer um ein Gespräch und sage ihm höflich, was dich nervt. In aller Regel haben Lehrer ein offenes Ohr und sind auch bereit für Veränderungen.

Probleme mit deinen Schülern?
   Bist du immer gerecht zu allen Schülern? Hast du dich einmal davon überzeugt, ob dein Gesagtes deine Schüler auch tatsächlich erreicht?

Sag ihnen, was dir missfällt und weshalb du deinen Unterricht nicht ausüben kannst, wie du es dir vorstellst. Sag ihnen, dass du ihre Sorgen und Probleme ernst nimmst und anhören wirst.

Versuche echt zu sein. Versuche, nicht irgendwas Abstraktes zu vermitteln. Gestalte deinen Unterricht lebendig mit vielen Beispielen.

Einem authentischen Lehrer hören Schüler immer zu. Auch wenn du mal etwas nicht weißt, das ist doch nicht schlimm. Ganz im Gegenteil, es zeigt deinen Schülern, dass auch du ein normaler Mensch mit Stärken und Schwächen bist, und trotzdem werden sie dich mögen.

Gewinne zuallererst das Vertrauen deiner Schüler und dann mache Unterricht.

Probleme mit deinem Nachbarn?

Rede mit ihm. Versuche nicht Gleiches mit Gleichem zu vergelten. Das führt zu einer ewigen Spirale der Frustration und hilft keinem von euch beiden. Frag ihn, was ihn konkret stört, und sucht gemeinsam nach einer Lösung. Sage ihm auch, dass dir an einer guten Nachbarschaft gelegen ist. Oft sind es nur Kleinigkeiten.

Probleme mit den Eltern?

Überlege in einer ruhigen Minute, was dir deine Eltern eigentlich sagen wollen. Meist sind ihre Worte nur »verpackt« und sie meinen es vom Prinzip her ganz anders bzw. sie können es dir nicht so sagen, wie sie es gern wollten. Erkläre es ihnen vielleicht einmal anders. Schildere ihnen deine Sicht der Dinge und warum dich das eine oder andere nervt. Bitte sie, dir zuzuhören. Tief im Herzen lieben sie dich.

Probleme mit den Kindern?

Deine Kinder halten dir einen Spiegel vor, und was für einen. Sie weisen dich auf »liebevolle« Art und Weise auf etwas hin und sprechen Dinge sehr direkt aus. Überlege in einer ruhigen Minute, was dir dein Kind mit seiner Äußerung hat sagen wollen. Versuch ruhig zu bleiben und ein paar Minuten abzuwarten, oft legt sich der Sturm. Setze auf keinen Fall Gewalt gegen Kinder ein. Sag deinen Kindern, was dich stört und was du von ihnen erwartest. Mithilfe im Haushalt ist keine Kinderarbeit, hier können die Kleinen mit anfassen. Setze den Kindern einen Rahmen und zeige ihnen die Konsequenzen auf, die ein Missachten nach sich zieht (z. B. 1

Tag Handyverbot). Ziehe die Konsequenz dann auch im Fall, wenn ... Sei ehrlich ihnen gegenüber.

Versuche gegenüber deinen Kindern nicht jemand zu sein, der du gar nicht bist. Das durchschauen sie in Sekundenschnelle.

Probleme mit dem Partner?

Frage deinen Partner, was ihn an dir stört und was du tun kannst, um eure Beziehung zu verbessern oder zu retten. Sprich mit ihm, das ist ganz wichtig. Sage ihm, was dich stört. Schweigt euch nicht an, das führt zu Frust und zur Entfremdung.

Frag deinen Freund, ob er einen Rat hat. Frag auch deine Eltern, sie kennen derartige Situationen ganz genau und haben oft einen Ratschlag. Frag auf keinen Fall deine Kinder, das geht sie nichts an!

Probleme bei der Sexualität?

Die Luft ist raus. Die Eintönigkeit ist da, falls überhaupt noch. Sprich auch hier unbedingt mit deinem Partner. Schotte dich nicht ab. Sage, was du gern magst und was nicht. Suche gegebenenfalls ein anderes Ambiente, geht einmal schön aus, macht es einfach einmal ganz anders als sonst, nur raus aus der Fahrrinne.

Geht zusammen ins Kino, lest gemeinsam ein Buch, aber redet unbedingt miteinander.

Probleme mit der Verwandtschaft?

Familie und Verwandte gehören mit zu deinem Herkunftssystem, du kannst sie nicht komplett meiden. Du bist auch ein Teil dieses Systems. Aber wenn du dich änderst, ändert sich dein System um dich herum auch mit. Unbewusst.

Beschränke den Umgang mit nervigen Verwandten auf ein Mindestmaß, sei trotzdem höflich zu ihnen. Du musst nicht zu jeder Familienfeier gehen, wenn du nicht magst. Du darfst auch Nein sagen. Wenn es zu einer offenen »Konfrontation« kommt, sag demjenigen, was dich stört.

Probleme mit den Kollegen?

Sprich mit ihnen. Sag ihnen, was dich stört, und friss den Frust nicht in dich hinein. Sag ihnen ganz klar, dass dich ihr Verhalten ärgert und du es nicht tolerierst.

Beschränke den Umgang mit Kollegen auf das Mindestmaß, wenn es nicht anders geht. Sei trotzdem immer fair zu ihnen und vergilt es nicht auf gleiche Weise. Wenn es gar nicht mehr geht, wende dich an deinen Chef.

Rede nicht über Kollegen, die nicht im Raum sind.

Probleme mit dem Chef?

Er ist dein Vorgesetzter und du hast kein Recht, ihn zu kritisieren. Du hast aber sehr wohl das Recht und die Pflicht, ihn auf Dinge aufmerksam zu machen, die aus deiner Sicht verbesserungswürdig und nachteilig für die Firma sind.

Bitte um einen Termin bei ihm. Komm nicht mit einer Ladung Frust und hau sie ihm auf den Tisch, sondern komm mit einem Korb voller Vorschläge zu ihm ins Büro. Er wird es dir danken.

Probleme mit dem Mitarbeiter?

Deine Mitarbeiter sind nur so gut, wie du sie ausgesucht hast. Das heißt, du trägst die Verantwortung für die Leute, die du eingestellt hast.

Da du am Steuer der Firma sitzt, schauen alle zu dir. Wenn du nicht weißt, wo es langgehen soll, woher sollen das bitte deine Mitarbeiter wissen?

Sei als Chef absolutes Vorbild. Sei menschlich, ehrlich, zuverlässig und gerecht. Baue es in deine tägliche Arbeit ein. Du musst es deinen Leuten nicht sagen, sie merken es so. Deine Mitarbeiter haben ein feines Gespür dafür, ob sie dem Kapitän dort oben vertrauen können oder nicht. Und eine Meuterei kommt nicht ohne Grund.

Wenn du offen und ehrlich mit deinen Mitarbeitern kooperierst und ihnen Freiraum und Potentiale gibst, hast du das beste Team um dich herum.

KAPITEL – GESUNDHEIT

> »In der ersten Hälfte unseres Lebens opfern
> wir die Gesundheit, um Geld zu erwerben,
> in der zweiten Hälfte opfern wir unser Geld,
> um die Gesundheit wiederzuerlangen.«
> Voltaire

Jeder Mensch hat sogenannte physiologische Grundbedürfnisse. Nein, ich meine jetzt nicht WLAN und Internet.

Ein gewisser Herr Maslow hat dazu eine Pyramide erstellt. Zu den physiologischen Grundbedürfnissen eines Menschen zählen Essen, Trinken, Wärme, ein Dach über dem Kopf und Sicherheit. Das sind die 5 Dinge, die jeder Mensch, egal wo er auf der Welt lebt, als Allererstes benötigt bzw. um die er sich kümmern muss. Das sind die Dinge, die du als Mensch mindestens brauchst, um zu überleben.

Der Nahrungsaufnahme kommt damit eine besondere Bedeutung zu. Die Nahrungsaufnahme ist ein wesentlicher Baustein, wenn es um deine Gesundheit geht. Aber nicht nur sie allein macht dich zu einem gesunden Menschen, es kommen noch weitere Faktoren des alltäglichen Lebens dazu, die wir im Folgenden unter die Lupe nehmen werden.

Dein Körper

> *Faulheit ist die Furcht vor bevorstehender Arbeit.*
> *Marcus Tullius Cicero*

Wie geht es dir gerade? Bist du gesund und fit oder plagt dich das eine oder andere Wehwehchen? Bist du leistungsfähig und strahlst Energie aus oder schaffst du es gerade bis zur nächsten Couch?

Dein körperliches Wohlbefinden ist ein wichtiges Signal für dich zu wissen, ob es dir gut geht. Als gesunder Mensch nimmst du aktiv am Leben teil und vegetierst nicht nur dahin. Wenn du gesund bist, hast du genug

Kraft und Elan für deine Arbeit, deine Beziehungen und kannst die Ruhe bewusst genießen, ohne dich von einer Ruhe-Rettungsinsel zur nächsten schleifen zu müssen.

Gesundheit ist der Normalzustand, alles andere ist nicht normal. Krankheiten solltest du in aller Regel als vorübergehende Zustände ansehen. Sie sind nicht dauerhaft vorgesehen. Dein Körper ist ein hochintelligentes Wesen, welches nur ein Ziel verfolgt: dass es dir gut geht. Das merkst du vielleicht gar nicht bewusst, es ist aber so. Dein Körper gibt vom ersten Atemzug bis zum letzten sein Bestes. Er ist jede Sekunde um dein Wohlbefinden bemüht und spart keine Zeit und Mühe, sich ans Werk zu machen, wenn etwas einmal nicht so funktioniert an dir. Dein Körper nutzt jede Gelegenheit, um Missstände wieder zu beheben. Er arbeitet unaufhörlich und dein ganzes Leben lang, um dich zu erhalten und dich zu schützen. Dein Körper ist dein allerbester Freund, er lässt dich niemals im Stich, er ist nur für DICH da. Dein Körper ist dein Lebensauto, mit dem du dein Leben lang auf der Lebensautobahn unterwegs bist. Danke ihm dafür und schenke ihm deine volle Aufmerksamkeit.

Wie ein Auto ist auch dein Körper sehr gut ausgestattet. Dein Körper verfügt über einen Motor, der unaufhörlich schlägt. Dein Körper verfügt über einen Tank, dem Sprit zugeführt werden muss. Dein Körper verfügt über Airbags, damit es nicht so weh tut, wenn du einmal aneckst. Dein Körper hat einen Bordcomputer, der alle Vorgänge koordiniert. Dein Körper hat ein eigenes ABS-System. Dein Körper hat verschiedene Warnlampen, die aufleuchten, wenn etwas in Mangel gerät oder kaputtzugehen droht. Es liegt ganz allein an dir, ob du die Warnsignale deines Körpers beachtest oder nicht. Im schlimmsten Fall ist dein Auto nicht mehr fahrbereit. Durchsichten sind daher unbedingt erforderlich wie regelmäßige Pflege- und Wartungsarbeiten. Von nichts kommt nichts.

Dein Körper durchläuft etwa alle 7 Jahre Veränderungen. Das haben mir meine Vorfahren bereits gesagt. Alle 7 Jahre verändert sich dein Körper. Mit 7 kommst du zur Schule, mit 14 bist du in der Pubertät, mit 21 bist du mündig und so weiter. Frage einfach mal die älteren Leute danach, die Leute so ab 25 ;-)

Lass uns im Folgenden schauen, was du für eine gesunde Ernährung und Lebensweise alles tun kannst.

Deine Atmung

Es gibt nur zwei Tage im Jahr, an denen man nichts tun kann:
Der eine ist gestern und der andere morgen ...
Dalai Lama

Ein Mensch kann
   3 Minuten ohne Luft auskommen,
   3 Tage ohne Wasser auskommen,
   3 Wochen ohne Essen auskommen.

Die Luft, die du ständig einatmest, ist am allerwichtigsten. Sie versorgt dich mit Sauerstoff, der über deine Lungen aufgenommen wird und deinen Körper am Leben erhält. Sorge dafür, dass du immer die allerbeste und frischeste Luft zum Atmen hast. Bewege dich, wann immer es irgendwie möglich ist, an der frischen Luft – egal zu welcher Jahreszeit. Klimatisierte Räume und noch so liebevoll mit Pflanzen ausgestattete Zimmer können dir die frische Luft da draußen nicht ersetzen. Nach der Schule oder nach der Arbeit gehe raus und atme tief ein. Die beste Luft gibt es am Meer oder im Wald. Dort ist sie klar und rein und von allerbester Qualität. Hier spürst du, dass du ein Teil der Natur bist; hier spürst du, dass du lebst.

Schlafe nachts immer bei geöffnetem Fenster, auch im Winter. Da klappst du es eben nur etwas an und ziehst die Bettdecke bis zur Nasenspitze. Du benötigst etwa 1 Kubikmeter Luft pro Stunde zum Atmen. Wenn dein Zimmer z. B. 15 Quadratmeter groß und 2 Meter hoch ist, dann hast du ein Luftvolumen von 30 Kubikmeter. Das reicht dann für 30 Stunden, sagen wir mal einen Tag. Das bedeutet, du musst jeden Tag mindestens einmal lüften und den gesamten Raum mit frischer Luft versorgen. Jetzt stell dir kleinere Räume vor, die eventuell noch mit mehreren Leuten bewohnt werden. Da ist häufigeres Lüften unabdingbar. Oft merken es die Menschen im Raum noch nicht einmal selbst, wenn die Luft stickig ist. Umso mehr merken es diejenigen, die den Raum betreten.

Besonders im Winter erkälten sich die Leute, weil sie sich überwiegend innerhalb von Räumen aufhalten und die trockene Luft einatmen. Durch die Heizung wird die Luft getrocknet und die Luftfeuchtigkeit sinkt. Dadurch werden die Schleimhäute in deiner Nase gereizt und trocknen schnell aus. Das bewirkt, dass du anfälliger wirst gegen Viren und Bakterien, die ständig um dich herumschwirren. Die sind zwar immer da, dennoch kommt es auf die Stärke deines Immunsystems an, ob es mit den »Angriffen« fertigwird oder nicht. Daher lüfte dein Zimmer auch im Winter gut und lasse frische und mit Luftfeuchtigkeit angereicherte Luft hinein. Die wärmt sich schneller auf, als du denkst. Stell dir auch ein paar Grünpflanzen ins Zimmer oder Gefäße aufs Fensterbrett, die mit Wasser gefüllt sind. Das bringt Feuchtigkeit in den Raum.

Lüftest du nicht, reichert sich dein Zimmer mit Kohlendioxid an. Dieses Gas atmest du aus. Es macht dich allmählich träge und müde, du kannst dich nicht mehr gut konzentrieren. Drehe vor den Hausaufgaben am besten eine Runde an der frischen Luft, lüfte dein Zimmer und dann leg los. Du wirst es spüren, wie gut du jetzt arbeiten kannst.

Richtiges Atmen

Solange du atmest, lebst du. Das ist schon mal gut zu wissen. Atmest du über die Brust oder über den Bauch? Guck mal nach.
  Die Brustatmung ist die oberflächliche Atmung. Die geht, wie der Name es sagt, durch den Brustkorb und wird häufig bei oder nach körperlichen Aktivitäten ersichtlich, wenn du schnell viel Luft brauchst. Auch bei Stress atmen wir meist durch die Brust; wir hecheln eher, als dass wir atmen. Das ist auf Dauer ungesund und belastet deinen Kreislauf. Die Brustatmung sollte daher der kurzfristigen Überbrückung von »Luftnot« dienen.
  Langfristig ist die Atmung durch den Bauch die richtige Atmung. Diese geht sehr tief und lässt deinen Bauch hoch und runter bzw. vor und zurück dehnen. Das sieht vielleicht ulkig aus, ist aber gesund. Die Bauchatmung bewegt deine unteren, inneren Organe. Du kannst merken, wie dein Puls langsamer wird und du ruhiger wirst.

Dein Trinken

Wer nicht jeden Tag etwas für seine Gesundheit aufbringt,
muss eines Tages sehr viel Zeit für die Krankheit opfern.
Sebastian Kneipp

Nach der Atmung ist das Trinken die nächste wichtige Sache, die du brauchst. Dein Körper verliert vor allem durch die Atmung viel an Wasser. Du kannst das im Winter gut erkennen, wenn du ausatmest. Kamele haben übrigens den Vorteil, dass sie spezielle Mechanismen in der Nase haben, wodurch sie beim Ausatmen kaum Flüssigkeit verlieren und daher über eine sehr lange Zeit ohne Trinken auskommen können.

Da wir Menschen keine Kamele sind, müssen wir also regelmäßig trinken und zwar ausreichend. Wie viel ist denn ausreichend? Das ist eine sehr gute Frage.

Ausreichend ist es, wenn du keinen Durst verspürst. Sobald du Durst verspürst, hast du schon zu wenig getrunken. Eine Faustregel besagt, dass der Mensch täglich 30 Milliliter pro Kilogramm Körpergewicht trinken sollte. Bei einem Menschen mit 70 kg wären das 2.100 Milliliter, also 2,1 Liter. Es gibt keine absolute Zahl über die vorgeschriebene Menge. Ich denke aber, dass 1 bis 1,5 Liter pro Tag mindestens getrunken werden sollten. Es kommt auch auf deine körperliche Aktivität an. Je größer die ist, umso mehr musst du trinken.

Wasser ist lebensnotwendig für dich. Dein Körper besteht zu 70 % aus Wasser. Wasser ist Transportmedium für alle Stoffe, die in deinem Körper irgendwohin transportiert werden müssen. Wenn du wenig trinkst, dann ist dein Urin stark gefärbt, deine Haut ist trocken und du hast Probleme beim Stuhlgang. Zu wenig Wasser schadet deinen Nieren, denn sie sind in hohem Maße darauf angewiesen.

Isst du viel Obst und Gemüse? Prima, dann brauchst du nicht so viel zu trinken, denn Obst und Gemüse enthalten sehr viel Wasser, so dass du dadurch schon einen Großteil an Flüssigkeit aufnimmst. Du wirst auch merken, dass du keinen so großen Durst verspüren wirst, wenn du wasserreiche Nahrung zu dir nimmst.

Mit Trinken meine ich immer reines, lebendiges Wasser oder ungesüßten Tee. Am besten ist Quellwasser, genauso wie es ist. Ich meine keine gesüßten Flüssigkeiten, Softdrinks oder Alkohol. Auch keine Light-Produkte. Würdest du freiwillig 20 Stückchen Würfelzucker in dich hineinschaufeln? Wohl eher nicht. Aber genau das tust du, wenn du eine Flasche Cola trinkst. Der einzige Unterschied ist, dass der Zucker aufgelöst ist und du ihn nicht siehst. Die meisten Getränke sind ausgesprochene Kalorienfallen. Achte sorgsam darauf, was du an Flüssigkeit zu dir nimmst. Säfte genießt du am besten in frisch gepresster Form oder wenigstens solche ohne Zuckerzusatz in Maßen.

In Deutschland hat das Trinkwasser im Allgemeinen eine hervorragende Qualität, so dass du es problemlos aus dem Hahn trinken kannst. Es handelt sich um stilles Wasser. Wenn du es lieber etwas spritzig magst, dann besorge dir Sprudelpatronen und peppe es etwas auf. Vermeide nach Möglichkeit Plastikflaschen, denn sie enthalten Weichmacher. Nutze am besten Glasflaschen.
    Ein für mich absoluter Wahnsinn in Deutschland besteht darin, dass die Hälfte des aufwändig produzierten, hochqualitativen Trinkwassers zur Klospülung dient.

Kaffee ist ein Genussmittel und kein Getränk. Gegen Kaffeegenuss ist nichts zu sagen, solange du ihn möglichst ohne Zucker trinkst. Das Gleiche gilt für die Milch, sie ein Nahrungsmittel und kein Getränk.

Trinke vor allem, wenn du gestresst bist und viel um die Ohren hast. Oft vergessen die Leute genau dann, etwas zu trinken, und stellen am Abend erschrocken fest, dass sie den ganzen Tag über außer einer Tasse Kaffee nichts getrunken haben. Bei sportlichen Aktivitäten verlierst du viel Flüssigkeit, die natürlich wieder aufgefüllt werden muss.
    Und zu guter Letzt schwitzt dein Körper beim Schlafen einen guten halben Liter aus, den es selbstverständlich wieder aufzufüllen gilt. Starte daher besonders am frühen Morgen mit einem großen Glas frischem Wasser in den Tag.

Dein Essen

Alter schützt vor Liebe nicht. Aber Liebe vor dem Alter.
Coco Chanel

Dein Körper ist dein Lebensauto. Würdest du in einen Benziner Diesel einfüllen? Würdest du schlechten Sprit in deinen Tank füllen beim Auto? Siehst du, genau das meine ich. Wir Menschen füllen alles Mögliche an Schrott in unseren Tank und wundern uns dann, wenn die Karre nicht richtig läuft. Irgendetwas ist ständig kaputt und muss zur Reparatur. So macht Autofahren wirklich keinen Spaß. Und weil viele Menschen viel zu viel essen, schleppen sie auch noch unnötigen Ballast mit sich herum, der das Auto zusätzlich belastet. Das ist dann ein überladener Kleintransporter, aber kein leistungsfähiger Sportwagen. Und mit dem willst du dann Höchstleistungen auf der Autobahn des Lebens vollbringen. Na prima.

Du bist, was du isst.

Unser Körper besteht wie unsere Erde aus etwa 70 % Wasser. Der Rest ist »Land«. Das bedeutet, du solltest für einen optimal arbeitenden Körper Nahrung zu dir nehmen, die mindestens zu 70 % aus Wasser besteht. Welche Nahrung ist das zum Beispiel? Das sind vor allem Obst und Gemüse, die bestehen zu 70 – 95 % aus Wasser und sind damit ideal für deinen Körper. Ich meine damit rohes Obst und Gemüse; kein zerkochtes Obst oder Obst aus der Konservendose.

Trinke möglichst nicht beim Essen. Deine Magensäure bzw. dein Magensaft kann die Nahrung besser zersetzen, wenn sie hochkonzentriert bleibt. Wenn du viel trinkst während deiner Mahlzeit, so verdünnst du den Magensaft und es dauert länger, bis alles zersetzt ist.

Des Weiteren musst du wissen, dass dein Körper einen pH-Wert von ungefähr 7,2 – 7,4 hat. Er ist also leicht basisch. Basische Nahrung ist aus diesem Grund ebenfalls wichtig für dich, damit du nicht übersäuerst. Manche Leute können im wahrsten Sinne richtig sauer werden.
  Rate einmal, welche Nahrung überwiegend basisch ist. Richtig, es sind Obst und Gemüse. Sie sollen den Hauptteil deines Essens ausmachen; damit legst du den Grundstein für eine gesunde Ernährung. In Obst und Gemüse, als Rohkost verzehrt, stecken unendlich viele Vitamine, Mineralstoffe und Spurenelemente. Zum Beispiel hat es unser Körper verlernt, das Vitamin C selbst herzustellen. Wir Menschen haben die Fähigkeit dazu im Laufe der Evolution (menschliche Entwicklung) verloren. Tiere können das noch. Wir Menschen aber müssen zwingend Obst und Gemüse zu uns nehmen, um einer Unterversorgung oder gar einem Mangel an zahlreichen Vitaminen vorzubeugen. Aus diesem Grund iss täglich Obst und Gemüse zu etwa 70 %. Du kannst dich damit nicht überessen. Es sollte der Bärenanteil deiner täglichen Nahrung sein.

Die restlichen 30 % deines Essens müssen aus Eiweiß, Kohlenhydraten und Fetten bestehen. Sie liefern dir weitere überlebenswichtige Stoffe, Vitamine und Mineralien. Sie sind zwingend notwendig, wenn du dich gesund ernähren möchtest.

Eiweiße sind Proteine (Aminosäuren) und unersetzlich für den Aufbau und die Reparatur deiner Körperzellen. Deine Muskeln, die du zur Fortbewegung brauchst, benötigen Eiweiß. Eiweiß sättigt dich lange, du verspürst nicht so schnell wieder Hunger nach einer Eiweißmahlzeit. Die Eiweißverdauung beginnt im Magen. Eiweiß findest du in Obst, Soja, Nüssen, Samen, teilweise Hülsenfrüchten sowie in den veredelten Formen Fisch, Fleisch, Geflügel, Eiern und Meeresfrüchten. Du kannst dein lebensnotwendiges Eiweiß also über pflanzliche Produkte und/oder tierische Produkte zu dir nehmen, dich vegetarisch oder vegan ernähren. Je vielseitiger deine Eiweißquellen sind, umso besser.

Vegetarisch bedeutet, du nimmst überwiegend pflanzliches Eiweiß zu dir und nutzt ab und zu tierisches Eiweiß und Produkte wie Milch oder Eier – Produkte, die Tiere freiwillig hergeben. Der Honig zählt, auch wenn er kein Eiweiß darstellt, ebenfalls zur vegetarischen Ernährung. Vegan heißt, du greifst nur auf pflanzliches Eiweiß zurück und meidest tierische Erzeugnisse. Beachte bitte, dass manche lebensnotwendigen Stoffe, wie zum Beispiel das Vitamin B 12, praktisch nur in tierischen Lebensmitteln vorkommen. Vitamin B 12 ist die Basis für die Zellteilung, die Blutbildung und ein funktionierendes Nervensystem. Selbst mit Lebensmitteln, die mit Vitamin B 12 angereichert sind, veganen Lebensmitteln, deckst du deinen Bedarf nicht. Bio-Produkte dürfen zudem vom Gesetz her nicht mit Vitamin B 12 angereichert werden. Wenn du dich also vegan ernähren möchtest, informiere dich bitte im Vorfeld über erforderliche Nahrungsergänzungen, um eventuellen Schäden und einer Unterversorgung vorzubeugen.

Welche Form des Eiweißes für dich infrage kommt, ist deine persönliche Entscheidung. Bitte respektiere es, wenn sich Menschen nicht wie du ernähren und eine andere Eiweißquelle für sich in Anspruch nehmen. Richtig oder Falsch gibt es da nicht. Es ist ihr freier Wille, es für sich selbst zu entscheiden, und du hast kein Recht, ihnen etwas vorzuschreiben. Das bedeutet, wenn du tierisches Eiweiß zu dir nimmst, dann achte die

Menschen, die das nicht möchten und sich vegan bzw. überwiegend vegetarisch ernähren. Sie haben das Recht dazu. Und wenn du deinen Eiweißbedarf ausschließlich pflanzlich deckst, ist das ebenfalls in Ordnung. Bitte achte und respektiere es aber auch, dass andere Menschen auf tierisches Eiweiß zurückgreifen. Sie haben das Recht dazu.

Kohlenhydrate sind die Energieträger für deinen Körper. Du brauchst sie, um Leistung zu erbringen. Die Verdauung von Kohlenhydraten erfolgt schon im Mund. Sie liefern, im Vergleich zu Eiweißen und Fetten, schnell Energie und machen schnell satt. Allerdings bekommst du auch schneller wieder Hunger. Zu den wesentlichen Kohlenhydraten zählen alle Getreidesorten, Kartoffeln, Bananen, Heidelbeeren und Zucker sowie die Hülsenfrüchte Erbsen, Bohnen und Linsen. Ebenfalls dazu zählen die weiterverarbeiteten Getreideprodukte wie Brot, Nudeln, Kuchen und sämtliche Formen von Süßigkeiten.

Kohlenhydrate kann dein Körper im Notfall sogar selbst produzieren. Er braucht dazu auf jeden Fall Eiweiß. Eiweiß ist somit noch wichtiger als Kohlenhydrate.

Ein wichtiger Stoff der Kohlenhydrate ist die sogenannte Glukose, die kann von jeder Zelle deines Körpers aufgenommen werden und hat großen Einfluss auf deine Gehirnaktivität, also dein Denkvermögen. Wenn du Kohlenhydrate zu dir nimmst, steigt somit dein Blutzuckerspiegel. Das Gegenstück dazu ist das Insulin, welches von deiner Bauchspeicheldrüse gebildet wird und die Aufgabe hat, den Blutzuckerspiegel nach einer Mahlzeit wieder auf das normale Niveau zu senken. Beim Beginn einer Mahlzeit wird also Insulin ausgeschüttet, um deinen Körper auf den Anstieg des Blutzuckerspiegels vorzubereiten und entsprechend zu reagieren. Dein Körper erwartet sozusagen Nahrung.

Wenn dein Körper mehr Kohlenhydrate zugeführt bekommt, als er verwerten kann, dann wird der Überschuss in Form von Körperfett bei dir eingelagert. Du wirst dann dick mit der Zeit. Das bedeutet, nimm Kohlenhydrate nicht in allzu großer Menge zu dir und wenn, dann möglichst nur zum Frühstück.

Gute Fette sind ein wichtiger Energielieferant für deinen Körper. Die Energie ist nicht so schnell verfügbar wie bei Kohlenhydraten, aber die ist wichtig, damit dein Körper lange leistungsfähig bleibt. Gesunde Fette sind unersetzlich für deine Ernährung, egal ob gesättigt oder ungesättigt. Sie wirken sich insbesondere positiv auf deinen Cholesterinspiegel aus. Manche gesunden Fette sind sogar lebensnotwendig (man sagt essentiell), da sie dein Körper nicht selbst bilden kann. Sie müssen von außen zugeführt werden. Dazu zählen die Omega-3-Fettsäuren Fischöl, Leinöl, Walnussöl und Hanföl sowie die Omega-6-Fettsäuren Olivenöl, Rapsöl, Sonnenblumenöl, Kokosöl, Sesamöl usw. Diese Öle haben auch einen erheblichen Einfluss auf die Gesunderhaltung deines Nervensystems und deines Denkvermögens. Achte dabei auf ein ausgewogenes Verhältnis von sogenannten Omega-6-Fettsäuren zu Omega-3-Fettsäuren. Mehr dazu im Kapitel Transfette.

Versuche, Eiweiß und Kohlenhydrate nicht zusammen zu essen. Dein Magen kommt besser damit klar, wenn du sie bei einer Mahlzeit getrennt zu dir nimmst. Es ist für ihn wesentlicher leichter zu verarbeiten. Zusammen gegessen, liegen sie oft schwer im Magen und du verspürst nach einem solchen Essen eher das Bedürfnis, die nächste Couch aufzusuchen, als weiterzuarbeiten.

Das bedeutet im Klartext: Bediene dich stets beim Gemüse mit einer großen Portion (70 %) und dazu isst du entweder Eiweiß oder Kohlenhydrate (30 %). Bei der nächsten Mahlzeit wechselst du dann. Reis und Gemüse zu Mittag, dann Geflügel und Gemüse am Abend. Oder Kartoffeln und Gemüse am Mittag und ein Steak und Gemüse am Abend. Oder Nudeln mit Tomatensoße am Mittag und Tofu und Gemüse am Abend. Obst kannst du zu jeder Mahlzeit dazuessen.

Zusammengefasst: Du brauchst Obst, Gemüse, Eiweiß, Kohlenhydrate und Fette für eine gesunde Ernährung. Je vielfältiger deine Wahl aus diesen Stoffen ist, desto fitter und vitaler wirst du dich fühlen. Probiere ruhig einmal unbekannte Dinge aus den Bereichen aus, da gibt es viel zu entdecken. Als Kind oder Jugendlicher sind deine Geschmacksnerven überwiegend auf Kohlenhydrate fixiert, deshalb mögen die »Kleinen« gern Nudeln mit Tomatensoße, Pfannkuchen / Eierkuchen oder Hefeklöße mit Heidelbeeren. Mit zunehmendem Alter ändert sich auch dein Geschmack und z. B. Gemüsesorten wie Grünkohl, Spargel oder Brokkoli werden dich begeistern. Und das ist auch gut so.

Dein Obst, Gemüse, Eiweiße, Kohlenhydrate und Fette sollten so unverarbeitet wie nur möglich sein. Bio bedeutet nicht unbedingt unverarbeitet und Bio bedeutet nicht unbedingt regional. Unverarbeitet heißt direkt vom Erzeuger. Kaufe reine Nahrung (Rohware) oder baue sie selbst an, sie sollte so wenig wie möglich Produktionsstufen durchlaufen haben. Obst aus der Büchse ist stark verarbeitet und viel zu süß. Wurst ist verarbeitet und mit vielen Konservierungsstoffen versehen. Kuchen und Süßigkeiten enthalten viel Zucker und ungesättigte Fette und machen dick, wenn du regelmäßig zu viel davon ist. Kaufe keine Nahrung, die einmal um die halbe Welt gereist ist.

Du lebst, also nimm lebendige Nahrung zu dir. Pflücke dir Obst vom Baum aus dem Garten oder vom Straßenrand. Ernte dein Gemüse und deine Kartoffeln im Garten. Ich weiß, Kinder »lieben« die Gartenarbeit ...
  Baue dir ein Gewächshaus und ernte zum Beispiel Gurken, Tomaten, Paprika, Zucchini, Kürbis, Möhren, Kohlrabi, Salat, Sonnenblumen und so weiter. Auch Dutzende von Gewürzen wie Schnittlauch, Petersilie, Dill, Salbei, Pfefferminze, Melisse, Basilikum, Kresse und vieles mehr lassen sich problemlos daheim anbauen, sogar auf dem Balkon. Kauf dir Getreide als Korn und mahle es mit einer Mühle selbst zu frischem Mehl. Getreide lässt sich im Unterschied zu Mehl jahrelang lagern, Mehl wird nach ein paar Monaten ranzig. Und: Du erhältst Vollkornmehl, da ist noch alles drin an Nährstoffen. Im normalen Mehl aus dem Supermarkt ist nichts Nahrhaftes mehr enthalten. Vollkorn zwingt dich zum gründlichen Kauen, du schlingst deine Nahrung nicht hinunter, isst nicht übermäßig und bleibst länger satt. Vollkornprodukte sind nicht mit der »Luftpumpe« aufgebläht, sondern fester und schwerer.

Wie du siehst, muss gesunde Nahrung nicht teuer sein. Wenn deine Nahrung zu etwa 70 % aus Gemüse und Obst in verschiedenen Variationen besteht, dann nimmst du automatisch gesunde Vitamine, Mineralien und Spurenelemente zu dir, die dein Körper braucht. Und dazu isst du gesundes Eiweiß, Kohlenhydrate und Fett und dein Körper hat alles, was er braucht. Das bekommst du alles in den Griff, wenn du nur willst.

Beziehe landwirtschaftliche Produkte direkt von Firmen oder vom Bauern deines Vertrauens in deiner Gegend und kaufe dort frisches Getreide,

Obst, Gemüse, Fleisch, Geflügel, Käse und Eier ein. Hole dir Honig vom Imker aus deinem Ort.

Wenn du im Supermarkt einkaufst, dann wählst du Produkte aus, die unverarbeitet sind. Kaufe dir nach Möglichkeit nur Rohwaren wie Obst, Gemüse, Kartoffeln, Salat, Nudeln, unverarbeitetes Fleisch, Geflügel, Eier, Milch, Quark und Gewürze. Im Ökoladen kaufst du Olivenöl, Leinöl und Kokosöl.

Meide verarbeitete Erzeugnisse wie Paniertes, Frittiertes, Gesüßtes, Fertiggerichte und alles, was eine lange Zutatenliste auf der Verpackung stehen hat. Diese Produkte enthalten ungesunde, gehärtete Transfette, werden meist bunt umworben, so dass viele Menschen automatisch danach greifen. Eine hübsche Verpackung sagt noch lange nichts über den Inhalt aus. Ebenfalls meidest du Produkte, deren Inhaltsstoffe eher einem Chemielabor gleichen. Du brauchst keine Konservierungsstoffe, Geschmacksverstärker oder Hefeextrakte zum Leben. Das sind alles künstliche und industrielle Zutaten, die keinerlei Nutzen für dich haben. Die Zutat, die als Erstes bei den Inhaltsstoffen aufgeführt ist, ist am meisten enthalten. Lerne es zu genießen, wie Rohwaren wirklich schmecken.

Sei vorsichtig bei Diabetikerprodukten. Diese enthalten Süßstoffe statt Zucker. Das ist deiner Bauchspeicheldrüse aber ziemlich egal, sie schüttet trotzdem Insulin aus, um die bevorstehende Nahrung, auf die sie wartet, zu verwerten, indem der Blutzuckerspiegel wieder in Zaum gehalten wird. Das Problem ist jetzt, dass derartige Produkte keinen großen Nährwert haben, du verhungerst quasi, da kommt nichts an Energie. Das ist ungefähr so, als ob du eine Stunde lang in der Küche stehst, das Essen zubereitest, den Tisch deckst und dann doch nur ein Glas Wasser trinkst, bevor du wieder alles abräumst. Viel Aufwand für nichts und auf Dauer ungesund.

Im Winter und nicht nur dann ist ein Gefrierschrank eine gute Sache. Du kannst frisches Obst und Gemüse portionsweise einfrieren und hast Vitamine den ganzen Winter über zur Verfügung. Eingefrorene Nahrung ist eine sinnvolle Ergänzung zu frischer Nahrung, wenn diese nicht zur Verfügung steht. Auch hier gilt: unbehandelt und ohne jegliche Zusätze.

Was machst du, wenn du zwischendurch einmal Hunger hast? Dann iss etwas.

Aber keine Süßigkeiten, sondern ein paar Nüsse und Obst. Warum? Süßigkeiten sind Kohlenhydrate und enthalten raffinierten Zucker. Das bringt dir kurzfristig Energie und die ist auch so schnell wieder weg, wie sie gekommen ist. Du greifst zum nächsten Schokoriegel. Süßigkeiten verursachen Hungerattacken, dein Blutzuckerspiegel fährt Achterbahn. Du isst etwas und bist nach kurzer Zeit schon wieder hungrig.

Greifst du hingegen zu Nüssen und Obst, so nimmst du Eiweiß zu dir. Das Sättigungsgefühl tritt zwar nicht so schnell ein wie beim Schokoriegel, dafür hältst du bis zur nächsten Mahlzeit problemlos durch – ohne dass wieder ein Hungergefühl kommt. Packe dir also immer ein paar Nüsse und Obst in die Tasche, wenn du länger unterwegs bist. Die Trinkflasche mit Wasser gehört da natürlich auch dazu.

Überfriss dich nicht. Wenn du satt bist, dann höre auf zu essen. Auch wenn der Teller noch nicht leer ist. Das schöne Wetter kommt trotzdem wieder …

Höre auf deinen Körper, der signalisiert dir schon, wenn es genug ist. Es ist absolut schwachsinnig zu essen, wenn man keinen Hunger (mehr) hat. Das macht kein Tier auf der Welt, nur der Mensch. Auch wenn andere es »toll« finden, was du so alles vertragen kannst – es ist dein Körper und der muss anschließend auch allein mit dem Übergewicht klarkommen. Wenn du nach einem Essen noch so ein klitzekleines Hüngerchen verspürst und noch einen leckeren Nachtisch verspeisen könntest – dann höre auf, das ist der beste Punkt. Du verspürst bis zur nächsten Mahlzeit wieder richtig Hunger – genau so sollte es sein.

Lass dir Zeit beim Essen und kaue ordentlich durch. Es geht nicht um Geschwindigkeitsrekorde beim Essen, sondern darum, dass die Nahrung gut zerkleinert deinen Magen erreicht, Schritt für Schritt verdaut wird und die Nährstoffe aufgenommen werden können. Schnelles, hektisches Essen (vor allem noch nebenbei) belastet deinen Körper extrem. Wenn du isst, dann isst du und tust bitte nichts anderes.

Gewöhne es dir an, regelmäßig zu essen, zum Beispiel morgens, mittags und abends. Morgens isst du die größte Portion, am Mittag etwas weniger und am Abend nur noch ein bisschen. Du musst wissen, dass dir die Verdauung, also alles, was nach deiner Mahlzeit passiert, große Mengen an Energie raubt. Verdauung ist nach dem Geschlechtsverkehr die Tätigkeit im Leben mit dem höchsten Energiebedarf. Und wenn du am Abend reinhaust wie ein Verrückter, dann hat dein Körper die halbe Nacht mit der Verdauung zu tun. Du kommst kaum zum Schlafen. Wenn du dir dann noch vorstellst, ungesunde Nahrung und große Mengen davon am Abend zu essen, dann hast du eine leise Ahnung, welche Höchstleistung dein Körper über Nacht vollbringen muss, um den »Mist« von dir wieder auszubaden.

Jeder Mensch ist einzigartig auf dieser Welt. Und jeder Mensch ist auch einzigartig hinsichtlich seiner Verdauung. Was dem einen gut bekommt, liegt dem anderen schwer im Magen und belastet ihn. Ich rede von einer möglichen Nahrungsmittelunverträglichkeit. Vielleicht hast du nach dem Essen das Gefühl, dass dir komisch ist oder du Bauchschmerzen oder Durchfall bekommst. Wenn das regelmäßig bei einer bestimmten Nahrung auftritt oder beim Stuhlgang, mache bitte einen Nahrungsmittelunverträglichkeitstest. Dazu wird dir etwas Blut abgenommen und mit zahlreichen Nahrungsmitteln versetzt, um zu schauen, ob und wo sich Antikörper bilden. Es kann sein, dass dein Körper Probleme hat, bestimmte Nahrung zu verwerten. Dabei spielt es keine Rolle, ob Eiweiß, Kohlenhydrate, Fett oder Gewürze. Mancher Mensch ernährt sich besonders gesund und isst überwiegend Gemüse und Obst und wundert sich trotzdem, dass es ihm bei bestimmten Sorten nicht besonders gut geht nach dem Essen. Wie gesagt, was dem einen bekommt, bekommt dem anderen eventuell nicht. Das hat nichts mit Herummäkeln zu tun, sondern liegt an der verschiedenen Verwertbarkeit im Darm und Verdauungstrakt derselben Nahrung bei verschiedenen Menschen.

In seltenen Fällen kann ein Mensch eine bestimmte Nahrung überhaupt nicht zu sich nehmen, wenn er eine Allergie dagegen hat. Das kann sogar lebensbedrohlich werden unter Umständen. Eine Lebensmittelallergie ist etwas völlig anderes als eine Nahrungsmittelunverträglichkeit. Eine Allergie hat mit deinem Immunsystem zu tun, eine Unverträglichkeit mit deinem Verdauungssystem. Eine pollenassoziierte Nahrungsmittelallergie als dritte Form im Bunde gibt es auch noch, Menschen mit Heuschnupfen können ein Lied davon singen. Ursache hierfür sind Eiweißstoffe in Blütenpollen, die den Eiweißen in manchen Obstsorten ähneln.

Achte daher bitte einmal nach dem Essen darauf, wie dir dein Essen bekommt.

Falls du dich überwiegend gesund ernährst und trotzdem häufig erkältet und krank bist oder dich schlapp fühlst, dann lasse bitte einmal deinen Vitamin-D3 Gehalt im Blut prüfen. Liegt der im »roten« Bereich, ist das mit hoher Wahrscheinlichkeit der Grund dafür. Vor allem Büromenschen sind betroffen, da diese sich innerhalb von Gebäuden aufhalten und ein Kontakt zur Sonne wenig stattfindet. Vitamin D3 kann dein Körper selbst bilden, er benötigt dafür aber die Hilfe der Sonne.

Wenn du hin und wieder einmal so richtig Appetit auf etwas Ungesundes hast, dann gönne es dir von Herzen. Beiß herzhaft hinein und lass es dir schmecken, wenn du es verträgst; egal was es ist. Es ist gut für deine Seele und dein Glücksgefühl. Die Bedingung ist jedoch: in Maßen, immer mal, hin und wieder, 2 bis 3 Mal im Monat. Ich selbst mache 2 bis 3 Mal im Monat einen »Schlemmertag« und da lasse ich es mir so richtig schmecken. Egal, was es ist, und mit Hochgenuss, hmmmh ...

Gesundes Essen erfordert eine gewisse Planung und Voraussicht. Das ist nämlich gerade das Verlockende und Verführerische an Fertiggerichten, Pizza, Fastfood, Schokoriegeln, Keksen & Co. – die sind so wunderbar praktisch, handlich und genau richtig für unterwegs abgepackt. Und die schmecken ja auch noch so lecker ... Das macht es den meisten Menschen verständlicherweise nicht leicht. Hier brauchst du schon eine gehörige Portion Überwindungskraft, um dem zu widerstehen. Wie gesagt, 2-3 Mal im Monat ist das kein Problem. Es wird zum Problem, wenn du es täglich machst. Dann darfst du dich aber auch nicht über deine Speckfalten und »Rettungsringe« beklagen.

Überlege dir, was du unterwegs problemlos mitführen kannst. Das geht ohne Schwierigkeiten mit Trockenfleisch, Nüssen und Samen. Dazu steckst du dir etwas Obst ein. Bist du länger unterwegs, dann stelle dir deine Brotbüchse zusammen mit all den gesunden Leckerlis, die dir bekommen. Das ist nicht nur gesund, vorausschauend, sondern schont auch deinen Geldbeutel.

Alle Lebewesen, so auch du, werden älter und verändern ihren Ernährungsbedarf. Das heißt, mit zunehmendem Alter verändert sich der Stoffwechsel bei dir. Dadurch kannst du dieselbe Menge an Nahrung / Kalorien nicht mehr verwerten wie in jungen Jahren. Sprich: Wenn du weiter genau dieselbe Menge an Essen mit 40 oder 60 zu dir nimmst wie mit 20 Jahren, dann wirst du dicker werden.

Eine Sache liegt mir noch am Herzen:
Sehr viele Menschen auf der Welt interessiert es nicht, wie sie sich ernähren, weil sie nicht einmal wissen, ob sie überhaupt genug zu essen haben.
Es ist ihnen egal, was es gibt, Hauptsache, sie bekommen etwas zwischen die Zähne.

Ein kleiner Teil der Menschen, zu denen auch wir in Europa zählen, hat ein Ernährungsluxusproblem. Überall gibt es ausreichend Nahrung. Wir sind viel zu fett im Durchschnitt und haben Übergewicht und werden durch falsche Ernährung krank, obwohl wir mehr als genug zu essen haben. Wir wissen den Wert eines Nahrungsmittels sehr häufig nicht mehr zu schätzen. Früher mussten sich die Menschen überall auch bei uns viel und weit bewegen, um etwas zu essen zu bekommen. Heute brauchen sie sich für viel zu viel Essen kaum noch zu bewegen.

Dass es hierzulande ausreichend zu essen und zu trinken gibt, das war nicht immer selbstverständlich. Das ist eine Errungenschaft unseres Landes der letzten Jahrzehnte. Gleichzeitig hat diese Errungenschaft dazu geführt, dass sich die meisten Menschen kaum noch Gedanken darüber machen, was sie eigentlich alles an Schrott in sich hineinschaufeln. Nach dem Motto »Hauptsache, es schmeckt« wird gefuttert, was das Zeug hält.

Essen ist bei uns so preiswert – ich behaupte, manchmal zu preiswert. Die meisten Menschen schauen auf den Preis. Da wird das billigste Brot, das billigste Fleisch, das billigste Obst und Gemüse gekauft. Am besten in XXL. Alles muss natürlich höchste Qualität haben und soll nach Möglichkeit »nichts« kosten. Quantität geht vor Qualität.

Und genau hier liegt das Problem. Natürliche, heimische Lebensmittel aus der Region, die gesund sind und dich satt machen, haben einen bestimmten Preis. Egal ob Obst, Gemüse, Getreide oder Fleisch – diese gesunden Nahrungsmittel werden in Deutschland in ausreichendem Maße produziert und sind von erstklassiger Qualität. Direkt vor deiner Haustür, schau dich einfach einmal um. Es gibt kaum ein Land in der Welt, wo Essen und Trinken so »sicher, kontrolliert, transparent, nachhaltig und umweltschonend« hergestellt werden wie bei uns in Deutschland. Bitte beachte das, wenn du das nächste Mal einkaufen gehst. Danke.

Dein Schlaf und deine Erholung

Sei behütet auf deinen Wegen.
Sei behütet auch mitten in der Nacht.
Durch Sonnentage, Stürme und auch Regen
Hält der Schöpfer über dir die Wacht.
Volkslied / Tauflied

Schlafen ist ein Grundbedürfnis. Ohne Schlaf kannst du nicht überleben. Maximal 96 Stunden kannst du ununterbrochen wach sein, dann schläfst du automatisch ein, der Körper zwingt dich in die Knie – Gott sei Dank!

Dein Körper ist wie ein Akku. Morgens aufgeladen, hat er volle Energie, die im Tagesverlauf weniger wird und gegen Abend in Richtung null wandert. Dann ist dein Akku leer und er muss wieder aufgeladen werden. Genau wie bei deinem Handy. Das steckst du an die Steckdose und deinen Körper steckst du ins Bett. Aber bitte beide getrennt schlafen.

Leider kannst du nicht vorschlafen. Das bedeutet, gewöhne dir regelmäßige Schlafzyklen und Uhrzeiten an. Da Schlaf relativ ist, benötigen manche Lebewesen weniger Schlaf, manche mehr. Eine Giraffe kommt beispielsweise mit 2 Stunden Schlaf aus, während das Faultier mit 20 Stunden fast den ganzen Tag verpennt. Finde heraus, wie viele Stunden dir guttun. Und dann sorge dafür, dass du immer diese Stunden schläfst. Es kommt dabei nicht auf die Zeit, sondern auf die Qualität deines Schlafes an. Du kannst dich 9 Stunden im Bett herumquälen und fix und fertig sein. Du kannst auch nur 6 Stunden schlafen und bist fit wie ein Turnschuh. Ob du gut geschlafen hast, merkst du, wenn du voller Freude die Augen aufmachst und dich wie neugeboren fühlst.

Vermeide zeitliche Extreme. Gehe immer zur gleichen Zeit ins Bett und stehe etwa zur gleichen Zeit auf. Dein Körper stellt sich mit der Zeit darauf ein.

Weil das Schlafbedürfnis der Menschen höchst unterschiedlich ist, triffst du immer wieder Leute, die hellwach, munter und fröhlich sind. Es begegnen dir aber auch Menschen, denen man die Streichhölzer in die Augen stellen muss, damit sie wach bleiben.

Auch das ist o. k., sie haben einen anderen Rhythmus. Ideal für diese sogenannten Morgenmuffel ist es, ihren eigenen, auf sie zugeschnittenen, Tagesablauf zu gestalten. Das kann dann erst um 9 Uhr morgens beginnen und bis abends gehen. Wenn sie sich damit wohlfühlen, ist das in Ordnung. Verurteilen bringt hier nichts. Jeder muss sein Tempo fahren, damit er selbst in Einklang kommt.

Wenn du allerdings fast jede Nacht schlecht schläfst und jeden Tag mehr oder weniger als »ätzend« empfindest, dann ist bei dir etwas gewaltig in Unordnung. Ständig schlecht zu schlafen ist absolut nicht normal! Schlaf bedeutet aktive Vorsorge für dich und deinen Körper. Natürlich musst du nicht gleich den Notarzt rufen, wenn du mal schlecht geschlafen hast. Wenn du dich aber täglich mit Schlaftabletten zudröhnst und erholsamer Schlaf ein Fremdwort für dich ist, dann wird es allerhöchste Zeit, nach den Ursachen zu forschen. Auf Dauer beraubst du dich wertvoller Lebensenergie und fährst mit angezogener Handbremse durchs Leben.

Es kann vorkommen, dass du früh am Morgen aufwachst, bevor dein Wecker klingelt, oder am Wochenende, wenn er gar nicht klingelt. Du bist hellwach und munter? Dann steh auf. Wenn du dich im Bett von einer Seite auf die andere schlägst, schläfst du irgendwann wieder ein und bist wie gerädert. Dann nutze doch die Gunst der Stunde und tue etwas, was du schon immer mal machen wolltest. Jetzt hast du die Zeit dafür und niemand stört dich. Morgenstunde hat bekanntlich Gold im Munde.

Wenn du gegen Mittag müde bist und die Möglichkeit hast, dann mache ein schönes Mittagsschläfchen, das ist wunderbar erholsam. Vor allem am Wochenende solltest du dir das gönnen und genießen. Bitte schlafe zu Mittag aber nur maximal 30 Minuten, sonst schaltet dein Körper in den Nachtrhythmus. Du bist ja schließlich kein Baby mehr.

Vor dem Schlafengehen solltest du keine gruseligen Sachen im Fernsehen gucken oder andere nervenbeunruhigende Dinge tun. Das ist überhaupt nicht gut für deinen Schlaf. Die Bilder und Töne schwirren in deinem Kopf herum und lassen dich nicht einschlafen. Lies lieber ein schönes Buch oder unterhalte dich mit Freunden und Familienangehörigen. Vielleicht hilft dir auch ein regelmäßiges Ritual am Abend, welches dir signalisiert, dass es Zeit zum Schlafen ist. Dein Unterbewusstsein wird dann automatisch informiert, dass du dich Richtung Bett bewegen sollst.

Wie man sich bettet, so schläft man.

Dein Bett sollte von allerhöchster Qualität sein. Wie auch bei deinen Schuhen solltest du beim Bett nicht am falschen Fleck sparen. Matratze, Lattenrost und Unterbau müssen perfekt aufeinander abgestimmt sein und dich so platzieren, dass deine Wirbelsäule gerade liegt. Gehe in ein gutes Fachgeschäft und lasse dich beraten. Sehr gute Geschäfte bieten dir kostenloses Probeliegen über einen bestimmten Zeitraum an, dann kannst du die Matratze testen. Kaufe dir ein Bett, das lang und breit genug für dich ist und in dem du es dir so richtig gemütlich machen kannst. Bedenke, du verbringst etwa ein Drittel deines Lebens im Bett und von daher kommt deinem Bett höchste Aufmerksamkeit zu, wenn es um gesunden Schlaf geht.

Dein Körper verfügt über eine Art Notprogramm. Das schaltet er zum Beispiel ein, wenn du einmal eine Nacht durchmachen musst. Dann werden Reservetanks angezapft, die für solche Notfälle gedacht sind. Auch Studenten kennen das, wenn es wieder einmal heißt, eine Nacht durchmachen zu müssen. Aber sei vorsichtig: Das ist ein Notprogramm deines Körpers und nicht für den Dauerbetrieb gedacht, wie auch dein Notrad im Auto nicht für den Normalbetrieb gedacht ist.

Auf Dauer schädigst du deine Reserve und hast sie dann im echten Notfall nicht mehr zur Verfügung.

Biorhythmus

Ideal schlafen heißt im Einklang mit der Natur schlafen. Natürlicher Schlaf eben.

Du stehst auf, wenn du wach bist und dich ausgeschlafen fühlst. Du gehst ins Bett, wenn du müde bist. Du entfernst alles Störende aus deinem Schlafzimmer, wie zum Beispiel Fernseher, Handy, PC oder Ähnliches.

Im Sommer stehst du etwas früher auf, weil die Sonne zeitiger aufgeht, und bleibst abends länger auf. Im Winter schaltest du auf Sparmodus und schläfst morgens länger, weil die Sonne erst später aufgeht. Du gehst eher ins Bett, weil die Sonne früher untergeht. Das ist das Optimum.

Wie sieht die Realität aus?

Wir leben in einer hoch entwickelten Gesellschaft. Der damit verbundene Wohlstand hat seinen Preis. Er kostet dich deinen idealen Biorhythmus.

Du musst früh aufstehen, obwohl du noch müde bist. Du musst manchmal ins Bett gehen, obwohl du noch nicht müde bist, weil du zeitig rausmusst.

Die Gesellschaft zwängt dich als Arbeitnehmer in ein zeitliches Korsett: Arbeitsbeginn ist morgens um X Uhr, Arbeitsende nachmittags um Y Uhr. Du bist gezwungen, dich diesem Korsett anzupassen. Das gilt für Schüler wie Erwachsene gleichermaßen.

Das Wichtige besteht für dich darin, DEINEN Rhythmus zu finden und diesen, so oft es geht, zu leben. Mit der Zeit spielt sich eine Regelmäßigkeit ein, in der du dich wohl fühlst – auch in der Schule und auf Arbeit.

Lebst du auf Dauer gegen deinen inneren Rhythmus, wird dir das nicht bekommen. Du bist immer müde und schlapp und damit nicht leistungsfähig.

Denke immer daran: Der Normalzustand heißt Gesundheit, nicht Krankheit! Gesund zu sein, das ist normal. Das ist der Zustand, der für dich gedacht ist, den es immer anzustreben gilt.

Pausen und Urlaub

Ziel muss es sein, deinen Körper immer auf höchstem Energieniveau zu halten. Neben gesunder Ernährung geht das nur über regelmäßige Pausen. Mit Pausen meine ich Pausen zur Erholung. Ich meine keine Pausen, wo du andere Dinge erledigst und dich mit tausend anderen Sachen beschäftigst. Die stressen deinen Körper und bringen dir keine Erholung. Pausen sind für dich zwingend erforderlich, wenn du lange durchhalten und gute Leistung bringen willst. Ausruhen ist eben auch eine Kunst des Arbeitens. Wenn dein Körper dir signalisiert, dass er zur Ruhe kommen möchte, dann höre auf ihn. Sage auch einmal Nein, du musst nicht immer auf allen Hochzeiten tanzen; du verpasst schon nichts im Leben.

Am besten ist es, du machst regelmäßig kleinere Pausen. Dazu genügt manchmal eine Minute. Mache dann gar nichts, schließe deine Augen und nimm ganz bewusst die Ruhe und das Nichtstun wahr. Wenn du viel stehst, dann setze dich kurz hin. Wenn du viel sitzt, dann stehe kurz auf und beweg dich. Zwinge dich zu kurzen und regelmäßigen Pausen, in denen du nichts tust. Deine Leistungsfähigkeit wird steigen – und keine Angst: Deine Aufgaben schaffst du trotzdem alle. Ich behaupte, sogar besser als jemals zuvor.

Wenn Menschen sich damit rühmen, besonders lange zu arbeiten, immer erreichbar zu sein und scheinbar keine Pausen oder Urlaub zu benötigen, dann sind diese Menschen zu bedauern. Sie schaden sich am allermeisten, ohne es sich eingestehen zu wollen. Arbeiten wie ein Bekloppter heißt nicht automatisch, dass du gescheit arbeitest. Du arbeitest viel, sicher, aber du arbeitest dich selbst kaputt. Niemand ist unersetzbar, niemand muss immer erreichbar sein, niemand ist in der Lage, permanent zu arbeiten.

Wenn einmal Not am Mann ist, es in der Firma »brennt« oder eine andere bedrohliche Situation da ist, dann versteht es sich von selbst, mehr, länger und härter zu arbeiten als sonst. Es gilt, die Situation zu überstehen und mögliche Schäden abzuwenden. Du musst deine gesamte Kraft zur Lösung des Problems zur Verfügung stellen. Du bist da, man kann auf dich zählen. Du bist ein Garant in Krisensituationen.

Aber: Derartige Zustände dauern nicht ewig an, sie sind vorübergehend.

Urlaub ist die Zeit für dich und deine Familie zur Erholung. Ich empfehle dir dringend, nicht nur daheim herumzuhängen. Die Versuchung ist zu groß, dass du in den alltäglichen Trott zurückfällst. Unternimm etwas, verreise einmal und schau dir andere Gegenden und Länder an. Das weitet deinen geistigen Horizont und du kommst auf andere Gedanken und lernst viele Menschen kennen. Im Urlaub ist Arbeit tabu. Echter Urlaub beginnt beim Verlassen der Wohnung oder des Hauses und nicht erst am Urlaubsziel.

Fahre deine Maschine, dein Auto im Urlaub herunter und lade deine Akkus wieder vollständig auf. Lass Firmenlaptop und Diensthandy daheim und stelle um auf deine Vertretung. Wenn du ohnmächtig oder tot umfallen würdest, ginge es auch ohne dich. Kein Job der Welt rechtfertigt es, deine Gesundheit zu ruinieren.

Konzentriere dich nicht nur auf deinen Haupturlaub im Jahr. Der könnte mal nicht so laufen oder das Wetter nicht so sein ... Versuche, zwischendurch kleine Kurzurlaube zu machen. Die bringen dir schnell eine Auszeit, und die Vorfreude auf die nächste Erholungsphase steht bald wieder an. Und zu guter Letzt lädst du dadurch deinen Akku regelmäßig auf und bleibst sehr leistungsfähig. Sonst läufst du Gefahr, deinen Akku bis auf null herunterzufahren. Das dauert weitaus länger, ihn wieder aufzuladen und die volle Leistung zu bringen. Sehr oft sind Menschen mit hoher Arbeitsbelastung, die kaum Urlaub machen und immer erreichbar sind, genau in diesen freien Tagen krank. Der Körper schaltet dann das Notprogramm ein, weil das die einzige Möglichkeit für ihn ist, sich endlich einmal zu regenerieren. Auf Dauer schädigst du deinen Körper damit, denn der kennt dann nur zwei Zustände: Arbeit und Krankheit.

Dein Sport und deine Fitness

Wenn du kritisiert wirst, musst du irgendetwas richtig machen.
Man greift nur denjenigen an, der den Ball hat.
Bruce Lee

In der Schule ist er Pflicht. Ich spreche vom Sportunterricht. Auch wenn du diese Stunden ätzend findest, so sind sie trotzdem eine hervorragende

Abwechslung zum viel zu langen Herumsitzen. Du hast die Möglichkeit, dich endlich einmal zu bewegen. Denn nur Sitzen hat Mutter Natur für den Menschen nicht vorgesehen. Der soll sich bitte schön bewegen, rennen, laufen, springen, auf Bäume klettern, hinsetzen, die Beine baumeln lassen, liegen und so weiter. Von allem immer mal etwas und querbeet. So sieht gesunde Bewegung aus.

Doch was ist die Realität? Du stehst auf und setzt dich an den Frühstückstisch. Du sitzt auf dem Klo. Du sitzt im Bus. Du sitzt im Unterricht. Du sitzt beim Mittagessen. Du sitzt bei den Hausaufgaben. Du sitzt beim Abendbrot. Du sitzt vor dem Fernseher. Du sitzt und sitzt und sitzt.
   Später kommen dann noch die Meetings dazu, bei denen du natürlich sitzt. Und viele Berufstätige fahren mit dem Auto zur Arbeit und sitzen.

Wenn du die Schule beendet hast, so hast du keinen kostenlosen Sportunterricht mehr. Ab dann musst du Geld dafür ausgeben oder dich selbst kostenlos fit halten. Was du davon letztlich machst, ist deine Sache. Aber: Bitte entscheide dich für eine der beiden Varianten und treibe auch nach dem Schulbesuch weiter regelmäßig Sport. Binde dir diese Pflicht zur Sportstunde ans Bein bis ins hohe Alter. Mache aus der Pflicht einen Spaß, einen Sport-Spaß bis ans Lebensende.

Es ist vollkommen egal, ob du läufst, schwimmst, reitest, kletterst oder in einer Mannschaft spielst. Wichtig ist, dass du dich regelmäßig bewegst, und zwar mindestens 30 Minuten und das möglichst 2 bis 3 Mal die Woche. Gewöhne dir regelmäßigen Sport an wie das Zähneputzen. Es muss zu einer Routine für dich werden, über die du gar nicht mehr nachdenkst.

Ich habe zwei kleine Tests zwischendurch für deine Beweglichkeit und Balance:

1. Setze dich einmal auf den Fußboden und strecke deine Beine aus. Kommst du mit den Händen an deine Fußspitzen, wenn du die Beine gestreckt hältst?
2. Stell dich gerade hin und hebe ein Bein an, ohne Zuhilfenahme der Hände. Kannst du auf einem Bein 30 Sekunden stehen? Und kannst du dabei auch die Augen schließen?

Wenn du beide Übungen problemlos schaffst, dann bist du beweglich und kannst das Gleichgewicht gut halten. Sprich, du hast eine prima Körperbeherrschung.

Bist du berufstätig und sitzt dort überwiegend, dann bewege dich, so oft es möglich ist. Stehe auf, wenn du telefonierst. Drucke auf dem entferntesten Drucker dein Papier aus. Nimm die Treppe statt des Aufzugs. Spaziere in der Pause an der frischen Luft. Mache statt einer Sitzung eine »Stehung«. Die Teilnehmer werden sich bestimmt nicht unendlich lange aufhalten und tun gleichzeitig etwas Gutes für sich. Und am Abend daheim machst du Sport. Das ist dein Ausgleich für dein ständiges Herumsitzen.

Trainiere deine Ausdauer. Ausdauer bekommst du nicht von heute auf morgen, aber durch regelmäßiges Sport-Treiben. Das kommt von ganz allein mit der Zeit, du musst aber dranbleiben. Ausdauer beim Sport bringt dir viele Vorteile: Du bist fit in der Schule und im Beruf und ermüdest nicht so schnell. Du bist belastbar und länger konzentriert bei der Sache. Dir geht nicht so schnell die Puste aus und du hast einen trainierten Körper.
Ein trainierter Körper muss nicht aussehen wie ein Bodybuilder. Das sind zwar echte Muckis, aber alles nur oberflächliche Muskeln. Klar, das sieht (bis zu einer gewissen Grenze) cool aus, der hebt dich mit einer Hand hoch und lächelt noch dabei. Aber schick mal so einen Menschen drei Runden um den Block. Der kann sich kaum noch bewegen und ist fix und fertig, wenn er überhaupt so weit kommt.

Ein trainierter, muskulöser Körper hat vor allem Tiefenmuskeln. Die sitzen nicht an der Oberfläche, sondern weiter darunter. Und genau die solltest du trainieren. Die machen dich ausdauernd, kräftig und zugleich beweglich, denn darauf kommt es an. Wenn du einen Traumkörper bei einem Menschen gesehen hast, dann mach dir doch ein Foto und häng es dir an deine Wand. Und dann trainierst du eisern, bis du auch so aussiehst.

Kondition

Kondition bedeutet Ausdauer. Ausdauer zu haben bedeutet echte Fitness zu besitzen. Kurzfristiges Powern ist keine große Kunst. Die Kunst für dich besteht darin, dass du dir langfristig Kondition antrainierst. Du gibst nicht auf und dir geht nicht so schnell die Puste aus; du hast lange Energie. Das bringt eine Menge Vorteile im Beruf, in Beziehungen und beim Sport. Eine hervorragende Kondition wirkt sich positiv auf alle deine vier Lebensbereiche aus. Dein Lebensauto tickt wie ein Uhrwerk, ist hoch leistungsfähig und fährt unbeschwert dahin.

Es gibt den sogenannten Body-Mass-Index (BMI). Dieser setzt dein Gewicht und deine Körpergröße in ein bestimmtes Verhältnis. Liegt die Zahl unterhalb eines bestimmten Wertes, giltst du als untergewichtig; liegt sie darüber, dann bist du übergewichtig. Ansonsten bist du normalgewichtig.
   Ich zeige es dir anhand eines Beispiels, nämlich meines Körpers. Ich bin 1,83 m groß und wiege 85 kg. Der BMI errechnet sich aus Körpermasse (85 kg) dividiert durch die Körpergröße im Quadrat (1,83 m x 1,83 m = 3,35 m²). Das ergibt dann bei mir einen BMI von 25,4 kg / m².

Sieh diese Zahl als Anhaltspunkt an, aber nicht als absolute Größe. Alter und Geschlecht spielen hierbei eine große Rolle. Wenn du einen trainierten und muskulösen Körper hast, dann wirst du in aller Regel nach BMI etwas übergewichtig sein. Das liegt an deinem Fleisch-Fett-Verhältnis. Das verschiebt sich mehr in Richtung des Fleisches, also deiner Muskeln. Und Muskeln wiegen deutlich mehr als Fett. Schau dich lieber im Spiegel an und betrachte deinen Körper. Wenn du zufrieden damit bist, dann ist alles gut. Aber wenn nicht, dann leg los und unternimm etwas! Das tut niemand für dich.

Lass das Kalorienzählen sein. Das kann richtig in Stress ausarten. Achte vielmehr auf eine natürliche, ausgewogene und vielseitige Ernährung mit unbehandelten Lebensmitteln. Iss regelmäßig und nur, wenn du Hunger hast. Überfriss dich nicht. Meide ungesunde Nahrung. Dann hast du neben deinem Sport alles für deine Fitness getan.

Die Geschichte vom Sambal oelek

Ich begann gerade mit meinem Studium in Göttingen. Zum Geburtstag bekam ich von meinem damaligen Vermieter einen Gutschein für ein Essen in einem griechischen Restaurant geschenkt.

Die Freude war groß, denn ich war bis dahin noch nie beim »Griechen« gewesen. Mal so richtig satt essen, wunderbar. Gut und günstig, das lieben Studenten!

Ich lief zu Fuß zum Restaurant, welches nicht allzu weit von meiner Wohnung entfernt war. Dort angekommen, nahm ich an einem einzelnen Tisch Platz und wartete auf die Bedienung.

Diese kam auch bald und ich bestellte einen O-Saft. Danach las ich ausgiebig die Speisekarte und entschied mich für eine große Portion Gyros mit Reis und Tsatsiki. Das klang gut und ich hatte auch schon davon gehört.

Ich musste nicht lange warten und schon kam die bestellte Portion auf meinen Tisch. Hmmm, das roch wirklich lecker!

Auf dem Tisch stand in der Mitte ein Körbchen mit allerlei Zubehör: Salz, Pfeffer oder Öl wollte ich nicht, ich entschied mich für den Ketchup. »Ganz schön kleine Flaschen für Ketchup haben die hier nur«, dachte ich. Das reicht ja kaum für eine Person. Ich war echt froh, dass ich allein essen gegangen war. So brauchte ich nicht zu sparen. Notfalls konnte mir die Bedienung das Fläschchen wieder voll machen.

Sobald der komplette Inhalt der Flasche schön auf meinem »Berg« von Gyros und Reis verteilt war, konnte es endlich losgehen.

Ich nahm die Gabel ordentlich voll und schob sie genussvoll in den Mund.

Circa 3 Sekunden später stockte mir der Atem. Was war das? Feuer! Schmerz! Ich nahm sofort meinen O-Saft und leerte ihn am Stück. Doch das half nicht. Ich hatte das Gefühl, meine Augen rutschten 10 cm nach vorn, mein Mund brannte lichterloh, ich konnte ihn nicht schließen und schlürfte die Luft zum Atmen hindurch wie jemand, der am Verdursten ist.

Nach ein paar Minuten war ich in der Lage, wieder normal zu denken. Gott sei Dank war das Lokal nicht allzu voll, so dass vermutlich niemand meine feuchten Augen und Atemübungen bewusst wahrnahm.

Da ich natürlich Hunger hatte und das Essen ja schließlich »umsonst« war, entschloss ich mich, die Portion ohne »Ketchup« weiterzuessen. Also kratzte ich das rote Zeug vom Teller, so gut ich konnte – unauffällig, versteht sich.

Das Ganze dauerte geschätzte 20 Minuten, schließlich war allerhand Essen auf dem Teller.

Ich aß tatsächlich die ganze Portion zu Ende. Mein Hunger war größer als mein Schmerz. An Geschmack war nicht zu denken, ich kam mir vor wie ein Feuerschlucker.

Als ich fertig war, bestellte ich mir zum Schluss noch etwas Wasser zu trinken. Das war aber auch keine wirkliche Linderung. Bei der Gelegenheit fragte ich die Bedienung, was für ein Ketchup das denn sei. Diese zeigte sich sichtlich erstaunt darüber, dass nichts mehr in der Flasche war. Bei dem Ketchup handele es sich um Sambal oelek, ein sehr scharfes Gewürz. Da würde eine Messerspitze schon genügen.

Na prima! Messerspitze reicht aus. Ich hatte einen kulinarischen Volltreffer gelandet.

Deine Vorsorge

> *Ob du glaubst, du kannst es, oder ob du glaubst,*
> *du kannst es nicht, du hast auf jeden Fall Recht.*
> *Henry Ford*

Den Kopf halt kühl, die Füße warm, das macht den reichsten Doktor arm. Das ist eine Volksweisheit. Vorbeugen ist besser als Heilen – das ist noch eine. Setze alles daran, dich und deinen Körper in bestechender Form zu halten. Du bist ganz allein für dich und deinen Körper verantwortlich und triffst alle Entscheidungen, die dazu führen, dass du jetzt genau so aussiehst, wie du aussiehst.

Wenn bei deinem Auto eine Warnlampe leuchtet, was tust du dann? Nimmst du das überhaupt wahr? Oder juckt dich das überhaupt nicht?

Oder hoffst du, dass die Unannehmlichkeiten irgendwann von allein weggehen? Diese Fragen kannst nur du beantworten.

Wenn du das erste gelbe oder orangefarbene Lämpchen ignorierst, ist das zunächst nicht weiter schlimm. Du kannst noch eine Weile so weitermachen. Nach einer bestimmten Zeit ändert das Lämpchen seine Farbe in Rot oder es leuchten weitere Lämpchen auf. Das sind dann ernst zu nehmende Hinweise deines Autos, die dir sagen, dass etwas nicht in Ordnung ist. Spätestens dann solltest du etwas dagegen tun. Wenn du die Signale immer noch ignorierst, so nach dem Motto »Wird schon wieder«, dann musst du irgendwann etwas unternehmen. Denn dann hat dein Auto einen Schaden. Und je nach Art des Schadens kann der behoben werden oder aber nicht.

Mit deinem Körper verhält es sich ganz genauso. Er sendet dir gelbe und orangefarbene Hinweise. Das können zum Beispiel sein: ständige Müdigkeit, Kopfschmerzen, Migräne, Übelkeit, Durchfall, Verstopfung, Antriebslosigkeit, Mundgeruch, tränende Augen, Husten, Hautveränderungen, Unzufriedenheit mit sich und der Welt, Zahnschmerzen, Zahnfleischbluten, Schwindel, Schmerzen in Gelenken und so weiter.

Diese Hinweise sendet dir dein Körper aus einem Grund: Er möchte dich darauf hinweisen, dass etwas bei dir nicht in Ordnung ist. Er ist unter den aktuellen Umständen nicht in der Lage, sich selbst aus der Misere zu befreien, und wartet auf deine Unterstützung, um dich wieder ins Optimum zu bringen.

Verwehrst du deinem Körper die Unterstützung, dann wird er sich nach anderen Möglichkeiten umsehen, um sich Gehör zu verschaffen. Und diese anderen Möglichkeiten sind rote Warnlampen, die weitaus unangenehmer sein können. Beispiele: Du schläfst in der Schule, im Beruf oder beim Autofahren ein. Du übersiehst ein Hindernis. Ein Zahn fällt dir aus. Du fällst plötzlich um oder hast einen Schwächeanfall. Du hast Blut im Stuhl. Du bist laufend krank und wirst irgendwie nicht richtig gesund.

Das sind Beispiele für Signale deines Körpers, denen du unbedingte Aufmerksamkeit schenken solltest. Diese Hinweise sollen dich alarmieren, dass bei dir etwas gewaltig nicht stimmt.

Was kannst du alles tun, um deine Gesundheit lange zu bewahren und Krankheiten vorzubeugen?

Achte auf deine Darmgesundheit. 70 % deiner Gesundheit liegt in deinem Darm. Wenn dein Darm gesund ist, bist auch du gesund. Dein Darm ist entscheidend dafür verantwortlich, wie die aufgenommene Nahrung mit allen lebenswichtigen Elementen verwertet wird. Sie gelangt von dort aus ins Blut und versorgt nahezu alle wichtigen Organe. Wenn dieser Mechanismus gestört ist, dann bekommen deine Organe nicht den Sprit, den sie brauchen, und können logischerweise nicht die Leistung erbringen, die du willst. Bringe also als Erstes deine Darmflora in Ordnung.

Treibe regelmäßig Sport und schlafe ausreichend. Schlaf ist die Ruhetankstelle für deinen Körper. Wenn du ausgeschlafen bist, dann bist du leistungsfähig und motiviert.

Bewege dich, wenn möglich, immer an der frischen Luft. Gehe ins Freie bei jedem Wetter und atme tief durch. Die Sonne ist dein Freund und idealer Lieferant für Vitamin D, welches über die Haut aufgenommen wird. Ohne Sonne verkümmerst du. Setze dir im Winter oder bei kaltem Wetter eine Mütze auf. Egal, wie das aussieht, es verhindert extremen Wärmeverlust über deinen Kopf und du frierst nicht.
   Schütze deinen Hals vor Wind und Zugluft. Nimm ein Tuch, einen Schal oder eine Jacke, deren Reißverschluss du bis zum Kinn hochziehen kannst. Halte deinen Hals immer warm, dann beugst du Erkältungen vor. Und auch gegen das Lutschen eines zuckerfreien Bonbons ist nichts zu sagen. Hin und wieder, versteht sich.

Zieh dich warm an im Winter. Schicke und dünne Klamotten machen keinen Sinn, wenn du dabei frierst. Was bringt es dir für Punkte, wenn du gut gekleidet bist, aber darin zitterst wie ein Schlosshund und ein paar Tage später krank im Bett liegst? Schutz vor Kälte sollte Vorrang haben.

Wasche dir regelmäßig die Hände (nach dem Klo und vor dem Essen …) und fass nicht alles an. Insbesondere Türklinken, Geländer und dergleichen sind hervorragende Orte für Keime und Viren. Du weißt nicht, wer dort schon alles angefasst hat. Wenn notwendig, dann benutze deinen

Unterarm zum Türöffnen oder zieh den Pullover über die Hand und öffne dann. Vor allem in der kalten Jahreszeit sind viele Menschen erkältet und verbreiten auf diese Weise ihre Bazillen. Musst du niesen, dann niese in deine Armbeuge und nicht in die Hand. Derartige »Erfrischungen« darfst du selbst behalten. Sollte dir ein erkälteter Mensch die Hand reichen zum Gruß, so darfst du gern ablehnen. Meide Räume, in denen sich erkältete Leute aufhalten, und fasse nach Möglichkeit so wenig wie möglich Gegenstände an.

Meide Gegenden mit Lärm. Permanenter Lärm verursacht Stress und macht krank. Meide Bereiche mit Abgasen, allgemein schlechter Luft oder Kneipen, in denen noch geraucht wird. Es ist deine Gesundheit. Besonders »toll« sind überfüllte Wartezimmer bei Ärzten, in denen gehustet und geniest wird wie verrückt, und du sitzt mittendrin als gesunder Mensch, der eigentlich nur ein Rezept braucht. Frage nach, wann du etwa an der Reihe bist, und dann verbringe die Wartezeit lieber draußen.

Schicke dein Lebensauto (deinen Körper) regelmäßig zum TÜV bei verschiedenen Ärzten, mache Check-ups. Frauen sind in aller Regel vorbildlicher als Männer, die das Ganze etwas lockerer sehen. Sie machen auch öfter Wellness-Wochenenden als Männer und gönnen sich Massagen. Probiere es einmal aus, das ist überhaupt nicht unmännlich: Besuche die Sauna, gehe ins Schwimmbad und in ein Thermalbad, genieße den warmen Whirlpool und lass dich regelmäßig durchkneten auf der Massagebank. Am besten mit einem Loch für den Kopf, damit deine Wirbelsäule nicht verdreht wird. Durch eine Massage werden deine verkürzten Muskeln wieder gedehnt und gelockert und du beugst Verspannungen vor.

Pflege deine Zähne, denn eine bessere Vorsorge kannst du nicht machen. Nehmen wir einmal an, du isst etwa 1 Kilogramm an Nahrung über den Tag. Ich denke, es sind sogar mehr, aber bleiben wir mal bei einem Kilogramm. Das sind 365 kg im Jahr, und wenn du 90 Jahre alt wirst, was ich dir mindestens von Herzen wünsche, dann kommen da knapp 33 Tonnen an Essen zusammen, die du im Verlaufe deines Lebens in dich hineinstopfst. Und diese Nahrung muss komplett durch deinen Mund und von deinen Zähnen zerkleinert werden, damit du sie hinuntergeschluckt bekommst.

Deine Zähne sind deine Mühlsteine, sie sind das härteste Material, das du am Körper besitzt. Sie sind härter als deine Knochen. Pflege sie jeden Tag nach einer Mahlzeit, damit sie lange durchhalten. Am wichtigsten ist das Putzen vor dem Schlafengehen. Warum? Weil du danach etwa 8 Stunden nichts isst, deine Zunge schläft und nicht um die Zähne herumkreist und die Karies-Bakterien einen langen Zeitraum haben, sich ans Werk zu machen. Wenn du abends vor dem Schlafengehen nicht putzt, dann kleben Nahrungsmittelreste auf und zwischen deinen Zähnen. Dieser Zahnbelag ist der ideale Nährboden für Karies-Bakterien. Sie leben im Überfluss und produzieren Säure, die deinen Zahn langsam, aber sicher zerstört. Die ersten Löcher treten auf und irgendwann fällt der Zahn aus.

   Das passiert auch, wenn dir ein Zahn ausfallen sollte und du ihn nicht durch einen künstlichen ersetzt. Dann fehlt der Gegenspieler und der andere fliegt mit der Zeit ebenfalls raus. Suche daher bei Zahnschmerzen umgehend den Zahnarzt auf, bevor der Schaden größer wird.

Ich habe früher nicht auf Mama gehört und süße Limonade vor dem Schlafengehen getrunken und keine Zähne geputzt. Die Quittung waren Karies und Löcher, vor allem an den Backenzähnen. Das führte zu Füllungen (ohne Betäubung) und letztlich zu Zahnkronen für meine Backenzähne. Damit du das nicht auch durchmachen musst, schreibe ich es dir: Putze dir vorm Schlafengehen gründlich die Zähne und danach wird nichts mehr gegessen oder getrunken, sondern geschlafen.

Zähne nach dem Aufstehen zu putzen ist weit verbreitet. Das macht aber keinen Sinn, da du meistens danach frühstückst. Putze lieber nach dem Frühstück wieder. Nach dem Mittagessen kaue einen zuckerfreien Kaugummi, wenn du keine Möglichkeit zum Zähneputzen hast. Oder iss ein Stück Obst, das reinigt die Zähne ebenfalls zu einem großen Teil.

Putze gründlich und mindestens 2 Minuten. Bewährt hat sich die sogenannte KAI-Methode. KAI steht für Kaufläche, Außenseite und Innenseite deiner Zähne. Dabei spielt es keine Rolle, ob du eine manuelle oder elektrische Zahnbürste benutzt. Letztere ist komfortabler. Wichtig ist, dass du den Zahnbelag vollständig herunterbekommst. Dazu kannst du Zahnpasta oder auch Sole verwenden, musst du aber nicht. Reines Wasser genügt auch, du musst dann etwas länger putzen. Das Wichtigste ist, dass du dir überhaupt die Zähne putzt.

Für die Reinigung der Zahnzwischenräume verwendest du Zahnseide. Du wirst erstaunt feststellen, was dort alles zu finden ist. Für die Zunge gibt es einen Zungenschaber. Entferne damit den Belag von der Zungenoberfläche, so weit du kommst. Deine Zunge gibt wichtige Hinweise auf deinen Gesundheitszustand. Starker Zungenbelag ist ein Zeichen für Krankheitsfaktoren. Gehe einmal im Jahr zum Zahnarzt und lasse deine Zähne kontrollieren und eine professionelle Zahnreinigung durchführen. Mag sein, dass die nicht umsonst ist, aber deine Zähne werden es dir danken.

Wenn du gesunde und schöne Zähne hast, dann wirst du automatisch selbstbewusst durchs Leben gehen. Wenn dich ein natürlicher, hübscher Mensch anlächelt und seine gesunden Zähne zum Vorschein kommen, dann ist das einfach nur schön anzusehen. Schöne Zähne sind dein Aushängeschild! Es gibt Leute, die lachen so herzlich – wegen ihrer schönen Zähne. Und es gibt Leute, die lachen eher verhalten und machen den Mund nicht auf – wegen ihrer Zähne.

Viele Menschen, vor allem Erwachsene, haben große Angst vor dem Zahnarzt. Das wird dich vielleicht erstaunen. Sie haben solche Angst, dass sie sich sogar selbst »behandeln« und Zähne selber ziehen und mit Zahnlücken herumlaufen, bloß, um nicht zum Zahnarzt gehen zu müssen. Das ist natürlich immer eine persönliche Entscheidung jedes einzelnen Menschen, die respektiert werden muss. Bedenke aber, dass du durch gesunde Ernährung und tägliche Zahnpflege selber aktiv dazu beitragen kannst, Zahnprobleme von vornherein zu verhindern. Zahnschmerzen zählen zu den unangenehmsten Schmerzen eines Menschen. Es liegt einzig und allein an dir.

Lachen
Hast du heute schon gelacht? Nein? Dann wird es aber wieder einmal höchste Zeit!
Ich erwähne es jetzt nicht unbedingt wegen der Zähne …
Lachen ist gesund, richtig gesund. Wenn du lachst, dann bewegen sich etliche Muskeln in deinem Gesicht und über 80 Muskeln in deinem gesamten Körper. Eine Minute herzhaft gelacht und du kannst den Sport für heute abhaken …
Aber einmal im Ernst: Wenn du lachst, dann tust du dir etwas Gutes. Ich meine von Herzen lachen, nicht mal nur so ein gezwungenes und aufgesetztes Lachen. Wenn du aus vollem Herzen über etwas lachen kannst, dann tue es.

Ein Säugling oder Kleinkind lacht über 400 Mal am Tag, ein Erwachsener etwa 20 Mal am Tag. Ist das nicht der Wahnsinn!? Erwachsene dürfen durchaus auch lachen, es ist nicht verboten. Natürlich gibt es Momente im Leben, in denen dir nicht zum Lachen zumute ist. Das ist normal. Aber versäume es nicht, jeden Tag wenigstens einmal herzhaft zu lachen. So ganz nebenbei stärkst du dein Immunsystem, pumpst ordentlich Luft durch die Lungen, aktivierst deinen Kreislauf und schüttest jede Menge Glückshormone aus. Und ganz nebenbei steckst du auch deine Mitmenschen an. Denn wenn jemand aus vollem Herzen lacht, können die anderen gar nicht anders als mitzulachen.

Und zur Abwechslung einmal ein Witz für dich:

Ein Mann fragt einen Bauern: »Darf ich über Ihre Weide laufen? Das ist für mich eine Abkürzung, damit ich die Bahn um 16:23 Uhr noch bekomme.«

Der Bauer antwortet: »Klar. Und falls mein Bulle Sie sehen sollte, bekommen Sie sogar die Bahn um 16:11 Uhr noch.«

Tanzen

Tanzt du gern? Wunderbar. Tanzen und sich bei Musik bewegen ist nicht nur extrem gut für deine Gesundheit, es ist aktive Vorsorge gegen Bewegungsmangel. Auch wenn du kein Profitänzer bist, so bewegst du dich zur Musik. Und das tut dir, deinem Körper und deiner Seele richtig gut.

Umarmungen

Wie viele Menschen hast du heute schon umarmt? Ich hoffe, es war mindestens ein Mensch … Umarmungen drücken Nächstenliebe aus. Mit einer Umarmung sagst du: »Ich mag dich, schön dich zu sehen.« Natürlich brauchst du nicht Menschen zu umarmen, die du nicht magst. Aber deine Familie, deinen Partner, deine Kinder, deine Eltern, deine Freunde und gute Bekannte und Nachbarn solltest du regelmäßig umarmen. Es gibt dabei einen Grundsatz:

4 Umarmungen pro Tag und du verhungerst nicht.
8 Umarmungen pro Tag und du bist satt.
12 Umarmungen pro Tag und du bist glücklich.
Ich persönlich möchte jeden Tag glücklich sein!

Innere Ruhe

Weißt du, was auf jedem Hinweisschild im Falle eines Brandes steht? Nein? Dann sage ich es dir. Ganz oben steht: Ruhe bewahren!

Ruhe zu bewahren ist aktive Vorsorge. Wenn du im Inneren Ruhe bewahrst, dann strahlst du das auch nach außen aus. Nur in der Ruhe kannst du überlegt handeln und dir deines Tuns bewusst werden. Innere Ruhe bewahrt dich vor Stress und Überlastung und gibt dir Gelassenheit für die Dinge des Lebens.

Vorsorge besteht für dich auch darin, dass du viele Glücksmomente im Leben erlebst. Gehe mit deiner Familie und Freunden aus und macht gemeinsame Unternehmungen oder kocht zusammen. Reise zu deinen Lieblingsorten und lass die Seele bewusst baumeln. Lege dich auf den Liegestuhl, schließe die Augen und genieße die Sonne auf deiner Haut. Diese und noch viel mehr wunderbare Glücksmomente, in denen die Zeit stehen zu bleiben scheint, sind aktive Vorsorge für dich und deine Gesundheit.

Und jetzt schauen wir einmal auf das, was du nicht zum Leben brauchst. Es sind Genussmittel und Zusatzstoffe, die nicht nur ungesund sind, sondern auch deinen Körper schädigen.

Rauchen

Sich kleine Ziele setzen. Sie erreichen.
Sich neue, etwas größere Ziele setzen. Sie erreichen –
So funktioniert Erfolg.
Dale Carnegie

Rauchen ist ein leidiges Thema, über das oft und heftig gestritten wird. Fakt ist: Rauchen ist in hohem Maße gesundheitsschädigend, belästigt und belastet deine Mitmenschen. Unabhängig vom finanziellen Verlust für dich fügt Rauchen deinem Körper erheblichen Schaden zu. Nicht sofort, aber schleichend. Die Quittung bekommst du in aller Regel erst Jahre später; dann jammere aber bitte nicht herum. Es ist immer deine persönliche Entscheidung. Und für alle Entscheidungen gilt, dass du ganz allein dafür verantwortlich bist. Du hast damals ja gesagt zum Rauchen.

Rauchen und frische Luft zum Atmen passen nicht zusammen. Es geht nur entweder oder. Und das ist genau der Punkt, wo die Fronten oftmals aufeinandertreffen. Wo ein Raucher ist, ist keine frische Luft mehr für den Nichtraucher. Da beide aber das Recht haben, die bestmögliche Luft einzuatmen, muss zwingend ein Kompromiss gefunden werden, damit es nicht ausartet.
    Das bedeutet, dass in Räumen mit Rauchverbot dieses auch strikt eingehalten wird. Ein Nichtraucher merkt in Bruchteilen einer Sekunde, ob vorher geraucht wurde. Da helfen weder viel Lüften noch Duftspray. Rauch,

egal ob warm oder kalt, sitzt in jeder Pore des Raumes und in jeder Pore deines Körpers.

Raucher haben einen unangenehmen Körpergeruch; du riechst sie, ohne dass du hinschauen musst. Sie haben oft gelbe Finger, ihre Haut ist verändert und gerötet und aus ihren Sachen geht der Geruch des Zigarettenqualms selbst nach dem Waschen nicht richtig raus. Es handelt sich schließlich um hochgiftige Substanzen, die deinem Körper jeden Tag zugeführt werden. Ein heruntergefallenes Stück an Nahrung wird von manchen Rauchern interessanterweise sofort weggeworfen, weil ja ein Stück Dreck daran haften könnte. Da sind sie pingelig hoch sieben. Aber hochgiftige Inhaltsstoffe der Zigarette dagegen werden bedenkenlos inhaliert. Na denn.

Als Raucher und damit als Schadensverursacher gilt es im Umfeld von Nichtrauchern vorher zu fragen. Wenn es dich nicht stört, heißt das noch lange nicht, dass es andere auch nicht stört. Nichtraucher haben das Recht und die Freiheit auf saubere Luft, das kannst du nicht einfach ignorieren.

Im Umfeld von Babys und Kleinkindern sind Zigaretten tabu, auch im Auto, wo sie wehrlos dem Qualm ausgesetzt sind.

Raucher würzen sehr stark, da ihre Geschmacksnerven betäubt sind. Sie essen gern scharf, weil ihnen das normale Essen zu lasch vorkommt, und rühmen sich womöglich noch damit, dass andere es nicht so scharf vertragen. Das ist lächerlich, denn sie wissen schon gar nicht mehr, wie eine Nahrung ohne alles schmeckt.

Raucher husten zudem regelmäßig. Das kann mehr oder weniger stark auftreten, sie tun es dennoch permanent. Husten auf Dauer ist nicht normal, sondern krank.

Wenn du eine Raucherlunge unter dem Mikroskop betrachtest, dann kannst du körnige Ablagerungen erkennen. Wie auch bei einem Schornstein lagern sich die Rußpartikel langsam, aber sicher in der Lunge ab. Im Unterschied zum Schornstein kommt bei Rauchern aber kein Schornsteinfeger vorbei und kehrt den Ruß weg. Der bleibt, häuft sich an und sorgt dafür, dass Raucher ständig husten, immer schlechter Luft bekommen und keinerlei Ausdauer oder körperliche Fitness besitzen.

Mit zunehmender Zeit des Nichtrauchens werden Raucher immer nervöser. Die Inhaltsstoffe in einer Zigarette sind wie eine Droge, sie machen süchtig. Du kannst es an der Unruhe bei längeren Meetings genau beobachten. Raucher sitzen zappelig und ungeduldig auf ihrem Platz oder schauen ständig auf die Uhr.

Und so manche Feierlichkeit in Firmen findet urplötzlich ein Ende, wenn fast die gesamte Belegschaft »rausmuss« ... Das hat nichts mehr mit Gemütlichkeit zu tun.

Nicht mehr witzig kann es im Beruf werden, wenn häufiges Rauchen als normal angesehen wird. Die »armen« Menschen müssen eben mal raus und eine rauchen. Stell dir mal vor, ein Nichtraucher geht regelmäßig vor die Tür und steht da nur herum. Was meinst du wohl, was er sich für Sprüche anhören wird.

Rauchen kann störend in einer Beziehung sein. Wenn der eine raucht und der andere nicht, so erträgt der Nichtraucher den Raucher. Ob das nun aus Liebe oder aus Resignation passiert, sei dahingestellt. Ich kann mir kaum vorstellen, dass ein Nichtraucher gegenüber einem rauchenden Partner vollkommen gleichgültig ist.

Wenn du einen Raucher küsst, dann kannst du im Prinzip auch gleich den Aschenbecher auslecken. Ich sehe viele junge und adrette Mädchen und Frauen – und dann die Kippe in der Hand. Da bleibt vom anfänglichen Wow nur noch ein Oh!

Natürlich gibt es 100-jährige Raucher und natürlich gibt es sportliche Leute, die mit 50 Jahren an Herzinfarkt sterben. Ausnahmen wird es immer geben. Und die werden dann als Paradebeispiel herangezogen, um das eigene Rauchen zu rechtfertigen. Fakt ist dennoch: Viele Krankheiten haben nicht direkt mit dem Rauchen zu tun, sondern indirekt (z. B. Herzinfarkt), so dass das Problem oft verschleiert wird. Weiter problematisch ist, dass die Nachteile erst später im Leben auftauchen und sie von Jugendlichen verlacht werden. Diese merken erst zu spät, was für ein Blödsinn das damals war. Aber als Jugendlicher hört man leider nicht darauf, nicht auf die älteren Leute und schon gar nicht auf die Eltern.

Setze auch hier deinen gesunden Menschenverstand ein. Die anderen werden dich sogar beneiden, weil sie diese Standhaftigkeit nicht haben. Wenn dich angebliche Freunde nur mit dabei haben wollen, wenn du rauchst, dann gib ihnen den Laufpass. Auf solche Freunde kannst du gut und gerne verzichten. Nur zu rauchen, weil du dazugehören willst oder die anderen es alle tun, ist absolut bescheuert. Rauchen ist in keiner Weise cool, sondern eine echte Sucht. Das geben die meisten Raucher nur nicht zu. Und keine Angst: Der Staat wird nicht pleitegehen, wenn du nicht mehr rauchst. Natürlich kassiert er ordentlich Steuern ab, denn Zigaretten & Co. sind ein Milliardengeschäft. Aber das ist nicht dein Problem. Dein Problem ist der Schaden, den Rauchen deinem Körper zufügt, und das jeden Tag aufs Neue.

Wenn du aufhörst zu rauchen, beginnt dein Körper unverzüglich mit der Regeneration. Er ist hochintelligent. Um die hochgiftigen Substanzen zu neutralisieren, schwemmt sich dein Körper bewusst auf, indem er sie

»verdünnt«. Das kann dazu führen, dass ehemalige Raucher an Gewicht zunehmen. Das Ganze macht dein Körper so lange, bis er nach und nach die giftigen Stoffe ausgeschieden hat. Das Aufschwemmen endet dann. Je nachdem, wie viel und wie lange du geraucht hast, kann das Monate oder Jahre dauern.

Unterm Strich muss gesagt werden: Rauchen bringt nicht einen einzigen Vorteil für dich. Nicht einen klitzekleinen. Dafür aber jede Menge Nachteile und Probleme für dich, deinen Körper und deine Liebsten. Entscheide selbst, ob du gesund oder krank sein willst.

Drogen und Medikamente

Was nützt es dem Menschen,
wenn er Lesen und Schreiben gelernt hat,
aber das Denken anderen überlässt.
Ernst Reinhold Hauschka

Wenn du dir einen Arm oder ein Bein gebrochen hast, dann sind das rein mechanische Schäden an deinem Körper, die unbedingt von einem Arzt untersucht und behandelt werden müssen. Du bekommst einen Gipsverband oder eine Schiene.

Neben den mechanischen Schäden an deinem Körper können viele andere Schäden auftreten, die wir als Krankheiten bezeichnen. Je nachdem, wie stark du betroffen bist, schafft es dein Körper, sich zu heilen oder eben nicht. Wenn nicht, bist du auf Hilfe von außerhalb angewiesen, damit du wieder gesund wirst. Du kannst dafür Naturheilmittel oder chemische Mittel, sprich Medikamente, einsetzen.

Gegen jede Krankheit ist bekanntlich ein Kraut gewachsen. Im wahrsten Sinne des Wortes sind das Kräuter draußen im Wald und auf der Wiese, deren heilende Wirkung seit Jahrtausenden bekannt ist. Kräuterfrauen und Homöopathen kennen die vorzügliche und rein natürliche Wirkung der vielen Pflanzen bestens. Sie können dir für zahlreiche Wehwehchen den richtigen Mix zusammenbrauen, so dass du schnell wieder fit bist.

Der Riesenvorteil für dich ist, dass Naturheilmittel deinem Körper nicht schaden und komplett ohne Nebenwirkungen sind.

Beim Chemiecocktail in Form unzähliger Medikamente und Wirkstoffe aus der Pharmaindustrie handelt es sich nicht um Naturheilmittel, sondern um künstlich hergestellte Wirkstoffe. Die können eine lindernde Wirkung haben, jedoch bekämpfen sie die eigentliche Ursache nicht. Ein großer Nachteil sind deren Nebenwirkungen, die manchmal schlimmer sein können als die eigentliche Krankheit, um die es geht. Hinterfrage kritisch alle dir vom Arzt verordneten Substanzen nach deren Sinnhaftigkeit, das ist dein gutes Recht. Ein guter Arzt berät dich immer ausführlich und weist dich in vollem Umfang auf alle Risiken hin. Bevor du regelmäßig irgendwelche Medikamente oder Tabletten zu dir nimmst, hole dir bitte unbedingt den Rat eines Homöopathen, eines Heilpraktikers oder einer Vertrauensperson ein. Sorge dafür, dass eine Krankheit so behandelt wird, dass sie deinem Körper so wenig wie möglich schadet. Das ist oberstes Gebot. Es geht um deinen Körper. Du bist kein Versuchskaninchen, sondern entscheidest selbst, was du zu dir nehmen willst oder nicht. Dein Ziel muss es sein, die eigentliche Ursache zu bekämpfen und dich nicht in eine dauerhafte Abhängigkeit von Medikamenten zu begeben.

Neben dem bereits beschriebenen Rauchen ist auch der Alkohol eine nicht zu unterschätzende Droge. Alkohol greift deine Nervenzellen direkt an. Jedes Mal, wenn du betrunken bist, sterben einige von ihnen ab – und zwar dauerhaft und unwiederbringlich. Ich rede nicht vom Glas Wein oder Bier, das hin und wieder und zu besonderen Anlässen getrunken wird. Ich rede vom regelmäßigen Konsum von Alkohol. Jemand, der täglich einen Kasten Bier benötigt, ist ein Alkoholiker. Jeder, der täglich hochprozentige Spirituosen konsumiert, ist ein Alkoholiker.

Ich frage dich: Besteht ein Großteil deines Lebensinhalts wirklich darin, kistenweise Bier und Schnaps zu trinken und dazu vielleicht noch schachtelweise Zigaretten zu rauchen? Ist das wirklich alles, was du dir im Leben vorgenommen hast?

Alkohol am Steuer ist absolut tabu. Das gilt auch für dein Lebensauto. Das kleinere Problem dabei bist »nur« du, da du dich selbst gefährdest.

Das größere Problem aber ist, dass du auch andere Verkehrsteilnehmer gefährdest. Und an dieser Stelle ist Schluss mit lustig!

Wenn du alkoholisiert dein Leben aufs Spiel setzt, ist das deine freie Entscheidung. Aber das Leben anderer, unschuldiger Leute mit aufs Spiel zu setzen ist unverantwortlich. Du hast kein Recht, über das Leben anderer Leute zu entscheiden.

Zu Drogen möchte ich dir kurz und glasklar schreiben:

Lass dich niemals überreden, Drogen zu nehmen. Lass die Finger davon. Egal, wie sie heißen, egal ob sie umsonst sind zum Probieren. Egal, ob es weiche oder harte Drogen sind. Sie fügen deinem Körper großen Schaden zu, machen dich abhängig und können dich das Leben kosten. Es ist dein Leben, setze es nicht aufs Spiel.

Raffinierter Zucker

Wenn du das tust, was du immer getan hast,
wirst du nur das bekommen,
was du schon immer hattest.
Anthony Robbins

Raffinierter Zucker ist eine der größten Drogen unserer Zeit. Es gibt kaum ein Nahrungsmittel, das nicht mit diesem Zucker versehen ist. Lies dir einmal die Packungsbeilagen vieler Gerichte und Lebensmittel durch, du wirst sehr oft Zucker vorfinden. Vor allem Süßigkeiten, Kekse und Vollmilchschokolade stehen hoch im Kurs und ich kenne kaum einen Menschen, der dabei nicht schwach wird. Sich der Zuckerflut zu widersetzen ist extrem schwer. Kein bisschen besser sind die Produkte für Diabetiker, die industrielle Zuckerersatzstoffe und keinen Nährwert enthalten; darüber hatte ich bereits in »Dein Essen« geschrieben.

Was ist Zucker eigentlich? Gibt es Unterschiede beim Zucker? Was hast du für Möglichkeiten? Diese Fragen werde ich dir im Folgenden beantworten.

Zucker (Saccharose) ist ein Kohlenhydrat und als natürlicher Fruchtzucker in Früchten enthalten. Kohlenhydrate benötigst du zum Leben. Wenn du also Obst isst, dann nimmst du automatisch gesunden (Frucht-)Zucker zu dir. Der kann von deinem Körper wunderbar verarbeitet werden und schadet ihm nicht, sofern du keine Nahrungsmittelunverträglichkeit gegen dieses Obst hast. Mit Obst meine ich immer die Früchte direkt vom Baum, direkt vom Erzeuger oder frisches Obst aus dem Supermarkt. Ich meine kein Obst aus Konservendosen.

Die beiden wesentlichen Pflanzen, aus denen weltweit der Zucker hergestellt wird, sind die Zuckerrübe und das Zuckerrohr. Die Zuckerrübe ist in Deutschland weit verbreitet, das Zuckerrohr nicht. Zuckerrohr wächst vor allem in der Karibik.

Hervorragender Zucker ist der <u>Vollrohrzucker</u>. Das ist der reine Saft des Zuckerrohres, der nach dem Pressen eingedickt und getrocknet wird. Dieser Zucker ist meist leicht bräunlich bis bräunlich. Er hat einen malzigen, karamellartigen und ganz feinen Geschmack und ist absolut unbehandelt. Er enthält noch alle Mineralien, wie zum Beispiel Eisen, Magnesium, Kalzium und die Melasse. Melasse ist der Zuckersirup, der die typische braune Farbe bringt. Du kannst Vollrohrzucker wunderbar zum Süßen deiner Speisen verwenden. Kaufen kannst du ihn vor allem in Ökoläden.

Wird Vollrohrzucker teilweise raffiniert, so bekommst du <u>Rohrzucker</u>. Rohrzucker kann braun sein, muss es aber nicht. Unter Raffinieren versteht man unter anderem einen Vorgang zur Reinigung und Trennung von Nahrungsmitteln. Vollrohrzucker ist nicht dreckig, weshalb man ihn reinigen müsste. Als Reinigen im Sinne des Raffinierens wird das Entfernen von Spurenelementen bezeichnet. Aber gerade diese Spurenelemente im Vollrohrzucker sind es, die ihn wertvoll machen. Je raffinierter ein Zucker ist, desto nutzloser ist er für dich und deinen Körper. Das ist auch beim Salz so, darauf gehe ich noch ein.

Rohrzucker ist also weniger wertvoll als Vollrohrzucker. Wird der Rohrzucker nun noch weiter raffiniert (gelöst, entfärbt, filtriert, aufkonzentriert, auskristallisiert, zentrifugiert), so erhält man <u>Weißzucker</u> (Raffinadezucker). Das ist der Zucker, den du tütenweise im Supermarkt kaufen kannst. Der ist so rein und weiß, dass er rein gar nichts mehr an Mineralien enthält. Er hat überhaupt keinen Nährwert mehr und ist für deinen Körper nicht nur nutzlos, sondern auch schädlich.

Ähnlich verhält es sich bei der Zuckerrübe. Der sogenannte Rohzucker (ohne »r«) der Zuckerrübe ist auch braun. Auch er enthält noch alle Mineralien und ist wertvoll. Durch das Raffinieren verliert aber auch der Rohzucker an Bedeutung und wird letztlich ebenfalls als Weißzucker tonnenweise verkauft.

Mein Appell an dich: Meide Weißzucker. Weißzucker ist auch ein Kohlenhydrat und Kohlenhydrate sind für dein Gehirn und dein Denkvermögen von wichtiger Bedeutung. Bei einem Zuviel an raffiniertem Zucker kannst du nicht nur verfetten, sondern auch verblöden. Dein Gehirn besitzt eine eigene Steuerung, mit der es sich vor zu viel Zucker schützt. Diese Steuerung kann durch zu hohen Konsum von Weißzucker beeinträchtigt werden. Du merkst das zum Beispiel in der Schule oder auf der Arbeit, wenn deine Lernfähigkeit und dein Erinnerungsvermögen nachlassen.

Was kannst du tun? Ich schlage dir Folgendes vor:

Verzichte einmal bewusst eine Woche auf Zucker. Eine Woche lang, ganz bewusst. Keine Süßigkeiten, Schokolade, Kekse, Ketchup und so weiter. Und dann schaue, was passiert.

Du wirst merken, wie süchtig du wirst. Du drehst fast durch und bekommst Entzugserscheinungen. Denn Weißzucker ist wie eine Droge, du kommst scheinbar nicht mehr ohne sie aus. Daran erkennst du, wie abhängig du mit der Zeit von Weißzucker wirst. Das passiert ganz allmählich und schleichend.

Die Sucht lässt glücklicherweise mit der Zeit nach, so dass du wieder »clean« werden kannst.

Wenn du auf Zucker auf gar keinen Fall verzichten kannst oder willst, dann kaufe dir Vollrohrzucker, Rohzucker oder unbehandelten Agavendicksaft, Ahornsirup oder Honig. Das bekommst du alles im Ökoladen bzw. gleich bei dir im Ort beim Imker. Und dann nimmst du diese Sachen für deine selbstgemachten Kuchen, Plätzchen, Eis usw.

Eine weitere Möglichkeit besteht im Süßen mit Stevia oder Xylit, beides sind pflanzliche Süßstoffe, die allemal besser und gesünder sind als Weißzucker. Beide Süßstoffe rufen keine Karies hervor, was deinen Zähnen sehr zugutekommt.

Gegen ein Stück Schokolade oder eine Süßigkeiten ist nichts einzuwenden, wenn es dich glücklich macht <u>und</u> sie hin und wieder gegessen werden. Jeden Tag aber und auf Dauer macht dich Weißzucker träge und fett. Weißzucker verursacht viele Volkskrankheiten bei uns, z.B. Diabetes Typ II, und ist ein Preis für unseren Wohlstand.

Raffiniertes Salz (Kochsalz)

Da es sehr förderlich für die Gesundheit ist,
habe ich beschlossen glücklich zu sein.
Voltaire

Raffiniertes Salz besteht nur noch aus den beiden Elementen Natrium und Chlor. Das ergibt Natriumchlorid und das ist giftig. Und das wird tonnenweise und nett verpackt im Supermarkt angeboten. Du streust es vielleicht auf dein Frühstücksei.

Lass uns aber auch hier von Anfang an beginnen, damit du verstehst, worum es wirklich beim Salz geht und was du für dich tun kannst.

Echtes Salz ist lebenswichtig für dich wie Wasser. Deine Zellen bestehen zum Großteil aus Zellwasser und das ist ein Gemisch aus Salz und Wasser. Genau wie im Meer, genau wie in deinem Blut. Das Salz in deinen Zellen ist gelöst und leitet den elektrischen Strom. Diese elektrische Leitfähigkeit steuert den Elektrolythaushalt deines Körpers, mit dem die Zellflüssigkeit und die Nährstoffe transportiert werden. Das gelöste Salz in deinem Körper hält dich damit am Leben. Ja, im Salzwasser wurdest du gezeugt, denn auch die Gebärmutterflüssigkeit besteht daraus. Hier haben sich damals die Eizelle deiner Mama und ein Spermium deines Papas getroffen und vereint. Daraus bist du entstanden.

Echtes Salz enthält 84 chemische Elemente. Dein Blut enthält exakt diese Elemente, wie auch Meerwasser. Diese 84 Elemente sind in einer einzigartigen Weise atomar miteinander verbunden, in Form eines Kristalls. Dieses Salzkristall ist in der Lage, Sonnenenergie zu speichern. Nicht umsonst tut dir Sonne auf der Haut richtig gut. Nicht umsonst lieben die Menschen die Sonne und das Meer, fahren im Urlaub in die Wärme und an die See und sehnen sich nach dem Winter auf die ersten Strahlen und drängen hinaus ins Freie. Du tankst im wahrsten Sinne Sonnenenergie über deine Haut. Genieße die Wärme und die Wohltat eines Sonnenbades. Regelmäßiges Sonnenbaden (ohne zu übertreiben, versteht sich) bewirkt wahre Wunder, ist unendlich gut für dich und kostet noch nicht einmal Geld. Lecke dir einmal über die Haut, wenn du schwitzt, dann kannst du den salzigen Geschmack deines Körpers schmecken.

Dieses einzigartige Salzkristall kann sich auch auflösen und bildet mit Wasser die sogenannte Sole. Das ist im Prinzip flüssige Sonnenenergie. Die kannst du dir selbst herstellen und für viele Dinge nutzen, wie zum Beispiel ein Sole-Bad, eine Sole-Spülung, eine Sole-Tinktur, Zahnpasta usw.

Sole hat eine Sättigung von 26,5 %. Das bedeutet, das kristalline Salz löst sich bis zu 26,5 % im Wasser auf und bleibt dann als festes Salz in der Flüssigkeit liegen. Kommt mehr Wasser dazu, wird mehr gelöst. Verschwindet Wasser, so bildet sich das Salz wieder zurück. Du kannst das testen, indem du echtes Salz in ein Glas schüttest und mit Wasser auffüllst. Es löst sich genau bis zur Sättigung. Lässt du das Wasser verdunsten, bleibt wieder das Salz zurück. Mit Kochsalz geht das nicht.

Von den 84 Elementen des echten Salzes machen allein 2 Elemente etwa 95 % des Salzes aus. Und das sind Natrium und Chlor. Die anderen 82 Elemente machen nur etwa 5 % von echtem Salz aus. Aber genau diese »lächerlichen« 5 % sind es, die echtes und gesundes Salz vom giftigen NaCl unterscheiden.

Raffiniertes Salz, also reines Natriumchlorid, kommt in der Natur nicht vor. Es ist ein rein künstlich hergestelltes Produkt. Dazu wird echtes Salz, das Rohsalz, gewaschen, kristallisiert, zentrifugiert, getrocknet, gebleicht und mit Rieselhilfsmitteln versehen, damit es leicht aus dem Salzstreuer kullert. Das zunächst gesunde Salz wird von den angeblichen Verunreinigungen (das sind die 5 % bzw. 82 Elemente) befreit, um reines Salz zu gewinnen. Dieses gewonnene Salz ist das giftige Natriumchlorid. Es ist für deinen Körper nicht nur nutzlos, sondern auch in hohem Maße schädlich wie Weißzucker.

Es kommt noch schlimmer: Dem NaCl wird raffiniertes Jod hinzugefügt, um den Leuten »gesundes« jodiertes Speisesalz zu verkaufen. Das zum ohnehin schon giftigen Cocktail NaCl hinzugefügte raffinierte Jod greift deine Gehirnzellen an. Es schädigt deinen Körper in hohem Maße und beseitigt auch keine Schilddrüsenprobleme. Dein Körper benötigt dringend echtes Salz, in dem auch Jod enthalten ist. Das Jod innerhalb des 84-Element-Salzkristalls liegt in einer anderen Form vor, in welcher es vom Körper problemlos und ohne jeden Schaden aufgenommen und verwertet werden kann.

Raffiniertes Salz nimmst du beinahe unbemerkt zu dir, indem du abgepacktes Brot, Fisch, Fleisch, Käse, Fertigprodukte usw. isst. Fast überall ist es enthalten. Wenn du dann noch zusätzlich mit Kochsalz würzt, dann wird es auf Dauer nicht mehr lustig. Du isst zwar »Salz« im Überschuss, aber leidest dennoch an echtem Salzmangel.

Besorge dir daher, wann immer es möglich ist, Rohwaren an Getreide, Fleisch, Fisch und Käse. Geh zum Bäcker, Fleischer, Fischladen und Senner auf die Alm und hol dir Rohwaren, die nicht behandelt wurden. Und die salzt du dann nach Herzenslust mit den Salzen, die ich dir jetzt nenne.

Echte gesunde Salze sind das Kristallsalz, das Steinsalz und das Meersalz. Alle diese Salze enthalten die 84 Elemente in ihrer reinen Form und sind daher für deine Ernährung unverzichtbar. Alle drei Salze haben einen leicht basischen pH-Wert und schützen deinen Körper gegen Übersäuerung.

Kristallsalz ist das hochwertigste Salz und wird vor allem in der Gegend des Himalaya-Gebirges gewonnen. Es besitzt eine rötliche Färbung. Es wird auch als Königssalz bezeichnet, weil es früher nur den Königen vorbehalten war, dieses Salz zu konsumieren.

Historisch gesehen, war Salz genauso viel wert wie Gold. Die Arbeiter in den Salzbergwerken erhielten ihren Lohn oft in Form von Salz. Wer Salz besaß, der war vermögend. Salz wird heute etwa zu 5 % für Nahrungsmittel verwendet. Der Löwenanteil von über 90 % wird in der Industrie verbraucht. Dort kann raffiniertes Salz meinetwegen eingesetzt werden, aber für deine Gesundheit solltest du tunlichst unbehandeltes Rohsalz verwenden.

Steinsalz ist ein Salz, das durch Austrocknen von großen Meeren entstanden ist, so auch bei uns in Deutschland. Es wird heute noch als weißes Gold bezeichnet. Es gibt bei uns viele Salzbergwerke (Salinen), die du besuchen kannst und in denen früher Salz abgebaut wurde. Mach das mal und atme tief die salzige Luft ein. Sie macht dich lebendig und beugt Erkältungen vor.

Aus Halle (Saale), wo ich geboren bin, stammen übrigens die Halloren. Das ist die Bezeichnung für die Salinenarbeiter gewesen, die früher im Raum Halle (Saale) in den Salzbergwerken arbeiteten. Das waren angesehene Leute, die auch Soleier und Räucherwaren verkaufen durften. Echte Halloren-Familien gibt es noch heute. Die in Halle geborenen Menschen heißen Hallenser und die Hinzugezogenen werden als Hallunken bezeichnet ;-) So weit ein kleiner Exkurs.

Du kennst vielleicht auch die berühmten Halloren-Kugeln (Süßigkeit). Die haben ihren Namen ebenfalls von den Halloren.

Echtes Steinsalz ist von sehr guter Qualität und fügt deinem Körper keinen Schaden zu. Du bekommst es in guten Geschäften, achte unbedingt auf die Bezeichnung »unbehandelt«.

Meersalz wird seit Jahrtausenden in Ländern angebaut, wo es – vereinfacht ausgedrückt – Meer gibt und die Sonne scheint. Dazu wird das Meerwasser in flache Becken geleitet und von der Sonne getrocknet. Da liegt dann das echte Meersalz drin, welches ebenfalls alle 84 Elemente enthält. Durch das Waschen, Kristallisieren, Zentrifugieren und künstliche Trocknen gehen aber auch hier 82 Elemente kaputt und es verbleibt nur das giftige NaCl.

Achte beim Kauf von Meersalz also auch unbedingt auf die Bezeichnung »unbehandeltes Meersalz«.

Echtes Salz ist für deinen Körper und für dein Überleben unverzichtbar. Stelle sicher, dass du nur echtes Salz in Form von Kristallsalz, Steinsalz oder Meersalz zu dir nimmst, in dem die angeblichen Verunreinigungen noch enthalten sind. Sie machen aus Salz erst echtes Salz. NaCl oder jodiertes Speisesalz kannst du wunderbar nutzen, um im Winter deinen Gehweg vorm Haus vom Glatteis zu befreien. In deinem Körper und in deinem Vorratsraum hat es nichts verloren!

Und noch etwas: Zu viel an echtem Salz ist unbedenklich. Dein Körper reagiert nämlich darauf, indem er dich durstig macht und du automatisch die Menge an Wasser trinkst, bis die Sättigung in deinem Körper erreicht wird. Dein Körper ist hochintelligent.

Transfette

Um klar zu sehen, reicht oft ein Wechsel der Blickrichtung.
Antoine de Saint-Exupéry

Transfette sind neben raffiniertem Zucker und Salz eine der Hauptursachen für zu viele fette Menschen hier in Deutschland. Wir nehmen daher im Folgenden das Fett genauer unter die Lupe. Du kannst dir dann deine eigene Meinung zum Fett bilden und Schlussfolgerungen für dich ableiten.

Es gibt im Wesentlichen 3 Arten von Fetten: gesättigte Fette, einfach ungesättigte Fette und mehrfach ungesättigte Fette. Der Unterschied liegt im chemischen Aufbau. Fette bestehen aus Triglyceriden (Fettsäureverbindungen) und Kohlenstoffatomen. Sind die Kohlenstoffatome einfach miteinander verbunden, dann sind das gesättigte Fette, weil kein Wasserstoffatom mehr frei ist (zu besetzen ist). Ist eine doppelte Kohlenstoffverbindung vorhanden, so spricht man von einem einfach ungesättigten Fett, weil an diesen Stellen ein Wasserstoffatom frei ist. Sind mehrere doppelte Kohlenstoffverbindungen in einem Fett vorhanden, so ist es mehrfach ungesättigt.

Du benötigst alle drei Fettarten für deine Ernährung, sie sind der Grundbaustein deines Körpers. Ein Nahrungsmittel enthält niemals nur eine Art von Fett, sondern immer einen Mix. Das trifft sowohl für tierisches als auch pflanzliches Fett zu. Das bedeutet, dass gesättigte, einfach ungesättigte und mehrfach ungesättigte Fette in tierischen und pflanzlichen Lebensmitteln zugleich vorkommen.

Typische Vertreter von gesättigten Fetten sind Schweineschmalz, Fleisch allgemein, Milch, Butter, Kokosnüsse und Kakao.

Typische Vertreter von einfach ungesättigten Fetten (Omega-6-Fette) sind Rapsöl, Olivenöl, Avocados, Getreide und – leider die Transfette.

Typische Vertreter von mehrfach ungesättigten Fetten (Omega-3-Fette) sind Fisch, Fischöl, Rindfleisch, Hühnereier, Sesamöl, Leinöl oder Sonnenblumenöl.

Mehrfach ungesättigte Fettsäuren sind für den Menschen essentiell, da er sie nicht selbst herstellen kann. Sie sind der Grundbaustein deiner Zellen, steuern deinen Cholesterinspiegel und sorgen dafür, dass du gut wachsen kannst. Den größten Nutzen ziehst du aus den genannten tierischen Fetten, vor allem Fisch oder Fischöl. Die pflanzlichen Fette enthalten zwar größere Mengen an mehrfach ungesättigten Fetten, die kann dein Körper aber bei weitem nicht so gut verwerten wie die tierischen mehrfach ungesättigten Fette.
   Mehrfach ungesättigte Öle können sehr leicht ranzig werden und müssen kühl und dunkel gelagert werden.

Jeden Tag Fisch zu essen, wäre theoretisch gut (keinen panierten Fisch). Das allein genügt dir aber nicht. Du benötigst ein ausgewogenes Omega-6- zu Omega-3-Fettsäureverhältnis (n-6:n-3). Das sollte idealerweise bei 1:1 oder 2:1 liegen. Wo liegt es in Deutschland? Bei 15:1 oder noch höher. Wir nehmen zu viel Omega-6-Fette zu uns (vor allem die Transfette) und zu wenig Omega-3-Fette.

Wenn man ungesättigte Fettsäuren härtet, fallen die Doppelbindungen weg und das Öl wird fest. Man nennt diesen Vorgang Hydrierung. Bekanntes Beispiel ist die Margarine. Das ist nichts anderes als gepresstes Fett (Transfett), dem meistens noch Beta-Karotin hinzugefügt wurde, damit es gelb aussieht. Sämtliche Vitamine sind ohnehin zerstört und vom Energiegehalt her ist Margarine mit der Butter gleichzusetzen. Da nützt auch die Light-Version nichts. Bevorzuge daher lieber die Butter als Brotaufstrich, dort sind auch keine Säuerungsmittel, Emulgatoren oder Verdickungsmittel enthalten.
   Wenn du Pflanzenöle – egal ob Soja, Raps oder Sonnenblume – in der Pfanne erhitzt, passiert übrigens dasselbe wie bei der Hydrierung: Sie werden hart und damit zu Transfetten. Besser sind die gesättigten Fette,

wie eben die Butter oder Kokosfett, denn die verändern das n-6:n-3-Verhältnis nicht; sie sind sozusagen neutrale Fette.

Die Erhärtung von ungesättigten Fettsäuren, also die Hydrierung, läuft leider nie vollständig ab und dadurch entstehen die Transfette. Transfette sind vom Aufbau her ähnlich wie ungesättigte Fette, haben aber durch die Härtung und Erhitzung eine veränderte Ausrichtung der Kohlenstoffverbindungen zur Folge. Das ist chemisch betrachtet zwar nur ein minimaler Unterschied, dennoch macht sie das verdauungstechnisch zu vollkommen anderen Fetten. Und die haben es in sich! Die werden nämlich, da sie so ähnlich aussehen, vom Körper genauso verdaut wie gesunde ungesättigte Fettsäuren. Aber dein Körper kann mit diesen Transfetten überhaupt nichts anfangen, sie stören und belasten deinen Stoffwechsel in hohem Maße. Sie sind schlichtweg Müll. Der einzige Vorteil besteht für die Hersteller solcher Transfett-Produkte: Denn diese sind länger haltbar. Die negativen Auswirkungen auf deinen Körper berücksichtigt dabei niemand. Sie bewirken einen Anstieg deines Cholesterinspiegels, stellen ein hohes Risiko für Herzinfarkt und Schlaganfall dar, verändern die Membran deiner Körperzellen, verschlechtern deine körperliche Leistung und deine Lebenserwartung und können sogar Entzündungen auslösen.

Wo kommen Transfette überall vor?
Transfette kommen überall vor, wo auf der Verpackung etwas von gehärteten Fetten steht. Darüber hinaus findest du Transfette in Fastfood, Fertiggerichten, allen frittierten und in Fett zubereiteten Gerichten, Pommes, Waffeln, Süßigkeiten, Plätzchen, Popcorn, Pizza, Wurst, Chips, Flips, Nuss-Nougat-Cremes, Backwaren, Croissants, Berlinern, Blätterteig, Braten-Soßen, Frühstücksflocken, Margarine oder Backfett. Und, um dem noch einen draufzusetzen: In der Regel gesellen sich zu solchen Produkten auch sehr gern Weißzucker und / oder Kochsalz. Der perfekte Ernährungswahnsinn!

Fällt dir etwas auf? Bestimmt. Diese Nahrungsmittel gehören zum Alltag vieler Menschen in unserem Lande. Und zwar nicht nur ab und zu, sondern regelmäßig und sogar täglich. Und durch den Verzehr schaufeln sie ungeheure Mengen an ungesundem Omega-6-Fett in sich hinein, so dass das optimale und ausgewogene n-6:n-3-Verhältnis komplett aus dem Ruder läuft. Rein aus Bequemlichkeit und Gewohnheit werden diese Transfette konsumiert. Kaum jemand denkt ernsthaft noch darüber nach. Wen wundert dann noch die Verfettung der Menschen. Dich bestimmt jetzt nicht mehr!

Du kannst viele dieser Lebensmittel aber selbst zubereiten, wie Popcorn, Pommes, Pizza, Mayonnaise oder ein Dressing. Und zwar auf gesunde Weise, so dass dir kein Schaden zugefügt wird. Frage einfach mal deine Mama oder deine Oma, die haben das Wissen dafür in der Regel noch auf dem Kasten. Oder grille dein Fleisch und dein Gemüse ohne Fett und füge unmittelbar vor dem Essen gesunde Öle und Gewürze hinzu, die du mit auf den Tisch stellst. Das schmeckt wunderbar und belastet dich nicht.

Die Geschichte vom Gewicht-e

Es ist noch gar nicht so lange her. An einem schönen Wintertag räumte ich meinen Schuppen auf. Ich staune immer wieder, was sich so »automatisch« alles an Dingen ansammelt ...

Jedenfalls hatte ich irgendwann auch meine Kartoffelwaage am Wickel, die ich mir nur kurz vorher im Internet ersteigert hatte. Eine Kartoffelwaage oder Sackwaage ist ein rein mechanisches Teil, wo auf der einen Seite schwere und sperrige Dinge zum Wiegen aufgelegt werden können (bis zu 200 kg), und rechts gibt es das Gegenstück der Waage, wo Eisen-Gewichte verschiedener Größen aufgelegt werden, mit denen das Gewicht dann austariert wird. Sind die beiden Zeiger auf gleicher Höhe, weiß man, welches Gewicht aufgelegt wurde.

Und so wollte ich das gute Stück gleich einmal auf Herz und Nieren testen. Warum nicht gleich an mir selbst? Kann doch gar nichts passieren! Gesagt, getan. Ich stellte mich also in voller Winterausstattung auf das Podest, d. h. mit langen Sachen, Jacke, Mütze und Winterstiefeln.

O. k., dachte ich, mit welchem Eisen-Gewicht fangen wir denn am besten an? Vor »ein paar« Jahren hattest du ein Gewicht von 75 kg, vielleicht ein paar Kilos mehr. Passt schon.

Also legte ich ein 5-kg-, ein 2-kg- und ein 500-g-Eisengewicht auf die andere Seite. Machte zusammen 7,5 kg. Das Verhältnis betrug 1:10, also 75 kg.

Ich legte stolz den Sicherungshebel um. Der Zeiger bewegte sich keinen Millimeter.

Nanu? Da passiert ja gar nichts!
»Mensch, Gunnar, du hast doch die ganzen Sachen an, das wiegt doch mit! Gott sei Dank, ich dachte schon ...«
So 2-3 kg werden die wiegen, also tausche ich das 500-g- gegen ein weiteres 1-kg-Gewicht. Macht dann 8,0 kg bzw. 80 kg. Notfalls verringere ich es halt wieder, da kann ich die kleineren Gewichte auch gleich einmal testen.
Hebel wieder um: Der Zeiger zuckte weiterhin nicht die Bohne.

Hm, das ist ja doof. Warum senkt sich denn der Zeiger nicht? Habe ich überhaupt die richtigen Gewichte genommen? Das wurde erst einmal überprüft. O. k., die stimmten wirklich. Wat nu?
Zwischenschritt: Du hast ja noch einen 30-kg-Sack Betonestrich in der Garage. Der sollte ja nun wirklich genau 30 kg wiegen; dem Baumarkt war sicher zu trauen.
Also den Sack aus der Garage geholt und rauf auf die Waage. Lässig ein 2-kg- und ein 1-kg-Eisen aufgestellt, Hebel um und – siehe da, die beiden Zeiger waren gleichauf. Wunderbar, der Estrich hielt also gewichtsmäßig, was er versprach.

Allerdings konnte ich damit auch beweisen bzw. musste mir eingestehen, dass auch meine Kartoffelwaage »recht gut« funktionierte.

Was soll's, ich brachte den Estrich wieder zurück und stellte dann 5+2+1-kg-Gewichte sowie ein 500-g-Gewicht auf: 8,5 bzw. 85 kg.
Hebel um: Das gibt's doch gar nicht! Wieder keinerlei Bewegung. Das kann doch nicht sein! Irgendetwas war hier faul!
Frustriert tauschte ich teilnahmslos das 500-g-Gewicht gegen ein weiteres 1-kg- Gewicht: 9,0 bzw. 90 kg. Mir doch egal.
Hebel um: Na klar, war ja nichts anderes zu erwarten. Nichts bewegte sich.

»Gunnar«, dachte ich, »das kann wirklich nicht sein. Du wiegst doch niemals 90 kg!« Zugegeben, ich hatte mich schon seit längerer Zeit nicht gewogen (ich meine damit Monate oder mehr ...), aber mein Gewicht kann doch nicht einfach ... oder?!

Ich setzte alles auf eine Karte: 5+2+2+1. Das waren glatte 10,0 kg bzw. 100 kg. Mir war so ziemlich alles wurscht.

Volle Konzentration auf den Zeiger. Hebel um. Der Zeiger sank langsam, aber sicher nach unten und war nun erstmals (!) unter dem anderen Zeiger.

Ich wusste nicht, ob ich lachen oder weinen sollte.

5+2+2- und 500-g-Gewichte drauf. Zeiger bewegte sich, reichte aber noch nicht.

Erst bei 5+2+2 und 500 + 200 + 100 = 9,8 kg bzw. 98 kg waren beide Zeiger gleichauf.

Blankes Entsetzen. Ich blickte wie erstarrt auf die Waage. Ich wiege wirklich 98 kg!?

Jetzt musste ich handeln, der Realität ins Auge sehen. Mein letzter Versuch.

Rein ins Badezimmer, Klamotten aus und rauf die Personenwaage (Tür natürlich verschlossen). Da leuchteten im Display 95,0 kg. Sie blieben »freundlicherweise« noch ein paar Augenblicke stehen, nachdem ich wieder runter von der Waage war.

O. k., Gunnar, die Winterklamotten wiegen komplett tatsächlich 3 kg. Das war wenigstens eine kleine Bestätigung meines Experimentes von heute.

Aber ich hatte 20 kg in den letzten 20 Jahren zugenommen. Das macht 1 kg pro Jahr im Durchschnitt. Das war die Realität.

Das Erlebnis war der entscheidende Schritt für mich, etwas für meine Gesundheit und mein Wohlbefinden zu tun – und zwar dauerhaft.

Übergewicht und Abnehmen

Die Definition von Wahnsinn ist, immer wieder das Gleiche zu tun und andere Ergebnisse zu erwarten.
Albert Einstein

Frage an die Männer: Kannst du deine Fußspitzen sehen, wenn du aufrecht stehst und nach unten schaust? Könntest du dir die Schuhe im Stehen zubinden, wenn du dich nach vorn bücken würdest? Wenn deine Antwort Nein lautet, dann bist du wahrscheinlich zu dick.

Ab wann hast du Übergewicht? Diese Frage ist berechtigt und sie kann nicht eindeutig beantwortet werden. Es hängt zum einen von deiner Körpergröße und deinem Körperbau und zum anderen von deinen Ernährungs- und Lebensgewohnheiten ab, speziell deiner Bewegung. Als Faustzahl und ganz grobe Orientierung kannst du deine Körpergröße heranziehen. Nimm die Zentimeter (nach dem Meter) und wandle sie in Kilogramm um. Wenn du 1,60 m groß bist, dann wären das 60 kg. Wenn du 2,00 m groß bist, dann wären das 100 kg. Das ist, wie gesagt, nur eine grobe Orientierung. Wenn du allerdings 1,60 m groß bist und 100 kg wiegst, dann bist du definitiv übergewichtig.

Besser geeignet als das reine Körpergewicht sind aus meiner Sicht zwei Werte: dein Bauchumfang und dein Fleisch-Fett-Verhältnis. Wenn du wenig Bauchfett hast, dann ist dein Bauchumfang kleiner. Gute Bauchmuskeln sind wichtig für deinen aufrechten Gang und die Grundlage für einen gesunden Rücken ohne Rückenschmerzen. Wenn du durchtrainiert bist und viele Muskeln hast, dann wiegst du mehr, denn Muskeln (also Fleisch) sind deutlich schwerer als Fett. Du bist zwar nach BMI vermutlich übergewichtig, dein Körper ist es aber nicht. Nimm lieber deinen Bauchumfang als Anhaltspunkt.

Wenn du ganz schnell wissen willst, ob du fit und beweglich bist, dann kletterst du problemlos über eine 2 Meter hohe Wand ohne jedes Hilfsmittel.

Jedes Lebewesen, wie auch der Mensch, hat einen sogenannten Erhaltungsbedarf und einen Leistungsbedarf. Der Erhaltungsbedarf ist die Menge an Energie, die deinem Körper jeden Tag zugeführt werden muss, damit er überleben kann. Der Leistungsbedarf ist die Menge an Energie, die deinem Körper zugeführt werden muss, damit er eine bestimmte Leistung erfüllen kann. Das ist bei Büromenschen natürlich geringer als bei schwer arbeitenden Menschen oder Schwangeren. Nimmst du also mehr Energie (Nahrung) zu dir, als du an Leistung bringen musst, dann wird dieser Energieüberschuss in Körperfett umgewandelt und deponiert.

Menschen, die viel körperlich arbeiten, haben selten das Problem, übergewichtig zu werden. Sie verbrennen die Kalorien regelrecht, indem sie sich viel bewegen. Durch die Bewegung werden die Muskeln gefordert und die brauchen viel Energie, damit sie funktionieren.

Menschen, die nicht viel körperlich arbeiten, laufen große Gefahr, übergewichtig zu werden. Das sind vor allem Berufe, in denen viel gesessen wird. Durch Sitzen verbrauchst du kaum noch Energie, du kommst mit einer kleinen Portion zu jeder Mahlzeit aus. Wenn du aber jetzt reinhaust, als würdest du hart körperlich arbeiten, dann wirst du mit der Zeit dick werden.

Es gibt genetische Defekte und Gründe, weshalb manche Menschen übergewichtig sind, obwohl sie sich sehr weise ernähren. Das kommt aber höchst selten vor. Eine Selbsthilfegruppe könnte hier Hilfe leisten. Igele dich nicht ein, sondern sprich mit anderen.

In den allermeisten Fällen ist es die viel zu geringe körperliche Aktivität, verbunden mit einer viel zu ungesunden Ernährung. Also sei ehrlich zu dir selbst und lenke nicht vom Thema ab: Dein Übergewicht kommt in aller Regel nicht von irgendwoher, sondern das ist hausgemacht – und zwar durch dich selbst. Auch zu wenig Schlaf, Nachtarbeit, Stress, Kummer, soziale Ausgrenzung und die Einnahme von Medikamenten können Übergewicht auslösen. In unserer hochindustrialisierten Gesellschaft ist Nahrung im Überfluss vorhanden. Diese permanente Verfügbarkeit von Essen verändert das persönliche Essverhalten und das Bewegungsverhalten. Viele Leute sind den ganzen Tag am Kauen und essen vermutlich aus reiner Langeweile; sie haben gar kein echtes Hungergefühl mehr.

Wenn du 2 – 3 Mal im Monat Pizza isst, Cola trinkst, 1 Stückchen Sahnetorte verdrückst, Pommes, Eis oder Fastfood isst, dann passiert mit hoher Wahrscheinlichkeit nichts. Wenn du das aber 2 – 3 Mal pro Woche machst, wirst du die Veränderungen spüren. Und zwar an deinem Körper, der wird mit der Zeit an Gewicht zulegen – müssen. Denn wohin soll er auch mit dem ganzen Fett?

Bevor die wichtigen Organe verfetten, lagert er es auch, vor allem im Bauchraum, an den Beinen, am Hals und im Gesicht. Wenn diese Möglichkeit auch erschöpft ist, dann wird es neben der Beleibtheit richtig gefährlich. Du wirst adipös (fettleibig) und spielst mit deiner Gesundheit!

Das Übergewicht ist eine Dauer-Belastung für deinen Körper. Der hat alle Hände voll zu tun zu überleben. Für andere Tätigkeiten fehlt praktisch die Energie. Oder hast du schon einmal einen stark übergewichtigen Menschen leicht und locker Sport treiben sehen? Nein, deren Körper läuft auf Hochtouren, um den Kollaps zu verhindern. Dicke Menschen scheuen sich oft im Schwimmbad oder am Strand, eben weil es ihnen unangenehm ist. Und somit treiben sie noch weniger Sport – ein Teufelskreislauf.

Du tust sehr gut daran, kein Übergewicht zu haben. Übergewicht belastet dich. Diese Last führt zum schnelleren Verschleiß all deiner anderen Körperteile. Du fährst dein Lebensauto Schritt für Schritt kaputt. Wenn sich zum hohen Übergewicht noch Zigarette, Alkohol und Dauerstress gesellen, dann sollte spätestens jetzt ein Licht bei dir aufgehen.

Nehmen wir einmal an, du hast 15 kg Übergewicht:
Eine Flasche Wasser wiegt etwa ein Kilogramm. In einem Kasten sind 12 Flaschen, das macht rund 15 kg mit dem Kasten. Diesen vollen Kasten hebst du jetzt einmal hoch und hältst ihn für 10 Sekunden. Wie ist das? Wie fühlen sich die 15 kg an? Halte den Kasten ruhig noch ein bisschen hoch. Stell dir vor, dass du genau diesen Kasten, diese Last von 15 kg jeden Tag mit dir herumschleppst. Du sitzt damit, du stehst damit, du treibst damit Sport, du läufst die Treppen hoch damit, du schläfst damit, du gehst damit ins Schwimmbad, du gehst damit zur Schule oder zur Arbeit.

Und jetzt stell dir einmal vor, du hast die 15 kg abgenommen, stellst den Kasten ab und führst alle diese Tätigkeiten erneut gedanklich aus. Wie fühlt sich das an? Vermutlich leichter. Und genau das sollte der Grund für dich sein, gezielt und auf Dauer abzunehmen.

Wie kannst du abnehmen?

Abnehmen beginnt im Kopf. Es gibt nur eine Frage, die du dir ehrlich beantworten musst: Will ich <u>wirklich</u> abnehmen? Ist es mir wirklich ernst damit? Ja oder nein?

Wenn nein, dann mach einfach weiter so, aber jammere später nicht herum. Es war deine Entscheidung, nicht abnehmen zu wollen. Das war nicht Mama oder die Partnerin, die immer so lecker und so viel kocht, und es war auch nicht der Kühlschrank, der immer nur solche Sachen hergab. Du bist derjenige, der sich so ernährt hat und der damit dick geworden ist. Du bist der Grund, weshalb du jetzt fett bist, niemand anders.

Wenn deine Antwort ja war, dann wirst du auch abnehmen. Abnehmen geht nicht von heute auf morgen. Deine Kilos sind schließlich auch nicht von heute auf morgen gekommen. Ohne den ernsthaften Willen, deine Ernährungsgewohnheiten umzustellen, bringt es nichts. Wenn du nur mal vorübergehend Gewicht verlieren willst, um danach wieder in gewohnter Weise zu essen, dann lass es sein. Spar dir das Geld und die Zeit und den Frust. Du bekommst das verlorene Gewicht sehr schnell wieder dazu. Das nennt man den Jo-Jo-Effekt. Lass die Finger von irgendwelchen Zauber-Diäten und einseitigen Kohlenhydrat- oder Eiweißdiäten. Du musst lernen zu verstehen, wie dein Körper funktioniert. Wenn du den falschen Sprit in deinen Tank füllst, dann kannst du dein Auto noch so sehr putzen und innen reinigen oder den Luftdruck kontrollieren; dann stottert der Motor und kann keine Leistung bringen.

Abnehmen heißt, sich als Erstes im Kopf klar zu werden, dass deine Lebensweise verändert werden muss, und zwar dauerhaft. Da du am Steuer sitzt, kannst das auch nur du tun. Du bist, was du isst. Du musst dir klar darüber sein, deinen bisherigen Lebensstil ändern zu wollen. Wenn dein Wille klar ist, dann funktioniert es auch. Wenn du bereit bist, dich gesund und abwechslungsreich zu ernähren und dich zu bewegen, wirst du Gewicht verlieren.

Als Erstes suchst du nach einem geeigneten Zeitpunkt. Mitten in Prüfungen, während eines Umzuges, bei Stress oder im Urlaub macht es keinen Sinn. Warte ab, bis dir deine innere Stimme sagt: »Ja, jetzt bin ich bereit dafür.«

Nun stellst du dich nackt auf die Waage, am besten früh nach dem Aufstehen und nach dem Klo. Notiere dir dein Gewicht. Dann nimmst du dir ein Maßband (vorher besorgen) und misst deinen Bauchumfang. Ja genau, dort, wo er am »dicksten« ist, in der Nähe deines Bauchnabels. Du stehst dazu aufrecht und atmest normal (nicht den Bauch einziehen oder auf andere Weise schummeln). Diesen Wert notierst du dir ebenfalls.

Dann gehst du zum Kühlschrank und in den Vorratsraum. Du darfst dich vorher gern wieder anziehen … Und jetzt nimmst du all die vielen Nahrungsmittel kritisch unter die Lupe, jedes Teil, das du findest. Alles, was ungesund ist, wird herausgenommen und beiseitegestellt. Blättere gegebenenfalls ein paar Seiten zurück im Buch, da habe ich über die ungesunden Nahrungsmittel ausführlich geschrieben. Wenn du fertig bist, schaust du dir die beiseitegelegten Lebensmittel an. Ja, guck genau hin. Das alles hast du bislang (gedankenlos) in dich hineingeschaufelt. Überlege dir, was du davon durch gesunde, vollwertige Lebensmittel austauschen kannst. Beginne mit 1 oder 2 Lebensmitteln, wenn es dir auf einmal zu viel werden sollte. Steter Tropfen höhlt den Stein. Und ab dann kaufst du nur noch die gesunden und vollwertigen Produkte von diesen Lebensmitteln ein. Mit der Zeit tauscht du so die Inhalte deines Kühlschrankes und deines Vorratsraumes komplett aus und verwendest nur noch gesunde Nahrung. Setz dich nicht unter Druck, mache es Schritt für Schritt. Kleine Erfolgserlebnisse sind entscheidend.

Nichts zu essen, wenn du hungrig bist, bringt dir nichts beim Abnehmen. Denn dein Körper denkt: »Oh, Achtung, eine Notsituation!«, und hält alles an Gewicht zusammen, was ihm möglich ist. Denn schließlich weiß er nicht, wie lange diese Notsituation andauern wird. Er ist hochintelligent.
  Nimm dir für unterwegs und zwischendurch (wenn der kleine Hunger kommt) Nüsse, Samen oder Trockenfleisch mit. Das ist Eiweiß, das dich problemlos bis zur nächsten Mahlzeit sättigt und deinem Ziel, abzunehmen, nicht im Wege steht. Dazu passt wunderbar Obst, gern auch Trockenfrüchte.

Parallel beginnst du Sport zu treiben. Erst 1 bis 2 Mal pro Woche, später 3 bis 4 Mal pro Woche. Jedes Mal etwa 30 Minuten. Mache auch hier langsam und Schritt für Schritt; der Sport soll dich fordern, aber nicht überfordern. Welcher Sport ist ziemlich egal, Hauptsache, du treibst Sport. Sehr gut eignen sich Schwimmen oder Kampfsport, da du bei beiden Sportarten alle Muskelgruppen deines Körpers trainierst und das Verletzungsrisiko bei beiden Sportarten sehr gering ist. Frage dazu auch gern einen Fitnesstrainer.

Sich nur optimal zu ernähren, ohne Sport zu treiben, ist sinnlos. Nur Sport zu treiben, ohne gesunde Ernährung, ist ebenfalls sinnlos. Du brauchst beides, wenn du gesund, körperlich fit und beweglich sein möchtest.
  Absolut entscheidend ist, dass du permanent und dauerhaft – dein ganzes Leben – dranbleibst. Sonst verpufft dein Erreichtes ganz schnell

wieder. Ständig dranzubleiben, den inneren Schweinehund zu besiegen und sich selbst diszipliniert anzufeuern ist die große Kunst im Leben. Und das genau unterscheidet erfolgreiche Menschen von erfolglosen Menschen. Genau hier trennt sich die Spreu vom Weizen. Die Sieger haben Durchhaltevermögen und können sich selbst motivieren. Die Verlierer beginnen und geben bei den ersten Schwierigkeiten auf. Es ist im Prinzip so einfach und doch so schwer für viele.

Bleib also dran und konditioniere deinen Körper regelmäßig und dauerhaft. Das wirkt Wunder in allen Lebensbereichen.

Am 1. eines jeden Monats stellst du dich dann auf die Waage und misst deinen Bauchumfang. Jede Woche oder gar täglich ist überflüssig, da dein Gewicht locker um 1 bis 2 kg jeden Tag schwanken kann. Kein Stress, vertrau mir. Wenn du diese Vorgehensweise bei deiner Ernährung und Bewegung stetig durchziehst und Schritt für Schritt in deinem Tempo absolvierst, dann wirst du nach ein paar Wochen und Monaten die Veränderungen deutlich spüren. Du kannst gar nicht anders, als abzunehmen und dich fit zu fühlen. Probiere es aus, es lohnt sich. Ich spreche aus eigener Erfahrung.

Durch regelmäßiges Training verschiebt sich dein Fleisch-Fett-Verhältnis zugunsten deines Fleisches, also deiner Muskeln. Deine Muskeln sind wie ein Ofen, der spezialisiert darauf ist, Fett zu verbrennen. Ja, du hast richtig gehört. Dein Körper besitzt einen eigenen Ofen (Motor), der als Treibstoff Nahrung benötigt und dazu liebend gern Fett verwendet. Das ist ideal für dich, wenn du abnehmen willst. Heize ihn an und lass ihn Fett verbrennen. Es kann dabei zu Beginn passieren, dass du nicht abnimmst oder sogar an Gewicht zulegst. Auch das ist normal, dein Körper wandelt nämlich gerade Fett in Fleisch um, und dieselbe Menge an Fleisch wiegt nun einmal mehr.

Dazu benötigst du natürlich einen funktionierenden Ofen. Sprich, du musst zuerst Muskeln anlegen. Muskeln kannst du dir antrainieren, indem du regelmäßig Sport treibst. Es passiert nicht von heute auf morgen, du musst dich schon ein paar Monate gedulden und eisern dranbleiben. Wenn die Muskeln aber einmal vorhanden und aufgebaut sind, können sie loslegen. Und das heißt nichts anderes, als dass sie beginnen, dein Bauchfett und dein Körperfett zu verheizen.

Mit Muskeln kannst du also hervorragend Fett verbrennen (abnehmen) und bist zugleich kraftvoll, ausdauernd und hast einen tollen Körper. Du schlägst 4 Fliegen mit einer Klappe. Wenn das kein Grund für dich ist! Wann fängst du an?

Magerwahn

Alles, was deinem Körper schadet, solltest du von ihm abwenden. Neben dem Übergewicht gehört auch erhebliches Untergewicht (Magerwahn) dazu.
Dein Körper regelt bei normaler Nahrungsaufnahme sein Gewicht von selbst. Es fällt bis zu einem bestimmten Wert ab und bleibt dann dort. Wenn du ihm weiter die Nahrungsversorgung entziehst, dann betreibst du Raubbau an deinem Körper. Er soll dich am Leben erhalten und du versuchst, das zu verhindern. Fehlen Nährstoffe und Muskeln, dann sieht das nicht nur schlimm aus, es ist auch gefährlich.

Wie schon erwähnt, ist der Erhaltungsbedarf die Menge an Energie, die deinem Körper jeden Tag zugeführt werden muss, damit er überleben kann. Wenn du deinem Körper weniger Energie als den Erhaltungsbedarf zuführst, dann hat er langfristig keine Chance zu überleben, er wird verhungern. Kurzfristig in Notsituationen wird er es schaffen, aber niemals langfristig. Dazu reicht die Energie der aufgenommenen Nahrung schlichtweg nicht aus. Von Leistungsbedarf ist hier überhaupt keine Rede mehr, denn Leistung kannst du durch Hungern nicht mehr erbringen, da dein Körper komplett mit sich und seinem Überleben zu tun hat.

Welche Gründe bewegen dich, dass du zu wenig isst? Sind es Schönheitsgründe (Model) oder belastet dich seelisch etwas? Bitte kläre das, es geht um dich und dein Leben.

Models brauchen eine gewisse Ausstrahlung, keine Frage. Und eine schlanke, gut gebaute Weiblichkeit wird immer die Blicke der Männer auf sich ziehen. Aber kein Skelett. Nur Haut und Knochen sind wahrlich kein schöner Anblick. Du tust deinen Mitmenschen und dir am allerwenigsten damit einen Gefallen. Du ruinierst dich selbst. Kein Tier der Welt hungert absichtlich.

Wenn dich etwas seelisch belastet, dann empfehle ich dir, mit einem echten Freund, einem Heilpraktiker oder Psychologen zu sprechen oder eine Aufstellung zu machen. Es ist absolut keine Schande, sich mit so einem Anliegen an vertraute Menschen zu wenden. Sie haben einen anderen Blickwinkel als du und mit Sicherheit eine Lösung für dich parat.

Deine Körperhaltung

Ein Mensch kann viel ertragen, solange er sich selbst ertragen kann.
Axel Munthe

»Mensch, Kind, setz dich doch mal gerade hin!«
Sei ehrlich, den Spruch haben dir deine Eltern nicht nur einmal gesagt.

Deine Eltern sagen dir das nicht, um dich zu nerven, sondern weil sie dich lieben. Ich »übersetze« dir einmal diesen Satz deiner Eltern:
»Mein liebes Kind. Es tut mir weh, wenn ich dich so krumm am Tisch sitzen sehe. Ich mache mir Sorgen um deinen Rücken. Wenn dieser weiterhin krumm bleibt, dann habe ich Angst, dass du einen Rückenschaden oder ein Rückenleiden bekommst und du dir dein ganzes Leben damit ruinierst. Das möchte ich nicht. Ich möchte nicht, dass deine Wirbelsäule schon in so jungen Jahren Schaden nimmt. Ich wünsche dir von Herzen, dass du dein Leben lang gesund bist. Ich wünsche dir von Herzen, dass du aufrecht durchs Leben gehen kannst. Ich bitte dich, mir zu vertrauen. Bitte setze dich gerade hin. Ich würde mich riesig darüber freuen, weil ich dich nämlich liebe.«
Diese oder ähnliche Gedanken deiner Eltern stecken in dem Satz »Mensch, Kind, setz dich doch mal gerade hin!«

Was machst du eigentlich so nach der Schule und in den Ferien? Treibst du dich viel draußen herum und kletterst auf Bäume oder ist das Display deines Handys das einzige Licht, das dein Zimmer erhellt? Damit fängt alles an. Sich an der frischen Luft zu bewegen ist aus zwei Gründen gut: Erstens bekommst du erstklassige Luft zum Atmen und zweitens bewegst du dich. Durch Bewegung werden deine Muskeln gefordert und verkümmern nicht. Jeder Muskel, den du nicht bewegst, bildet sich zurück. Das kannst du sehr schön nach einem Arm- oder Beinbruch sehen. Der Gips ist ein paar Wochen dran und danach beginnst du wie ein Baby neu zu laufen oder deinen Arm zu bewegen. Die Muskeln haben sich zurückgebildet, weil sie nicht bewegt wurden.

Dein Körper ist eben hochintelligent. Er denkt sich: »O. k., wenn der Muskel nicht bewegt wird, spare ich mir die Energie für ihn und lege ihn auf Sparflamme.« Wenn du die meiste Zeit des Tages nach der Schule oder in den Ferien träge im Bett oder auf deiner Couch herumlümmelst, dann bilden sich logischerweise einige Muskelgruppen zurück. Sie verkümmern schlichtweg infolge deiner mangelhaften körperlichen Betätigung. Du hängst herum wie ein nasser Waschlappen und siehst allgemein schlapp aus. Die Folge ist, dass du gerade noch den Mülleimer nach draußen bringen kannst und dann erschöpft wieder auf die Couch musst. Du bringst keine Leistung mehr und es wird dir alles zu viel. Vom Stress mit deinen Eltern ganz zu schweigen.

In Deutschland gibt es viele Rückenleiden, viel zu viele. Wir sitzen uns krank oder stehen uns krank. Alles geht über den Rücken. Viele Leiden gehen vom Rücken aus. Hier musst du unbedingt etwas unternehmen, wenn du einen überwiegend sitzenden oder stehenden Beruf ausübst. Du musst den Ausgleich für dich finden, um der einseitigen Körperhaltung zu entkommen, denn die ist alles andere als gut.
 Leg die Beine hoch im Garten, wenn du viel stehen musst. Mache einen Spaziergang im Wald oder am Meer, wenn du viel sitzen musst. Mache genau das Gegenteil von dem, was du den ganzen Tag machst. Das ist deine einzige Chance.

Laufe, so oft es dir möglich ist, barfuß. Deine Füße werden durch Schuhe aller Art viel zu wenig beansprucht, ja, sie verkümmern regelrecht auf Dauer darin. Ziehe daher deine Socken und deine Schuhe aus und nimm mit beiden Füßen deine Umgebung bewusst wahr. Füße sind echte Sinnesorgane, die alles fühlen und dein Gleichgewicht stärken. Jede Zone deiner Fußsohlen (und auch Handflächen) ist mit einem Organ oder einem Organsystem deines Körpers verbunden. Sie werden als Reflexzonen / Nervenpunkte bezeichnet. Über deine Füße bist du geerdet, du fühlst dich frei und naturverbunden. Laufe einmal über einen Barfußpfad und über die verschiedenen Materialien. Dein Fußbett wird dir diese besondere Form der Fußreflexzonenmassage danken. Die Durchblutung deiner Füße und damit aller Organe deines Körpers wird verbessert. Hast du vielleicht oft kalte Füße? Dann ist Barfußlaufen einen Versuch für dich wert.

Barfußlaufen entspricht dem natürlichen Laufverhalten und stimuliert automatisch deine Haut, Muskeln, Sehnen und Knochen und hat somit einen direkten Einfluss deinen Körper und deine Körperhaltung. Gerade du als junger Mensch bekommst durch regelmäßiges Barfußlaufen einen aufrechten Gang und eine gute Haltung. Barfußlaufen im Sand am Meer oder im Wald fordert und fördert deine Füße, deine Wahrnehmung, deine Sinne und nebenbei bekommst du die beste Luft zum Atmen. Also, raus aus den Schuhen und ab in die Natur.

Viele Menschen sind nicht gerade gebaut. Was heißt das? Nicht gerade zu sein bedeutet, dass du eine Körperschiefstellung hast, meist im Becken. Das wissen sehr viele Menschen gar nicht. Durch die Beckenschiefstellung ist dein Skelett nicht in der normalen Stellung und die Kräfte am Körper wirken falsch. Das kann zu Rückenleiden, Zahnproblemen, Verspannungen und weiteren Einschränkungen führen, die sich im Laufe deines Lebens verstärken können. Bevor du aufwändige Untersuchungen oder gar Operationen über dich ergehen lassen willst, prüfe bitte unbedingt vorher, ob du gerade bist. Lasse dich dazu von einem Heilpraktiker oder Orthopäden untersuchen. Ein Einrenken (Gerademachen) dauert weniger als eine Minute und bewirkt, dass alles wieder im Lot ist. Mag sein, dass du ein komisches Gefühl verspürst danach und dich jetzt erst recht »schief« fühlst. Mag sein, dass du das mehrmals wiederholen wirst. Aber genau das ist es: Du hast dich nämlich über die Jahre an die Schieflage gewöhnt und dein Körper muss erst wieder lernen, was gerade bedeutet. Gib ihm Zeit dafür. Er wird es dir danken.

Recke dich und strecke dich – wie eine Katze oder ein Hund. Die machen das ganz ungeniert. Mache es morgens nach dem Aufwachen im Bett und jedes Mal ganz kurz im Beruf oder der Schule, wenn du ein paar Sekunden Pause hast. Steh auf, wenn du meist sitzt, und telefoniere im Stehen. Setz dich hin, wenn du meist stehst, und erledige dort leichte Arbeiten. Es hilft dir ungemein und lockert und dehnt deine Muskelgruppen wieder, vor allem, wenn du eine einseitige Körperhaltung einnehmen musst. Kontrolliere deine Körperhaltung immer und immer wieder.

Mache regelmäßig Massagen und lass dich ordentlich durchkneten. Dein Rücken ist die größte Muskelpartie an deinem Körper. Von hier aus laufen viele Muskeln überallhin. Der Masseur dehnt die verkürzten Muskeln wieder und lockert sie zugleich. Diese Wohltat sollte es dir wert sein, denn du beugst dadurch aktiv Verspannungen vor. Warte nicht erst, bis es weh tut, sondern betreibe Vorsorge.

Im Urlaub sollte im Normalfall kein Stress vorhanden sein. Der Druck ist raus und das ist gut so. Du bekommst den Kopf frei und läufst nicht mehr verspannt umher. Besonders nach deinem Urlaub wirst du es am Körper spüren, da fühlt sich alles leicht und locker an. Versuche daher, nicht nur den einen Haupturlaub zu nehmen, sondern immer mal ein paar Tage Auszeit zwischendurch.

Achte auf deinen aufrechten Gang und lass die Schultern nicht hängen. Dadurch werden deine Brustmuskeln im Verhältnis zu deinen Rückenmuskeln zu stark und sie ziehen dich nach vorn. Setz dich gerade hin und achte immer wieder aufs Neue darauf. Die Bauchmuskeln sind von besonderer Wichtigkeit. Sie geben dir und deinem Rücken den notwendigen Halt. Achte beim Sport immer darauf, alle Muskelgruppen zu trainieren und nicht nur bestimmte. Die Gesamtheit deines Körpers will trainiert werden. Sprich darüber mit einem Trainer.

Trage deinen Schulranzen, deinen Rucksack oder was sonst so modern ist heutzutage immer mittig auf dem Rücken. Deine Schulbücher mit den ganzen anderen Dingen können locker 8 bis 12 kg wiegen. Das ist eine ganz schöne Last. Über Jahre hinweg falsch getragen, verbiegt diese Last deine junge Wirbelsäule und du wirst krumm. Erkundige dich einmal in einem Outdoor-Laden nach dem richtigen Tragen von Gepäck. Richtig eingestellt, kommst du mit dem Gewicht problemlos klar.

Schlurfe nicht mit den Schuhen beim Gehen und nimm die Hände aus den Taschen dabei. Dein Gang und deine Körperhaltung verraten sehr viel über dich. Wenn du zum Beispiel bei Bewerbungsgesprächen bist, dann merkt dein Gegenüber sehr schnell, ob er es mit einem selbstbewussten Menschen zu tun hat oder nicht. Eine aufrechte Körperhaltung signalisiert nämlich Selbstbewusstsein. Oder hast du schon einmal einen König oder ein Staatsoberhaupt mit hängenden Schultern, schlurfenden Schuhen und gesenktem Blick gehen sehen?

Deine Körperpflege

*Nur wer seinen eigenen Weg geht,
kann von niemandem überholt werden.
Marlon Brando*

Beobachtest du manchmal Menschen, die fast jeden Tag ihr Auto putzen oder in liebevoller Art und Weise jeden Zentimeter ihres 4 Quadratmeter großen Vorgartens mit der Nagelschere bearbeiten? Da kann man zuweilen auf den Gedanken kommen, sie würden sich mehr darum kümmern als um sich selbst oder ihren Partner.

So, wie du dein Auto oder deinen Garten pflegst, solltest du mindestens deinen Körper pflegen. Dein Körper ist dein Lebensauto, das begleitet dich dein gesamtes Leben. Und demzufolge ist es außerordentlich wichtig, dass es lange durchhält.

Ein Auto muss von außen und von innen gepflegt werden. Das gibt ihm äußere und innere Schönheit. Dein Körper muss von außen und innen gepflegt werden, das gibt ihm äußere und innere Schönheit.

Die innere Pflege deines Körpers beginnt bereits mit der richtigen Nahrung. Das richtige Essen und das richtige Trinken bewirken, dass dein Körper in idealer Weise mit allen lebensnotwendigen Nährstoffen versorgt wird. Der Sprit für dein Auto ist genau der richtige. Es läuft ruhig dahin, kann kraftvoll beschleunigen oder im Sparmodus dahintuckern. Es verbraucht dank des richtigen Sprits (Nahrung) wenig davon auf 100 km (pro Tag) und ist allgemein leistungsfähig. Bei Anstiegen (Problemen, Stress) geht der Turbolader an und bietet zusätzliche Energie, um diese Situationen problemlos zu bewältigen. Alles läuft harmonisch wie in einem Uhrwerk.

Füllst du falschen (ungesunden) Sprit in deinen Tank, so brauchst du dich natürlich nicht zu wundern, wenn deine Karre nicht so richtig will. Wie soll denn dein Lebensauto ruhig und locker dahinfahren und immer mal beschleunigen, wenn der Sprit im Tank nicht stimmt? Das sollte dir spätestens jetzt einleuchten. Falls nicht, dann stotterst du dein Leben lang eben mehr schlecht als recht dahin. Es ist deine Entscheidung. Du kannst jederzeit guten Sprit auffüllen und dich darüber freuen, wenn die Karre wieder läuft. Es liegt auf der Hand, welches Auto länger durchhält im Regelfall.

Gesunde Nahrung beugt auch Mundgeruch vor. Der kann seine Ursache im Mund oder vom Magen her haben. Wenn deine Verdauung nicht stimmt, dein Magen infolge schlechter Nahrung rebelliert, dann können üble Gerüche emporsteigen. Auch die Zahnpflege ist hier entscheidend, das regelmäßige Putzen und Verwenden von Zahnseide für die Zwischenräume.

Ausreichender Schlaf ist eine der wichtigsten Voraussetzungen für deine Körperpflege. Ohne Schlaf bist du den ganzen Tag über müde und schlapp und nicht leistungsfähig. Das kann vielleicht einmal passieren, es sollte aber kein Dauerzustand sein. Dann ist etwas gehörig in Unordnung. Echter und ausreichender Schlaf ist bewusste Körperpflege. Von innen und von außen.

Die äußere Pflege deines Autos besteht im regelmäßigen Waschen. Natürlich musst du dein Auto nicht täglich waschen, wenn es nicht viel gefahren ist. Natürlich musst du nicht jeden Tag baden oder duschen, wenn du im Prinzip nichts gemacht hast. Das heißt nicht, sich eine Woche lang nicht zu waschen! Ich meine, immer mal einen Tag nicht, wenn du wirklich nicht außergewöhnlich körperlich aktiv warst. Nach Leistung (Sport) oder einem anstrengenden Tag ist Duschen nicht nur zur Reinigung notwendig, sondern auch zum Runterfahren und Entspannen.

Wenn du in der Pubertät bist, dann ist deine äußere Pflege besonders wichtig. Die Fettschichten auf deiner Haut müssen gereinigt werden, vor allem wenn du stark zu Pickeln und Mitessern neigst. Da ist Hautpflege oberstes Gebot. Die Haut ist zudem dein größtes Körperorgan und verdient besondere Aufmerksamkeit.

Du musst nicht für jeden Körperteil eine andere Creme benutzen, aber du musst deine Haut von abgestorbenen Hautzellen, Schweiß und

Schmutz reinigen. Reines Wasser genügt bereits. Keine Angst, deine Haut wird nicht dünner werden ...

Alle Arten von Schadstoffen (Rauchen, Alkohol, Umgebungen usw.), egal ob dein Körper sie von innen oder außen aufnimmt, sind schädlich für ihn. Das spiegelt sich auch in deinem Aussehen wider. Blasse, stumpfe, alt aussehende und faltige Haut, verbunden mit unangenehmem Körper- und Kleidungsgeruch, zeugen vom schlechten inneren und äußeren Allgemeinzustand deines Lebensautos. Mag sein, dass es dir selbst nicht auffällt; deinen Mitmenschen aber fällt es auf. Und sie werden es dir in aller Regel nicht sagen.

Manche Menschen leiden unter extremem Schweißgeruch. Oft merken sie es nicht selbst, die Mitmenschen riechen es meterweit entfernt. Wenn sich dann mit der Zeit die Kleidungsstücke vollgesogen haben und nicht gewechselt oder einmal gewaschen werden, dann bist du im wahrsten Sinne ein »Dauerstinker«. Das fällt deinen Mitmenschen sehr unangenehm auf. Besorge dir aus der Apotheke speziell für deinen Hauttyp hergestellte Deos, die eine abtötende Wirkung auf die Schweißbakterien haben. Und ihr, liebe Mitmenschen, die ihr das wahrnehmt: Bitte lasst es den Betroffenen auf freundliche Weise wissen, danke.

Kennst du Menschen, die auch ungeschminkt eine tolle und natürliche Ausstrahlung besitzen? Prima, dann frage doch einmal so einen Menschen, wie er sich ernährt und wie er seinen Körper pflegt. Eine natürliche Ausstrahlung ist etwas Wunderbares, das ist echte Schönheit. Deine Mitmenschen spüren, ob deine Schönheit von innen heraus kommt, also echt ist, oder ob das nur eine aufgesetzte Schönheit ist. Echte Schönheit bedeutet nicht unbedingt, dass du ein Model sein musst oder auf der Titelseite der TV-Zeitung platziert bist. Echte Schönheit kannst du dir nicht erkaufen, denn echte Schönheit kommt vom Herzen.

Bei manchen Frauen oder Männern sagt man auch: »Die oder der hat irgendetwas.« Er strahlt etwas aus, was als Charisma bezeichnet wird. Solche Menschen haben eine ungeheure Anziehungskraft. Auch das ist Schönheit.

Körperpflege ist auch in der Partnerschaft oder bei der Partnersuche ein absolutes Muss. Niemand nähert sich gern einem Menschen, der schon 3 Meilen gegen den Wind wahrzunehmen ist. Der erste Eindruck entscheidet und der letzte bleibt. Wenn du einen attraktiven Partner für dein Leben suchst, dann stelle zuallererst sicher, dass auch du attraktiv bist. Und das bedeutet, gut gepflegt von außen und von innen zu sein. Du musst dich nicht aufpeppen wie eine Schaufensterpuppe, aber ein Mindestmaß an Körperpflege ist Voraussetzung für eine erfolgreiche »Paarung«.

Falls du eine Frau bist: Ein dezentes Make-up, verbunden mit einem dezenten Parfum, kommen bei den meisten Männern besser an als ein halber Kosmetikkasten mit aufdringlichem Parfum. Man mag es kaum glauben, aber Männer schauen Frauen zuerst in die Augen und erkennen in Sekundenschnelle die innere Schönheit einer Frau.

Falls du ein Mann bist: Unangenehmer Körpergeruch wirkt extrem störend auf Frauen. Auch schmutzige Fingernägel zeugen von mangelnder Körperhygiene und sind kein guter Einstieg für deine Brautschau. Falls du einen Bart trägst, dann pflege auch ihn, sonst rasiere ihn ab.

Und noch etwas: Neuanschaffungen sind einfacher getan als die anschließende Pflege und Wartung. So beim Auto, so auch bei Beziehungen. Regelmäßige Körperpflege in einer Beziehung zeigt, dass es dir ernst damit ist. Sich nach erfolgreicher Suche gehen zu lassen ist kein guter Schachzug.

Deine Selbstheilungskräfte

Was bringt den Doktor um sein Brot?
a) *Die Gesundheit*
b) *Der Tod*
Drum hält der Arzt, auf dass er lebe,
uns zwischen beiden in der Schwebe.
Eugen Roth (Der Wunderdoktor)

Dein Körper ist hochintelligent, das sagte ich schon mehrfach. Dein Körper ist sogar so schlau, dass er sich selbst heilen kann. Er hat eine eigene Reparaturwerkstatt an Bord. Ist das nicht genial!

Dein Körper ist im Übrigen der Einzige, der dich überhaupt heilen kann. Heilen kann dich kein Arzt der Welt, kein Apotheker, kein Heilpraktiker, kein Medikament, kein Ritual. Das ist mir sehr wichtig, dass du das verstehst. Heilen kannst du immer nur dich selbst und zwar dein Körper selbst. Du ganz allein entscheidest, wie du deinen Körper wieder gesund bekommst. Du ganz allein entscheidest, ob du überhaupt wieder gesund werden willst. Du ganz allein trägst alle Risiken und Nebenwirkungen.

Die entscheidende Frage ist: Wie schaffst du es, deinen Körper in die Lage zu versetzen, sich (wieder) selbst zu heilen, also die Selbstheilungskräfte deines Körpers zu aktivieren? Genau das ist der Punkt.
 Du musst deinen Körper in die Lage bringen, seine körpereigenen Mechanismen aufzubauen, in die Werkstatt zu gehen, Hilfsstoffe zu aktivieren und eine Heilung zu bewirken. Wenn du das schaffst, wird dein Körper unverzüglich ans Werk gehen und dich gesund machen. Er macht das, weil er dich liebt und weil er an dich und das Gute glaubt. Glaube an dich und vertraue deinem Körper, er ist dein allerbester Freund.

Deine Lebensweise hat einen ganz entscheidenden Einfluss auf deine Gesundheit.
 Stress und ungesunde Ernährung, verbunden mit Rauchen und Alkohol, erschweren es deinem Körper in unvorstellbarer Weise, gesund zu bleiben. Es ist ein unglaublicher Kraftakt deines Körpers, den er nicht

unendlich lange aushalten kann und wird. Sogar in diesen schlimmen Fällen hält er zu dir und lässt dich nicht im Stich. Dazu sendet dein Körper dir fortlaufend Signale. Das können zum Beispiel sein: permanente Müdigkeit, Schlaflosigkeit, Hitzewallungen, Schwindel, Durchfall, Erbrechen, Atemnot, Gelenkschmerzen, Kopfschmerzen, verfärbter Urin, Blut im Speichel, Lustlosigkeit, ständige Erkältungen, Entzündungen, Haarausfall und so weiter. Dein Körper macht sich dadurch bemerkbar. Du hast die Möglichkeit, die Warnlampen zu ignorieren oder aktiv daran zu arbeiten, dass die Symptome verschwinden. Du allein trägst für dich die Verantwortung.

Klar, du kannst jetzt zum Arzt gehen und ihn bitten, dir zu helfen. Ein Arzt ist ein Spezialist für Gesundheit, aber er ist nicht du, sondern ein fremder Mensch. Du beauftragst einen fremden Menschen, dir zu sagen, wie es dir geht. Es kann dir aber niemand anders sagen, wie es dir geht, außer dir selbst.

Beispiel:
Du rauchst wie ein Industrieschornstein, sagen wir: 2 Schachteln am Tag. Das sind etwa 40 Zigaretten. Du musst ständig husten und hast Auswurf. Du bekommst schlecht Luft und bist ständig krank. Meine einfache Frage an dich lautet: Was willst du eigentlich beim Arzt?
Er kann dir Beruhigungsmittel, Erkältungsmittel und Hustensaft verschreiben und dich für ein paar Tage krankschreiben. Was hast du davon? Nichts. Du hast die Symptome (Husten, Auswurf, Erkältung) etwas verringert, aber nicht die eigentliche Ursache (Rauchen). Solange du die eigentliche Ursache, dein Rauchen, nicht beseitigst, ist alles andere nur verlorene Zeit und verlorenes Geld. Das wird eine unendliche Geschichte. Du machst dir doch selbst nur etwas vor.

Höre zuerst einmal auf das, was dir dein Körper sagen will. Wir haben es fast verlernt, das zu tun. Nimm dir eine Stunde Zeit, schließe deine Augen und entspanne dich. Dann lauschst du deiner inneren Stimme, was sie dir sagen will. Das mag jetzt bescheuert klingen, aber das ist der erste Schritt zur Besserung und ehrlichen Selbstkritik. Selbstheilung deines Körpers bedeutet nicht, dass du an das Gute glaubst, und schwupp, ist alles wieder gut. Selbstheilung deines Körpers heißt herauszufinden, was deinem

Körper gut bekommt und wie du ihn unterstützen kannst, dich wieder dauerhaft gesund zu bekommen. Und das kannst nur du ganz allein.

Jede Krankheit will dir etwas sagen. Hättest du sie nicht, dann wärest du vermutlich tot. Sie bewahrt dich sozusagen vor dem Tod, indem du »nur« die Krankheit hast. Betrachte es einmal aus diesem Blickwinkel. Die Kunst für dich ist herauszufinden, was genau dir eine Krankheit sagen will. Welche Möglichkeiten du dafür hast, erfährst du im Kapitel Ruhe.

Dein Zeitmanagement

Es gibt Diebe, die nicht bestraft werden und dem Menschen doch das Kostbarste stehlen: Die Zeit.
Napoleon

Ein Tag hat exakt 24 Stunden. Für jeden einzelnen Menschen. Es gibt also keinen Menschen, der mehr Zeit hat als du. Die Frage lautet demnach: Was machst du in der dir zur Verfügung stehenden Zeit? Wofür nutzt du sie?

Du solltest dir deine Zeit gut einteilen und überlegen, wofür du deine Energie aufbringst. Opferst du sie den vielen Zeitdieben (Dinge, die du gar nicht willst, aber tust) oder gestaltest du dir deinen Tag selbst in aktiver Form?

In Italien lebte einst ein Mann namens Pareto. Der hat das nach ihm benannte Pareto-Prinzip erfunden. Er stellte fest, dass 80 % der Italiener 20 % des italienischen Geldes besitzen und dass 20 % der Italiener 80 % des italienischen Geldes besitzen.

Das Pareto-Prinzip kannst du problemlos auch für deine Zeit verwenden. Das bedeutet, in 80 % der Zeit erledigst du 20 % deiner Aufgaben und in 20 % der Zeit erledigst du 80 % (den Großteil) deiner Aufgaben. Du hast äußerst effiziente Zeiten, in denen du das Meiste deiner Aufgaben schaffst. Du hast weniger effiziente Zeiten, in denen du über den Tag den Rest der Aufgaben erledigst.

Ein geplanter Tagesablauf ist von großem Vorteil, wenn du viel erreichen und schaffen willst. Morgenstunde hat da bekanntlich Gold im Munde.

Oder anders ausgedrückt: Der frühe Vogel fängt den Wurm. Wenn du wirklich etwas erreichen willst, dann plane den Folgetag bereits grob vor und mache dir Notizen auf einem Blatt Papier oder in einer Liste. Dann behältst du den Überblick und weißt genau, was du schon erledigt hast und was nicht. Die notierten Aufgaben arbeitest du dann der Reihe nach ab. Beginne immer mit den allerwichtigsten Aufgaben zuerst. Selbst wenn du nichts weiter geschafft oder begonnen hast, so hast du wenigstens an den wichtigsten Aufgaben gearbeitet. Das ist sehr wichtig. Konzentriere dich auf das Wesentliche, sprich die 80 % deiner Aufgaben und erledige sie gezielt. Nicht erst E-Mails checken oder SMS durchsehen. Nein, sofort an die Arbeit machen und loslegen. Das weniger Bedeutende kannst du getrost in einer der Pausen erledigen, in denen du dich nicht so konzentrieren musst.

Deine Konzentration hält nicht ewig an. Sei beruhigt, das geht Erwachsenen ganz genauso. Nach circa 20 bis 30 Minuten kommt der erste Abfall der Aufmerksamkeit, das ist normal. Wechsele daher, wenn möglich, deine Aufgabengebiete und mache etwas anderes. Morgens zwischen 9 und 11 Uhr und am Nachmittag noch einmal so 14 bis 16 Uhr hast du deine besten Zeiten. In diesen Phasen ist deine Konzentrationsfähigkeit am allergrößten. Und hier hinein packst du deine wichtigsten Aufgaben und gehst sie an.

Eine gesunde Ernährung bringt dir übrigens nicht nur einen gesunden Körper, sondern sorgt auch dafür, dass du lange fit und konzentriert bist. Wenn du Lebensmittel mit gesundem Energiegehalt zu dir nimmst, hält dein Akku für den Tag weitaus länger durch und dir wird nicht so schnell alles zu viel.

Ein regelmäßiger Tagesablauf ist ebenfalls sinnvoll. Eine gewisse Routine schadet nicht. Im Gegenteil: Dein Körper liebt eine gewisse Gleichmäßigkeit im Tagesablauf. Das bedeutet nicht, dass du tagein und tagaus dein gesamtes Leben lang dasselbe tun sollst. Es bedeutet, dass du in etwa zur gleichen Zeit aufstehst, isst und schlafen gehst. Dein Körper wird es dir danken.

Wenn du magst, dann nehmen wir doch einmal eine stinknormale Woche von dir genauer unter die Lupe. Wir gucken einmal, was du eigentlich an Zeit zur Verfügung hast. Vielleicht wird es dir dadurch klarer. Es sind ungefähre Angaben und auch die Aufgaben können natürlich etwas abweichen. Je nach Geschlecht und Geschmack variiert es etwas.

Eine Woche hat 7 mal 24 = 168 Stunden.
   Du schläfst jeden Tag 8 Stunden. Es bleiben 112 Stunden übrig.
   Du verbringst Montag bis Freitag 8 Stunden in der Schule oder im Beruf. Es bleiben 72 Stunden übrig.
   Du isst und trinkst jeden Tag 2 Stunden. Es bleiben 58 Stunden übrig.
   Du verbringst jeden Tag 1 Stunde im Bad. Es bleiben 51 Stunden übrig.
   Du fährst mit dem Bus oder Auto 1 Stunde pro Tag: Es bleiben 44 Stunden übrig.

Du treibst 4 Mal Sport, je eine halbe Stunde. Es bleiben 42 Stunden übrig.
Du hilfst im Haushalt 4 Mal, je eine halbe Stunde. Es bleiben 40 Stunden übrig.

Die verbleibenden 40 Stunden sind für dich. Du selbst entscheidest, wofür du diese 40 Stunden jede Woche verbrauchen möchtest.
Du kannst dich vor die Glotze setzen oder mit dem Handy spielen. Wenn du das täglich 3 Stunden tust, ist über die Hälfte deiner Freizeit bereits weg.
Du kannst dich mit Freunden treffen, ins Kino oder Theater gehen oder einfach relaxen und nichts tun. Das alles ist möglich. Überlege dir daher ganz genau, wofür du deine kostbare Zeit von 40 Stunden jede Woche ausgeben möchtest.

Nimm dir regelmäßig Zeit für deinen Partner und deine Familie statt für dein Auto oder andere Spielereien. Es kann sonst passieren, dass die anderen eines Tages plötzlich weg sind. Eine gewisse Zeit dafür zu reservieren ist o. k., aber es darf nicht ausarten. Denn dann stimmt das Verhältnis nicht mehr. Die Zeit ist schneller um, als du dir vorstellen kannst.

Wenn du dir für etwas Zeit nimmst, dann sei zu 100 % dabei. Mach es nicht nebenbei, sondern voller Hingabe. Denk nicht an andere Sachen, während du etwas anderes machst. Lebe im Hier und Jetzt, auch bei einer Aufgabe. Das kannst du bewusst steuern, alles andere ist Vergangenheit oder Zukunft.

Ein Familienkalender hängt sicher oft daheim an der Wand. Darin werden alle Termine eingeschrieben, die für jedes Familienmitglied anstehen. Angefangen vom Arztbesuch über Musikstunde, Reitstunde, Turnier, Sportverein, Nachhilfe, Versammlungen, Konferenzen, Geburtstage, Durchsichten und so weiter. Und dann wird geguckt, wo die familiären Dinge noch einen Platz finden. Das sind Unternehmungen oder Urlaub mit deinem Partner, mit Freunden oder der Familie. Sollte das Kästchen bereits besetzt sein, dann wird nach einem anderen Termin Ausschau gehalten.

Mache es doch einmal andersherum. Trage zuerst in den noch komplett leeren Kalender deine Termine und deine dir wichtigen Dinge ein, für die du Zeit haben möchtest und die dir viel bedeuten. Diese Termine sind dann geblockt. Wenn dann der Rest auf dich hereinprasselt, dann geht es eben nicht an diesen Terminen, basta. Somit stellst du sicher, dass alle dir wichtigen Pläne im Jahr einen Platz in der ersten Reihe bekommen und nicht irgendwo hineingeschoben werden. Du bist es dir wert!

Es ist deine Zeit. Es ist dein Leben. Du gestaltest es, nicht die anderen. Du sitzt am Lenkrad und sagst, ob du jetzt auf den Rastplatz abbiegen willst oder nicht. Deine persönlichen Termine sollten Vorrang haben. Damit stellst du sicher, dass du dir genügend Zeit für dich und deine Bedürfnisse nimmst. Das ist wichtig. Das ist nicht egoistisch, sondern egozentrisch, und das ist etwas vollkommen anderes. Mehr dazu im Kapitel Ruhe.

Dein Handy

Seien wir realistisch, versuchen wir das Unmögliche!
Ernesto »Che« Guevara

Es gibt wohl heutzutage kaum jemanden, der kein Handy besitzt. Dank der modernen Technologie ist man auch unterwegs erreichbar und kann sich kurz bei seinen Liebsten melden oder wichtige Informationen durchgeben. Man hat die Möglichkeit, von unterwegs Schriftverkehr zu erledigen oder sich mit anderen auszutauschen. Das alles gehört zu den Vorzügen und nicht mehr wegzudenkenden positiven Eigenschaften von Mobiltelefonen.

Handys gibt es für den Otto Normalverbraucher seit Beginn der 1990er Jahre. Die ersten Apparate waren noch groß wie eine Wasserflasche und deren Akku glich eher einer Autobatterie, mit der man ein paar Minuten telefonieren konnte, bevor sie wieder aufgeladen wurden. Das hat sich seitdem extrem gewandelt. Die modernen Mobiltelefone sind klein, handlich, halten relativ lange durch und sind nahezu für jedermann erschwinglich.

Damit du unterwegs telefonieren kannst, benötigst du einen Anbieter. Dieser Anbieter betreibt ein Netz aus Mobilfunkstationen, die deinen Anruf jeweils mit der nächstgelegenen Station verbinden. In Städten sind die Netze engmaschiger, weil hier viele Menschen wohnen und viel Nachfrage nach allen möglichen Diensten besteht. Auf dem Lande sind die Netze weitmaschiger und die Mobilfunkstationen weiter auseinander. Die Mobilfunkstationen empfangen also die Funksignale deines Handys. Damit du mobil telefonieren kannst, müssen die Sprache und Daten digitalisiert werden und über elektromagnetische Funkwellen übertragen werden. Und Funkwellen sind Strahlung, der du ausgesetzt bist. Und Strahlung ist immer Energie.

Vor 100 Jahren gab es auch Strahlung, aber lange nicht in der Intensität wie heute. Es gab Telefone, die über Kabel funktionierten. Da gab es erste Versuche zur Nutzung der freien Energie von Herrn Tesla, aber an Radio und Fernseher für die Bevölkerung war noch lange nicht zu denken. Es gab auch keine Mikrowelle oder WLAN, sprich: Strahlung war so gut wie nicht vorhanden.

Heute gibt es das alles – und noch viel mehr. Fast alle technischen Geräte lassen sich heutzutage problemlos per Funk betreiben. Überall sind Funkwellen, Radio, TV, WLAN, verschiedene Netze und Strahlung vorhanden und von vielen Strahlungsarten, die zum Beispiel im Militär eingesetzt werden, bekommst du so gut wie gar nichts mit. Da überall Strahlung vorhanden ist, ist überall Energie im Fluss. Energie, die dein Körper bislang nicht in der Form kannte und der er täglich den ganzen Tag ausgesetzt ist. Der Körper stellt sich nämlich erst allmählich um, das kann Jahrhunderte dauern.

Wie dieser bunte Mix an vorhandener Strahlung auf deinen Körper einwirkt und ihn verändert, ist nicht geklärt. Es ist nicht bewiesen, dass er schädlich ist. Es ist aber auch nicht bewiesen, dass er nicht schädlich ist. Fakt ist, dass massenhaft Energie in Form von Strahlung auf deinen Körper einwirkt. Und Energie bewirkt immer etwas. Daher ist Vorsicht besser als Nachsicht.

Was kannst du tun, um mögliche Strahlungen auf ein Minimum zu reduzieren und aktiv einer Dauer-Bestrahlung vorzubeugen?

Trage dein Handy niemals in der Nähe des Herzens oder deiner Geschlechtsteile. Üblich sind nämlich Orte in der Brusttasche, direkt am Herzen, oder in den Hosentaschen, direkt am Geschlechtsteil. Das muss nichts heißen, aber sie sind unmittelbar, im Abstand von nur wenigen Millimetern, neben deinen wichtigsten Organen. Und sie senden von dort ununterbrochen Funkwellen aus oder empfangen Funkwellen.

Lege dein Handy am besten immer auf den Tisch, weg von deinem Körper, oder trage es in der hinteren Hosentasche am Po oder am Gürtel. Wenn du eine Nummer wählst, so halte das Handy so lange vom Ohr weg, bis die Verbindung aufgebaut wurde und der Rufton zu hören ist. Beim Aufbau der Verbindung ist die Strahlung nämlich am größten. Besser geeignet sind hier Headset oder Freisprecheinrichtungen.

In deinem Schlafzimmer hat das Handy nichts verloren, raus damit. Dein Schlafzimmer dient dem Schlaf und ist keine Mediaplattform. Auch der Fernseher hat im Schlafzimmer nichts zu suchen, denn du sollst vor dem

Einschlafen zur Ruhe kommen und dich nicht durch irgendwelche Programme klicken und beschallen lassen. All diese Geräte strahlen, und Strahlung hat beim Schlafen nichts zu suchen. Gewöhne es dir an, deine Handys an einem bestimmten Platz im Haus zu deponieren und zu laden, wo sie weit genug weg von einem Familienmitglied sind.

Dasselbe gilt für Drucker, Faxe und Kopierer. Deren Schädlichkeit für den menschlichen Körper ist heftig umstritten. Rieche einfach mal die Abluft neben einem solchen Gerät, dann verstehst du, was ich dir sagen will. Auf Dauer haben die Abgase der Toner dieser Geräte einen Einfluss auf deine Atemwege und deinen Körper generell. Stelle diese Geräte in dein Büro oder in einen separaten Raum, den du regelmäßig lüftest.

Wenn du isst, dann packe dein Handy weg. Du sollst deine Nahrung genießen und dich auf dein Essen konzentrieren. Es ist wichtiger als dein Handy. Gegessen wird sehr häufig nebenbei, da andere Sachen angeblich wichtiger sind. Und dann wundern sich die Leute, wenn es ihnen auf den Magen schlägt. Nimm deine Mahlzeiten in Ruhe ein und lass dein Handy für die paar Minuten im Nachbarraum liegen.

Triff dich doch wieder einmal persönlich mit deinen Freunden. Gehe oder fahre zu ihnen nach Hause und unterhalte dich mit ihnen. Ja, das geht durchaus. Persönliche Gespräche sind weitaus erfüllender als Chats und SMS. Verzichte einmal bewusst auf dein Handy, wenn du mit anderen zusammen bist. Es ist schon eine regelrechte Plage bei Veranstaltungen: Jeder klebt an seinem Handy und man hat das Gefühl, die Leute befinden sich in einem Internetcafé.
   Auf dem Schulhof starrt jeder vor sich hin auf das Handy. Mütter schieben den Kinderwagen und schreiben mit dem Handy. Anstatt ihrem Kind die Natur zu zeigen und ihm die Dinge der Welt zu erklären, beschäftigen sie sich mit ihrem Kind nur nebenbei. Das ist sehr schade.

Wenn du deinen wohlverdienten Urlaub genießt, dann beschränke die Nutzung deines Handys auf das absolute Minimum. Du hast Urlaub und der ist zur Erholung da. Wer im Urlaub alle 10 Minuten auf sein Handy schauen muss, der sollte am besten zu Hause bleiben. Im Urlaub ständig zu telefonieren ist krankhaft und nervt deine Mitmenschen in höchstem Maße, denn die wollen einmal wieder dich haben – und nicht dein Handy.

Niemand muss immer und überall erreichbar sein. Wenn du krank oder ohnmächtig bist, dann geht es auch. Die Möglichkeit, unterwegs erreichbar zu sein, hat durchaus viele Vorzüge. Aber sie hat auch dazu geführt, dass viele Menschen überhaupt nicht mehr abschalten und zur Ruhe kommen. Ruhe, die du dringend für dich und dein Leben benötigst. Diese Wahnvorstellung, ich könnte einen Anruf verpassen oder einmal nicht gleich erreichbar sein, ist eine der schlimmsten Krankheiten unserer Zeit. Auch wenn du ein Chef bist, du bist auch nur ein Mensch. Und Menschen müssen auch einmal abschalten, sonst brennen sie aus. Wenn du als Chef nicht regelmäßig abschaltest, dann wird das dein Körper eines Tages für dich übernehmen. Dann schaltet er ab und du wirst von ihm in die Knie gezwungen werden. Wenn dein Körper um Leben und Tod kämpft, wirst du erkennen, welche Bedeutung dein Handy und die angebliche ständige Verfügbarkeit für dich haben – nämlich gar keine.

Handy in allen Ehren. Es gibt aber weitaus wichtigere Dinge, wie zum Beispiel deinen Partner, deine Familie, deine Freunde und dich. Leg das Teil beiseite und schau dich um, da sitzt bestimmt jemand in deiner Nähe!

Die Geschichte vom Kinobesuch

Das Allgäu ist schön. Und in Kempten gibt es ein Kino. Dort verbrachten wir einen Nachmittag während unseres Urlaubes.

Nachdem wir die Karten gekauft hatten, schlenderten wir noch ein bisschen im Kino herum und beobachteten die vielen Menschen, die ebenfalls im Kino weilten. Wir gingen dann in den Saal und setzten uns auf unsere Plätze. So nach und nach füllte sich der Saal und ich machte mir Gedanken (wie vermutlich viele Menschen ???), wer sich wohl vor mir platzieren würde und ob ich dann noch alles sehen könnte.

Die Reihe vor uns füllte sich dankenswerterweise mit einer Gruppe junger Burschen so um die 10 Jahre. Sie waren von der Größe her genau richtig, man konnte alles sehen ... Sie brachten aber nicht nur sich selbst mit, sondern noch etliches an Nahrungsmitteln, um die lange Zeit zu überstehen. Da war alles dabei: angefangen beim Popcorn über Nachos mit Käsesoße, Softdrinks, Gummibärchen, Schokolade, Schokoriegel aller Art, Pick'n Mix, Chips, Snacks und Eis.

»Donnerwetter!«, dachte ich. Die Jungs haben sich echt was vorgenommen. Dabei waren die Popcorn-Tüten beinahe größer als sie selbst und bis zum Rande gefüllt. Bis zum Rande heißt auch bis zum Rande. Beim Gang durch die Reihe zu ihren Sitzplätzen plumpste das eine oder andere Stück »Styropor« aus der Tüte, es war auch nicht anders zu erwarten. Und natürlich trat der Nachfolger versehentlich darauf beim Hinterherlaufen. Das war auch nicht anders zu erwarten. Knacks und schon lagen etliche Ex-Popcorner zertreten auf dem Fußboden.

Wie nennt man noch einmal diesen Supermarkt, wo man auch tanken kann? Ach ja, richtig, Tankstelle. Und genau so fühlte es sich hier an: wie ein Restaurant mit der Möglichkeit, einen Film zu sehen. Es dauerte eine ganze Weile, bis die Gruppe sich endlich gesetzt hatte. Zwischendurch erachtete der eine oder andere seinen Platz als ungünstig und wechselte vorsichtshalber mit einem anderen Jungen. Natürlich musste das Gepäck ebenfalls wieder mit und so gab es erneut »Verluste« beim Platzwechsel.

Der Film begann. Die Geschichte war interessant und unterhaltsam. Interessant waren auch die Jungs während des Filmes. Es hatte den Anschein, als wenn sie der Film nicht wirklich interessierte und sie vielmehr alle Hände – besser gesagt: Münder – voll zu tun hatten, das ganze Zubehör aufzufuttern. Es wurde geschmatzt, geschlürft, gedippt und gequatscht. Das Öffnen der Tüten und Schokoriegel war ebenfalls nicht zu überhören wie auch das sich anzeichnende Ende einer Getränkeflasche. Und während des Genusses fielen immer mal Nahrungsteile auf die Stühle, zwischen die Stühle und auf den Fußboden.

Am Ende des Filmes verließ die Gruppe vergnügt den Saal und ließ alles stehen und liegen. Neben begonnenen Packungen und Tüten lagen etliche Essensreste überall in der Reihe und auf den Sitzen verteilt. Man konnte es durchaus als Sauerei bezeichnen. Die Gleichgültigkeit war eine »interessante« Erfahrung für mich.

Ich kann an dich nur appellieren, die volle Verantwortung für dein Handeln und Tun zu übernehmen. Und dazu gehört es auch, seinen eigenen Dreck im Leben wegzuräumen.

Notfallplan Gesundheit

Was kannst du tun, wenn es bei deiner Gesundheit klemmt?

Der erste Schritt ist auch hier der Blick in den Spiegel. Du und niemand anders auf der Welt warst es, der dich in genau diese Situation gebracht hat. Und niemand außer dir kann dich da wieder herausholen.

Du bist krank?

Bei wirklich lebensbedrohlichen und plötzlich auftretenden Krankheiten muss unverzüglich ein Arzt geholt werden. Hier ist nicht zu spaßen.
 Ein Männerschnupfen gehört aber nicht in diese Kategorie. ;-)

Bei allen anderen Krankheiten gilt: Eine Krankheit weist dich auf etwas hin. Versuche herauszufinden, was sie dir sagen will, das ist wichtig. Krank zu sein bedeutet, dass deine Energie nicht so fließen kann, wie sie will. Ein Energie-Rohr ist verstopft. Höre auf deinen Körper. Er ist der Einzige, der dir helfen kann.
 Stelle dir folgende Fragen: Seit wann hast du diese Krankheit? Schon immer oder erst seit einer gewissen Zeit? Gab es Veränderungen in deinem Leben (egal welcher Art), die eine mögliche Ursache für diese Krankheit sein können?
 Bitte den Arzt deines Vertrauens, dir verschiedene Möglichkeiten der Behandlung aufzuzeigen. Bitte ihn, dich umfassend zu beraten und nicht am Fließband abzufertigen. Es geht um deinen Körper. Denke immer daran: Gesundheit ist der Normalzustand, nicht Krankheit.

Du kannst schlecht schlafen?
 Wann gehst du ins Bett? Bist du da wirklich müde? Was machst du vorm Schlafengehen alles? Schaust du noch Fernsehen und womöglich Nachrichten oder aufregende Sendungen?

Wann nimmst du deine letzte Mahlzeit ein? Spätestens 2 bis 3 Stunden vor dem Schlafen solltest du nichts mehr essen oder trinken. Meide vor allem ungesunde Nahrung, sie beschäftigt deinen Körper die ganze Nacht und er kommt nicht zur Ruhe.

Wie ist es um dein Schlafzimmer bestellt? Ist es laut oder riecht es unangenehm? Ist es dir zu hell oder stören dich andere beim Schlafen? Fühlst du dich in diesem Raum wohl? Beantworte die Fragen ehrlich, denn sie können ein Hinweis auf mögliche Störquellen sein. Verbanne im Extremfall alles aus dem Schlafzimmer, außer deinem Bett. Vor allem Handy und TV haben bei Schlaflosigkeit nichts im Schlafzimmer verloren.

Du hast Stress?

Beginne auch hier selbstkritisch bei dir. Frage dich: Tue ich alles, um wirklich gesund zu leben? Mache ich mir nichts vor? Ist der Stress hausgemacht oder kommt er von außerhalb? Bürdest du dir zu viele Aufgaben auf? Kannst du nicht abgeben oder delegieren? Bist du der Meinung, dass es ohne dich nicht läuft? Bist du rund um die Uhr erreichbar? Schaffst du es, einen Tag ohne dein Handy auszukommen? Hast du Tage im Kalender, wo keine Termine stehen?

Bei jeder Stresssituation hast du zwei Möglichkeiten: Lässt du dich dadurch stressen, verfällst in allgemeine Hektik und regst dich den ganzen Tag auf? Oder stoppst du erst einmal eine Minute, denkst nach und überlegst, wie du das Problem angehen kannst? Hier beginnt bereits der grundlegende Umgang mit Stress. Dinge oder Ereignisse, die täglich passieren, kannst du in aller Regel nicht ändern oder beeinflussen. Aber du kannst sehr wohl Einfluss darauf nehmen, wie DU damit umgehst. Eine Situation ist immer so schlimm oder so gut, wie du sie persönlich empfindest. Der eine dreht bei einem Problem halb durch und wird fast wahnsinnig, während der andere lächelt und sich geradezu freut, endlich einmal etwas Anspruchsvolles tun zu dürfen. So unterschiedlich die Blickwinkel sind, so verschieden belastet dich Stress.

Und noch etwas: Sehr viele Leute klagen über ihre Probleme und wie sie wohl damit fertigwerden sollen. Sie quatschen andere Menschen mit ihren Problemen zu und meinen, sich dadurch Gehör zu verschaffen. Und beim nächsten Mal muss es natürlich noch schlimmer werden, um wieder

Zuhörer zu finden. Zähle einmal die Zeit, die solche Menschen mit Klagen verbringen. In derselben Zeit, das sind oft Stunden oder Tage, hätten sie das Problem schon beheben können.

Dir ist unwohl nach dem Essen?

Tritt das grundsätzlich nach jedem Essen auf oder nur gelegentlich? Wenn es immer auftritt, egal was du isst, dann solltest du unbedingt einen Arzt oder Heilpraktiker aufsuchen.

Tritt es nur nach bestimmten Nahrungsmitteln auf, dann könnte eine Nahrungsmittelunverträglichkeit vorliegen. Manchmal wird die Haut auch rot, du bekommst Ausschlag oder Fieber und nach 30 Minuten zum Beispiel ist alles wieder gut. Das sind ziemlich eindeutige Symptome für eine Unverträglichkeit. Mache einen Bluttest beim Heilpraktiker. Auch wenn du dich bereits vermeintlich gesund ernährst oder rein vegan leben solltest: Es kann sein, dass ein Körper bestimmtes Obst oder Gemüse nicht verträgt und deshalb so reagiert. Achte einmal darauf, wann es passiert. Das ist nicht schlimm, du solltest es nur abklären. Manchmal sind es auch bestimmte Nüsse, Samen oder Gewürze, die bei dir negativ anschlagen. Die drei häufigsten Nahrungsmittelunverträglichkeiten sind übrigens Ananas, Banane und Soja.

Versuche, nicht alles durcheinander zu essen. Vor allem trenne nach Möglichkeit Eiweiß und Kohlenhydrate. Sprich, keine Kartoffeln zum Fleisch oder kein Reis zum Fisch oder kein Soja zu den Nudeln. Die Verdauungssäfte deines Magens stellen sich auf entweder oder ein, nicht beides. Die Folge ist, dass dein Verdauungssaft neutralisiert wird und die Nahrung lange und schwer im Magen liegt.

Du hast Übergewicht und wirst es nicht los?

Mal abgesehen von wirklich äußerst seltenen genetischen Defekten als alleinige Ursache für Übergewicht, gibt es niemals nur einen Grund, warum du zu schwer bist. Sei ehrlich. Im Prinzip kennst du dich doch am besten und vor allem deine »Schwachstellen«, sprich Nahrungsmittel, wo du nicht nein sagen kannst. Wenn du den ganzen Tag ständig irgendwelche Sachen in dich hineinschaufelst und im Prinzip schon aus Langeweile isst, dann kannst du nicht abnehmen. Ja, ich weiß, manche Dinge schmecken so lecker und es ist so schwer, davon loszukommen. Aber was nützt es dir? Wenn du abnehmen willst, musst du was tun und kannst nicht so weiterfuttern.

Die entscheidende Frage für dich ist doch ganz einfach: Fühlst du dich so wohl, wie du jetzt bist, oder nicht? Wenn ja, dann ist doch alles in Ordnung, auch wenn du zu schwer bist. Dass starkes Übergewicht grundsätzlich schädlich ist, habe ich eingehend erläutert. Wenn es dich aber nicht juckt, dann ist das eben so. Dann hast du ja auch keinen Grund, dich über dein Gewicht zu beklagen. Wenn doch, dann verarschst du dich aber selbst gewaltig.

Wenn du dich nicht wohl fühlst in deinem Körper, dann kannst nur du selbst etwas dagegen tun. Wenn es dir wirklich ernst damit ist, abzunehmen, wirst du es auch schaffen. Natürlich geht es nicht mehr so weiter wie bisher, das sollte dir glasklar sein! Du musst dich gewaltig ändern und deine Lebensgewohnheiten langfristig umstellen, sonst kannst du es auch lassen. Futtern wie bisher und nur mal eine Diät machen ist absoluter Schwachsinn. Wenn du nicht bereit bist, dein Leben grundsätzlich zu verändern, indem du gesunde Nahrung in normaler Menge zu dir nimmst, kann dir auch keiner mehr helfen.

Wenn du bereit bist, dann beginne mit kleinen Schritten. Stelle Kleinigkeiten um und halte diese durch. Dann kommt die nächste kleine Änderung und die hältst du auch durch. Und mit der Zeit wirst du spüren, wie du abnimmst. Das geht gar nicht anders.

Du bist Alkoholiker oder nimmst Drogen?
Du trinkst täglich hochprozentige Flüssigkeiten und kommst ohne sie nicht über den Tag? Das Ganze beginnt schon morgens? Du konsumierst jeden Tag harte Drogen?

Dann hat das Ganze nur einen einzigen Grund, und der ist knallhart und bitterernst: Du willst sterben. Ja, du trinkst täglich Hochprozentiges oder konsumierst täglich harte Drogen, weil du sterben willst. Ich sage es dir direkt ins Gesicht. Dir wird das vermutlich nicht bewusst sein, denn es läuft unterbewusst ab.

Es gibt für dich nur zwei Möglichkeiten: Entweder du wächst endlich auf, stellst dich deinem Thema und schaffst es von selbst (ich meine keine Entziehungskur oder andere »Trockenlegungen«, sondern seelische Tankstellen) oder du gehst langsam, aber sicher vor die Hunde. Einen anderen Weg gibt es nicht.

Du kommst nicht von der Zigarette los?
Hey, wer sitzt am Lenkrad deines Autos? Na also. Du hast es doch selbst

in der Hand aufzuhören. Höre auf zu jammern und andere Menschen oder den Stress oder die derzeitigen Lebensumstände oder, oder, oder verantwortlich zu machen. Du ganz allein kannst jeden Tag neu sagen: Ich höre auf. Mach es einfach! Tritt auf das Bremspedal mit voller Wucht und mache eine Vollbremsung. Danach holst du tief Luft und weiter geht es ohne Zigarette.

Du findest dich nicht attraktiv?
  Sagen das andere zu dir oder sagst du das zu dir? Das ist schon einmal der erste Unterschied. Wenn andere dir sagen, du bist nicht attraktiv, dann ist es deren Meinung. Die dürfen sie durchaus haben. Du hast ja auch deine Meinung über andere Menschen und Dinge, das ist nicht schlimm.
  Schlimm wird es, wenn du die Meinung anderer Leute über dich 1:1 aufnimmst und sie dir zu Herzen nimmst. Woher sollen andere Leute bitte schön wissen, ob du attraktiv bist oder nicht? Die kennen dich doch womöglich nicht einmal richtig. Lass sie reden, sie lenken nur von sich selbst ab. Und falls wirklich jemand so etwas zu dir sagt, der selbst bildhübsch aussieht, dann sei dir sicher: Hochmut kommt vor dem Fall. Es wird der Tag kommen, wo auch er unangenehme Dinge zu Ohren bekommt.

Wenn du dir selbst sagst, du bist nicht attraktiv, dann ist die Sache deutlich schwieriger. Denn du fütterst deinen Kopf und dein Unterbewusstsein mit dieser Denkweise und es wird genauso weitergehen. Nämlich, dass du dich unattraktiv findest. Du bist das Ergebnis deiner eigenen Gedanken. Wenn du dir sagst: »Hey, ich bin attraktiv, egal wie ich aussehe«, dann programmierst du dich automatisch auf eine positive Geisteshaltung. Das ist wichtig! Schau in den Spiegel und sieh dich an. Das bist du dort auf der anderen Seite. Und so wie du bist, bist du nun einmal. So hat dich der liebe Gott geschaffen, weil er dich genau so wollte. Du bist etwas Einzigartiges auf der Welt und brauchst dich vor niemandem zu verstecken. Äußere Schönheit ist vergänglich, wahre Schönheit ist innere Schönheit. Und die ist unvergänglich. Denk einmal darüber nach und programmiere dich mit positiven Gedanken auf eine positive Geisteshaltung.

KAPITEL – RUHE

Die größte Offenbarung ist die Stille.
Laotse

Ohne Arbeit und Geld kommst du nicht über die Runden. Das leuchtet jedem ein. Ohne Beziehung und Liebe kommst du nicht über die Runden. Auch das ist klar.

Ohne Gesundheit kommst du nicht über die Runden. Das leuchtet auch jedem ein.

Aber wie ist es mit der Ruhe? Brauchen wir die überhaupt? Ist die nicht eher das fünfte Rad am Wagen?

Nein, die Ruhe ist das vierte Rad am Wagen. Sie ist gleichwertig zu den anderen Lebensbereichen Arbeit, Beziehung und Gesundheit. Ohne Ruhe gehst du kaputt.

Du kannst eine Zeit lang für dein Geld, deine Gesundheit und deine Beziehungen arbeiten. Aber nur vorübergehend. Auf Dauer funktioniert es nicht.

Der Lebensbereich Ruhe verdient die volle Aufmerksamkeit wie auch die anderen drei Bereiche. Ruhe ist lebensnotwendig. Indem du zu dir selbst findest, indem du bewusst schöpferische Pausen einlegst und zur Besinnung kommst, füllst du auch diesen Bereich mit Leben. Ruhe ist die Zeit, in der dein Körper zu sich selbst kommt und regenerieren kann. Nur in der Ruhe findet deine Seele ihren Frieden.

Keine Maschine der Welt, auch dein Lebensauto nicht, läuft ununterbrochen und kann permanent Leistung bringen. Alles braucht eine Pause zum Erholen und um wieder zu Kräften zu kommen. In der Ruhe liegt bekanntlich die Kraft. Wenn dein Akku nicht nur leer, sondern richtig entladen ist, dann dauert es umso länger, bis er wieder die volle Leistung bringt. Im Extremfall kann es so weit kommen, dass dein Akku beschädigt ist, weil du nur Energie gezogen hast, ihn aber nie richtig aufgeladen hast. Dann wirst du kaum wieder in der Lage sein, Leistung zu bringen. Dann hast du ein echtes Problem. Lasse es nicht so weit kommen! Um dein Ausbrennen und dein K. O. zu verhindern, dazu dient dieses wichtige Kapitel.

Ich lade dich ein, mit mir zusammen die wesentlichen Gesichtspunkte der Ruhe ein wenig näher zu betrachten. Danke, dass du beim Lesen bis hierher durchgehalten hast!

Nimm den Druck raus

Du leidest, wenn du dich der Veränderung widersetzt.
Gautama Buddha

Nimm den Druck aus deinem Leben. Egal ob Arbeit, Beziehung, Gesundheit oder Ruhe. Lege dir Ziele für alle Bereiche fest und verfolge sie unbeirrt. Sich Ziele setzen und hart dafür arbeiten hat nichts mit Sich-unter-Druck-Setzen zu tun. Plane feste Zeiten für jeden Bereich ein, aber lass den Druck dabei weg. Das Zauberwort hierfür heißt Loslassen. Ich gebe dir ein paar Beispiele.

Du musst für eine Klassenarbeit oder eine Prüfung lernen:
Rechtzeitige Vorbereitung ist das A und O. Beginne so früh wie möglich mit dem Lernen. Erstelle dir einen Zeitplan, wann du wie lange lernen kannst, und ziehe ihn eisern durch. Damit hast du ein klares Ziel und eine klare Struktur. Solltest du dann zur Prüfung etwas nicht wissen, ist das nicht schlimm. Du hast dich gewissenhaft vorbereitet, das zählt. Und damit wirst du auch eine gute Note bekommen. Du peilst die Note 1 an, keine Frage. Aber setze dich nicht unter Druck, dass du perfekt sein musst. Niemand auf der Welt ist perfekt, keiner kann alles wissen. Durch deine ordentliche Vorbereitung hast du alles Erforderliche getan. Das genügt vollkommen.

Dasselbe gilt für bessere Noten.

Du möchtest unbedingt ein Tischtennisspiel gegen einen Klassegegner gewinnen:
Trainiere regelmäßig Tischtennis. Plane dazu regelmäßige Zeiten ein und konzentriere dich vollkommen auf den Sport in dieser Zeit. Wenn das Spiel steigt, dann verkrampfe nicht. Konzentriere dich darauf, gut zu spielen. Du spielst so, als ob du gewinnen willst, aber nicht so, als ob du gewinnen musst. Das ist ein Unterschied. Das eine setzt Energie frei, das andere erzeugt Druck. Lasse los und spiele einfach, so gut du kannst, und freue dich über jeden Punkt.

Du suchst einen Partner:

Wenn es dir absolut ernst damit ist, dann wirst du einen Partner finden. Das ist so sicher wie das Amen in der Kirche. Einen Partner kannst du praktisch überall auf der Welt finden, in Kontaktanzeigen, im Internet, beim Sport, auf Veranstaltungen, bei der Arbeit, im Urlaub usw. Setze dich nicht unter Druck, dass die Zeit vergeht und du nicht fündig wirst. Öffne innerlich dein Herz und sei gedanklich bereit für eine Partnerschaft. Das merkt man dir nämlich auch äußerlich an. Und dann wird er oder sie eines Tages da sein. Wenn du dich innerlich eingräbst, merkt man auch das. Das Zeichen an die Außenwelt ist klar: Der will niemanden bei sich haben.

Du hast einen Kinderwunsch:

Wenn du dir als Frau sehnlichst ein Kind wünschst, dann nimm den Druck raus. Ein Kind entsteht immer dann, wenn die Zeit dafür gekommen ist. Ein Kind um jeden Preis ist genau der falsche Weg. Bereite deinen Körper auf eine Empfängnis vor, indem du gesund lebst und sämtliche Schadstoffe, Medikamente, Zigaretten, Drogen usw. meidest. Das kann bereits eine Ursache sein. Und dann berechnest du deine fruchtbaren Tage oder fragst einen Frauenarzt dazu. Du bist nicht allein.

Wenn du ein Kind von Herzen möchtest, innerlich bereit dafür bist, den Druck, es unbedingt kriegen zu <u>müssen</u>, rausnimmst, wirst du schwanger werden. Manchmal dauert es mehrere Monate oder Jahre, manchmal geht es nur über eine künstliche Befruchtung. Wende dich einfach an deinen Frauenarzt und nimm auch hier den Druck raus. Das Kind kommt, wenn die Zeit dafür gekommen ist.

Du möchtest gesund sein oder werden:

Was genau bedrückt dich? Hast du das schon länger oder erst seit kurzem? Mit Gewalt wirst du nicht gesund werden. Hier muss der Druck komplett raus. Beginne dich gesund zu ernähren und dir eine gesunde Lebensweise (ausreichend Trinken, Schlaf, Pausen usw.) anzugewöhnen. Damit fängt alles an. Wenn du das erledigt hast, dann schaue, wie es dir geht. Wenn es dir immer noch nicht gut geht, obwohl du dich gesund ernährst und lebst, dann ziehe einen Heilpraktiker zu Rate. Eventuell ist es eine Unverträglichkeit oder etwas Seelisches. Das Wichtige ist aber, dass du dich nicht unter Druck setzt und deinem Körper Zeit gibst, sich wieder zu erholen. Achte genau auf deine Körpersignale, sie weisen dir den Weg.

Du hast andauernd Stress:

Hast du neben deiner Arbeit viele Verpflichtungen? Wenn ja, dann liste die einmal alle auf. Und dann schau dir die Liste an und überlege, was davon du nicht brauchst. Das unterlässt du dann in Kürze und gibst es ab. Mag sein, dass du ein Organisationstalent bist, aber kein Mensch kann auf allen Hochzeiten tanzen. Habe den Mut zur Lücke und konzentriere dich auf weniger statt mehr. Denke immer daran, das Leben geht auch ohne dich weiter! Ja, das mag hart klingen, aber so ist es. Es ist niemandem geholfen, wenn du vor lauter Stress aus der Bahn geworfen wirst und fix und fertig bist. Der meiste Stress ist ohnehin hausgemacht, das heißt, du machst ihn dir selbst. Und da du am Lenkrad deines Lebensautos sitzt, kannst du es ändern, wenn du willst.

Du wirst ständig bedrängt:

Jemand will dir etwas verkaufen. Jemand will dir etwas abkaufen. Ein Vertreter klingelt Sturm und will eine Police abschließen. Du wirst immer wieder genervt, bedrängt, gegängelt und mit lauter Hektik und Druck konfrontiert. Da hilft nur ein ganz klares NEIN! Sage es am Telefon, sage es an der Haustür. Wenn du etwas nicht willst, du die Lage nicht vollständig überblickst, dir das alles viel zu schnell geht oder wenn Druck auf dich ausgeübt wird, dieses oder jenes doch nun endlich, sofort, umgehend zu tun, dann tust du es ab sofort nicht mehr. Wahrhaftige Dinge haben immer noch mindestens eine Nacht zum Darüber-Schlafen Zeit. Sobald du ein komisches und ungutes Bauchgefühl bei einer Sache hast, sage bewusst Nein. Sobald du dich unter Druck gesetzt fühlst, gehe einen Schritt zurück und halte inne. Das darfst du.

Du willst richtig Urlaub machen:

Urlaub beginnt an der Haustür. Bereits die Fahrt zum Urlaubsort oder zum Bahnhof oder Flughafen gehört mit zum Urlaub dazu. Plane ausreichend Zeit für die Anreise ein. Sich bereits unter Druck zu setzen, wenn du losfährst, kann dir den ganzen Urlaub vermasseln. Was hast du denn davon, wenn du genervt und kaputt am Urlaubsort ankommst und erst einmal 2 Tage zur Regeneration benötigst? Urlaub ist bewusste Erholung, ohne jeden Tag haargenau zu planen. Im Urlaub hast du die Chance, komplett ohne Druck zu genießen, in den Tag hinein zu leben und nichts zu tun. Wenn du von 14 Tagen bereits 5 Tage für Besichtigungen, 3 Tage

Museum und 2 Tage für längere Ausflüge im Urlaub geplant hast, dann ist das unter Umständen Stress und Druck pur und der Urlaub wird zum Albtraum; vor allem, wenn Kinder dabei sind. Mensch, lass die Seele baumeln, hau dich auf die Liege oder lege dich an den Strand und genieße die freie Zeit. Nimm den Druck raus, irgendjemandem einen detaillierten Urlaubsplan aufzwängen zu wollen. Und denke daran: In der Regel sind deine Liebsten mit im Urlaub, nimm dir Zeit für sie!

Leite dein Handy um im Urlaub. Punkt. Wenn du in einer wirklich wichtigen Position sein solltest, dann schaffe dir ein zweites Handy an, dessen Nummer nur vertraute Personen besitzen. Verabrede mit deiner Vertretung oder einer vertrauten Person, dass sie dich per SMS-Kurznachricht über wirklich Lebensnotwendiges informiert. Und dann schaust du einmal (!) am Tag, ob dort eine wichtige SMS angekommen ist, und kannst bei Bedarf im absoluten Notfall zurückrufen.

Ansonsten gilt: Handy weglegen, keine Mails checken, nur erholen.

Mut zur Lücke

Früher gab es Reisende, die z. B. ein Erdbeben oder einen Vulkanausbruch auf einer weit entfernten Insel beobachtet haben. Nach etlichen Monaten kamen die nach Hause zurück und berichteten von den Erlebnissen. Zwischen Erlebnis und deren Wiedergabe daheim verging also eine lange Zeit. Die Zuhörer nahmen die Information wahr, sprich zur Kenntnis.

Wenn es heutzutage zu einem Erdbeben oder einem Vulkanausbruch kommt, dauert das keine 5 Minuten mehr, bis jeder Kanal, jeder Sender oder sonst etwas über das Ereignis berichten. Das wäre grundsätzlich nicht weiter dramatisch, wenn es das einzige Ereignis des Tages oder der Woche wäre.

Das Problem ist jetzt, dass uns täglich Dutzende solcher oder ähnlicher Ereignisse erreichen und darüber ebenfalls berichtet wird. Alles ist »unheimlich wichtig«, über teilweise jeden Mist wird Report abgelegt. Das sind wahnsinnig viele Informationen, mit denen wir alle Tag für Tag beschallt und »unterhalten« werden. Das kann kein Mensch mehr verarbeiten. Das ist eine Überreizung des Nervensystems, sprich medialer Ballast. Und das wird immer mehr und immer dünner. Die Nachrichten haben praktisch kaum bis gar keinen Informations- oder Nährwert mehr für dich. Bei derartiger täglicher Beschallung wird man langfristig verrückt oder man verblödet schlichtweg.

Natürlich gibt es auch wichtige Informationen und Nachrichten, über die auf jeden Fall berichtet werden sollte. Diese wirklich wichtigen Informationen erreichen dich aber kaum noch. Einerseits weil sie im Schwall der Informationen schlichtweg untergehen und andererseits zu Zeiten als Mini-Information gesendet werden, wo sie kaum jemand mitbekommt.

Und genau hier liegt der Hund begraben: Du erhältst unzählige Informationen und dennoch weißt du nicht wirklich mehr. Schlimmer noch: Du weißt gar nicht mehr, was du noch wissen musst oder nicht. Wissen ist Macht, das ist richtig. Aber nur so weit, wie es deine Arbeit, deine Familie und Freunde, deine Gesundheit, dein Hobby oder deine Interessen betrifft. Jeden Mist an Information musst du nicht aufschnappen.

Setze hier deinen Luftfilter ein und mach die Scheiben hoch. Das alles hat dein Lebensauto. Du saugst mit dem Luftfilter alle Informationen ein und filterst alles Unwichtige raus, es geht unbearbeitet wieder raus. Die wenigen wirklich wichtigen Brocken bleiben im Filter hängen und informieren dich. Und durch die hochgezogenen Fensterscheiben klatscht der Nachrichtenregen auf dich herab, aber macht dich nicht nass. Du kannst diesem Nachrichtenregen nicht entkommen, er gehört zum Leben dazu wie normaler Regen. Aber du kannst dich sehr wohl davor schützen und nur ein paar kleine Spritzer abbekommen. Das ist dann überhaupt kein Problem mehr.

Mein Tipp an dich: Schau dir einmal pro Woche die Nachrichten an, das genügt in der Regel vollkommen, da sich die Informationen oftmals nur wiederholen. Wirklich wichtige Dinge erfährst du ohnehin auch durch deine Mitmenschen.
   Du musst nicht immer online sein. Du musst dein Handy nicht immer bei dir haben, du musst nicht alle 10 Minuten auf irgendwelchen Chat-Foren nachschauen, wer was geschrieben und seinen Senf dazugegeben hat. Du musst nicht stündlich deine E-Mails checken. Du musst nicht immer alles sofort wissen, was auf der Welt passiert. Du musst nicht auf allen Hochzeiten tanzen. Das ist eine riesige Informationsflut, die über dich

hereinbricht. Versuch ihr zu entkommen. Weniger ist hier viel mehr, sage überwiegend Nein statt Ja. Du sitzt am Steuer, du entscheidest.

Pausen und Erholung

Leicht zu leben ohne Leichtsinn,
heiter zu sein ohne Ausgelassenheit,
Mut haben ohne Übermut;
das ist die Kunst des Lebens.
Theodor Fontane

Pausen und Erholung sind dazu da, damit du an etwas anderes denken sollst als an die Arbeit. Du bist erholt und schaffst weitaus mehr im Anschluss. Und während der Pause wird nicht über die Arbeit geredet.

Deine Leistungsfähigkeit ändert sich über den Tag. Am Vormittag so etwa zwischen 9 und 11 Uhr und am Nachmittag noch einmal etwa 14 bis 16 Uhr sind in der Regel die Zeiten, zu denen du absolute Höchstleistung bringen kannst. Lege hier Arbeiten hinein, die allerhöchste Aufmerksamkeit und Konzentration erfordern. Erledige in diesen Zeiten die Aufgaben, die am allerwichtigsten sind. In den weniger produktiven Phasen arbeitest du an deinen weniger energieraubenden Aufgaben.

Grundvoraussetzung für Pausen und Erholung sind ebenfalls klare Ziele und Festlegungen. Im Bereich der Arbeit setzt du dir das Ziel, eine bestimmte Aufgabe bis zu einem bestimmten Datum zu erledigen. Genauso verhält es sich bei der Pause. Du setzt dir das klare Ziel, im Anschluss an eine wichtige Aufgabe eine Pause von einer bestimmten Länge zu machen. Das ist sozusagen der Lohn für die erledigte Aufgabe. Danach nimmst du dir die nächste Aufgabe vor, erledigst diese und genießt danach wiederum die wohlverdiente Pause. Selbstverständlich müssen die Zeiten für Arbeit und Pause in einem vernünftigen Verhältnis zueinander stehen. Das bekommst du mit der Zeit ganz von selbst heraus. Manchmal genügen 1 bis 2 Minuten Pause, manchmal muss es etwas länger sein. Diese kleinen Auszeiten während deiner Arbeit sind genau das, was dich zu einem leistungsfähigen Mitarbeiter macht. Du schaffst wesentlich mehr bei der Arbeit, erledigst deine Aufgaben gewissenhaft, organisiert und mit hoher Präzision. Auch deine Fehlerquote wird sinken, da du konzentriert an einer Aufgabe arbeitest und dich nicht von anderen Dingen ablenken lässt. Das ist effektives Arbeiten und effektives Pausieren zugleich!

Was haben die Firma und du davon, wenn du eine Überstunde nach der anderen schrubbst, wie ein Verrückter und ohne Pausen arbeitest und dann aus Erschöpfung eine ganze Weile ausfällst? Du bist nie richtig gesund, verschleppst eine Krankheit nach der anderen und kurierst dich nie richtig aus. Du bist zwar nach außen hin »fleißig« und erreichbar und immer ansprechbar und immer einsatzfähig – aber zu welchem Preis? Anwesenheit und permanente Erreichbarkeit allein machen noch lange keinen guten Mitarbeiter aus. Wenn du ehrlich bist, bist du nicht wirklich bei der Sache, sondern schleppst dich über die Zeit und bist nicht leistungsfähig.

Mache eine Pause. Und danach wirst du sehen, wie fit du wieder bist. Es gibt keine verlorene Zeit bei Pausen. Die dienen dem Aufladen deines Akkus und die angeblich verlorene Zeit holst du locker wieder heraus, da du voller Energie bist.

Als Selbstständiger hast du den großen Vorteil, deine Arbeitszeit selbst zu gestalten. Du erledigst deine Aufgaben, wenn du am besten drauf bist. Das kann früh am Morgen sein oder spät am Abend. Je nachdem, was dir dein Biorhythmus sagt. Auch als Selbstständiger brauchst du natürlich Pausen, um zu Kräften zu kommen und deinen Akku aufzuladen. Gewöhne dir einen regelmäßigen Tagesablauf an und packe die Aufgaben mit dem höchsten Konzentrationsbedarf in deine leistungsfähigste Zeit. Nach ein paar Wochen wirst du diese Zeitspannen herausfinden. Ein entscheidender Vorteil für dich ist auch, dass du bestimmte Kunden, die tagsüber wenig Zeit haben, vor allem nach dem »normalen« Feierabend erreichen kannst. Erkundige dich aber unbedingt im Vorfeld, ob es deinen Kunden angenehm ist, wenn du in ihrer Freizeit aufschlägst.

Von besonderer Wichtigkeit ist neben deinen regelmäßigen Pausen auch dein Vorausschauen, wenn du einmal ausfällst. Das musst du unbedingt abklären. Du kannst nicht unermüdlich rund um die Uhr ackern und nicht abschalten. Das wird dir ansonsten gar nicht gut bekommen. Du bist in besonderem Maße für dich, deine Pausen, deine Organisation und deine Gesundheit verantwortlich.

Ich möchte es abschließend hier noch einmal betonen: Erholung dient der Erholung. Wenn du pausiert und dich regenerierst, dann konzentriere dich zu 100 % darauf. Keine Ablenkungen in Form von aufgezwungenen Gesprächen, Telefonaten, Handyspielereien und dergleichen. Bewusstes Erholen will gelernt sein. Praktiziere es so oft wie möglich und betrachte Erholungen und Pausen als Raststätten auf deiner Lebensautobahn. Sie laden dich ein, einmal anzuhalten, innezuhalten und aufzutanken. Erholung ist auch eine Form des Arbeitens.

Freizeit und Hobby

Der Langsamste, der sein Ziel nicht aus den Augen verliert,
geht immer noch schneller als der, der ohne Ziel herumirrt.
Gotthold Ephraim Lessing

Im Kapitel Gesundheit haben wir dein Zeitmanagement unter die Lupe genommen. Dabei haben wir festgestellt, dass du etwa 40 Stunden pro Woche Freizeit, sprich freie Zeit, für dich zur Verfügung hast. Ein Berufstätiger arbeitet in Vollzeit gewöhnlich 40 Stunden pro Woche. Das bedeutet, neben deiner Schule oder deinem Beruf steht dir noch einmal dieselbe Zeit als freie Zeit zur Verfügung. Das ist beachtlich und das solltest du dir erst einmal bewusst machen.

Diese freie Zeit steht dir persönlich zur uneingeschränkten Verfügung. Du kannst damit tun und lassen, was du möchtest. Du kannst sie sinnvoll nutzen, um dich fortzubilden, einem Hobby nachzugehen oder dich einfach auszuruhen und die Seele baumeln zu lassen. Du kannst sie auch verplempern und totschlagen, indem du Dinge tust, die dir keinen Spaß machen. Das können »Verpflichtungen« aller Art sein, Veranstaltungen, auf die du nicht gehen willst und trotzdem gehst, sprich Dinge, die du eigentlich nicht wirklich willst. Du ganz allein entscheidest nun, wofür du deine Freizeit nutzen möchtest.

Freizeit ist als Ausgleich gedacht zur Schule, zum Beruf oder zu anderen Tätigkeiten, die du tun musst, um im Leben über die Runden zu kommen. Freizeit ist nicht dazu gedacht, dass du Versäumtes nachholen sollst. Wenn du allerdings in der Schule nicht aufpasst, ständig deine Ausbildung abbrichst, beruflich alles anfängst und nichts zu Ende bringst usw., dann wirst du nicht umhinkommen, deine kostbare Freizeit nutzen zu müssen, um deine eigene Schusseligkeit wiedergutzumachen. Du hast dir schließlich die Suppe selbst eingebrockt (das solltest du inzwischen im Buch gelernt haben) und nun musst du sie eben wieder auslöffeln. Gewöhne es dir daher ab sofort an, in der Schule aufzupassen, eine Ausbildung zum Abschluss zu bringen – auch wenn sie nicht deine letzte ist – und generell Dinge im Beruf und privat durchzuziehen und zu Ende zu bringen. Du konzentrierst dich vollkommen auf deine Pflichtaufgaben im Leben und erledigst sie, so gut du es kannst. Du wirst schnell erkennen, wie effektiv das ist. Und zur Belohnung kannst du deine Freizeit in vollen Zügen genießen und brauchst absolut kein schlechtes Gewissen zu haben, wenn du einmal auf der faulen Haut liegst.

Freizeit ist zur Erholung gedacht und für Dinge, die du ohne Geld und einfach so aus Spaß an der Freude machen möchtest. Da ist kein Druck dahinter, alles ist freiwillig. Das ist ja gerade das Schöne an der Freizeit. Plane sie nicht haarklein, sondern genieße sie in vollen Zügen. Und in der Freizeit wird nichts anderes getan!

Wenn dir etwas richtig Spaß macht in der Freizeit, dann mache es dir doch zum Hobby. Das kann alles Mögliche sein. Angefangen vom Briefmarken-Sammeln, Sport-Treiben, Lieder-Singen, Programme-Schreiben, Unterricht-in-irgendetwas-Geben, Verreisen, Kultur-Genießen, Handwerklich- oder Künstlerisch-Tätig-Sein usw. Wenn du so richtig Bock auf eine Sache hast, dann tue sie doch einfach. Alles, was dir guttut, ist gut für dich. Bedingung: Du darfst dabei niemand anderen gefährden oder einem anderen Menschen Schaden zufügen.

Sonne, Mond und Sterne

Wo kämen wir hin, wenn alle sagten, wo kämen wir hin? Und wenn niemand ginge, um einmal zu schauen, wohin man käme, wenn man ginge?
Kurt Marti

Bevor es einen Wecker gab, der die Menschen morgens aus dem Schlaf riss, damit sie zur Arbeit gehen konnten, war die Sonne der Wecker. Wenn sie aufging, standen die Menschen auf. Wenn sie unterging, dann bereiteten sie sich langsam auf die Nachtruhe vor. In der Sonne genießt du, daher ist die Sonne für deine Ruhe unverzichtbar. Du schaltest beim Sonnenbad ab und nimmst dir Zeit nur für dich. Das ist Lebenszeit, die hervorragend investiert ist.

Die Sonne ist unsere unendliche Energiequelle und Tankstelle. Ohne Sonne ist ein Leben auf der Erde undenkbar. Genieße sie, gehe raus und tanke Sonnenenergie. Sie ist so gesund. Wie mit allen Dingen im Leben kommt es immer auf die Dosis an. Übertreibe es nicht mit dem Sonnenbad, aber sieh trotzdem zu, dass du regelmäßig an die frische Luft und an die Sonne kommst.

Pflanzen brauchen die Sonne ebenfalls, sie produzieren Energie damit. Sonne bedeutet für dich konkret, dass du widerstandsfähig bist gegen Infektionen jeder Art. Sonne regt deinen Stoffwechsel, deine Durchblutung und deine Atmung an. Nicht zu vergessen sind die Glückshormone, die ausgeschüttet werden, wenn die Sonne scheint. Unzählige Menschen strömen hinaus, lassen sich die Sonne ins Gesicht und auf den Körper strahlen, trinken einen Kaffee auf dem Marktplatz bei Sonnenschein und sind allgemein viel besser drauf als an trüben Tagen.

Durch die Sonne bekommst du dein lebenswichtiges Vitamin D, die Vorstufe eines Hormons, geschenkt. Es wird in der Haut gebildet und im Fettgewebe gespeichert. Ohne Sonne verkümmerst du wie eine Blume im Dunkeln. Sonne sorgt zudem für starke, mineralisierte Knochen, du bist weniger gebrechlich. Hast du keine Sonne verfügbar, so versuche Eier, Milch, Butter oder Fisch zu dir zu nehmen. Sie reichen für deine Vitamin-D-Versorgung zwar nicht aus, sind dennoch besser als gar nichts. Sie sind ebenfalls Vitamin-D-Lieferanten, das haben wir schon im Bio-Unterricht in der Schule gelernt.

Hockst du fast nur daheim in deinem Zimmer, so fehlt dir Sonnenenergie. Du leidest unter Mangelerscheinungen, bist oft erkältet oder hast eine Grippe. Daher mein dringender Appell an dich: Bewege dich, wann immer es dir möglich ist, draußen im Freien an der frischen Luft und wenn die Sonne scheint. Eine einfachere und kostenlosere Möglichkeit für deine gesundheitliche Vorsorge kannst du nicht bekommen.

Neben der Sonne spielt auch der Mond eine wichtige Rolle. Der Mond stabilisiert die Erdachse, dadurch ist Leben auf der Erde möglich. Der Mond ist die natürliche Lichtquelle im Dunkeln und bewirkt eine Gravitationskraft, durch die Ebbe und Flut (die Gezeiten) auf der Erde ausgelöst werden.

Über manche Mondsachen wird trefflich gestritten. Das sind zum Beispiel Schlafstörungen bei Vollmond, Steigerung der Geburtenrate, besseres Wachsen von Pflanzen, Holzfällung bei Vollmond und wann man zum Frisör gehen sollte. Du kannst diese Dinge als totalen Blödsinn abstempeln oder auch fest daran glauben. Beides ist richtig, beides hat seine Berechtigung. Es ist immer deine persönliche Meinung und Einstellung, wie auch bei vielen anderen Dingen im Leben. Wenn Menschen den Mond als feste Größe in ihrem Leben etablieren und sie dadurch ein ausgeglichenes und ruhiges Leben führen, dann ist das absolut o. k. Denn du weißt ja, jeder Mensch kann nur für sich selbst sorgen. Und wenn etwas für dich gut ist, dann mache es.

Wusstest du das? Bei einer Sache richten wir uns tatsächlich unverändert nach dem Mond: Es sind unsere Feiertage wie Ostern und Pfingsten. Das stammt noch aus der babylonischen Zeit, da damals der erste Vollmond nach Frühjahrsbeginn als Neujahrstag gebührend gefeiert wurde. Das jüdische Pessach-Fest wiederum richtet sich nach dem babylonischen Neujahrsfest. Am Vorabend des Pessach-Festes wurde nach christlicher Überlieferung Jesus von Nazareth gekreuzigt. Und so hängt unser christliches Osterfest in Deutschland exakt mit dem Pessach-Fest und damit dem Mond zusammen. Da sich der Mondzyklus gegenüber unserem Kalenderjahr immer etwas verschiebt, schwankt das Datum des ersten Vollmondes nach Frühlingsbeginn jedes Jahr. Aus dem Grund »wandert« das Osterfest. Genau 7 Wochen nach Ostern ist Pfingsten.

Das soll ein ganz kleiner Exkurs für dich sein, damit dir möglicherweise die Hintergründe für manche Sachen bewusst werden, die oft als selbstverständlich betrachtet werden. Der Mond übt somit Einfluss auf die Regelmäßigkeit deines Lebens aus und spielt für deine Ruhephasen und Entspannung eine wichtige Rolle.

Sterne in einer sternenklaren Nacht sind nicht nur faszinierend, sondern ebenfalls beruhigend. Wie ein Blick in ein Lagerfeuer, am Kamin oder in ein Aquarium fesseln Sterne am Himmel deine Aufmerksamkeit und sorgen dafür, dass du innehältst und zumindest für einen Moment zur Ruhe gelangst. Auch mit einem lieben Menschen im Arm auf der Bank zu sitzen und in den Sternenhimmel zu schauen ist sicher vielfach beruhigender und seelisch ergreifender als eine TV-Schnulze. Mag sein, dass du das belächelst, dennoch sind es oft die ganz kleinen und feinen und einfachen Dinge im Leben, die dafür sorgen, dass du entspannst. Und das ist ja genau das Ziel des Kapitels Ruhe. Ich will dir viele kleine Möglichkeiten aufzeigen, die du für dich nutzen kannst, um abzuschalten und deinen Motor kurz herunterzufahren. Im Hier und Hallo der täglichen Informationsflut gehen solche Dinge oft unter.

Sterne sind ein Paradies für Forscher und Wegweiser seit Jahrtausenden für Schifffahrt, Navigation und allgemeine Orientierung. Ohne Sterne hätten viele Entdeckerreisen nicht durchgeführt werden können. Sterne sind »ewig« am Himmelszelt und ein Garant für Zuverlässigkeit. In einem bestimmten Sternzeichen bist du geboren.
    Ein Stern wird oft als Schutzsymbol betrachtet. Bei einer bestimmten Konstellation der Sterne lassen sich für manche Menschen Hinweise und Entscheidungen ableiten. Wie bereits schon gesagt, ist es die Freiheit eines jeden einzelnen Menschen, an solche Dinge zu glauben oder nicht. Es gibt kein Richtig und kein Falsch. Die Akzeptanz eines Menschen mit allem, was er tut, ist die höchste Kunst im Umgang mit Menschen. Es ist so einfach und doch so unglaublich schwer.

Sommerzeit und deine Ruhe

Es gab sie schon einmal nach dem 2. Weltkrieg und sie wurde abgeschafft. Dann wurde sie in den 70er Jahren des 20. Jahrhunderts wieder eingeführt, angeblich um Rohstoffe zu sparen. Das ist mittlerweile überholt und widerlegt. Ganz nüchtern betrachtet, ist es eine einzige Inszenierung, die immer wieder neu abläuft und absolut keinen Nutzen hat. Mit dem gesunden Menschenverstand kannst du das leider nicht erklären. Man hat das Gefühl, dass die Menschen in unserem Land chronisch unausgeschlafen sind.

Die Sommerzeit zerstört deine Ruhe, deinen Rhythmus. Sie bewirkt, dass du im Frühjahr über Nacht eine Stunde früher rausmusst. Das merkst du, weil du abends vor dem Schlafengehen noch nicht und am nächsten Morgen dafür total müde bist. Rein rechnerisch ist es ja nur einmal eine Stunde. Es dauert aber Wochen oder Monate, bis du dich auf die neue Zeit eingestellt hast und deinen Rhythmus wiedergefunden hast. Und dann, wenn alles wieder rhythmisch läuft, stellen wir die Uhren wieder zurück und das Drama beginnt aufs Neue. Damit werden die Menschen systematisch aus ihrem Lebensrhythmus gebracht. Und jedes Jahr dasselbe Spielchen. Was für ein Schwachsinn! Ich hoffe, dass dieses »Spielchen« eines Tages enden wird.

Versuche trotz der Sommerzeit, die du direkt nicht ändern kannst, deinen inneren Rhythmus, so gut es geht, und so oft wie nur möglich zu leben, damit du zur Ruhe kommst. Versuche z. B. immer zur gleichen Zeit aufzustehen und am Wochenende deinen Rhythmus zu leben. Passe dich an, versuche aber, soweit es geht, deinen Rhythmus in dein Leben einzubauen, ihm zu folgen, so gut und so oft es nur möglich ist. Dann besteht Harmonie aus Körper, Geist und Seele. Dich kann nichts mehr erschüttern.

Selbstständige haben hier einen klaren Vorteil, sie tun einfach im Sommer so, als ob es die Sommerzeit nicht gäbe. Uhren so stehen lassen, alles eine Stunde später beginnen. Termine eine Stunde später legen und Projekte eben zeitversetzt beginnen. Du kannst diesem gesellschaftlichen Korsett entkommen. Als Angestellter kannst du nicht einfach mal eine Stunde später anrücken. Aber als freier Unternehmer ist das möglich. Wenn du einer bist, mach davon Gebrauch. Du wirst es schnell merken.

Lebe, sei

> *Verbringe nicht die Zeit mit der Suche nach dem Hindernis.*
> *Vielleicht ist keines da …*
> *Franz Kafka*

Zu leben und zu sein hast du als Kind und Jugendlicher meistens richtig gut drauf. Du lebst, indem du einfach bei einer Sache bist. Du bist unbefangen den meisten Dingen gegenüber, du bist neugierig und kreativ. Du lernst spielend Neues, lachst sehr viel und siehst auch Kleinigkeiten im Leben. Du lässt dich durch nichts ablenken; machst dir keinen großen Kopf um das, was um dich herum passiert. Du lebst dadurch im Hier und Jetzt. Erhalte dir diese Eigenschaft, solange es geht.

Viele Erwachsene leben nicht mehr, sie existieren nur noch. Sie stehen auf, gehen ins Hamsterrad, lachen kaum bis gar nicht, arbeiten ihre Zeit irgendwie ab und schon ist der Tag herum. Sie glauben, dass das normal ist, so sein muss. Aber das ist nicht so. Natürlich geht jeder Erwachsene einer Tätigkeit nach, mit der er Geld und Einkommen erwirtschaftet. Die Frage ist, WIE er an die Sache herangeht. Denn genau hier scheiden sich die Geister. Wir sind viel zu kompliziert zuweilen, denken viel zu kompliziert, sehen nur die Arbeit und die Probleme und übersehen dabei das Leben. Erwachsen werden und dabei Kindliches bewahren ist eine Kunst des Lebens.

Das Leben ist weder falsch noch richtig, weder fair noch unfair. Es ist so, wie es ist, ständig in Bewegung. Wenn du es schaffst, das für dich so zu sehen, zu fühlen, umzusetzen im täglichen Tun, bei der Arbeit, im Privatleben, in der Gesundheit und in der Stille – dann lebst du. Einfach so.

Und du wirst das Glück spüren, wenn du so »einfach« lebst. Es gibt Menschen, die haben alles, ihnen fehlt an nichts und sie sind trotzdem unglücklich. Ich kenne Menschen, die würden sogar ihr aktuelles, komfortables (eigentlich problemloses) Leben gegen ein ganz einfaches ohne Luxus tauschen wollen. Nur um zu spüren, wie es ist, ohne den ganzen Ballast des Wohlstandes. Das klingt vielleicht verrückt auf den ersten Gehörgang, aber auf den zweiten ist es auch nachvollziehbar, denn wir hier in Deutschland haben manchmal keine echten Probleme und Sorgen mehr, sondern wissen vor »Dummheit« nicht mehr, was echtes Leben bedeutet.

Das letzte Hemd hat keine Taschen, sagte meine Oma. Was willst du alles noch aufheben? Wofür willst du alles noch deine kostbare Zeit opfern? Worauf wartest du noch? Echtes Leben bedeutet, keine Reichtümer in materieller Form anzuhäufen, sondern das Leben so zu leben und zu nehmen, wie es ist. Ohne Vorurteile, ohne Sorgen, ohne Wenn und Aber.

Kennst du Menschen, die man nicht mehr überraschen oder erstaunen kann? Die man für nichts in der Welt begeistern kann? Die wissen immer schon alles, die kennen immer schon alles, die haben alles schon einmal gehört, gesehen oder erlebt. Sie rollen mit den Augen, wenn du ihnen etwas »Neues« erzählen möchtest, was dich erfreut hat. Sie schaufeln symbolisch und abwertend mit einer Hand die Luft über die Schulter und scheinen die Weisheit mit Löffeln gefressen zu haben. Kleine Aufmerksamkeiten werden mit einem mühsamen Danke widerwillig entgegengenommen und im Prinzip kann ihnen keiner das Wasser reichen – denken sie. Solltest du mit so einem Menschen im Gespräch sein, der mit den Augen rollt und der keinen Zentimeter Interesse am Gesagten von dir zeigt, dann brich sofort ab. Lass ihn stehen und wünsche ihm einen schönen Tag oder sag ihm einfach: »O. k., ich sehe, du weißt schon alles und ich möchte dich daher nicht weiter langweilen und dir deine kostbare Zeit stehlen.« Und dann gehst du.

»Willst du immer weiter schweifen? Sieh, das Gute liegt so nah«, sagte einst schon Goethe. Das Glück findet sich sehr oft in deiner unmittelbaren

Nähe. Wahres Glück besteht im bewussten Wahrnehmen und Anerkennen, wie es ist, ohne Vorurteile. Leben und Sein bedeutet, sich auch an Kleinigkeiten erfreuen zu können. Das kann eine Blume am Weg, ein Lächeln einer netten Person oder ein Regenbogen am Himmel sein. Die einfachen Dinge sind oft die Dinge, die wir häufig übersehen und in denen jedes Mal kleine Glücksmomente stecken. Sammele lieber zehn kleine Glücksmomente, als immer nur auf DEN Moment zu warten.

Wir übersehen zu viel, wir überhören zu viel und halten uns an der Vergangenheit fest. Wir können schlecht loslassen, wir zerbrechen uns den Kopf über die Zukunft und haben Angst davor, weil wir nicht wissen, was auf uns zukommt. Und dabei vergessen wir eins: zu leben. Hier im Heute und Jetzt. Wir kontrollieren andere, wir spionieren anderen hinterher, wir wischen zu oft Staub, wir müssen die Wäsche immer sofort bügeln. Alles muss immer perfekt und nach einem Schema ablaufen. Mach es doch einmal anders: »Puste« dir deinen Kopf frei, lasse los, nimm die Menschen, so wie sie sind. Kontrolliere nicht, überwache nicht, wische mal nicht Staub, lasse die Wäsche einmal liegen.

Schaffe dir ein Rückzugsgebiet, um selbst zu sein. Einen Ort, an den du dich zurückziehen kannst, wo du zur Ruhe kommst. Gehe immer dann dorthin, wenn du wieder zu dir kommen willst. Es ist dein Kraftquell. Es spielt keine Rolle, wo es ist, Hauptsache, du fühlst dich dort geborgen.

Was gestern war, kannst du nicht mehr ändern. Du kannst gern noch einmal in den Rückspiegel schauen und du kannst Konsequenzen für dein künftiges Tun daraus ableiten, um manchen Fehler nicht noch einmal zu begehen. Alles andere ist vorbei, trauere ihm nicht ewig nach. Dadurch schränkst du dich nur selbst ein.

Was morgen sein wird, das weißt du nicht. Es macht keinen Sinn, sich darüber den Kopf zu zerbrechen. Vorsorgen und Planen, soweit es geht, ist in Ordnung, aber nicht mehr.

Das Einzige, was du aktiv beeinflussen kannst, ist im Hier und Jetzt zu leben. Nimm deine aktuelle Tätigkeit einmal ganz bewusst wahr.

Wenn du mit Leidenschaft zur Schule oder an die tägliche Arbeit gehst, sie wirklich gern machst, dann lebst du automatisch. Dieses bewusste

Sein hat nicht nur mit Freizeit zu tun, du kannst es immer und überall erleben – wenn du willst. Du kannst sein bei der Arbeit, in deinen Beziehungen, bei der Gesundheit und in der Ruhe. Schau nur hin, dann siehst du es!

Mach es wie die Sonnenuhr und zähl die schönen Stunden nur (Volksmund).

Schreibst du ein Tagebuch? Prima. Hast du auch ein Erfolgsbuch? Wunderbar! Halte alle Momente in deinem Leben fest, die dir etwas bedeuten und die dich richtig glücklich gemacht haben. Halte alle Momente fest, in denen du Erfolg hattest und dich so richtig gut gefühlt hast. Das alles hast DU geschafft und erreicht. Darauf kannst du stolz sein. Und immer, wenn es dir nicht so besonders geht, dann zückst du dein Tagebuch oder dein Erfolgsbuch und liest darin. Das baut dich auf, zeigt dir, dass du wahrlich kein Versager bist, und bringt dich wieder ins Leben zurück.

Konzentriere dich im Leben auf das Hier und Jetzt. Das kannst du bewusst wahrnehmen und gestalten. Es ist dein Leben, du entscheidest jeden Tag neu, wie du es leben wirst.

Die Geschichte vom Zu-mir-Finden

Es war im Jahre 2008, kurz vor Weihnachten. Ich führte gerade ein wichtiges Telefonat. Dabei ging es heiß her, es flogen im wahrsten Sinne die Fetzen. Mein Gegenüber und ich schrien uns gegenseitig an und machten uns Vorwürfe und für dies und jenes verantwortlich; jeder glaubte, im Recht zu sein. Wir beendeten das Gespräch nach einigen Minuten, indem jeder den Hörer aufknallte.

Als das Telefonat beendet war, spürte ich einen stechenden Schmerz in der linken Brust. Ich zuckte zusammen. Es war, als bekäme ich Stromstöße verabreicht, ich musste gebückt gehen.
   Ich ging sofort zu meiner Frau und sagte ihr, ich hätte soeben einen Herzinfarkt gehabt – zumindest hatte ich das Gefühl. Meine Frau wurde kreidebleich wie ich und die Angst stand ihr ins Gesicht geschrieben.

Ich ging erst einmal an die frische Luft, aber meine Atemzüge waren weiterhin kurz und flach, ich hatte unbeschreibliche Angst.

Wir fuhren zum Notarzt, der legte mich sogleich auf die Liege und verkabelte mich. Ich schloss dabei die Augen und mir war irgendwie alles egal.

Nach der Untersuchung zeigte und erläuterte mir der Arzt die Ergebnisse und meinte: »Ich gebe Ihnen neuen TÜV, Sie sind kerngesund, es ist alles in Ordnung mit dem Herzen.«

Daheim zurück, konnte ich das irgendwie nicht glauben. Ich war »offiziell« gesund und dennoch spürte ich in mir, dass da etwas überhaupt nicht stimmte. Es war ganz komisch, ich konnte es nicht beschreiben.

Als ich am Abend ins Bett ging, schlug mein Herz in einem Tempo, wie ich es noch nie gespürt hatte. Ich hatte Angst zu schlafen, ich hatte Angst zu sterben.

Ich bekam in der Nacht kein Auge zu. In meiner Verzweiflung sprach ich zu Gott: »Lieber Gott, ich bin 37. Was willst du von mir?«

Dann fiel mir noch irgendwie ein, dass ein Mensch bis zu 96 Stunden ununterbrochen wach sein konnte, bevor der Schlaf ihn übermannte. Ich war bereits 36 Stunden wach und rechnete mir aus, wann die Zeit wohl abgelaufen sein würde. Und ich malte mir schon aus, wie die anderen wohl reagieren würden, wenn sie mich dann vorfänden. Ich traute mich nicht einzuschlafen und zuckte jedes Mal erschrocken wieder hoch und prüfte, ob ich noch lebte.

Am nächsten Morgen stellte ich fest, dass dies der Fall war. Ich war wie gerädert, fix und fertig. Es war immer noch komisch.

Nach dem Aufstehen rief ich einen meiner besten Freunde an. Er kam vorbei und wir redeten lange. Er sagte zur mir: »Gunnar, es wird Zeit, dass du dich einmal mit dir selbst beschäftigst.«

Wie bitte? Ich guckte ihn finster und unfreundlich an, so eine Aussage hatte ich nicht erwartet. »Was soll denn der Quatsch, warum soll ich mich denn mit mir selbst beschäftigen?«, fragte ich ihn unverständlich und schüttelte den Kopf. Er sah mich freundlich an und sagte: »Doch, vertrau mir. Tu bitte etwas für dich und mach dich auf den Weg.« Und weiter: »Wenn du magst, lass uns einmal zu einer Aufstellung fahren.« »Was für eine Ausstellung?«, fragte ich ihn. Er lachte, nein, er meinte eine Aufstellung – und dann erläuterte er es ausführlich.

Es dauerte fast ein ganzes Jahr, bis ich mich dazu entschloss, einmal zu einer Aufstellung zu gehen. Mit ihm zusammen natürlich, man wusste ja nie. Der Abend danach war ein seelischer Wendepunkt in meinem Leben. Ich hätte nie geglaubt, wie eine derartige, in höchstem Maße achtsame und »einfache« Methode auf mich wirken könnte.

Ich brauchte mehrere Jahre, um dorthin zu gelangen, wo ich jetzt bin. Auf der Suche nach mir selbst bin ich weit gegangen. Ich fühle mich wieder in meiner Mitte und in meiner Kraft. Vor allem weiß ich jetzt, dass und was ich tun kann, um mich in seelischen Schieflagen wieder einzuordnen.

Ich bin all den Menschen dankbar, die mich in dieser Zeit begleiteten und weiterhin begleiten. Und inzwischen verstehe ich auch, was mir mein Freund damals sagen wollte, mich mit mir selbst zu beschäftigen.

Selbstfindung und vom Sinn des Lebens

> *Heute beginnt der Rest deines Lebens.*
> Udo Jürgens

Wer bin ich?
Warum bin ich auf der Welt?
Was mache ich eigentlich hier?

Diese Fragen sind sehr wichtig. Du wurdest geboren, damit du eine bestimmte Mission, einen bestimmten, einmaligen Job erledigst. Und genau den kannst nur du erledigen, deshalb gibt es dich.

Das Interessante ist nun, ob du erkennst, was genau deine Aufgabe, dein Job auf dieser Welt ist. Die Aufgabe kann durchaus total verschieden von anderen sein, das ist vollkommen egal. Du hast deinen ganz speziellen Auftrag per Zeugung bekommen, den du auf Erden erledigen sollst. Den gilt es zu erkennen. Es hat einen ganz konkreten Sinn, warum du da bist.

Je besser du nun diesen deinen Auftrag erkennst, desto besser und erfüllter fährst du durchs Leben. Das ist das Geheimnis des Lebensglücks. Glückliche Menschen wissen, was sie zu tun haben. Sie tun es mit Hingabe.

Woran erkennst du nun deinen Auftrag? Woran erkennst du, dass du den richtigen Job hast?

Es gibt eine Übung, mit der du herausfinden kannst, was deine Mission im Leben ist, worin der Sinn des Lebens für dich besteht:

Stelle dir einmal vor, du bist vor kurzem gestorben und jetzt auf deiner eigenen Beerdigung. Es sind unzählige Menschen gekommen: deine Kinder, Enkel und Urenkel, Freunde, Bekannte, Mitmenschen. Der Pfarrer steht an deinem Grab und hält seine Rede und lässt darin DEIN Leben Revue passieren, d. h. er fasst in 15 Minuten das Wichtigste aus deinem Leben zusammen. Jetzt die ganz einfache Frage an dich: Was wünschst du dir, in dieser Rede über dich zu hören?

> Dass du ein guter Vater / eine gute Mutter warst?
> Dass du ein guter Partner warst?
> Dass du ein guter Freund warst?
> Dass du ein guter Chef warst?
> Dass du ein guter Kollege warst?
> Dass du ein guter Nachbar warst?
> Dass du ein Mensch warst, auf den man sich verlassen konnte?
> Dass du ein Mensch warst, der anderen geholfen und beigestanden hat?
> Dass du ein sozial engagierter Mensch warst?
> Dass du ein Mensch warst, der nie aufgab und andere begeisterte?
> Dass du ein großzügiger Mensch warst?
> Dass du ein liebevoller Mensch warst?
> Dass du ein Mensch mit Herz warst?

Lass dir genügend Zeit, es herauszufinden. Vertrau deinem Herzen, denn es kennt den Weg zum Sinn des Lebens. Denn genau diese Worte, die du auf deiner Beerdigung hören möchtest, machen deinen Lebensinhalt, deine Mission aus, sie sind eine Art Kompass für dein Leben. Sie führen dich zum inneren Frieden. Folge ihnen!

Das Leben kann schneller vorbei sein, als dir lieb ist. Du kannst es leider nicht vorhersehen. Wie wäre es daher, wenn du jeden Tag als ein Geschenk betrachtest? Jeder Tag bietet eine neue Chance. Jeder einzelne Tag ist zu wertvoll, um verschwendet zu werden. Er kehrt niemals zurück.
Mit 15 Jahren denkst du dir vielleicht: »Ach, Kinder, ich habe ja noch so

viel Zeit.« Nur 25 Jahre später sieht die Welt schon anders aus. Du fragst dich vielleicht: »Verdammt, wo ist die Zeit nur geblieben?«

Vielleicht ist es dir derzeit als jungem Menschen noch nicht bewusst. Es wird dir mit zunehmendem Alter aber immer klarer. Und spätestens dann fragst du nach dem Sinn des Lebens.

Wenn du dich verstellst, wenn du jemanden »spielst«, der du gar nicht bist – weil andere es womöglich von dir verlangen –, dann bist du auf der falschen Spur.

Dann tust du etwas, was du eigentlich gar nicht tun willst. Es ist unheimlich schwer, sich dagegenzustemmen. Manchmal »gehört« es sich nicht, es ist nicht Sitte, es wird so verlangt, es darf nicht so sein. Dennoch: Du selber sitzt im Auto, du bist der Fahrer, du entscheidest. Je mehr du mit dir selbst im Einklang bist, dir selbst nichts vormachst, desto glücklicher wirst du.

Wichtig ist zu erkennen, was du für ein Auto fährst. Jedes Auto ist anders, jeder Mensch ist anders. Der eine ist stärker als der andere, der eine ist größer als der andere, der eine ist dicker als der andere, der eine ist intelligenter als der andere usw.

Manchmal hast du das Gefühl, dich wie auf einer Achterbahn zu bewegen. Ständig geht es auf und ab im Leben. Immer, wenn du dich gerade super fühlst und gut drauf bist, kommt die Klatsche. Du freust dich, dass es endlich wie geschmiert läuft, und dann kommt die Ernüchterung. Manchmal bist du am Boden zerstört und dann geht es wieder aufwärts. So geht das immerzu im Leben. Berg und Tal, hoch und runter.

Das ist aber genau das Leben: Tag und Nacht, hoch und tief, schön und ernüchternd. Akzeptiere es so, wie es ist. Und freue dich jedes Mal darüber, wenn du in einem Tief steckst, denn es geht bald wieder hoch ... Lasse dich darauf ein, auf die ständigen Veränderungen des Lebens, mache sie zu deinem Leben.

Je klarer du den Sinn deines Lebens erkennst, desto klarer wird deine Fahrt durchs Leben. Desto erfüllter wird dein Leben. Wenn du kein Ziel, keinen Sinn siehst, dann ist alles grau. Du fragst dich dann: »Wo bin ich eigentlich, wo will ich eigentlich hin?« Du fährst und fährst und nimmst das Drumherum nicht wahr.

Wenn du ein Ziel hast, dann wird aus Schwarz-Weiß Farbe. Dein Leben bekommt einen Tupfer. Du bist der Fahrer, du lenkst dein Auto, du sitzt am Steuer.

Tue es und genieße es. Wenn du das geschafft hast, ist dein Leben vollkommen. Das ist das Geheimrezept des Buches. Ich wünsche es dir von Herzen, dass es dir gelingt, deine Wünsche und Visionen umzusetzen.

Das eine oder andere magst du auf deine Verhältnisse anpassen. Es sind Vorschläge von mir an dich. Die grundlegenden Dinge Vertrauen, Ehrlichkeit, Zuverlässigkeit und Liebe sind aber die Bausteine des Lebens.

Wenn du den Sinn deines Lebens gefunden hast, hinterlässt du Spuren auf der Lebensautobahn. Du fährst dein eigenes Profil und das lässt du dir bitte von niemandem absprechen. Das, was du erreicht hast, ist das Größte, was du erreichen kannst.

Der perfekte Fahrer? Den gibt es nicht, das ist eine Illusion. Jeder Mensch macht Fehler, niemand ist perfekt. Jeder fährt einmal zu schnell oder über eine rote Ampel des Lebens. Jeder hat sein Auto schon einmal abgewürgt oder ist irgendwo angeeckt. Das sind Fehler, die du machen wirst. Fehler zuzugeben will dennoch gekonnt sein. Das fällt vielen Menschen nicht leicht. Es ist aber menschlich, Fehler zu machen. Sie offen und ehrlich zuzugeben ist allemal besser, als ewig herumzustreiten und nach einem Schuldigen zu suchen.

Halte dein Lenkrad in Krisensituationen besonders fest. Du fährst immer in die Richtung, in die du schaust, in die du lenkst, wohin dein gesunder Menschenverstand dich steuert. Manche Strecken haben Glatteis oder jemand führt dich aufs Glatteis. Du kommst zuweilen dermaßen ins Schleudern, dass du dich gar nicht richtig wiederfindest. Hier gilt es die Kontrolle über dein Fahrzeug zu wahren. Halte dich am gesunden Menschenverstand immer fest. Er lenkt dich auch unter widrigen Bedingungen durchs Leben. Er ist wie ein Geländer im Dunkeln: Du siehst es nicht, aber du spürst es und findest Halt. Deinen gesunden Menschenverstand kannst du jederzeit abrufen. Vertrau einfach der Stimme deines Herzens.

Deine Gedanken

*Die Gedanken, für die wir uns entscheiden,
sind die Pinsel, mit denen wir unser Lebensgemälde malen.
Louise Hay*

Noch ein Witz für dich:
»Meine sehr verehrten Damen und Herren, wussten Sie, dass der Mensch gerade einmal ein Drittel seines Gehirns zum Denken benutzt?«
Ein Zuschauer in der ersten Reihe: »Das ist ja interessant, und was macht er mit der anderen Hälfte?«

Du bist nicht nur, was du isst, du bist auch das, was du denkst. Ja, du hast richtig gehört. Du erschaffst dir durch deine Gedanken selbst dein Leben.
Sich bewusst und überlegt für seine Gedanken zu entscheiden, sich darüber klar zu sein, was du eigentlich willst oder nicht willst, ist von zentraler Bedeutung für dich und dein Leben. Deine Gedanken bremsen dich aus oder motivieren dich. Du fährst mit angezogener Handbremse oder voller Energie. Positive Gedanken erleichtern und beflügeln dich zu Höchstleistungen und lassen dich innerlich zur Ruhe kommen. Negative Gedanken belasten dich und sorgen für permanente Unruhe und Unzufriedenheit.

Auf den Punkt gebracht hat es Johann Wolfgang von Goethe:
Achte auf deine Gedanken, denn sie werden Worte.
Achte auf deine Worte, denn sie werden Handlungen.
Achte auf deine Handlungen, denn sie werden Gewohnheiten.
Achte auf deine Gewohnheiten, denn sie werden dein Charakter.
Achte auf deinen Charakter, denn er wird dein Schicksal.

Ein paar Beispiele für dich. Du sagst zu dir:
Ich bin ein schlechter Mensch.
Ich bin ein Versager.
Ich bin immer krank.

Wenn du diese oder ähnliche Gedanken ständig im Kopf hast, sprichst du sie unwillkürlich mit der Zeit aus. Dir gegenüber und auch anderen Menschen gegenüber.

Beim nächsten Mal wirst du dich wieder so ausdrücken oder es sogar steigern, denn dir kann es ja nicht auf einmal besser gehen ...

Dadurch wirst du auch handeln wie ein schlechter Mensch, wie ein Versager. Du wirst dich immer krank fühlen und schon beim kleinsten Anzeichen dein Klagelied anstimmen.

Behalte das immer schön bei und mit der Zeit wird das zur Gewohnheit. Es entsteht ein Trampelpfad, ein negativer Trampelpfad deines Lebens. Und diese Gewohnheit bestimmt letztlich deinen negativen Charakter, man kennt dich nicht anders. Sie führt dich letztlich genau dahin, wo du in Gedanken schon gewesen bist. Du erschaffst dir mit deinen Gedanken dein weiteres Leben.

Wenn du immer negativ denkst, wenn du immer negativ sprichst, wenn du immer negativ handelst, wenn du immer dein negatives Wesen an den Tag legst, wirst du ein negativer Mensch werden.

Aus dieser negativen Spirale herauszukommen ist unendlich schwer. Sie erfordert eine gehörige Portion Überwindung und Einsicht.

Stell dir nun vor, du denkst solche Gedanken:

> Ich bin gesund.
> Ich bin ein positiver Mensch.
> Ich kann das.

Denke sie immer wieder so und sprich sie laut aus. Ja, laut aus.

Erzähl es anderen, was du kannst, dann tust du auch, was du kannst. Du tust es immer wieder. Dadurch schleichen sich positive Gewohnheiten ein. Die führen auch wieder zu einem Trampelpfad, einem positiven Trampelpfad. Und du kannst gar nicht anders, als ein positiver Mensch zu werden. Das ist wie eine Prophezeiung, es kann gar nicht anders kommen. Du hast diese Gedanken gedacht, diese Worte gesprochen, diese Handlungen umgesetzt. Es war deine Entscheidung, so zu sein oder zu werden.

Sei vorsichtig mit dem, was du jemandem an den Kopf knallst. Es hat größere Auswirkungen auf ihn und dich, als du glaubst. Vor allem, wenn du über jemanden schlecht sprichst, wenn dieser gar nicht dabei ist. Das ist unabhängig davon eine weit verbreitete Unart.

Je öfter etwas wahrgenommen und gehört wird, desto mehr glaubst du daran. Das ist das Grundprinzip von Medien wie Fernsehen, Radio und Zeitung. Du wirst ständig und wiederholt beschallt. Egal ob es überhaupt stimmt oder nicht, wenn es nur oft gehört, gesendet, mitgeteilt wird, glauben wir es irgendwann. Es gibt dann keine Logik mehr, da du selbst nicht mehr denkst, sondern nur noch aufnimmst und dein Gehirn sozusagen »betäubt« ist. Das ist sehr gefährlich.

Du hast da nur eine Chance, indem du dich neu programmierst. Sich neu zu programmieren bedeutet, dass du dich bewusst abschottest gegenüber allen Informationen von außen und die absolute Stille über dich ergehen lässt. Nur du und ohne Zeitdruck. Komme einmal bei dir an. Du richtest dich innerlich neu aus und legst für dich ganz klar fest, welche Informationen du ab sofort bekommen möchtest und welche nicht. Das machst du ganz bewusst und ganz entschieden.

Denke ab sofort <u>vorher</u> nach, bevor du redest. Alles, was du sagst, muss stimmen, aber nicht alles, was stimmt, musst du sagen. Achte auf deine Wortwahl und deinen Ausdruck. Entscheide ab heute, was und wie du etwas sagst. Deine Gedanken bestimmen letztlich dein Schicksal. Du hast es selbst in der Hand.

Dein Gewissen

Der größte Schatz, den ein Mensch besitzen kann,
ist gesundes Selbstvertrauen!
Gautama Buddha

Wenn du etwas getan hast, das nicht so ganz »sauber« war, bekommst du meistens ein schlechtes Gewissen. Das sagt dir dann, du hast gegen eine unsichtbare Norm, eine Etikette verstoßen. Du fühlst dich schlecht. Das Ganze funktioniert natürlich auch andersherum, wenn du etwas mit gutem Gewissen getan hast. Dir schwillt die Brust. Und manchmal gibt es Dinge im Leben, wo du nicht weißt, ob du sie mit deinem Gewissen vereinbaren kannst und sollst oder nicht. Ich versuche dir daher das mit dem Gewissen ein wenig näher zu erläutern.

Es gibt im Wesentlichen drei Arten von Gewissen: dein persönliches Gewissen, das familiäre Gewissen und das kollektive Gewissen, das der Gemeinschaft oder Gesellschaft, in der du lebst. Das kollektive Gewissen ist dabei höherwertig als das persönliche Gewissen und das deiner Familie. Und genau hier liegt der Hund begraben.

Du wirst von deiner Mutter geboren und bist damit automatisch Mitglied der Familie von Papa und Mama. In dieser Familie herrscht ein bestimmtes Familiengewissen. Das ist in jeder Familie der Welt so. Dieses Familiengewissen legt die Werte und Tugenden fest, nach denen alle Mitglieder der Familie zusammenleben. Es gibt Dinge, die sehr geschätzt werden, wenn sie gemacht werden. Und es gibt Dinge, die verachtet werden, wenn sie getan werden. Das ist sozusagen die Norm der Familie, in der du aufwächst. Diese muss nun nicht immer mit der kollektiven Norm übereinstimmen. Je nachdem, wie deine persönliche Norm und die Familiennorm von der gesellschaftlichen Norm abweichen, kommst du besser oder schlechter in der Gesellschaft klar.

In Deutschland ist es üblich, dass man Bitte und Danke sagt, pünktlich zur Schule oder zur Arbeit erscheint und sich an Absprachen hält. Wenn das in deiner Familie, in der du aufwächst, ähnlich ist, dann wirst du mit hoher Wahrscheinlichkeit kaum Probleme haben, dich zu integrieren. Das gesellschaftliche Gewissen stimmt dann mit deinem Familiengewissen und deinem persönlichen Gewissen überein.

Wenn dir Bitte und Danke Fremdwörter sind, du es mit der Pünktlichkeit nicht so genau nimmst oder getroffene Absprachen für dich eher Angebotscharakter besitzen, dann wirst du in der Gesellschaft mit hoher Wahrscheinlichkeit anecken. Das ist jetzt weder richtig noch falsch, es ist so. Auch wenn dir dein persönliches Gewissen sagt, dass es nicht weiter schlimm ist, unpünktlich zur Arbeit zu erscheinen, stimmt es in erheblichem Maße nicht mit dem kollektiven Gewissen überein. Und Letzteres ist das höhere Gewissen, dem du dich unterordnen musst – oder nicht. Wenn du es in deiner Familie nicht vorgelebt bekommst, pünktlich zu sein, dann ist Unpünktlichkeit in deiner Familie normal. Damit stimmt dein persönliches Gewissen mit dem deiner Familie überein. Das übergeordnete Gewissen der Gesellschaft sorgt nun für Spannung und Auseinandersetzung. Du hast eigentlich ein gutes Gewissen, wenn du unpünktlich bist (du bist es nicht anders gewohnt), auf der anderen Seite weicht dein Gewissen stark von dem der Gesellschaft ab. Du hast zwei Möglichkeiten: Du passt dich der Gesellschaft an (pünktlich zu sein) oder du beharrst auf deinem Gewissen (unpünktlich zu sein) mit der Gefahr, ausgeschlossen zu werden.

Versuchst du dein persönliches Gewissen, deine persönlichen Normen immer und um jeden Preis durchzusetzen, dann wirst du mit der Zeit einsam werden. Natürlich ist es gut und wichtig, eine eigene Meinung zu vertreten und seinen Standpunkt klar zu äußern. Und wenn du von einer Sache überhaupt nicht überzeugt bist, dann lasse sie auf jeden Fall. Du musst dennoch immer mit der Konsequenz rechnen, dass du damit allein bist. Das ist der Preis für dich. Du entscheidest, ob du den Preis dafür zahlen möchtest oder nicht.

Das eigene Rückgrat zu bewahren ist sehr lobenswert. Du bist schließlich einzigartig und kannst deine Träume und Visionen umsetzen. Die Zugehörigkeit zu einer bestimmten Familie und Gesellschaft zwingt dich auf übergeordnete Weise, das eine oder andere Mal anders zu entscheiden, als dir lieb ist. Das ist der Spagat des Lebens.

Die große Kunst für dich im Leben besteht darin, diesen Spagat zu meistern und eine Balance zwischen deiner Familie und der Gesellschaft, aber auch gleichzeitig für dich zu finden. Auf der einen Seite musst du für deine Familie und die Gemeinschaft da sein, auf der anderen Seite darfst und sollst du dich selbst verwirklichen und das tun, was dir und deiner Person guttut.

Hier hilft nur ein Austesten und den gesunden Menschenverstand einzusetzen. Sorge gut für dich und finde die goldene Mitte in der Gesellschaft. Beide werden dadurch voneinander profitieren.

Spieglein, Spieglein an der Wand

*Nichts bewahrt uns so gründlich vor Illusionen
wie ein Blick in den Spiegel.
Aldous Huxley*

Liebst du dich?
 Was denkst du gerade bei meiner Frage: Ob ich noch alle Tassen im Schrank habe, oder berührt sie dich wirklich?

»Ich liebe mich« kommt vor »Ich liebe dich«. Wenn du dich nicht liebst, wie willst du einen anderen Menschen lieben? Sich selbst zu lieben bedeutet, mit sich selbst klarzukommen. Wie willst du auf andere wirken, etwas von ihnen erwarten, wenn du nicht einmal mit dir selbst klarkommst? Sich selbst lieben zu können, so wie man eben ist, ist der Schlüssel zum Lebensglück. Ob du dick oder dünn, groß oder klein, gescheit oder weniger gescheit bist – das ist alles nicht von zentraler Bedeutung. Wenn du in den Spiegel gucken und zu dir ganz ehrlich (!) sagen kannst: »Ich liebe mich, so wie ich mich hier sehe«, dann ist alles in Ordnung.

Und genau das machen wir jetzt einmal. Gehe allein zu einem großen Spiegel in deinem Zimmer, deiner Wohnung oder deinem Haus. Schau in den Spiegel. Ja, schau dich an, sieh dir in die Augen. Das dort bist du. Wenn du dich traust, dann zieh dich nackt aus dabei. Betrachte dich einmal, so wie du bist. Nimmst du dich wahr? Liebst du dich, so wie du bist? Das mag dir auf den ersten Blick vielleicht lächerlich und doof vorkommen. Auf den zweiten Blick wirst du etwas spüren, wenn du dich eine Weile so betrachtest, wie Gott dich geschaffen hat. Mit allen schönen Dingen an deinem Körper und all den weniger schönen Dingen an deinem Körper. Doch das ist vollkommen egal, denn der Mensch im Spiegel bist du. Und du bist etwas Einzigartiges auf dieser Welt. Dich gibt es so nur ein einziges Mal. Und so, wie du bist, bist du eben. Mit allen Macken, Kanten, Ecken und Rundungen. Nimm dich einmal ganz bewusst wahr im Spiegel und betrachte dich von allen Seiten. Wirf alle Minderwertigkeitskomplexe über Bord und schau dich an. Lerne, dich und deinen Körper zu lieben. Das ist der allererste Schritt, zu sich selbst zu finden.

Schau dir dann in die Augen und sprich laut in dein Spiegelbild:
»Ich bin ein toller Mensch.
 Ich bin so, wie ich bin, und das ist genau richtig.
 Ich liebe mich.«

Also, wenn dir da kein Lächeln über die Lippen hüpft! Du kannst die Übung so oft wiederholen, wie du magst. Eine Nebenwirkung könnte allerdings auftreten, nämlich dass es dir hinterher besser geht und du selbstsicherer wirst ... In Selbstvertrauen stecken drei wichtige Worte: Vertraue dir selbst. Und genau das möchte ich aus dir »herauskitzeln«.

Dein Außen ist das Spiegelbild deines Innern. So wie du äußerlich daherschaust, so geht es dir und deiner Seele. Da hilft auch noch so viel Make-up nichts, dein Herz und deine gesamte Ausstrahlung verraten in kürzester Zeit, wie es um dich bestellt ist.
 Du kennst bestimmt Menschen, die immer mit versteinerter Miene umherlaufen. Die brabbeln etwas in ihren Bart, ziehen ein Gesicht wie eine Gewitterwolke und sind allgemein unzufrieden mit allem, was sie machen und was um sie herum passiert. Die haben immer und über alles etwas zu meckern, denen kannst du es nie recht machen. Sie sind das Negative in Person, sie strahlen negative Energie aus. Sie sind in ihrer Welt, lasse sie dort! Umgibst du dich permanent mit solchen Leuten, so wirst du ebenfalls wie sie. Es wird dich nach unten ziehen wie in einem Strudel.
 Hier musst du eine glasklare Grenze ziehen, um dich selbst zu schützen. Hier musst du gut für dich sorgen und egozentrisch sein. Egozentrisch ist nicht zu verwechseln mit egoistisch:
 Egoistisch bedeutet: Ich benutze dich, damit es mir gut geht.
 Egozentrisch bedeutet: Ich sorge dafür, dass es mir gut geht. Ich sorge jetzt für mich. Und das ist in Ordnung.

Du wurdest nicht geboren, um so zu sein, wie andere dich gerne hätten.

Gut für dich selbst zu sorgen ist dein Grundrecht. Du darfst – und musst – ab und zu egozentrisch sein. Allein aus dem Grund, um seelischen Schaden von dir abzuwenden. Andere haben kein Recht, dir vorzuschreiben, wie du dein Leben zu gestalten hast.

Das Gleiche gilt auch für dich. Du hast kein Recht, anderen ins Lenkrad zu greifen. Was für dich gut ist, muss für andere noch lange nicht gut sein. Achte das. Der andere hat einen völlig anderen Blickwinkel als du selbst. Er sieht die Welt durch seine Augen. Woher willst du wissen, was er gerade sieht? Woher willst du wissen, was er zuvor erlebt hat und warum er eine Sache genau so macht, wie er sie für richtig hält? Bewerte daher nicht – wie die Natur – die nimmt dich auch einfach so, wie du bist.

Was du nicht willst, dass man dir tu, das füg auch keinem andern zu – sagt ein Sprichwort. Wenn du einem anderen Menschen Unrecht getan hast oder ihn über den Nuckel gezogen hast, dann schau einmal in den Spiegel und tief in deine Augen. Kannst du dir noch in die Augen sehen? Kannst du dich gut im Spiegel sehen nach einer Entscheidung? Falls nein, ändere deine Entscheidung und entschuldige dich.

Sich selbst im Spiegel ohne Abneigung anschauen zu können heißt, sich so zu akzeptieren, wie man ist. Verstelle dich niemals im Leben, versuche nicht, jemand anderen darzustellen, setze dir keine »Maske« auf. Es gibt so viele Menschen mit zwei Gesichtern. Die eine Seite ist cool und unnahbar, die andere Seite ist verletzlich und armselig und oft voller Trauer. Wir Menschen sind erstklassige Meister der Verdrängung, wir wollen vieles nicht wahrhaben und versuchen es mit aller Macht zu verschleiern oder zu unterdrücken. Das gelingt aber nicht das ganze Leben. Irgendwann kann dein Körper nicht mehr und es bricht aus dir heraus. Das ist eine einzige Schutzreaktion des Körpers, denn nur Wahrheit schafft Klarheit. Wenn du der Mensch bist, der sich zu 100 % im Spiegel wiederfindet, wo Äußeres und Inneres übereinstimmen, dann bist du im Einklang mit dir selbst. Du bist, du lebst, du liebst dich und kannst andere Menschen lieben.

Sich selbst zu lieben bedeutet auch, nicht immer mit der Masse zu schwimmen. Das ist mit Sicherheit einfacher und erfordert weniger Kraftaufwand. Um aber an die Quelle zu kommen, an deine Quelle, musst du gegen den Strom schwimmen. Und das verlangt Charakter. Es ist nicht immer einfach, zu sich selbst zu stehen, sich täglich zu motivieren und in den eigenen Hintern zu treten. Auf lange Sicht bringt dir aber genau das die Energie, das Durchhaltevermögen und den Charakter, den du für dein Leben brauchst, den das Leben für dich vorgesehen hat.

Du bist einzigartig, vergiss das nicht!

Sterben und der Tod

Leben – es gibt nichts Selteneres auf der Welt.
Die meisten Menschen existieren, weiter nichts.
Oscar Wilde

Nichts auf dieser Welt ist für die Ewigkeit gedacht. Nicht einmal ein Stein oder ein Planet. Alles fängt einmal an und hört einmal auf. Davor und danach geht es unaufhörlich weiter – auch ohne dich. Aber du bist für einen Moment Teil der Lebensautobahn und gestaltest deinen Autobahnabschnitt auf deine Weise. Manche Autos fahren länger, manche Autos fahren nicht so lange auf ihr. Dennoch hinterlassen sie alle eine Spur, jeder Mensch auf seine Weise. Und das ist schön, das sollten wir in Erinnerung behalten. Einen Menschen in liebevoller Erinnerung zu behalten ist das schönste Geschenk, das du ihm bereiten kannst.

Über das Sterben sprechen die meisten Menschen nicht gern. Sterben hat für sie etwas mit Abschied für immer zu tun. Der Tod macht vielen Menschen Angst, weil sie ihm nicht ins Auge sehen. Vielleicht hast du schon einmal mitbekommen, dass in vielen Ländern dieser Erde die Toten noch einmal aufgebahrt und angesehen bzw. berührt werden, bevor sie auf würdevolle Weise bestattet werden. Das hat einen ganz einfachen und sehr wichtigen Grund: Durch das Ansehen und Anfassen eines toten Menschen blickst du dem Tod direkt ins Auge. Du siehst ihn unmittelbar vor dir, nimmst ihn bewusst wahr und achtest ihn dadurch als Teil deines Lebens. Das ist wichtig zu verstehen. Er gehört zum Leben dazu, er gehört auch zu dir und deinem Leben. Du vergießt deine Tränen am Bett eines geliebten Menschen, der gestorben ist. Deine Tränen drücken deine Trauer aus, und das ist auch gut so, denn durch deine Tränen lässt du den Schmerz aus deinem Körper fließen. Durch deine Tränen drückst du gleichzeitig deine Achtung und Anerkennung gegenüber dem Toten aus. Er kann dann in seinen Frieden kommen – und du auch in deinen.

Wenn ein Mensch stirbt, aus welchem Grunde auch immer, dann sollten ihn seine Angehörigen unbedingt noch einmal sehen und berühren. Auf diese Weise geben sie dem Tode die Anerkennung, die ihm gebührt, und sie bekommen Klarheit für sich selbst. Das ist in Deutschland leider nicht mehr oft so. Der Tod wird als etwas Böses dargestellt und viele Angehörige bekommen ihren Verstorbenen nicht mehr zu Gesicht. Und genau das macht Angst, Angst vor dem Tod. Angst und Schmerz bleiben im Körper der Hinterbliebenen. Der Tod selbst ist aber nichts Böses, er möchte nur geachtet und nicht verdrängt werden.

Es gibt Einrichtungen in Deutschland, wo Sterbende achtsam begleitet werden. Die werden Hospiz genannt. Oft sind sie in Krankenhäusern zu finden oder haben eigene Gebäude dafür. Das sind Einrichtungen, die wichtig sind. Und die Menschen, die darin arbeiten, zeichnen sich durch einen besonders menschlichen und liebevollen Charakter aus. Natürlich, das ist nicht jedermanns Sache. Aber den Menschen, die so etwas gern tun, sollte dein höchster Respekt gelten.

Kinder und Jugendliche haben noch eine natürliche, unverfälschte Meinung zum Tod. Sie sehen den Tod als etwas ganz Normales; er ist auch etwas ganz Normales. Wie auch die Sexualität auf der einen Seite gehört er zum Leben dazu; der Tod beendet das Leben auf der anderen Seite. Er gehört wie die Nacht zum Tag. Der Kreis schließt sich.

Ob nun Anfang und Ende oder Kreis – letztlich ist es jedem Menschen selbst überlassen, wie er dem Tod entgegensieht. Da gibt es kein Richtig und kein Falsch. Für manche Menschen ist es wie eine Strecke, die einen Startpunkt und einen Endpunkt hat – das war es dann. Für andere ist der Tod nur eine Zwischenstation auf dem Weg zur Wiederauferstehung. Mir persönlich gefällt die buddhistische Sichtweise des Todes. Der Tod wird sozusagen als erste »Klassenstufe« angesehen. Je nach »Versetzung« darfst du in die nächsthöhere Klasse kommen und hast dort neue, größere Aufgaben zu bewältigen. Das hat etwas Spannendes und Beruhigendes an sich.

Bronnie Ware ist Australierin. Sie ist Palliativpflegerin und betreut todkranke und sterbende Menschen. Sie hat ein Buch geschrieben [The Top Five Regrets of the Dying – Die fünf Dinge, die Sterbende am meisten bereuen]. Diese fünf Dinge sind:

Ich wünschte, ich hätte den Mut gehabt, mein eigenes Leben zu leben.
Ich wünschte, ich hätte nicht so viel gearbeitet.
Ich wünschte, ich hätte den Mut gehabt, meine Gefühle auszudrücken.
Ich wünschte mir, ich hätte den Kontakt zu meinen Freunden aufrechterhalten.
Ich wünschte, ich hätte mir erlaubt, glücklicher zu sein.

Wenn die Menschen älter werden, wird ihnen immer bewusster, worum es im Leben geht. Wenn die Kerze des Lebens zur Hälfte abgebrannt ist, stellen sich viele Leute die Frage nach dem Sinn des Lebens. Sie fragen sich, ob das alles bisher so richtig war im Leben und ob sie eventuell die eine oder andere Sache anders hätten tun sollen. Sie fragen sich, wozu sie all ihre Jahre verbraucht haben, ob das jetzt alles war und was noch kommt. Wie auch immer, den Menschen in der Mitte des Lebens oder Menschen nach einer erlebten Nahtoderfahrung wird der Wert des Lebens bewusster, sie hinterfragen und leben weitaus bewusster ihren Tag. Das ist auch gut so.

Je älter du also wirst, desto intensiver stellst du dir die Frage, ob das, was du bisher gemacht hast, auch das ist, was du wirklich wolltest. Und das ist genau der entscheidende Punkt. Sich dessen bewusst zu werden, was man wirklich will, ist von so entscheidender Bedeutung, dass du dir hierfür genug Zeit nehmen solltest. Dabei kommt es nicht auf Stunden oder Tage an; wichtig ist, dass du dir im Klaren bist, was du eigentlich willst. Die Qualität deines Lebens hängt davon ab.

Dann wirst du auch am Lebensende sagen können: Wie wunderbar war doch mein Leben, ich habe es keinen Tag bereut!

Erben

Die meisten leben in den Ruinen ihrer Gewohnheiten.
Jean Cocteau

Wenn ein Mensch stirbt, dann hat das ebenfalls Auswirkungen auf menschliche Beziehungen. Der Verstorbene war schließlich eingebunden in ein Familiensystem und ein Teil von ihm. Er hat es zu seinen Lebzeiten aktiv mitgestaltet und das Leben weitergegeben. Dafür gebührt ihm Hochachtung.

Für die Hinterbliebenen ist der Tod eines Familienmitgliedes auch gegenseitige Offenbarung. Es zeigt sich, wie ernst und wie achtsam die bisherigen Beziehungen innerhalb der Verwandtschaft gelebt wurden. Hat man sich eventuell nur etwas vorgemacht? Wollte man der lieben Ruhe wegen nichts anderes tun? Hat man gute Miene zum bösen Spiel gemacht?

Manche Nachkommen haben sich jahrelang liebevoll um den nun Verstorbenen gekümmert, ihn gehegt und gepflegt und waren immer für ihn da. Sie opfern sich nahezu für ihn auf und stellen dann bei der Testamentseröffnung fest, dass sie nicht oder – angeblich – viel zu gering bedacht wurden. Da bekommt jemand anders viel Geld, das Haus, das Boot oder einen anderen Wertgegenstand, den man so gern bekommen hätte. Vielleicht denken sie dann: »Wie ungerecht und gemein ist nur das Leben! Womit habe ich das nur verdient!«
   Manche Nachkommen wissen gar nicht, dass jemand gestorben ist, und erfahren es rein zufällig. Sie haben sich nie um den Verstorbenen gekümmert und nun tauchen sie wie eine Fata Morgana aus dem Nichts auf und wollen ihr Erbteil haben. »Was für eine Unverschämtheit!« – sagen die anderen möglicherweise.

Nun, du kannst dir ziemlich sicher sein, dass der Verstorbene absolut keinen Bock auf Streit bei seinen Nachkommen hätte. Wenn manche Verstorbene mitbekommen würden, wie sich ihre Nachkommen in der Wolle haben, dann würden sie aufstehen und allen Beteiligten die Ohren lang ziehen. Zu Recht, denn so ein Benehmen ist kindisch und eines Erwachsenen nicht würdig. Den Verstorbenen zu achten bedeutet, Danke zu sagen, dafür, dass er dir das Leben geschenkt hat. Das gilt es bitte schön immer zu beachten.

Alle Reichtümer, Güter und Ländereien, Edelsteine, Geld und Wertgegenstände dieser Welt gehören dem Verstorbenen. Er hat sie sich im Leben erarbeitet. Du hast zu dem in keiner Weise beigetragen. Du hast nur genommen als sein Nachfolger, du hast es dir gemütlich gemacht und dich auf den Früchten der Arbeit deines Vorfahren ausgeruht. Du warst zu dessen Zeiten noch gar nicht auf der Welt. Du hast kein Recht, keinen Anspruch, irgendetwas von ihm zu bekommen. Er hat dir dein Leben geschenkt und damit hast du alles, was du zum Leben benötigst. Falls du dann als Erbe in irgendeiner Form bedacht wirst, dann sage einfach nur Danke. Sieh es als ein Geschenk zusätzlich zum Leben an und erwarte nichts weiter.

Falls du ein Mensch bist, der gerade sein Testament verfasst, dann ist es stets dein freier Willer und dein freier Entschluss zu tun und zu lassen, was du willst. Niemand hat dir etwas vorzuschreiben. Du bist ein freier Mensch.

Das letzte Hemd hat keine Taschen, sagte meine Oma. Du kannst nichts mitnehmen, wenn du stirbst. Vielleicht regelst und verteilst du schon zu deinen Lebzeiten bestimmte Dinge, so dass du noch aktiv mitbekommst, wie sehr sich der Beschenkte darüber freut. Dann kommt es dort an, wo du es haben willst. Dann wird dein letzter Wille Wirklichkeit. Das Geschenk kannst du dann im Herzen mitnehmen.

Die Geschichte vor der Bibliothek

Ich war etwa 14 Jahre alt. Wachsam blickte ich mich um, es war keiner von denen zu sehen. Ich stellte mein Fahrrad an den Zaun vor die Bibliothek und ging hinein. Ich las sehr gerne und daher war ich oft hier, um mir wieder ein paar neue Bücher auszuleihen. Die freundliche Frau dort kannte mich und freute sich jedes Mal, wenn ich vorbeikam. Die Bibliothek war 2-stöckig, sie befand sich in unserem Ort.

Oben angekommen, blickte ich vorsichtig aus dem Fenster. O. k., das Fahrrad stand noch da und außer ein paar Omis war keiner von denen zu sehen. So schlenderte ich die Regale ab und suchte mir ein paar neue Bücher aus, die ich mitnehmen wollte. Als ich fertig war, packte ich die Leihexemplare in meinen Rucksack und ging nochmals zum Fenster im oberen Stock. Ich blickte entsetzt nach draußen. Da waren sie wieder! Sie standen direkt neben meinem Fahrrad und unterhielten sich. Ich hatte Angst.

Vielleicht gehen die von selbst weg? Ich schlenderte wieder und wieder durch die Buchregale. Aber nicht, um nach Büchern zu schauen, sondern um die Zeit herumzukriegen in der Hoffnung, dass die da draußen von allein weggehen würden. Aber das taten die nicht. Die blieben weiter stehen.

Die, das waren drei. Das waren drei aus meiner Schule. Sie hießen Falk, Tobias und Thomas. Sie gingen eine Klasse höher und waren älter als ich. Sie waren zum Teil schon sitzen geblieben und zählten nicht gerade zu den Schlausten in der Schule. Sie waren größer als ich, sie waren stärker als ich. Und sie waren immer zu dritt.

Ich verbrachte weitere unendliche Minuten in der Bibliothek und hoffte, dass sie endlich gehen würden. Aber sie rührten sich nicht von der Stelle. Sie warteten auf mich.

»Du musst jetzt gehen«, hörte ich eine Stimme zu mir sagen. Ich drehte mich entsetzt um; das war die freundliche Frau, die die Bibliothek leitete. »Wir schließen jetzt und du kannst nicht hier drinbleiben.« Auwei, das fehlte mir jetzt! Was sollte ich tun, ich musste nun raus aus der sicheren Bibliothek.

Die Frau musste mich beinahe aus der Bibliothek schieben, ich wollte nicht. Sie stieg auf ihr Fahrrad, winkte und fuhr weg. Nun war ich ganz allein. Niemand außer mir war da, nur die drei. Sie sahen mich und stellten sich jeweils an eine Seite meines Fahrrades und warteten. Ich musterte sie ängstlich von weitem. Sie standen direkt an den Rädern meines Fahrrades. Genau dort, wo ich jetzt hinmusste. Ich hatte keine Wahl.

Ich ging langsam zu meinem Fahrrad und kettete es los. Aber dann musste ich es natürlich bewegen und genau dann passierte es. Einer nach dem anderen kam auf mich zu und schlug mich am Kopf oder am Körper. Sie riefen: »Ey, du hast meine Hose mit deinem dreckigen Fahrrad beschmutzt.« Es war ein ungleicher Kampf, ich hatte keine Chance. Ich war wütend auf die Ungerechtigkeit und Feigheit der drei Typen; ich hasste sie und wünschte ihnen den Tod.

Nach einigen Minuten ließen sie endlich von mir ab und verschwanden. Ich war allein mit meinem demolierten Fahrrad, saß auf der Straße und weinte. Es war nicht das erste Mal, dass sie mir auflauerten. Das ging schon eine ganze Weile. Ich traute mich nicht, mit meinen Eltern darüber zu sprechen aus Angst, die Typen würden dann noch brutaler werden.

Ich schob mein Fahrrad nach Hause und wurde dort von meinen Eltern empfangen. Sie sahen sofort, dass irgendetwas mit mir nicht stimmte, und fragten mich, was passiert war. Doch dieses Mal konnte ich nicht anders, ich habe ihnen alles erzählt und dabei lange geweint.

Meine Eltern haben vermutlich die Eltern der drei aufgesucht und mit denen gesprochen. Ich weiß nicht, worüber, ich weiß nur, dass das Auflauern mit einem Mal beendet war.

-

Hallo Falk, hallo Tobias, hallo Thomas. Das, was ihr mir angetan habt, verzeihe ich euch nie. Ich lasse es jetzt aber bei euch. Ich sorge ab sofort für mich selbst als erwachsener Mann.

Achtung

*Setze nie ein Fragezeichen hinter Dinge,
hinter die das Schicksal schon einen Punkt gemacht hat.*
Unbekannt

Kinder und alte Menschen sind zwei wesentliche Bestandteile unserer Gesellschaft. Kinder sind unsere Zukunft, alte Menschen unsere Erfahrung. Beides brauchen wir zum Leben, beide sind unser Fundament.

Nach der Geburt fährst du im Auto deiner Eltern eine ganze Weile mit. Du bist ihnen hilflos ausgeliefert, sie sorgen für dich. Sie haben die Verantwortung für dich, sie ziehen dich groß. So wie sie sind, sind sie genau richtig. Auch wenn dir der Fahrstil deiner Eltern nicht so gefällt, es ist ihr Fahrstil. Wenn du deine Eltern achtest, dann bedeutet das automatisch, dass du das Leben achtest. Denn es wurde dir geschenkt durch deine Eltern, vergiss das nicht. Ohne sie gäbe es dich nicht. Das Geschenk des Lebens anzunehmen, wie es ist, ist die Grundlage für dein Leben.

> Achte, was war
> Anerkenne, was ist

Achte deinen Vater und deine Mutter. Es gibt sicher Tage, an denen könntest du beide »auf den Mond schießen«. Es gibt sicher Tage, da kannst du ihre Entscheidungen nicht nachvollziehen und fühlst dich benachteiligt oder unfair behandelt. Das kann alles sein. Bedenke aber immer, sie sind deine Eltern. Sie sind deine Wurzeln und gehören dazu, genauso wie sie sind.

Natürlich musst du später nicht den Weg gehen, den deine Eltern gegangen sind. Das verlangt niemand von dir. Deine Eltern lebten in einer anderen Zeit, in »ihrer« Zeit und das war gut so. Du darfst es gern anders tun.

Dennoch sind sie deine Wurzeln, und ohne Wurzeln keine Flügel. Das heißt ganz klar: Achte deine Eltern, dann wirst du deinen eigenen Weg meistern. Auf die Eltern zu schimpfen, sie zu verachten usw. bringt dich keinen Millimeter weiter. Im Gegenteil, es wird für dich weitaus schlimmer. Wenn du zu einem erfüllten Leben für dich und deine Familie später finden willst, musst du deine Eltern achten (egal, was war). Einen anderen Weg gibt es nicht.

Blut ist dicker als Wasser

Bestimmt hast du schon einmal zu dir gesagt: »Mensch, ich habe es doch gleich geahnt!« Genau. Und im Wort »geahnt« steckt das Wort »Ahn«, das sind deine Vorfahren.
  Kennst du deine Vorfahren? Kennst du deine leiblichen Eltern, Großeltern und Urgroßeltern (keine Adoptiveltern usw.)? Kennst du alle ihre Namen, Geburtsdaten und wichtigen Erlebnisse in ihrem Leben? Hast du Fotos von ihnen? Falls nein, so empfehle ich dir, es einmal zu erkunden. Erstelle deinen Stammbaum. Mag sein, dass dich so etwas als Jugendlicher überhaupt nicht tangiert. Diese Menschen sind dennoch dein Fundament, auf dem du heute stehst. Und manchmal scheiden sie schneller aus dem Leben, als dir lieb ist. Und dann ist es zu spät, du kannst niemanden mehr fragen. Nutze daher die Zeit und die Möglichkeit, deine Eltern, Großeltern und Urgroßeltern nach Daten zu befragen. Frage sie, woher du kommst und wer alles schon vor dir da war und dazugehört zu deiner Familie. Du beschäftigst dich damit mit deiner Herkunft, deinen Wurzeln. Und ohne Wurzeln wächst kein Baum der Welt. Wenn du starke Wurzeln hast, wirst auch du stark im Leben werden.

Warst du schon einmal in einem Schloss oder einem ritterlichen Gut? Wenn du die Gelegenheit dazu hast, dann unternimm einmal einen Ausflug dorthin. In den meist sehr großen Räumen wirst du viele Bilder bzw. Porträts von Menschen sehen, die mit diesem Gebäude zusammenhängen. Es sind die Vorfahren derjenigen, denen die Schlösser und Anwesen gehören. Indem sie geachtet – namentlich benannt und mit einem Bild in schönem Rahmen an die Wand gehängt – werden, strahlen sie majestätische Kraft und Würde aus. Gehe einmal daran vorbei und du kannst die Energie spüren, die von den Bildern ausgeht. Und genau das ist der Punkt. Die starke Energie deiner Vorfahren ist es, die dich hat entstehen lassen. Wenn du deine Vorfahren in ähnlicher Weise achtest, wirst du die Kraft deiner Wurzeln spüren. Sie hilft dir, auch in Krisenzeiten zu überleben. Bedenke: Auch deine Vorfahren hatten es wahrlich nicht leicht. Sie hatten Kriege, Hungersnöte, Verbrechen, Veränderungen, Unvorhergesehenes,

Totgeburten und etliche Schicksalsschläge einzustecken. Und dennoch ist das Leben weitergegeben worden.

Du und deine Eltern, ihr seid schon 2 Generationen. Das macht zusammen 3 Menschen. Nimmst du deine Großeltern mit dazu, kommen eine dritte Generation und weitere 4 Menschen dazu. Ihr seid dann schon 7 Menschen. Stell dir nun einmal vor, du schaust die letzten 8 Generationen zurück, also etwa 200 Jahre. Dann stehen immerhin 256 Menschen hinter dir. Stell dir nun vor, was für Menschen das alles waren. Da war alles dabei: Dicke und Dünne, Große und Kleine, Schöne und weniger Schöne, Kluge und weniger Kluge, Reiche und Arme, Täter und Opfer, Gesunde und Kranke, gesellschaftlich hoch angesehene und weniger angesehene Leute usw. Du siehst, alles das war vor deiner Zeit und trotzdem haben sie alle das Leben weitergegeben. Das Leben suchte sich seinen Weg – bis zu dir.

Es sind deine Wurzeln, ohne sie gäbe es dich nicht. Daher ist es wichtig, deine Wurzeln zu kennen, zu wissen, wo du herkommst. Denn diese Gewissheit gibt dir die Kraft, die Kraft zu wissen, wer du bist. Wenn du das erkannt hast, bist du im Einklang mit dir und deinen Vorfahren und kannst deine Zukunft gestalten. Sie alle waren auf der Welt, damit es DICH gibt!

Achte, was war – urteile, beurteile, verurteile nicht

Es geht nicht darum, die Probleme der früheren Generationen immer wieder aufzurühren, sondern es geht schlichtweg um Achtung. Es geht darum, seine Vorfahren zu achten, so wie sie waren; sie wertzuschätzen, was sie alle geleistet haben, dass sie das Leben weitergegeben haben. Ein jeder zu seiner Zeit.

Auch sie waren Väter, Mütter, Großväter und Großmütter und DAS muss geachtet werden. Und all das, was sie erlebt, getan, entschieden, nicht getan oder erwirkt haben, darf bei ihnen bleiben. Es gehört zu ihrer Geschichte. Wir haben kein Recht, unsere Vorfahren für irgendetwas verantwortlich zu machen, egal wofür, egal wie schlimm. Sie haben das Leben weitergegeben und das allein zählt.

Und sie können dir eine Menge über die Zeit vor dir erzählen. Das, was deine Vorfahren erlebt haben und in lebendiger Weise schildern, ist allemal ehrlicher, interessanter, unterhaltsamer und glaubwürdiger als die vielen »Informationen« in der Zeitung oder im Fernsehen. Verbringe daher regelmäßig Zeit mit deinen Eltern, Großeltern und älteren Menschen generell. Es lohnt sich.

Für arme Eltern kannst du nichts, für arme Schwiegereltern schon ...

Wenn du einen Partner findest und mit ihm ein Kind zeugst, dann sagst du automatisch »JA« zu dessen Herkunftssystem. Du sagst damit unbewusst: »Ja, ich will dich und dein Herkunftssystem heiraten – mit allem, was dazugehört an Gutem und an weniger Gutem.« Dein Partner, mit dem du ein Kind zeugst, hat sein eigenes System, seine eigenen Probleme. Und trotzdem gilt es sie zu achten. Das ist wichtig, bevor du die Entscheidung triffst, Leben weiterzugeben. Es hat einen großen Einfluss auf die Beziehung des Paares bzw. der Eltern. Alle Paare, die ein Kind gezeugt haben, bleiben durch dieses Kind als Eltern ein Leben lang miteinander verbunden – unwiderruflich. Mann und Frau können sich trennen, Papa und Mama jedoch nie.

Gott und die Welt

But I still haven't found what I'm looking for.
[Aber bis jetzt habe ich nicht gefunden, wonach ich suche].
U2 (The Joshua Tree)

Ehrlich gefragt: Weißt du, wer Gott ist? Ich nicht. Einerseits weiß ich nicht, ob es ihn überhaupt gibt. Andererseits bin ich mir da auch nicht so ganz sicher.

Das Leben kommt von irgendwo her. Woher, das wissen wir nicht. Wir vermuten einiges und erforschen etliches. Aber wissen tun wir es nicht.
  Und weil wir das nicht wissen, schauen wir in Ehrfurcht zu dieser Ungewissheit. Das ist es, was das Ganze so religiös macht.

Dennoch geht das Leben seinen Weg. Unabhängig von unserer Ungewissheit und Religion. Es strömt wie ein Fluss von einer Generation zur nächsten – unaufhaltsam. Und wir haben teil an diesem Fluss. Ja, ich würde sagen, wir sind ein Teil des Lebensflusses. Das Leben kommt von unseren Eltern, wir geben es an unsere Kinder weiter.

Religion bedeutet Liebe, nichts als Liebe. Liebe zu dir selbst und Liebe zu anderen, ganz egal, welcher Religion du angehörst.

Wenn du das Leben liebst, so wie es ist, so wie es zu dir kam, dann schaust du in Achtung und Einklang zum Leben. Dann schaust du in Achtung zu allen Religionen der Welt; denn sie sind, wie sie sind. Jede für sich ist in Ordnung.

Unabhängig davon, was nun irgendwo steht oder behauptet wird: Es geht immer um menschliche Würde und Anerkennung. Es geht um das Mitgefühl der Menschen untereinander. Und dazu ist jeder Mensch imstande, egal, ob er glaubt oder nicht.

Atme deine Mitmenschen

Oh Herr, gib mir die Gelassenheit eines Stuhles.
Der muss auch mit jedem Arsch klarkommen.
Unbekannt

Eine sehr interessante »Entdeckung« kannst du beim Ausruhen auf der Couch machen. Du liegst und atmest normal und hast die Augen geschlossen.

Denke jetzt an eine bestimmte Person, egal an wen. Sprich seinen vollen Vor- und Zunamen in Gedanken aus und fühle einmal, wie du atmest:

Mehr durch den Bauch oder Brust?
   Kaum, flach, kurz, tief, intensiv?
   Eher »rund« oder »eckig«?
   Mehrfach oder zyklisch?
   Lang und ruhig?
   Entspannt und schier unendlich?

Und falls du jetzt möchtest, dann gehst du alle Personen durch, die dir so in den Sinn kommen. Angefangen bei deinen Geschwistern, Eltern, Kindern, Freunden, der ersten Liebe, einem heimlichen Schwarm, Bekannten, Feinden, Kollegen, Partnern usw. und auch bei dir selbst.

Sage in Gedanken den vollen Namen der jeweiligen Person und dann achte genau darauf, WIE du atmest. Möglicherweise ist es ein Hinweis darauf, wie deine Seele zu diesem Menschen steht.

Actio = Reactio

Alles, was beachtet wird, verstärkt sich.
Alles, was man weniger beachtet, schwächt sich ab.
Grundsatz der Psychologie

Ich persönlich liebe die Physik. Warum? Weil dort alles nach den Gesetzmäßigkeiten der Natur abläuft und man die Vorgänge nicht oder nur schwer manipulieren kann. Physik bedeutet lebendiges Lernen. Du siehst, wie etwas rollt, fließt, strömt, blitzt, einstürzt, sich verändert, verformt usw. Die Physik ist wie die Natur, und die Natur hat immer Recht. Die Natur versteht keinen Spaß, alles hat seinen Grund, warum es passiert.

Die Natur kennt keine Extreme, die andauernd sind. Kurzfristig ja, langfristig nein. Die Lava eines Vulkans wird vom Meer gelöscht. Schwüle Tage enden in einem Gewitter. Die eine Hälfte der Erde ist immer von Wolken verhangen, die andere Hälfte immer sonnig und warm. Auf den Tag folgt die Nacht. Die eine Hälfte der Menschen ist männlich, die andere weiblich. Wenn du gegen eine Wand drückst, drückt die Wand mit exakt derselben Kraft gegen dich. Wenn du einen Baum stark verschneidest, so wachsen die neuen Zweige im nächsten Jahr stark neu nach. Wenn du jemandem etwas Schlechtes wünschst, bekommst du Schlechtes zurück. Wenn du Gutes in der Welt tust, bekommst du Gutes zurück. Aktion bedeutet immer Gegenaktion. So einfach ist das.

Es geht im Leben immer um Energie. Es geht immer um Ausgleich. Die Natur macht uns das perfekt vor, deshalb existieren die Naturgesetze. Naturgesetze sind unumstößlich. Und die Physik ist die Lehre von den Naturgesetzen. Egal ob Mechanik, Optik, Elektrik, Thermodynamik oder Kernphysik – es geht immer um Energie in ihren verschiedenen Formen. Alles läuft nach Gesetzmäßigkeiten ab, weil es genau so passieren muss.

Wenn du jemandem permanent auf die Nerven gehst, er möge doch endlich das oder das tun, dann erreichst du genau das Gegenteil von dem, was du eigentlich möchtest. Du erzeugst durch deine Äußerungen permanent Druck in Form gesprochener Energie. Wenn du einem Mitmenschen ständig sagst:

»Du, hör doch endlich auf zu rauchen.
Hör doch endlich auf zu trinken.
Treib doch endlich mal Sport.
Geh doch endlich mal zum Arzt.
Du hast eine schlimme Krankheit, tu doch endlich mal was.
Lerne doch endlich einmal.
Besuch doch endlich wieder deine Eltern.

Sei doch nicht so aggressiv.
Lass dich doch nicht so gehen.
Erhol dich doch endlich mal.«

– dann wird er das Gegenteil tun. Er kann gar nicht anders. Er wird sogar alles (unterbewusst) daransetzen festzuhalten. Nimm den Druck (Actio) raus, sage es einmal und dann nicht mehr. Dadurch wird kein Gegendruck (Reactio) aufgebaut. Du gibst ihm die Chance, eines Tages von ganz allein darauf zu kommen. Ja, das kann unter Umständen sehr lange dauern, aber es ist die einzige Möglichkeit zur Selbsterkenntnis.

Jede Art von Konfrontation und Auseinandersetzung ist ein extrem starker Energieräuber. Egal, ob es Oben gegen Unten, Rechts gegen Links oder Pro gegen Kontra geht – überlege dir wirklich, ob du deine begrenzte Lebensenergie für derartige Zwecke vergeuden willst. Konfrontationen kosten alle Beteiligten Energien und nützen wenig. Sachliche Diskussionen sind etwas anderes, man ist nie immer einer Meinung. Aber wenn das Ganze ausartet und mancher Beteiligte noch nicht einmal genau weiß, warum er das eigentlich tut, dann ist das nicht mehr witzig, sondern bescheuert.

Meide Energieräuber. Das können auch manche Verwandten, nervige Kollegen, Dinge oder Tätigkeiten, die du überhaupt nicht willst und magst, sein. Sei ehrlich zu dir und versuche den Umgang mit diesen Personen oder Tätigkeiten auf ein Minimum zu beschränken oder zu unterlassen. Es geht um dich, es geht um deine Lebensenergie.

Ein Gesetz des Universums lautet: Du erntest, was du gesät hast.
   Das ist Actio = Reactio als Paradebeispiel, gerade für die Landwirtschaft. Ein Bauer kann nichts ernten, wenn er nichts gesät hat. Ich denke, das leuchtet dir ein. Wenn du keinen Samen in die Erde steckst, dann kannst du keine Ernte einfahren. Du brauchst dir dabei keine Gedanken vorher über die Ernte zu machen, du weißt nicht, was bis dahin alles passiert. Deine Aufgabe ist es, dass du den Samen in die Erde bringst und dich um die Pflege der Pflanze kümmerst, sie gießt und mit Licht und Liebe versorgst. Der Rest kommt von ganz allein. Ist das nicht phantastisch!

Und genauso verhält es sich in allen anderen Lebensbereichen. Du erntest, was du säest:

Steckst du wenig Energie in deinen Job (Einsatzbereitschaft, Fleiß, Mitarbeiten, Mitdenken), gibt dir der Job wenig Energie zurück (Anerkennung, Karriere, Geld).

Bist du geizig und knauserig, egoistisch oder tust nichts für die Gesellschaft (Spenden, Ehrenamtlichkeit), dann behinderst du den Geldfluss und es kann nicht zu dir zurückfließen. Sei daher großherzig und großzügig und gib ein Stück Geld mehr als Trinkgeld.

Steckst du wenig Energie in deine Beziehungen (Aufmerksamkeit, Liebe, Vertrauen, Pflege), kommen genau diese Energien (Freundschaft, Liebe, Achtsamkeit, Anerkennung, Lob) von deinen Beziehungen nicht zurück. Dein Partner läuft davon, du findest keine Freunde und bist einsam und verbittert. Niemand möchte mit dir etwas zu tun haben.

Steckst du wenig Energie in deine Gesundheit (ungesund leben, zu spät auf Symptome reagieren, immer erreichbar sein), bekommst du eines Tages die Quittung (Krankheiten, Kollaps) zurück.

Steckst du wenig Energie in deine Ruhe (Ausruhen, Pause, Besinnung), so bekommst du keine Energie (Erholung, Ausgeglichenheit, Gesundheit) zurück und brennst langsam, aber sicher aus.

Steckst du wenig Energie in die Gesellschaft, in der du lebst (Gleichgültigkeit, keine Spenden, keine Ehrenamtlichkeit), so wirst du keinen Gegenwert von der Gesellschaft (Anerkennung, Aufträge, Bestätigung) zurückbekommen.

Das Gesetz des Universums gilt immer und überall. Nutze es zum Positiven für dich!

Dein ABS-System

Cogito ergo sum.
[Ich denke, also bin ich.]
René Descartes

Wusstest du eigentlich, dass dein Lebensauto ein eigenes ABS-System besitzt? Wie ein modernes (echtes) Auto besitzt auch dein Körper ein ABS-System.

Wofür steht ABS beim Auto?
 ABS steht für Anti-Blockier-System. Das ABS eines Autos verhindert das Blockieren der Räder z. B. bei Glatteis oder einer Vollbremsung. Du bist durch diese hochintelligente Erfindung in der Lage, dein Auto in Notsituationen zu lenken, zu steuern und damit unter Kontrolle zu halten. Das ist absolut genial.

Wofür steht ABS bei deinem Körper?
 Das ABS deines Körpers heißt Atmung-Bewegung-Stimme. Es kann sein, dass dir diese Fähigkeit deines Körpers nicht bewusst war. Du hast sie aber mit deiner Geburt mitbekommen. Dein Körper ist hochintelligent.

Wie du im vorherigen Abschnitt lesen konntest, dreht sich alles im Leben um Energie. Wenn du wütend auf etwas bist, schlechte Laune hast, dir jemand Unrecht getan hat, du unterfordert bist, überfordert bist, krank bist usw., ist das negative Energie.
 Diese negative Energie lagert sich über die Zeit in deinem Körper an und ist schädlich. Diese Energie belastet deinen Körper und deine Seele in hohem Maße. Man spricht davon, dass Menschen etwas in sich »hineinfressen«. Sie schlucken es einfach. Im Laufe der Zeit sammelt sich ein hohes Maß an negativer Energie im Körper. Der seelische Topf wird voller und voller.
 Das kann sich bei dir als Druck bemerkbar machen: Druck im Brustkorb, du bekommst schlecht Luft, du hast ständig Durchfall, dir schlägt es auf den Magen, du leidest unter Angstzuständen, du bist nervös, du bekommst Kopfschmerzen, du gehst bei einer Kleinigkeit an die Decke und rastest aus. All das kann von dem Druck kommen, der sich aufgebaut hat.

Wenn du den nicht rauslässt, hat das Folgen. Denn diese Energie frisst sich in dich, in deinen Körper. Da nach dem Energieerhaltungssatz Energie nicht verloren gehen kann, muss sie irgendwo bleiben. Und irgendwo ist genau in deinem Körper, in jeder einzelnen Zelle. Diese negative Energie macht dich auf Dauer krank.

Wie kannst du diese negativen Energien loswerden?

Wenn du dich über etwas aufregst, dich etwas wütend macht oder du eine Krisensituation überstanden hast, dann setze dein ABS in Gang: Atme tief durch, lauf von mir aus wild umher, springe wie verrückt auf der Stelle und schreie notfalls mit lauter Stimme. Lass im wahrsten Sinne des Wortes die Sau raus.

Du musst das nun nicht unbedingt in der Öffentlichkeit tun. Es genügt daheim in stiller Kammer. Aber tue es. Denn durch Atmung, Bewegung und Stimme bist du in der Lage, all die negativen Energien wieder aus deinem Körper zu verbannen, sie rauszustemmen. Und genau das befreit dich, es löst den Druck auf, der sich im Laufe der Zeit angestaut hat.

Wenn du ständig nur alles in dich hineinfrisst so nach dem Motto »Eigentlich will ich das oder das gar nicht« oder »Eigentlich gefällt mir das und das nicht«, schluckst du negative Energie herunter und die stapelt sich bei dir im Körper. Du fügst dich etwas anderem, was du gar nicht willst. Du lebst dich nicht selbst, sondern wirst gelebt. Das führt zu Stress, das ist Stress, das ist Stress-Energie pur. Und die lässt sich nur mit dem ABS-System abbauen.

Für alle Ur-Völker der Erde ist das ABS selbstverständlich. Sie atmen, stampfen, schreien um das Feuer und zelebrieren dazu verschiedene Tänze, Gesänge und Schreie. Sprich alles, was notwendig ist, um die negativen Energien wieder rauszulassen. Rituale, die es in sich und eine Bedeutung haben. Ja, manchmal kann es sogar sein, dass nicht wir in der vermeintlich zivilisierten Welt wissen, was los ist, sondern eher die vermeintlich rückschrittlichen Völker der Erde. Die haben zuweilen noch einen echten Bezug zum Leben, was wir schon fast verlernt haben.

Stress haben diese Leute mit Sicherheit genauso viel wie wir, schließlich geht es immer ums Überleben – und das ohne Schwarzpulver, Auto und Flugzeuge. Das Wissen darüber mag schwinden, dennoch verfügst du sehr wohl weiterhin über diese Eigenschaft. Nutze dein ABS einfach!

Hast du schon mal einen Vogel beobachtet, der bei seinem Flug versehentlich gegen die Wohnzimmerscheibe geknallt ist? Der Vogel stürzt ab und bleibt regungslos auf dem Rücken auf dem Fensterbrett liegen. In den allermeisten Fällen ist er nicht tot, sondern nur bewusstlos, ohnmächtig. Nichts passiert, niemand greift ein, niemand spritzt ihn ruhig. Es dauert eine Weile und dann beginnt er wieder zu sich zu kommen. Er zappelt wie verrückt, zuckt hin und her und nach einer bestimmten Zeit – siehe da – rappelt er sich auf und fliegt davon.

Der Vogel hat ein Trauma erlitten, dadurch hat sich negative Energie in seinem Körper abgelagert. Er tut das, was die Natur dafür vorgesehen hat, indem er zappelt, strampelt, zuckt und die Energien wieder herauslässt. Das Trauma ist ein Geschenk des Lebens, denn sonst wäre er tot.

Wenn du im Leben in einen bedrohlichen Zustand kommen solltest, so gibt es drei Möglichkeiten, die Mutter Natur dafür vorgesehen hat: Flucht, Kampf oder Erstarrung.

Nehmen wir ein Beispiel aus dem Leben: Jemand brüllt dich ohne Grund an. Das ist negative Energie pur. Du kannst ihn stehen lassen und weggehen (Flucht). Du kannst bleiben, ihn sofort zur Rede stellen und ihm klarmachen, dass dir seine Vorgehensweise absolut nicht gefällt (Kampf). Oder du bleibst stehen vor Angst und Ohnmacht (Erstarrung). Wenn du in die Erstarrung fällst, dann sorge im Nachhinein dafür, dass die angestaute negative Energie aus deinem Körper kommt. Lass den Dampf raus, wie bei einem Schnellkochtopf. Friss derartige Energien nicht in dich hinein. Stampfe danach oder daheim mit den Füßen auf den Boden, schlage mit der Faust auf den Tisch, hole dreimal tief Luft oder schreie einmal kräftig.

Alle negativen Erlebnisse und Stresssituationen deines Körpers werden im Unterbewusstsein abgespeichert, alle. Wenn du nichts unternimmst, dann ist der Speicher irgendwann voll. Dann läuft der seelische Topf über, tritt aus und macht sich anhand von Anzeichen wie Veränderung oder

Krankheit bemerkbar. Wenn du diese deutlichen Anzeichen deines Körpers unterdrückst und gar mit Medikamenten betäubst oder auf andere Weise bekämpfst, dann wird dein Körper eine seelische Vollbremsung machen. Bevor er nämlich seine Seele opfert, opfert er seinen, nämlich deinen Körper. Er zwingt dich in die Knie.

Lasse es nicht so weit kommen, sondern lasse Dampf ab. Nutze dein körpereigenes ABS-System, indem du atmest, dich bewegst und deine Stimme ertönen lässt. Das ABS-System ist eine hervorragende Möglichkeit, die seelische Tür offen zu halten bzw. überhaupt wieder zu öffnen. Das haben wir fast verlernt. Wann immer es dir notwendig erscheint: Lasse die angestaute Energie raus, bewege dich, schreie laut, atme oder seufze tief. Tue es bei vollem Bewusstsein.

Die Geschichte vom Tinnitus

Es war Herbst. Ich war im 8. Semester und stand kurz vor der ersten großen mündlichen Prüfung meines Studiums. Ich hatte zwar in der Schule, beim Abi und in der Ausbildung schon etliche Prüfungen erfolgreich hinter mich gebracht, dennoch waren Umfang und Vorbereitungszeit auf diese erste Prüfung (es folgten noch zahlreiche weitere) weitaus größer als bisher. Ich hatte mich auf diese erste richtig große Hauptprüfung bestimmt 3 bis 4 Monate vorbereitet und mindestens 5 dicke A4-Aktenordner durchgearbeitet, etliche Bücher und Manuskripte gelesen und an Lerngruppen teilgenommen, um mich ordentlich vorzubereiten.

Zugegeben: Mir fiel Lernen nicht besonders schwer, aber allein beim Anblick dieser geballten Ladung an Material und Papier im Vorfeld fragte ich mich ernsthaft, wie das alles in meinen Kopf hineingehen sollte.
Aber auch tausend Meilen beginnen mit dem ersten Schritt. Daher machte ich mich ans Werk und arbeitete alles mehrfach durch. Wir fragten uns gegenseitig ab und so eine Woche vor der Prüfung hatte ich langsam das Gefühl »Ja, da könnte durchaus etwas hängen geblieben sein im Kopf«.

Meine letzte größere Prüfung war schon ein paar Jahre her. Ich war tierisch aufgeregt, was für Fragen ich wohl bekäme.

Der Abend vor der Prüfung war da. Ich ging schon sehr früh ins Bett, weil ich ausgeschlafen sein wollte. Als ich im Bett lag, bekam ich kein Auge zu. Ich wälzte mich hin und her und konnte nicht einschlafen. Irgendwann erwachte ich und hatte ein Fiepen in den Ohren. Ich versuchte weiterzuschlafen, es ging nicht. Der Ton ging nicht weg. Das war ein nicht enden wollender Dauerton: fiiiiiep. Ich guckte auf die Uhr, es war 5 Uhr morgens. Die Prüfung war um 9 Uhr.

»Was soll's«, dachte ich. Ich stand auf und suchte im Zimmer nach der Ursache des Tones. Aber da war nichts, es war in meinen Ohren.

Ab unter die Dusche, ordentlich Kopf gewaschen und Ohren geputzt. Denkste! Der Ton ging nicht weg. Ich war absolut genervt, so was hatte mir noch gefehlt!

Ich aß mein Frühstück und zog mich an und wartete im Zimmer, dass die Zeit vergehen möge. Es war absolut ätzend mit einem Dauerton im Ohr in einem leisen Raum zu warten. Also ging ich nach draußen an die frische Luft. Der Ton blieb.

Um Zeit zu schinden, lief ich zur Uni. Dort war ich dann bestimmt schon eine Stunde vorher da. Egal, es liefen schon ein paar Studenten herum, was um 8 Uhr in der Tat eher die absolute Ausnahme ist …

Dann war es so weit: 9 Uhr. Wir waren zu viert in einem Raum mit dem Professor und saßen um einen Tisch. Nach der Begrüßung ging die Prüfung los. Der Professor wandte sich an meinen Nachbarn und fragte ihn zu einem Thema.

Ich hatte große Probleme, das Gespräch zu verfolgen, da der Ton absolut nervig war und jedes Wort überlagerte. Ich konzentrierte mich fast nur auf meinen Fiep-Ton und der machte mich schier wahnsinnig.

Auf einmal spürte ich, wie mich mein Nachbar anrempelte. Ich guckte verwundert zu ihm und fragte, was los sei. Er sagte: »Der Professor hat dir gerade eine Frage gestellt!« »Ach, du meine Güte!« Das hatte ich überhaupt nicht mitbekommen.

Ich schaute zum Prüfer und bat ihn, die Frage zu wiederholen, was er gern tat. Ich verstand fast nur Bahnhof. Ich musste ihn erneut bitten, die Frage zu wiederholen. Ich hätte »kotzen« können. Der Professor stand auf, ging zu mir und fragte mich mit besorgter Miene, ob alles in Ordnung sei. Ich sagte ihm, dass ich vor Aufregung nicht hatte einschlafen können und dann am Morgen mit einem Fiepen aufgewacht war, das nunmehr immer schlimmer wurde.

Der Prüfer fragte, ob ich in der Lage sei, die Prüfung abzulegen. »Um Himmels willen, na klar!« Ich hatte doch nicht die ganzen Monate umsonst gelernt!
Langsam und geduldig stellte mir der Professor laut seine Fragen und ich beantwortete sie. Es war dennoch ein »lustiges« Gefühl in einer Prüfung, da ich mich mehr darauf konzentrierte, die Fragen akustisch zu verstehen, als dass ich Angst davor hatte, sie nicht beantworten zu können.
Als ich fertig war, gratulierte mir der Prüfer und schickte mich sofort zu einem Ohrenarzt.

Dort wurde Tinnitus festgestellt. Ich kam an den Tropf, um ein blutverdünnendes Mittel aufzunehmen. Der Arzt sagte zu mir: Schauen Sie mal aus dem Fenster. Der Baum dort draußen, der ist morgen auch noch grün.«
»Hä?«, dachte ich mir. »Was hat der denn für Probleme!?« Ich hatte ein Fiepen im Ohr und der quatschte mich mit grünen Bäumen zu.

Nach einer guten Stunde wurde ich entlassen. Der Ton war nicht mehr ganz so stark, nur noch unterschwellig. Das war ein wirklich doofes Gefühl, zuweilen wusste ich nicht, ob der Ton noch da war oder ob ich es mir nur einbildete.
Es dauerte ein paar Tage, bis er ganz weg war. Mir fiel ein Stein vom Herzen. Und die Bäume waren tatsächlich noch alle grün...

In den darauffolgenden Prüfungen habe ich eine entscheidende Sache geändert: Ich habe nie wieder bis zum allerletzten Tag gelernt, womöglich noch bis zum Schlafengehen am Abend vorher. Ich hatte mich ordentlich vorbereitet und das war mir wichtig. Ich habe zwei bis drei Tage vor einer Prüfung nicht mehr gelernt. Mut zur Lücke: Was bis dahin im Kopf war, blieb auch so drin. Und was nicht, das eben nicht. Ich konnte es dann auch nicht ändern.

Alle weiteren Prüfungen verliefen reibungslos und mit vollem Erfolg. Langfristig vorbereiten, in kleinen Abschnitten lernen, stets am Ball bleiben, wiederholen und ein bis zwei Tage vorher nichts mehr lernen; das ist die Zauberformel für eine erfolgreiche Prüfungsvorbereitung.

SOS

*Weil wir nicht begreifen, dass das Leben
voller Augenblicke ist, können wir nicht sehen,
dass all diese Augenblicke das sind,
worum es im Leben geht.
Sergio Bambaren*

Diesen Notruf kennst du. Was ist damit gemeint?

SOS steht für »Save Our Souls / Rettet unsere Seelen«. Aha, die Seelen sollen gerettet werden, nicht die Körper. Das ist interessant. Dein Körper ist sterblich: Er wird geboren, altert und stirbt eines Tages. Deine Seele hingegen ist unsterblich.

Demnach macht die Seele einen ganz entscheidenden Teil deines Ichs aus (wie sonst würden wir sie retten lassen wollen?). Und diesem Teil gebührt die gleiche Aufmerksamkeit wie deiner Gesundheit, deinen Beziehungen und deiner Arbeit. Unterschätze das bitte nicht. Sozusagen ist es wichtig, hin und wieder die Seele baumeln zu lassen und gut für sie zu sorgen.

Wie kannst du es nun anstellen, dich auch um deine Seele zu kümmern? Wie geht denn so was bitte schön?

Deiner Seele geht es gut, wenn es dir gut geht. Ich meine damit richtig und vollkommen gut. Wenn du im Einklang mit dir selbst bist, dir selbst nichts vormachst, dich nicht verstellst, du keinen Hass in die Welt bringst, dich ohne Erwartung hingeben kannst oder in die Arme genommen wirst, dann bist du im Seelenfrieden. Wenn du im Seelenfrieden bist, dann ist alles stimmig. Du spürst das sehr genau bei dir selbst. Du sagst Ja, einfach nur Ja zu dem, was passiert. Zu dem, was ist, zur Wirklichkeit. Das ist der Weg zu innerem Frieden. Anerkenne, was ist.

Wir leben in einer viel zu schnelllebigen Gesellschaft, das Tempo ist zuweilen mörderisch. Unsere Seele kommt nicht hinterher, denn die Seele geht langsam, ganz langsam. Wenn du in Eile gerade den Bus schaffst, dann bist du eine Zeitlang erschöpft und brauchst ein paar Minuten, um wieder »normal« zu werden. Stelle dir nun vor, dass der gerade geschaffte Bus nur ein Teil des Stresses ist, dem du jeden Tag ausgesetzt bist: Termindruck, noch mehr in weniger Zeit, alles muss noch schneller gehen, alles muss noch weiter gehen, übervolle Kalender, keine Pausen, ungesunde Ernährung, Krankheiten, nicht abschalten können, schlechter Schlaf, Übermüdung, Stress in der Beziehung und, und, und. Das alles sind Ereignisse, die viele Menschen mehr oder weniger jeden Tag erleben. Unsere Seele hat da keine Chance mitzukommen, sie fällt weit zurück. Sie wird zum schwächsten Glied in der Kette.

Was passiert mit einer ansonsten starken Kette, die aus 100 Elementen besteht und von der 99 Elemente stark und nur eines schwach ist? Richtig, sie wird genau an der Stelle des schwächsten Elementes reißen. Genauso verhält es sich mit dir und deiner Seele. Du kannst sie eine gewisse Zeit ignorieren, sie wird immer weiter zurückfallen. Aber eines Tages, den Tag kennt niemand – aber er wird kommen – wirst du von ihr in die Knie gezwungen. Du weißt wahrscheinlich nicht einmal, wie dir geschieht, es passiert einfach. Die Kette reißt.

Dieser Riss der Kette zwingt dich zum Einlenken. Und zwar so lange, bis die weit zurückgefallene Seele wieder in Sichtweite ist und die Strecke aufgeholt hat. Das kann, je nach deiner Lebensweise, kürzer oder länger dauern. Es kann dich im wahrsten Sinne aus der Bahn werfen. Ignoriere daher nicht die Zeichen und Warnlampen, die dir dein Körper lange und weit genug im Voraus sendet. Dein Körper ist hochintelligent.

Wenn du Stress hast oder ein Problem dich bedrückt, dann sorge zeitnah für Ausgleich. Friss den Stress oder das Problem nicht in dich hinein. Es stapelt sich sonst auf in deinem Körper. Wende dich an Kollegen, Mitmenschen und Freunde und bitte sie um Hilfe. Sorge dafür, dass du einen Ausgleich in Form von Pausen, Ruhe, Auszeiten oder Ähnlichem bekommst. Dann hat deine Seele die Möglichkeit nachzuziehen und du bist wieder »ganz«. Du spürst es selbst am allerbesten: Immer wenn du das Gefühl hast, dass dir eine Sache über den Kopf wächst, ist es Zeit für eine Auszeit. Schalte einen Gang zurück, gehe einen Schritt zurück oder schlafe eine Nacht darüber. Sorge gut für dich und spüre in deinen Körper, wie die Seele und deine Ausgeglichenheit langsam zurückkommen. Je besser du diesen Balanceakt hinbekommst, umso erfüllter und ausgeglichener wirst du leben.

Seelische Tankstellen

Das höchste Gut ist die Harmonie der Seele mit sich selbst.
Lucius Annaeus Seneca

Alles im Leben dreht sich um Energie. Auch dein Körper besteht aus Energie. In deinem Körper, entlang deiner Muskeln verlaufen etliche Energiebahnen, die sogenannten Meridiane. Das ist nichts Neues, denn das Wissen hierüber existiert schon seit vielen tausend Jahren, vor allem im Fernen Osten. Am bekanntesten ist die Traditionelle Chinesische Medizin (TCM), deren vermutlich wichtigste Theorie das Yin und das Yang ist. Vielleicht hast du schon einmal davon gehört. Yin und Yang beschreiben die grundsätzliche Trennung aller Zustände auf unserer Erde, die dennoch untrennbar miteinander verbunden sind. Wie der Tag (Yang) stellt auch die Nacht (Yin) einen absoluten Zustand dar. Beide sind grundsätzlich verschieden, aber bedingen, das heißt brauchen dennoch einander und stellen nur zusammen eine Einheit dar. Wenn das Yin kommt, geht das Yang. Wenn du gut drauf bist, kommt die Phase der Ernüchterung. Hast du einen schlechten Tag, folgt alsbald ein guter. Es ist wie ein ständiger Wechsel, ein Ineinander-Übergehen, das täglich abläuft.

Zwischen diesen beiden absoluten Zuständen Yin und Yang fließt die Lebensenergie »Qi«. Für dich als Menschen bedeutet das: Yin ist die Erde, Yang ist der Himmel und du als Mensch dazwischen bist das Qi, du bist demnach reine Lebensenergie. Im Gegensatz zur westlichen Medizin betrachtet die Traditionelle Chinesische Medizin den Menschen immer als Ganzes, als eine Einheit. Eine Krankheit oder ein Symptom wird nie isoliert betrachtet, sondern stets im Verbund mit dem gesamten Körper und dessen Umwelt bzw. Umgebung.

Laut Chinesischer Medizin bekommst du deine Lebensenergie per Zeugung von deinen Eltern. Diese Energie wird als vorgeburtliche Energie oder Ursprungs-Energie (Yuan-Qi) bezeichnet. Mehr gibt es nicht für dich. Mit dieser Energie musst du dein gesamtes Leben über die Runden kommen. Wenn sie verbraucht ist, stirbst du. Dieser Ursprungs-Energie-Tank kann zwar nicht nachgefüllt, aber ergänzt werden. Und zwar durch Atmung und Ernährung, diese werden als nachgeburtliche Qi bezeichnet.

Das bedeutet, wenn du dich gesund (energiereiche Nahrung) ernährst und gesunde (energiereiche Luft) einatmest, dann schaffst du Zusatzenergien für deinen Körper und schonst wertvolle, unwiederbringliche Ursprungs-Energie. Du hältst logischerweise länger durch, dein Lebensauto schafft wesentlich mehr Kilometer und das in gutem Zustand. Ist das nicht hochinteressant?

Ist dein Lebensauto, dein Körper, in einem erstklassigen Zustand, dann fließt die Energie ungehindert hindurch und versorgt alle deine Muskeln und Organe. Sie bringen ihre volle Leistung, du bist kerngesund. Das sollte der Normalzustand sein. Die Energie fließt dabei von deinen Händen und Füßen aus in deinen Körper und weiter zum Kopf. Vielleicht hast du schon einmal Menschen beobachtet, die verschiedene Übungen praktizieren und dabei sehr viel mit Händen und Füßen arbeiten. Dadurch stimulieren sie die vielen Energiebahnen in ihrem Körper und sorgen für einen ungestörten Energiefluss.

Ernährst du dich dauerhaft ungesund, führst du eine ungesunde Lebensweise, hast du viel Stress, hast du zu wenig Bewegung, belastet dich etwas? Das bedeutet, du hast ein Energiedefizit. Deine Ursprungs-Energie wird angezapft und verbraucht. Dein Körper hat ja keine andere Wahl. Aus deinem »Schrott« an Nahrung und Giften, die du einnimmst, sowie möglicherweise ungesunder Luft oder permanentem Stress kann er null Energie ziehen. Damit du nicht gleich umfällst, zieht er Energie aus deinem Lebenstank.
   Das führt zu Blockaden in den Energiebahnen, ähnlich einer verstopften Wasserleitung, die sich im Laufe der Zeit zugesetzt hat. Deine Lebensenergie kann nicht mehr ungestört fließen (Rohr ist verstopft), du wirst krank. Je nach Ausmaß der Blockade bist du mehr oder weniger stark krank. Durch die Blockaden werden deine Muskeln und Organe nicht mehr richtig versorgt und verkrampfen sich. Sie können nicht mehr die erforderliche Leistung bringen. Du spürst die Einschränkungen in deinem Leben. Unternimmst du nichts, belasten sie dich ein Leben lang und dein Lebenstank geht schnell zur Neige. Du erntest, was du säest.

Ähnliche Blockaden können auch auftreten, wenn du körperlich fit, aber seelisch angeschlagen bist. Du fühlst dich nicht, stehst irgendwie neben der Spur. Du kommst nicht in deine Kraft, bist antriebslos oder etwas belastet dich. Du bist chronisch krank und auch mehrere Arztbesuche haben nicht den gewünschten Erfolg gebracht. Mit Medikamenten und Spritzen kommst du eine Zeitlang über die Runden und trotzdem wird es nicht wirklich besser. Die Symptome werden oftmals vergeblich bekämpft, nicht jedoch die eigentlichen Ursachen. Du kannst zwanzig verschiedene Sorten Kraftstoff in deinen Tank kippen. Wenn du die defekte Zündung nicht reparierst, behebst du das eigentliche Problem nicht.

Was hast du für Möglichkeiten, solche energetischen, seelischen Blockaden wieder aufzulösen, für den Fall, dass es dir <u>nicht</u> gut geht?

Es gibt eine Vielzahl von Möglichkeiten, wie du beginnen kannst, dich ohne Medikamente und Nebenwirkungen wieder in die Spur zu bringen. Sie können dich nicht heilen! Heilen kann dich nur dein Körper selbst. Aber sie können deinen Körper in sanfter Weise, ganz ohne Nebenwirkungen, wieder dazu bringen, seine Selbstheilungskräfte anzuzapfen. Sie bewirken die Aktivierung deines Energieflusses in dir und außerhalb deines Körpers, damit du wieder in deine Kraft kommst. Und genau das ist das Ziel alternativer Methoden, die ich hier als seelische Tankstellen bezeichne.

Wie bei fast allen alternativen Methoden ist deren »wissenschaftlicher Nachweis« nicht immer gegeben. Und genau das ist sehr oft ein Streitpunkt in der heutigen Gesellschaft, nämlich Schulmedizin kontra Alternativmedizin. Alternative Methoden funktionieren »irgendwie«, obwohl wir den Grund für ihr Funktionieren nicht oder nicht genau kennen. Trotzdem funktionieren sie und das oftmals seit Jahrtausenden. Wenn Heilverfahren seit Jahrtausenden funktionieren, dem Menschen helfen, seine Selbstheilungskräfte zu verbessern, dann sind das nüchtern betrachtet zwei sehr bedeutsame Gründe, sie zum Wohle der Menschheit einzusetzen. Alles andere wäre anmaßend und töricht zugleich.

Wie du bereits gelesen hast, bringen Auseinandersetzungen zwischen zwei Parteien keiner der Parteien etwas. Actio = Reactio. Wäre es daher nicht weitaus gescheiter, beide Standpunkte <u>nebeneinander</u> bestehen zu haben und sich, je nach Bedarf, eines von beiden zu bedienen? Wäre es aus heutiger Sicht nicht weitaus sinnvoller, Schulmedizin und alternative

Heilfahren gleichberechtigt nebeneinander zu platzieren, so dass als Ergebnis immer der behandelte Mensch im Vordergrund steht? Gesundheit des Menschen, so auch deine Gesundheit, sollte der Normalzustand sein, ihn gilt es immer anzustreben.

Ich stelle dir im Folgenden einige alternative Verfahren näher vor, damit du für dich selbst entscheiden kannst, wie du deine seelischen Blockaden wieder loswerden kannst. Es gibt unzählig viel Wissen und Informationen hierzu, ich kann und will dir nur eine ganz kleine Auswahl vorstellen. Ansonsten führt es in diesem Buch zu weit. Probiere sie einmal aus, spüre dabei gut in deinen Körper und entscheide mit dem Herzen. Grundvoraussetzung ist immer: Es muss DIR dabei gut gehen!

Meditation

Meditation stammt vom Wort »Medomai« ab und das kommt aus dem Griechischen und bedeutet so viel wie denken oder sinnen. Du kannst es also ganz grob als nachdenken oder sich besinnen übersetzen. Und genau das ist es, was die Meditation für dich leisten kann, nämlich zu dir zu kommen; und zwar ganz bewusst im Hier und Jetzt. Lass alles abprallen und konzentriere dich auf den jetzigen Augenblick. Mit Meditation oder Meditieren wird versucht, den Geist zu sammeln und zu beruhigen, sich voll und ganz der Stille zu widmen. Das haben viele Menschen schon fast verlernt. Es gibt nur noch Action, Unterhaltung, Geschäftstreiben und ein Hin und ein Her. Zur Ruhe kommen schaffen sehr viele Menschen schon nicht mehr. Sie brennen langsam, aber sicher aus.

Es gibt unzählige Formen der Meditation. Angefangen von einer sitzenden Körperhaltung (passive Meditation) über Gehen, Tanzen, Gebet, Musik oder Kampfkünste (aktive Meditation). In fernöstlichen Ländern ist Meditation allgegenwärtig, sie dient der Erfahrung des Göttlichen und verfolgt meist ausnahmslos spirituelle Ziele. Hier bei uns in Europa wird Meditation vor allem genutzt, um sein körperliches Wohlbefinden wiederherzustellen.

Wichtig ist, dass du dir eine geeignete Umgebung zum (passiven) Meditieren suchst. Das Drumherum muss passen. Am besten bei dir im Zimmer und zu möglichst immer derselben Zeit. Am besten eignen sich hierzu die frühen Morgenstunden oder späten Abendstunden vor dem Schlafengehen. Du sitzt in einer festen, aufrechten Stellung, die dennoch nicht angespannt ist. Du hast das sicher schon einmal an Menschen gesehen, die mit gekreuzten Beinen saßen und die Augen geschlossen hatten. Genau das meine ich, das ist Meditation. Du musst bereit sein, nach innen zu gehen, zu deinem eigenen Ich.

Du konzentrierst dich auf deinen Atem, auf nichts anderes. Alles an Gestern, an Heute und an Morgen schaltest du bewusst aus. Deine volle Aufmerksamkeit liegt auf deinem Atem. Spüre, wie er herein- und hinausströmt. Und dann lässt du deine Gedanken einfach vorbeiziehen, wie in einem Film, der abgespult wird. Halte keine Szene fest, sondern lass ihn einfach ablaufen. Das Ganze wird immer wieder wiederholt, bis es eines Tages »eins« wird. Dann hast du einen Zustand der Verschmelzung deines gesamten Körpers, Geist und Seele erzielt. Du bist vollkommen bei dir, in absoluter Ruhe und im Frieden.

Meditation hilft dir, die alltäglichen Geschehnisse um dich herum gelassener zu betrachten. Ich meine damit keine Gleichgültigkeit, sondern Gelassenheit. Du bist vollkommen bei dir, du bist in deiner Kraft und in der Lage, dich den Herausforderungen in Schule, Ausbildung und Beruf ohne Probleme zu stellen. Die wird es immer wieder geben, du kannst ihnen nicht ausweichen. Aber du kannst ihnen anders begegnen. Ein Problem oder eine Schwierigkeit ist nämlich immer genauso schwer und kompliziert, wie du ihm Bedeutung gibst. Ein Mensch dreht bei einem Problem beinahe durch, während ein anderer beim selben Problem nur mit den Schultern zuckt. Beide erleben dasselbe Problem, aber messen ihm jeweils eine andere Bedeutung / Erheblichkeit zu. Denn nicht, was du erlebst, ist die Schwierigkeit im Leben, sondern wie du damit umgehst.

Akupunktur

Akupunktur ist eine der 5 Säulen der Traditionellen Chinesischen Medizin. Nachweise hierfür liegen bereits seit über 4000 Jahren vor. Das ist eine ziemlich lange Zeit. Über die Jahrhunderte hinweg ist das Wissen auch zu uns nach Europa gelangt.

Das Wort Akupunktur setzt sich zusammen aus Acus = spitz oder Nadel und pungere = Stechen. Akupunktur bedeutet also Stechen mit einer (spitzen) Nadel. Rund um deinen Körper verlaufen Energiebahnen (Meridiane). Jeder Meridian ist ein eigenständiger »Kanal« und stellt mit den anderen Meridianen Verbindungen her, so dass der gesamte Körper mit seinen Organen erfasst wird. Und die Meridiane stellen sicher, dass die Lebensenergie Qi durch deinen gesamten Körper fließen kann. Es geht, wie schon gesagt, immer um den Menschen als Ganzes, nie einzelne Körperteile oder Beschwerden. Wenn du als Mensch funktionieren sollst, müssen alle Aspekte berücksichtigt werden, alle Energiebahnen müssen frei sein. Ist eine Energiebahn »verstopft«, so entsteht eine Krankheit. Durch Stiche in bestimmte Löcher entlang Meridianen in der Haut mit feinen Nadeln soll die Verstopfung beseitigt werden und die Lebensenergie Qi wieder fließen. Dadurch werden Störungen im gesamten Körper gelindert oder sogar beseitigt. Durch die Akupunktur wird die Balance zwischen Yin und Yang wiederhergestellt.

Ein Meridian ist ein Kreislauf, er durchströmt nicht nur die Stellen, wo die Nadeln eingestochen werden, sondern auch weitere Bereiche des Körpers. Somit werden neben dem eigentlichen Problem auch Vorbeugung und Schutz für weitere Körperregionen, die auf diesem Meridian liegen, betrieben. Akupunktur kann nicht heilen, aber sie kann gestörte Organfunktionen wiederherstellen oder Schmerzen bei bereits zerstörten Organfunktionen lindern. Akupunktur kannst du für jede Krankheit oder jeden Schmerz einsetzen. Es gibt 12 paarige (6 Yin- und 6 Yang-Meridiane) sowie 2 außerordentliche Hauptmeridiane beim Menschen, auf denen insgesamt erkenntnismäßig 361 mögliche Akupunkturpunkte liegen; demnach etwa so viele Punkte, wie ein Jahr Tage hat. Inwieweit es weitere Akupunkturpunkte gibt, ist mir derzeit nicht bekannt.

Neben der klassischen Akupunktur mit Nadeln gibt es auch die Laserakupunktur mit schwachem Laserlicht oder auch die Akupressur. Hier werden die Akupunkturpunkte durch Druck mit den Fingern stimuliert. In der Regel kannst du unmittelbar nach der Behandlung erste Veränderungen spüren, auf jeden Fall wird sich über die Sitzungen etwas zum Positiven bei dir verändern. Nebenwirkungen gibt es nicht.

Tai-Chi und Qi Gong

Tai-Chi und Qi Gong sind eine weitere der fünf Säulen der Traditionellen Chinesischen Medizin. Qi Gong ist dabei eine eher langsame Bewegung, fast wie in Zeitlupe ausgeführte Technik. Tai-Chi ist eine Kampfkunst, wobei es auf den ersten Blick überhaupt nicht danach aussieht; sie wird auch Schattenboxen genannt.

Beide sind im Gesundheitssport hierzulande fest verankert und nicht mehr wegzudenken. Sie sind weitaus mehr als nur Entspannung: Sie verbessern deine Balance, sie entschleunigen dich, verlangen deine volle Konzentration, bringen dich zu innerer Harmonie und sind bis ins hohe Alter durchführbar. Auch für dich als Kind oder Jugendlichen ist es zu empfehlen, du wirst ruhiger, gelassener und selbstbewusster.

Qi Gong wird als Energiearbeit definiert. Tai-Chi bedeutet sinngemäß Faust des höchsten Prinzips. Beim Qi Gong findest du eher ruhige Bewegungen und eine Konzentration auf innere Vorgänge im Körper. Tai-Chi erkennst du an den fließenden und teils komplexen Bewegungen.

Qi Gong beinhaltet das Qi, die Lebensenergie des Menschen. Diese wird mit spezifischen Übungen angeregt. Wenn sie durch Blockaden nicht mehr richtig fließen kann, kann Qi Gong Abhilfe leisten. Durch Konzentrations- und Atemübungen wird versucht, das Qi in deinem Körper wieder bewusst wahrzunehmen und die Energien zu steuern. Dadurch werden die Blockaden beseitigt. Deine eigene Vorstellungskraft ist hier gefragt, um den Einklang von Körper, Geist und Seele wiederherzustellen. Qi Gong hat positiven Einfluss auf deine Atmung, deinen Stoffwechsel, deinen Kreislauf, dein Nerven- und Immunsystem.

Tai-Chi enthält sowohl Angriffstechniken und Verteidigungstechniken als auch Waffentechniken. Zumindest in Form von Elementen, mit denen sich der Übende auf einen theoretischen bewaffneten oder unbewaffneten Nahkampf vorbereiten kann. Denn das ist der Grund für Tai-Chi. Auch wenn nicht gekämpft werden muss, so bewirkt Tai-Chi eine Kräftigung des Körpers und seiner Muskeln und fördert die Konzentration, Entspannung und Beweglichkeit zugleich. Man spricht auch vom »Ölen der Gelenke«. Ebenso sind die Atmung von entscheidender Bedeutung sowie der Umgang mit seinem eigenen Körperschwerpunkt, um nicht aus der Balance zu kommen. Es geht immer darum, den eigenen Körper bewusst wahrzunehmen und in ihn hineinzuspüren. Tai-Chi ist eine in sich geschlossene Kampfkunst, die Elemente des Qi Gong enthalten kann.

Die heutige Anwendung von Tai-Chi dient vornehmlich der Bewegungslehre, der Gesundheit und Persönlichkeitsentwicklung. Es werden in der Regel bestimmte Formen geübt, diese haben oft Tiernamen. Jede Form setzt sich dabei wiederum aus verschiedenen Elementen zusammen, die als Bilder bezeichnet werden. Eine Form ist sozusagen die Abfolge von mehreren Bildern, die in einer bestimmten Reihenfolge nacheinander eingenommen werden. Beim Tai-Chi wird weniger Wert auf die Geschwindigkeit als vielmehr auf die Korrektheit der ausgeführten Formen gelegt. Langsame, korrekte und fließende Bewegungen sind gefragt. Du sollst an deinem unsichtbaren (imaginären) Gegner »kleben« bleiben und gleichzeitig Sicherheit für dich gewinnen. Der Vorteil für dich ist, dass du komplett abschalten kannst und ganz bei dir bist bzw. voller Konzentration bei der Durchführung einer Form – wenn du natürlich dafür bereit bist. Neben Einzelformen für dich gibt es auch Partnerformen bzw. Partnerübungen sowie, wie schon genannt, Waffenformen.

Sowohl Qi Gong als auch Tai-Chi »zwingen« dich dazu, dich zu 100 % mit dir und deinem Körper zu befassen. Du achtest bewusst auf deine Muskeln, Atmung und Bewegung. Durch die verschiedenen Bewegungsabläufe werden sämtliche Meridiane deines Körpers durchströmt und die Lebensenergie Qi kann (wieder) fließen. Du kannst es bereits kurz danach selbst spüren, wie es sich anfühlt, wenn wieder Bewegung in deinen Körper hineinkommt. Du bist kraftvoll und voller Energie. Und genau das ist es, was bezweckt werden soll.

Yoga

Der Begriff Yoga kommt aus dem Indischen und bedeutet so viel wie Vereinigung, Anspannung oder Integration. Körper, Geist und Seele sollen sich sammeln und zueinander finden. Es gibt auch beim Yoga sehr viele verschiedene Formen mit eigenen Ideen und Philosophien. Wie auch die anderen, bereits vorgestellten seelischen Tankstellen hat auch Yoga im Bereich des Fernen Ostens eine spirituelle Bedeutung, zur Erkenntnis, zum selbstlosen Handeln, zur Liebe zu Gott oder zur Meditation. In den westlichen Ländern, wie auch in Deutschland, wird Yoga meistens als körperliche Übung verstanden. Die Bedeutung von Yoga ist aber weitaus mehr als das, was du hierzulande mitbekommst.

Yoga stellt keine Religion dar, es ist vielmehr eine Philosophie. Das Wesentliche beim Yoga besteht im Atmen, und zwar immer durch die Nase. Durch die gezielte Atmung wird dein Körper beruhigt und überall mit Sauerstoff versorgt. Das ist gut für deine inneren Organe und auch für dein Gehirn. Es lernt dadurch abzuschalten und mal eben nicht an die noch zu erledigenden Aufgaben oder Hausarbeiten zu denken. Yoga verbessert deine Vitalität (Fitness) und Gelassenheit. Yoga dient zum Innehalten, wenn es mal wieder so richtig stressig ist. Gerade dann, im Zenit (Höhepunkt) der absoluten Anspannung, kannst du durch gezielte Übungen den Druck herausnehmen. Du nimmst dem Gespenst den Schrecken. Du kannst Yoga überall durchführen, egal wo du gerade bist.

Systemaufstellung / Familienaufstellung

Wir Menschen sind erstklassige Meister der Verdrängung. Alles das, was wir nicht wahrhaben wollen, was wir bewusst oder unbewusst unterdrücken, was nicht sein soll oder darf, was uns Probleme bereitet, denen wir uns nicht stellen können oder wollen, das versuchen wir auf hervorragende und wundersame Art und Weise zu verdrängen. Wir beschäftigen uns lieber mit allen möglichen Dingen und lenken uns prima ab, indem wir wie verrückt arbeiten, shoppen, aufräumen, immer auf Achse sind und uns irgendwie anderweitig »beschäftigen«, um nur nicht das eigentliche Problem ansehen und angehen zu müssen.

Aufstellungen sind an sich nichts Neues. Es gibt sie seit hunderten von Jahren. Wieder neu »entdeckt« worden sind sie in den 80er Jahren des 20. Jahrhunderts durch einen gewissen Bert Hellinger.

In jedem Familien- und Herkunftssystem, so auch in deinem, herrscht eine familiäre Ordnung: Älter kommt vor jünger, früher vor später. Opa und

Oma kommen vor deinen Eltern und dir, weil sie früher auf der Welt waren als ihr. Ohne sie gäbe es deine Eltern und dich schließlich nicht. Daher haben sie Vorrang, das muss geachtet werden. Hast du ältere Geschwister, dann haben auch sie Vorrang vor dir, weil sie eher geboren wurden als du. So ist das nun einmal. Deine Kinder und Enkel kommen nach dir, weil du älter bist und ihnen das Leben geschenkt bzw. weitergegeben hast.

Frühere Generationen haben somit Vorrang vor späteren Generationen. Sie geben das Leben weiter, alle anderen nehmen das Leben. Das genügt. Du kannst früheren Generationen, also deinen Eltern oder Großeltern, nichts geben oder abnehmen, du nimmst nur. Versuchst du, deinen Vorfahren etwas vorzuschreiben, sie für etwas verantwortlich zu machen, sie zu kritisieren, sie zu bevormunden, etwas für sie tun zu wollen, etwas abzunehmen, ihre Last zu tragen, so erhebst du dich gemäß familiärer Ordnung über sie. Das ist anmaßend und bekommt dir gar nicht gut.

Du gibst, indem du das Leben weitergibst. Wenn du Leben nicht weitergeben möchtest, dann endet dein Familiensystem bei dir. Alles, was du erlebt oder durchlebt hast, gehört zu dir und deinem Leben. Es gehört zu deiner Würde, es zu tragen. Deine Kinder oder Enkel können das nicht für dich tun, es geht sie auch nichts an.

So ist die familiäre Ordnung, die in jedem Familiensystem der Welt existiert. Wird sie eingehalten, ist im wahrsten Sinne die Welt in Ordnung. Wird sie nicht eingehalten, herrscht Unordnung, die vom familiären System / Ordnung aber nicht geduldet wird. So wie deine Augenfarbe, Haare, dein Aussehen, viele Eigenschaften usw. von Eltern an Kindern weitervererbt werden per Zeugung, so werden auch die ungelösten »Kisten«, Lasten und Un-Ordnungen der Eltern per Zeugung mitgegeben, bis eines Tages jemand im Familiensystem die Ordnung wiederherstellen wird. Und das kann dauern, manchmal Jahrzehnte.

Was kann dazu führen, dass die Ordnung in einem Familiensystem gestört wird?

Werden Mitglieder deines Familiensystems ausgegrenzt, ausgeschlossen, negiert oder soll niemand etwas von ihnen wissen, so ist die Ordnung gestört. Hellinger spricht von verborgenen Dynamiken innerhalb von

Familiensystemen. Beispiele hierfür sind Ausgeschlossene, Vergessene, Abgetriebene, Totgeborene, früh Verstorbene, Suizide, Verschwiegene, psychisch Gestörte, Täter und Opfer. Sie alle gehören dennoch dazu zum Familiensystem, sie alle haben dort ihren Platz – so verlangt es die Ordnung. Werden sie nicht gewürdigt, vergessen oder totgeschwiegen, dann wird das vom Familiensystem nicht geduldet: Schicksalsschläge oder Krankheiten wiederholen sich von Generation zu Generation oder eine andere Person im Familiensystem bekommt z. B. ähnliche Symptome, um auf das Ausgeschlossene oder den nicht Gewürdigten aufmerksam zu machen. Auch das Schwere hat dabei einen Sinn. Das mag für dich jetzt vielleicht mysteriös, abenteuerlich, von einem anderen Stern und weit hergeholt klingen, es steckt dennoch sehr viel mehr dahinter, als es hier den Anschein hat. Schau einmal ehrlich und gründlich in dein Familien- und Herkunftssystem hinein, dann wirst du vielleicht verstehen, was ich dir damit sagen will. Unter jedem Dach gibt's auch ein Ach.

Wenn sich ein Familiensystem in Unordnung befindet, so kannst du als erwachsener Mensch selbst dazu beitragen, die Ordnung wiederherzustellen. Das Ganze hat dann nicht nur Auswirkungen auf dich und deine seelischen Blockaden, sondern es wirkt auf dein gesamtes Familiensystem, es wird sich etwas verändern. Und genau dazu können Aufstellungen beitragen, das können Aufstellungen sichtbar machen.

Bei einer Aufstellung stellst du dich und dein Thema (beruflich, privat, gesundheitlich, beziehungstechnisch, seelisch) anhand von Stellvertretern – das sind normale Menschen – in einem Raum auf. Das ist das Bild deiner Seele. Danach ändern sich bzw. werden die Positionen der Stellvertreter in achtsamer Art und Weise so verändert, dass die Ordnung wiederhergestellt werden kann. Das veränderte Bild wird wiederum von deiner Seele wahrgenommen und »neu« abgespeichert (salopp formuliert: Datei ersetzen).

Wenn ich einen Apfel in der Hand halte und ihn loslasse, fällt er herunter. Logisch, denkst du dir. Nun ja, die Ursache hierfür siehst du aber nicht. Es ist die Schwerkraft bzw. die Anziehungskraft der Erde, der der Apfel auf der Erdoberfläche unterliegt. Er muss (!) herunterfallen. Du siehst die Schwerkraft nicht, du kannst sie nicht anfassen und trotzdem ist sie da.

Du akzeptierst sie als etwas ganz Selbstverständliches und machst sie dir sogar zunutze.

Bei einer Aufstellung verhält es sich genauso. Wenn die Aufstellung beginnt, baut sich laut Hellinger ein morphogenetisches Feld auf. Du siehst es nicht, du kannst es nicht anfassen, aber es ist trotzdem da. Wenn du es, wie die Schwerkraft, als etwas Normales ansiehst und akzeptierst, dann kommst du nicht umhin, seine Wirkung zu spüren. Vielleicht ist das unheimlich und ungewohnt für dich, aber es bewegt etwas in dir, und zwar zum Positiven. Aufstellungen heilen, wie gesagt, nicht. Sie können und werden deinen Körper – ähnlich den anderen genannten seelischen Tankstellen – aber in die Lage versetzen, seine Selbstheilungskräfte zu mobilisieren. Dein Körper wird wieder in die Lage versetzt, sich selbst zu regenerieren. Und genau das ist der Zweck seelischer Tankstellen.

Familienaufstellungen sind sozusagen ein Verbindungsstück zwischen deinem Bewusstsein und deinem Unterbewusstsein. Dein Bewusstsein kannst du etwa mit deiner Autoantenne vergleichen. Das »übrige« Auto ist dein Unterbewusstsein. Es ist eine äußerst mächtige Ressource und Kraftquelle, in der alles von dir gespeichert ist. Alle guten und schönen wie auch alle weniger guten und schmerzlichen Momente und Erfahrungen.
   Bist du innerlich bereit für einen »Austausch«, dann kann die Klarheit kommen. Klarheit bringt Gewissheit, Klarheit bringt Erleichterung und Klarheit führt dich zum inneren Frieden.

Bitte entscheide dich für eine der aufgeführten seelischen Tankstellen nicht unbedingt aus dem Grunde, weil dir die Krankenkasse eventuell die Kosten dafür übernimmt. Unterschätze das nicht, denn viele Erwachsene sind »Sparfüchse«, die eine Sache für gut befinden, wenn sie billig ist oder nichts kostet. Das ist aber sehr kurzsichtig gedacht. Etwas für sich zu tun bedeutet, einen Dienst in Anspruch zu nehmen, der dir hilft. Was nützt dir die billigste Therapie, die nichts bewirkt? Entscheidend ist immer (egal in welchem Bereich), dass du den Nutzen für dich erkennst. Wenn dir eine Sache einen Nutzen bringt, dann ist sie gut für dich, dann ergibt sich der Preis automatisch, er ist nicht das Hauptkriterium. Qualität hat ihren Preis und seriöse Anbieter halten, was sie versprechen. Das gilt auch für den Bereich der seelischen Tankstellen.

Das waren jetzt ein paar wenige Möglichkeiten, wie du seelisch wieder ins Gleichgewicht kommen kannst. Du wirst vielleicht bemerkt haben, dass dir einige der hier aufgeführten seelischen Tankstellen fremd vorkommen. Das ist absolut nichts Schlimmes. In der heutigen Zeit sind viele Menschen mit so vielen anderen Dingen beschäftigt, sind auf der Suche, das Leben irgendwie und bestmöglich und so effizient wie möglich zu meistern. Und dabei vergessen sie häufig das Allerwichtigste: sich selbst. Wir erlauben es uns viel zu wenig, für uns da zu sein. Wir ackern wie blöde von früh bis spät, wir versuchen, den Tag irgendwie herumzubekommen, schlucken alle möglichen Tabletten in der Hoffnung, dass dann alles besser wird, und nehmen die Alarmsignale unseres Körpers kaum noch wahr. Meist ist es dann schon zu spät.

Wenn wir wieder lernen, auf unseren Körper zu hören, in uns hineinzuspüren, dann können wir eins mit uns selbst sein. Dann spüren wir ganz genau, was uns guttut und was nicht. Und wir merken, wann es Zeit ist, für uns zu sorgen. Wir haben das Rüstzeug dazu unverändert an Bord, wir müssen es nur abrufen und uns bewusst werden. Es ist nie zu spät dafür, zu beginnen.

Musik

Arbeite, als würdest du das Geld nicht brauchen.
Liebe, als hätte dich nie jemand verletzt.
Tanze, als würde niemand zusehen.
Singe, als würde niemand zuhören.
Lebe, als wäre der Himmel auf Erden.
Mark Twain

Musik öffnet dir die Tür zur Seele. Mit Musik und musikalischen Klängen kannst du alle Orte deines Körpers erreichen. Musik ist lebendige, gefühlte Energie, die dich berührt und in dein Herz gelangen kann. Du bekommst bei manchen Stücken Gänsehaut, dir wird warm, du musst tanzen, du musst dich bewegen, du kommst ins Träumen, du schließt die Augen, du kommst zu dir, du musst lachen, du musst weinen, du musst schreien oder dein ganzer Körper vibriert. Mit Musik bist du im Hier und

Jetzt angekommen und mit Musik kannst du das ausdrücken, wofür dir manchmal die Worte fehlen.

Es spielt dabei überhaupt keine Rolle, was für Musik du gern hörst oder wer etwas singt: ob Volksmusik, Schlager, Pop, Rock, Klassik oder beruhigende Melodien; es ist vollkommen egal. Wichtig ist nur, dass die Musik zu deiner Seele vordringt, dich stärkt, dich motiviert, dich beruhigt, dich berührt. Das ist entscheidend.

Es ist auch egal, ob das gerade »in« ist oder nicht. »In« zu sein ist eine Meinung der Gesellschaft, mehr nicht. Du entscheidest für dich selbst, was »in« ist, ja was innen sein soll, in deinen Körper vordringen soll.

Wenn du diese deine Musik gefunden hast, wirst du von ihr inspiriert werden und gelangst zu Harmonie. Dein Körper, dein Geist und deine Seele schwingen im Einklang. Wenn du spürst, dass dir eine bestimmte Musik guttut, dann genieße sie, tanze einfach dazu oder träume dabei. Gehe zu einem Konzert des Musikers oder mache sie zum Klingelton an deinem Handy. Es ist deine Musik, deine Musik fürs Leben.

Spielst du schon ein Instrument? Phantastisch! Ein Instrument zu spielen fördert deine Konzentration, deine Ausdauer, deine Fingerfertigkeit, deine Motorik und verknüpft deine beiden Gehirnhälften. Immer wenn du selbst Musik machst, dann bist du ganz dabei, bist im Flow. Beginne so früh wie möglich damit, ein Instrument zu erlernen. Es ist ganz egal, welches Instrument. Natürlich solltest du bei der Auswahl deiner näheren Umgebung Beachtung schenken (z. B. Schlagzeug in einem Neubauviertel). Dennoch: Wenn dir etwas außerordentlich gefällt, dann erlerne dieses Instrument und du wirst Mittel und Wege finden zum Üben.

Singst du gern? Hervorragend. Beim Singen schwingt dein gesamter Körper mit. Du kannst die Energie förmlich spüren, die sich bewegt. Auch hier spielt es überhaupt keine Rolle, was für Lieder oder Melodien du singst und ob du die Töne exakt triffst. Wenn sie dich bewegen, sie wie von selbst über die Lippen rollen und du über beide Wangen strahlst, dann ist alles in bester Ordnung. Und ganz nebenbei arbeitet es sich wesentlich leichter mit einem Liedchen auf den Lippen als mit versteinerter Miene.

Träume, Phantasien und Visionen

Phantasie ist wichtiger als Wissen, denn Wissen ist begrenzt.
Albert Einstein

Jeder Mensch träumt. Das muss nicht unbedingt nur beim Schlafen sein, auch am Tage können dir Gedanken, Einfälle und Visionen in den Kopf schießen, einfach so. Je freier und lockerer du deinen Tag und dein Leben gestaltest, umso mehr Gedanken und Einfälle werden sich zeigen.

Wenn du Wünsche oder Gedanken hast, die etwas in dir bewegen, schreibe sie auf und halte sie fest. Jeder Wunsch kann einmal wahr werden, wenn du nur fest daran glaubst.

Bewahre dir deine Träume, deine Visionen und Phantasien. Lass sie dir nicht ausreden, vor allem nicht von Menschen, die selber keine haben. Träume und Visionen bewegen etwas. Allein durch die Vorstellung, dass etwas möglich sein könnte, rückt es in greifbare Nähe. Begrenze deine Gedanken nicht, lass der Phantasie freien Lauf. Egal, wie sie aussehen, wie verrückt sie zu sein scheinen, ob sie zunächst Sinn machen oder nicht. Die Gedanken sind frei. Es sind deine Gedanken und die können bewegen. Es ist alles erlaubt.

Wenn du in großen Maßstäben denkst, wirst du auch Großes erreichen. Das ist auch ein Naturgesetz. Träume und Visionen sind wie deine Leitsterne am Himmel. Mag sein, dass du manchmal einen Umweg, manchmal einen Schritt zurück gehen wirst. Dennoch hast du deinen Leitstern immer vor Augen und damit deine Vision. Und das ist entscheidend.

Die kühnste Vision nützt aber nichts, wenn du nicht ins Handeln kommst. Du musst den ersten Schritt tun, der Rest ergibt sich von allein.

Träume, Phantasien und Visionen sind der Motor, der dich und alle um dich herum voranbringt. Habe immer ausreichend Visionen in der Schublade.

Und dann komm ins Handeln. Mach regelmäßig etwas, was du dir von Herzen wünschst. Egal, was es ist, egal ob irre, verrückt oder ob andere es belächeln – es muss dir guttun, unendlich guttun. Bedingung: Es darf andere nicht gefährden.

Wie lautet deine Vision?

Flow und Frieden

> *An Tagen wie diesen wünscht man sich Unendlichkeit.*
> *An Tagen wie diesen haben wir noch ewig Zeit.*
> *Wünsch' ich mir Unendlichkeit.*
> *Die Toten Hosen (Ballast der Republik)*

Als Flow bezeichnen wir den schönsten, den erfüllenden Gefühlszustand bei einer Sache, bei der du die Welt um dich herum für einen Moment vergisst.

Flow erlebst du zum Beispiel, wenn:
  Du Geburtstag hast
  Du verliebt bist
  Du heiratest
  Ein Kind geboren wird
  Du mit echten Freunden zusammen bist
  Du mit deinem Lieblingsmenschen zusammen bist
  Du ein gutes Essen in einem guten Lokal in Gemeinschaft zu dir nimmst
  Du etwas mit Hingabe tust (beruflich oder privat)
  Du ein Fest feierst
  Du tanzen gehst
  Du einen Erfolg feierst
  Du ins Theater gehst
  Du am Lagerfeuer sitzt
  Du Musik lauschst

Beim Flow genießt du einfach nur, du bist vollkommen bei dir und denkst an nichts anderes. Du vergisst alles um dich herum. Bist vollkommen vertieft in eine Sache, du bist 100 % dabei, lässt dich durch nichts ablenken. Körper, Geist und Seele sind im Einklang, es ist ein Zustand der höchsten Zufriedenheit.

Du merkst das am Einklang mit dir selbst. Du gibst dich einer Sache vollkommen hin. Du bastelst an einem Gerät oder an einer Idee und bist wie besessen davon. Du bist körperlich voll gefordert und im Nachhinein erschöpft, aber glücklich. Du bist weder unterfordert noch überfordert dabei, eine Sache geht dir mühelos von der Hand.

Flow bedeutet, du tust etwas, ohne dass es dich belastet. Du hast keinerlei Erwartung an das, was du tust. Du tust es einfach, weil du es gern tust und darin aufgehst. Du hast einfach nur Freude daran und genießt es in vollen Zügen, es fühlt sich an wie ein Geschenk. Dein Körper und deine Seele schwingen harmonisch. Das ist ein Gefühl höchster Zufriedenheit.

Auch dieses Buch schreibe ich im Flow. Die Sätze gehen mir leicht von der Hand und die Worte sprudeln einfach so in meinem Kopf herum, dass ich manchmal Mühe habe, mit dem Schreiben hinterherzukommen … Es gibt Tage, da fällt mir nichts ein. An diesen Tagen schreibe ich nicht. Ich mache andere Dinge in meiner Freizeit, die mir und meiner Familie und Freunden guttun. Und wenn ich wieder einen Flow verspüre, dann setze ich mich hin und schreibe weiter.

Flow bedeutet nicht 100 % und dass alles perfekt sein muss. Du wirst sicher in diesem Buch Rechtschreib- oder Grammatikfehler finden oder ein paar Kommas sind nicht richtig gesetzt von mir. Aber darauf kommt es beim Flow nicht an. Flow verlangt keinen Perfektionismus, Flow verlangt dich und deine Bereitschaft, annehmen und genießen zu können, zu 100 %.

Wenn du regelmäßig Flow verspürst in deinem Leben, dann kannst du dir ziemlich sicher sein, dass du eine Tätigkeit ausübst, die dir Freude bereitet. Wenn du eine Tätigkeit ausübst, die dir Freude bereitet, hast du deinen Platz im Leben gefunden.

Ich frage dich jetzt:
   Wann hast du das letzte Mal einen Flow erlebt?
   Hast du deinen Platz im Leben gefunden?
   Kennst du deine Aufgabe?

Wenn ja, dann gratuliere ich dir herzlich. Falls nein, dann wünsche ich dir von Herzen, dass du es eines Tages schaffen wirst. Glaube an dich und deine Fähigkeiten. Schaue in deinen Werkzeugkasten und lasse dich von deinem Herzen und gesunden Menschenverstand leiten. Du besitzt alles, was du brauchst. Sende Ehrlichkeit, Vertrauen, Hoffnung und Liebe in die Welt. Sie werden hundertfach zu dir zurückkommen und dich glücklich machen. Du bist ein toller Mensch!

Die ganz einfache Geschichte (von Gerhard Schöne)

> Ein Mann fährt zu 'nem Blitzbesuch
> zu seinem Vater ins Dorf.
> Der Alte füttert gerade Katzen.

Der Mann sagt: »Tag! Ich bleib' nicht lang,
hab eigentlich gar keine Zeit.
Ich weiß nicht mehr, wo mir der Kopf steht!
Ich hetz mich ab und schaffe nichts.
Ich bin nur noch ein Nervenwrack.
Woher nimmst du nur deine Ruhe?«
Der Alte kratzt sein linkes Ohr
und sagt: »Mein Lieber, hör gut hin,
ich mach es so, es ist ganz einfach:

Wenn ich schlafe, schlafe ich.
Wenn ich aufstehe, steh' ich auf.
Wenn ich gehe, gehe ich.
Wenn ich esse, esse ich.

Wenn ich schaffe, schaffe ich.
Wenn ich plane, plane ich.
Wenn ich spreche, spreche ich.
Wenn ich höre, höre ich.«

Der Mann sagt: »Was soll dieser Quatsch?
Das alles mache ich auch,
und trotzdem find' ich keine Ruhe.«
Der Alte kratzt sein linkes Ohr
und sagt: »Mein Lieber, hör gut hin,
du machst es alles etwas anders:

Wenn du schläfst, stehst du schon auf.
Wenn du aufstehst, gehst du schon.
Wenn du gehst, isst du schon.
Wenn du isst, dann schaffst du schon.

*Wenn du schaffst, dann planst du schon.
Wenn du planst, dann sprichst du schon.
Wenn du sprichst, dann hörst du schon.
Wenn du hörst, dann schläfst du schon.*

Wenn ich schlafe, schlafe ich ...«

Notfallplan Ruhe

Was kannst du tun, wenn es bei deiner Ruhe klemmt?

Der erste Schritt ist auch hier der Blick in den Spiegel. Du und niemand anders auf der Welt warst es, der dich in genau diese Situation gebracht hat. Und niemand außer dir kann dich da wieder herausholen.

Du findest keine Ruhe?
Hast du das nur an manchen Tagen oder begleitet dich die Unruhe permanent? Plane für Pausen genauso feste Termine ein wie für alle anderen Tätigkeiten auch. Ruhepausen sind nicht dafür gedacht, dass sie sich irgendwie »ergeben«, sondern sie sollten bewusst geplant werden, damit Ruhe auch wirklich Ruhe bedeutet.
Das ist in der heutigen Gesellschaft sehr oft verpönt. Menschen, die aktive Ruhe betreiben, werden zuweilen hingestellt, als hätten sie keine Lust zu arbeiten oder anderen Dingen nachzugehen. Dabei ist das absoluter Quatsch, denn diese Menschen sind in der Lage, ihre Ruhe bewusst zu erleben und zu genießen. Wenn sie mit der Ruhe fertig sind, dann sind sie hoch leistungsfähig und einsatzbereit. Sie sprühen vor Energie. Ich bin mir sicher, dass auch in unserer heutigen Gesellschaft eines Tages der Wert der Ruhe wieder neu entdeckt wird.

Falls du permanent unter Unruhe leidest, so steckt etwas Ernsthaftes dahinter. Menschen, die stets eine innere Unruhe haben, treibt etwas.
Was genau treibt dich? Kannst du das konkret beschreiben? Nimmst du eventuell Medikamente oder Drogen? Falls ja, suche bitte einen guten Freund auf und schütte ihm dein Herz aus. Darüber zu reden ist immer der erste Schritt. Du kannst auch zu einem Arzt oder Heilpraktiker deines

Vertrauens gehen oder eine der seelischen Tankstellen verwenden. Mache dich aber bitte auf den Weg und warte nicht, bis es schlimmer wird.

Du stehst irgendwie neben dir?

Du bist »eigentlich« gesund und trotzdem weißt du nicht, was mit dir los ist? Du hast vielleicht sogar einiges erreicht im Leben und stellst dir dennoch die Frage, wie jetzt alles weitergehen soll? Da kann ich dich beruhigen, diesen Moment kennen viele Erwachsene.

Schreibe dir auf, was du besonders gut kannst. Schreibe dir auf, was du alles schon im Leben erreicht hast. Schreibe dir dann auf, was du noch alles im Leben machen, tun und erledigen willst. Halte alles schriftlich fest und lasse dir Zeit dafür. Dann schaust du auf das Geschriebene. Lies es dir in Ruhe durch, denn das ist dein Leben. Gefällt es dir? Falls ja, dann darfst du richtig stolz sein auf dich. Du bist genau in der richtigen Spur und dir fehlt eventuell ein neues Ziel oder ein neuer Sinn, dem du folgen möchtest. Falls nein, dann hast du ab sofort die Möglichkeit, deine Pläne, die du dir auch aufgeschrieben hast, in die Tat umzusetzen.

Wenn du wieder ein klares Ziel, eine klare Vision vor Augen hast, dann siehst du deinen Leitstern und kommst zurück in deine Lebensspur. Manchmal sehen wir den Wald vor lauter Bäumen nicht mehr.

Wenn dir auch das nicht weiterhilft, dann suche eine der seelischen Tankstellen auf. Du wirst mit Sicherheit fündig werden, da bin ich mir ganz sicher.

Du bist innerlich zerrüttet?

Triff eine Entscheidung. Innerliche Zerrissenheit hat in der Regel etwas mit Sich-nicht-entscheiden-Können zu tun. Das kann dich bei der Arbeit, in deinen Beziehungen, in der Liebe, bei deiner Gesundheit und bei deiner Ruhe erwischen. Du stehst vor einer Weggabelung und weißt nicht weiter. Es gibt immer eine Wunschvorstellung, eine Art Traumblase, die man am liebsten für immer konservieren und erhalten möchte. Ich spreche da aus eigener Erfahrung. Aber leider oder Gott sei Dank bedeutet Leben immer, sich zu verändern. Nichts bleibt, wie es ist. Und nach jeder Änderung gibt es automatisch immer wieder neue Möglichkeiten, das ist sicher. Die Kunst des Lebens besteht darin, sich auf diese Möglichkeiten einzulassen, den Blick für sie zu haben.

Traue dich also, eine Entscheidung zu treffen in dem Thema, das dich momentan beschäftigt oder sogar belastet. Du musst es nicht sofort und von heute auf morgen tun. Aber du solltest dir einen Zeitrahmen setzen und dich dann entscheiden. Nur Mut, es gibt immer ein Danach. Alles hat seinen Sinn im Leben. Es geschieht, weil es geschehen sollte. Keine Entscheidung zu treffen ist weitaus schlimmer. Nach deiner Entscheidung wirst du dich erleichterter fühlen, egal, wie du entschieden hast.

Du leidest unter einer andauernden oder chronischen Krankheit?
Andauernde oder chronische Krankheiten sind alles andere als normal. Normal ist die Gesundheit. Dir fehlt vermutlich Energie und zwar Lebensenergie. Suche eine seelische Tankstelle auf, wenn du beim Arzt, Homöopathen oder Heilpraktiker deines Vertrauens nicht weiterkommst. Es ist absolut keine Schande, wenn ein Arzt sagt, er komme nicht weiter. Ganz im Gegenteil: Das ist allemal ehrlicher, als per Ausschlussprinzip weiter zu »(unter)suchen«, woran es denn liegen könnte. Denke immer daran: Eine Krankheit will dir etwas sagen. Höre auf sie und deinen Menschenverstand. Es gilt, die Ursache deiner Krankheit herauszufinden und nicht ein Leben lang an den Symptomen herumzubasteln.

Du verstehst dich nicht mit deinen Eltern oder Kindern?
Sie wollen nichts mehr mit dir zu tun haben?
Eltern lieben ihre Kinder, immer. Selbst dann, wenn sie dich abgeben oder verstoßen. Das klingt total verrückt, aber es ist genau so.

Deine Eltern haben dir das Leben geschenkt. Das ist die größte Gabe, die es im Leben gibt, denn es ist das Leben selbst. Deine Eltern haben mit der Weitergabe des Lebens ihren Job erfüllt. Und du hast »Ja« gesagt zum Leben, sonst wärest du nicht auf dieser Welt. Und es ist dein Leben, du kannst es gestalten, wie du magst. Du allein trägst alle Rechte und Pflichten, die mit deinem Leben verbunden sind.

Achte deine Eltern, so wie sie sind. Sie sind genau die richtigen. Die Achtung muss von innen, von deinem Herzen kommen. Mehr brauchst du nicht zu tun.

Kinder haben das Recht, es anders zu tun als ihre Eltern. Sie müssen lernen, auf eigenen Beinen zu stehen und ihre Fehler selbst zu machen. Das können Eltern ihren Kindern nicht abnehmen, auch wenn sie es »gut« meinen. Möglicherweise ist das ein Grund, warum sich deine Kinder nicht mehr bei dir melden. Du gehst ihnen eventuell »auf den Keks«. Gib ihnen ihren Freiraum, sie sind eigenständige Menschen. Sie spüren instinktiv, wenn sie auf dein Wort zählen und nach dir fragen können, sobald sie deine Hilfe brauchen. Aber dränge dich nicht auf und bevormunde sie nicht. Das kommt bei Kindern gar nicht gut an.

Du findest keinen Seelenfrieden?

Seelenfrieden kannst du nicht erzwingen. Der stellt sich automatisch ein, wenn du in der entsprechenden Verfassung bist. Aber du kannst die Voraussetzungen dafür schaffen, in den Seelenfrieden zu kommen. Wie geht das?

Sei ehrlich zu dir selbst. Ganz ehrlich, zu 100 %. Mache dir nichts vor, in keinem der vier Lebensbereiche. Das ist die absolute Grundvoraussetzung. Lebe im Hier und Jetzt. Sorge dafür, dass deine Lebensweise mit deiner inneren Stimme übereinstimmt, sonst arbeitet deine Seele gegen dein Verhaltensmuster. Und dann ist Seelenfrieden nicht möglich.

Hast du alle vier Lebensbereiche in Balance, so stellt sich Seelenfrieden häufig ein. Das kann bei der Arbeit sein, wenn du total vertieft bist. Das kann im Arm deines Partners, deiner Kinder, deines Lieblingsmenschen oder deines Freundes sein. Das kann beim Sport, bei einer Massage, beim Musikspielen oder am Strand sein. Überall und immer dann, wenn du die Augen für einen Moment schließt und in völliger Harmonie mit dir selbst bist, bist du im Seelenfrieden. Genieße diesen Zustand in vollen Zügen, er tut deiner Seele so unendlich gut. Du tust es für dich.

Du siehst keinen Sinn (mehr) im Leben?

Was ist es, das dich verzweifeln lässt? Kannst du es in Worte fassen oder beschreiben? Wenn ja, dann tue das und sprich es zuerst zu dir selbst, gern im Spiegel. Schau dich an und sprich zu dir, was dich belastet. Schau dir dabei in die Augen. Wenn du weinen musst, dann weine. Wenn du schreien musst, dann schreie. Lass alles an Energie heraus, die sich bei dir angestaut hat.

Stell dir nun vor, alles wäre so, wie du es gern haben möchtest, damit du bleibst. Stell es dir in den schillerndsten Farben und Facetten vor, die dir so in den Kopf kommen. Male dir aus, wie toll alles ist, wenn es genau so eintritt. Du kannst auch gern ein Bild malen oder dir etwas aufschreiben. Wichtig ist, dass du es dir bewusst vor Augen führst, dein Leben ohne Sorgen. Wie fühlt sich das an?

Und dann bitte ich dich einmal all das aufzuschreiben (ja, bitte aufschreiben), was du im Leben schon erreicht hast. Alles an Erfolgen und kleinen Dingen, die du selbst geschafft hast. Ich bin mir ziemlich sicher, da gibt es eine Menge. Und genau diese unzähligen kleinen Erfolge sind die Puzzle-Teile deines Lebens. Du bist mittendrin!

Und dann fühle einmal hinein, wie es war, als dich ein Mensch getröstet hat, als es dir einmal nicht gut ging. Wer war dieser Mensch? Was hat er gemacht, um dich zu beruhigen? Gehe es ruhig in allen Einzelheiten noch einmal durch und spüre gut in deinen Körper hinein. Dieser Mensch liebt dich, darum hat er das getan. Er ist dankbar dafür, dass es dich gibt. Geh zu ihm und umarme ihn.

Das Leben ist weder falsch noch richtig, weder fair noch unfair. Es ist so, wie es ist, ständig in Bewegung. Jeder Augenblick ist Teil deines Lebens. Du bist ein Teil der Lebensautobahn und du bleibst nie so, wie du bist. Veränderungen sind normal und nach jeder Nacht kommt wieder der Tag. Das ist das Spannende am Leben. Es lohnt sich zu leben!

Nachwort

Für alles Gesagte im Buch gilt: Mache kleine Schritte. Versuch nicht alles auf einmal zu ändern, das frustriert und führt dich nicht dahin, wo du hinwillst. Kleine Abschnitte, kleine Änderungen im täglichen Ablauf sind der Schlüssel zum Erfolg.

Auf der Autobahn des Lebens geht es nur vorwärts. Jede Stunde, jede Sekunde wirst du älter und bewegst dich auf der Autobahn. Nach Abfahrten kannst du manchmal rückwärtsfahren, um innezuhalten. Jeder Moment ist aber einmalig. Du kommst zwar in gewissen Abständen immer wieder an der gleichen Stelle vorbei, aber es wird nicht wieder so sein wie früher. Die Situation ist ähnlich, deine Wahrnehmung ist aber eine andere. Du bist gereift und gewachsen und siehst denselben Ort aus einem anderen Blickwinkel. Durch die veränderte Sicht auf das Leben und seine Geschehnisse verstehst du dein Leben ein wenig besser und wirst mit der Zeit weise.

Du kannst in den Rückspiegel des Lebens schauen. Da erkennst du das eine oder andere, was passiert ist. Aber da du nicht umdrehen kannst, ist alles hinter dir, alles Vergangene unwiederbringlich vorbei. Alle erlebten Situationen sind vorbei.
   Du kannst dich jetzt aufregen oder sonst was fluchen, was vorbei ist, das ist vorbei. Diese Situation im Leben kommt so nie wieder. Das Alter, in dem du bist, die Verfassung, in der du bist, die Menschen, mit denen du zusammen bist – alles das erlebst du nur ein einziges Mal in dieser Zusammensetzung. Darum genieße jeden Augenblick. Mach es dir einfach bequem auf deiner Lebensautobahn. Versuch nicht so schnell wie möglich zu fahren, genieß es.

Wirf einen kurzen Blick in den Rückspiegel und mit der Zeit wird alles immer kleiner und verschwindet irgendwann. Das ist normal, das ist das Leben. Du kannst es nicht festhalten. Festhalten kannst du Momente und Erinnerungen, die du erlebt hast, die du bewusst erlebt hast. Auch kleine Erinnerungsstücke kannst du mitnehmen als Andenken an Orte oder dir liebe, wichtige Menschen.

Und das sollten wirklich nur die wichtigen sein, denn sonst belastet es dich auf deiner Fahrt durchs Leben.

Deine Vorfahren sind die Lebensautobahn auch schon gefahren, vielleicht entdeckst du auf deiner Lebensfahrt manchen Ort von ihnen. Vor dir liegt die Zukunft, durch deine Frontscheibe, deshalb ist die auch so groß. Natürlich siehst du nur begrenzt weit, du kannst nur bis zum Horizont schauen. Du kannst durch Bildung und Lernen deinen Lebenshorizont erweitern, dann bist du sozusagen in der Lage, vorausschauend zu fahren. Alles hinterm Horizont taucht immer erst später auf, wenn du wieder ein Stück weitergefahren bist.

Nimm Rücksicht auf andere Verkehrsteilnehmer der Lebensautobahn. Vor allem auf jüngere und ältere Menschen gilt es zu achten. Denn sie sind unsere Zukunft und unsere Erfahrung. Zusammen mit dir ist es ein richtig gutes Team. Schalte ab und zu dein Licht ein und setze Akzente. Du wirst wahrgenommen und nicht so leicht »überfahren«.

Lass Verkehrsteilnehmer vorbei, die es eilig haben. Vielleicht haben sie gerade Momente im Leben, an denen es für sie brenzlig und gefährlich wird. Vielleicht fahren vor dir auch langsamere Lebensautos, die gerade ausspannen und das Leben genießen. Auch das ist o. k., du kannst an ihnen vorbeifahren. Zwinge niemandem dein Tempo auf und respektiere jeden Teilnehmer auf der Lebensautobahn, so wie er eben ist. Du bist ja auch so, wie du bist, und wirst damit von den anderen akzeptiert.

Deine Gemütszustände werden sich immer einmal verändern, auch das ist normal. Manchmal macht es richtig Spaß unterwegs zu sein, und an manchen Tagen willst du dein Lebensauto am liebsten stehen lassen. Auch das ist in Ordnung. Denke immer daran: Leben heißt »sich verändern«. Nichts im Leben ist für die Monotonie gedacht. Nichts im Leben bleibt, wie es einmal war. Nichts im Leben ist garantiert sicher. Veränderungen in deinem Leben hingegen, die sind absolut sicher. Schließt sich eine Tür im Leben, dann öffnet sich immer auch eine neue. Schau nur hin. Wenn du dich gegen die Veränderungen, Neuerungen, Herausforderungen des Lebens nicht sperrst, sondern sie aktiv und bewusst annimmst, dann wirst du ein erfülltes Leben führen. Das wünsche ich dir von ganzem Herzen!

Ich bin am Ende meines Buches angekommen. Danke, dass du so lange durchgehalten hast.

Eine Bitte habe ich noch an dich:
Wenn dir mein Buch gefallen hat, dann sag das deinem Freund oder deiner Freundin. Danke.

Wenn dir mein Buch nicht gefallen hat, dann sag das auch deinem Freund oder deiner Freundin. Oder verschenke es – bestimmt gefällt es ihm oder ihr. ;-)

Was ich dir wünsche:
Ich wünsche dir 1 Million Geld oder mehr auf deinem Konto.
Ich wünsche dir deinen Traumberuf.
Ich wünsche dir Gesundheit.
Ich wünsche dir einen sportlichen Körper mit Ausstrahlung.
Ich wünsche dir den besten Partner an deiner Seite.
Ich wünsche dir eine erfüllte Beziehung voller Liebe.
Ich wünsche dir eine kraftvolle und starke Familie.
Ich wünsche dir die besten und zuverlässigsten Freunde.
Ich wünsche dir einen Lieblingsmenschen an deiner Seite.
Ich wünsche dir Ausgeglichenheit, Zufriedenheit und Glück.
Ich wünsche dir Seelenfrieden und dass du du selbst sein kannst.
Pass auf dich auf!
Herzlichst
Dein Gunnar

Dr. sc. agr. Gunnar Brehme

Geburtsjahr: 1971
Geburtsort: Halle/Saale
In der Landwirtschaft gelernt, studiert, promoviert und berufstätig.
Ehemann, Familienvater, Freund und Erstautor

Hallo, ich grüße dich. Ja, genau dich. Schön, dass du dir dieses Buch zur Hand genommen hast. Vielleicht gehst du noch zur Schule oder bist gerade in einer Ausbildung oder beim Studium. Dann fragst du dich sicherlich, wie es danach weitergeht mit dir.

In diesem Buch will ich dir Antworten auf deine Fragen geben. Ich nehme dich mit auf eine Reise durch das Leben. Wir fahren zusammen auf der Autobahn des Lebens. Du wirst wie ein Adler von oben auf das da unten schauen, was sich DEIN LEBEN nennt. Du wirst die Wege des Lebens aus einer anderen Perspektive betrachten. Du wirst die Labyrinthe des Lebens wahrnehmen und ihre Bedeutung verstehen. Du wirst Risiken und Chancen für dich erkennen und deinen Weg finden.

Alles, was du für dein späteres Leben benötigst, hast du bereits bei dir. Ich mache es dir bewusst und begleite dich durch die verschiedenen Bereiche des Lebens, die jeder Mensch – mehr oder weniger – durchläuft. Ich zeige dir, wie du ein erfolgreiches, glückliches und erfülltes Leben führen und es gleichzeitig in vollen Zügen genießen kannst. Ich verspreche dir, es wird spannend und unterhaltsam werden.

Und nun bist du an der Reihe. Schnapp dir das Buch und lies!